地学系列教材

旅行社经营与管理

（第二版）

主　编　徐东文　乔花芳

中国教育出版传媒集团

高等教育出版社·北京

图书在版编目（C I P）数据

旅行社经营与管理 / 徐东文, 乔花芳主编. -- 2 版
. --北京 : 高等教育出版社, 2023.12
ISBN 978-7-04-061223-3

Ⅰ. ①旅⋯ Ⅱ. ①徐⋯ ②乔⋯ Ⅲ. ①旅行社 – 企业
经营管理 – 高等学校 – 教材 Ⅳ. ①F590.63

中国国家版本馆 CIP 数据核字（2023）第 181831 号

Lüxingshe Jingying yu Guanli

策划编辑	杨 博	责任编辑	杨 博	封面设计	易斯翔	版式设计	杜微言
责任绘图	李沛蓉	责任校对	刘丽娴	责任印制	耿 轩		

出版发行	高等教育出版社	网　　址	http://www.hep.edu.cn
社　　址	北京市西城区德外大街 4 号		http://www.hep.com.cn
邮政编码	100120	网上订购	http://www.hepmall.com.cn
印　　刷	山东韵杰文化科技有限公司		http://www.hepmall.com
开　　本	787mm × 1092mm　1/16		http://www.hepmall.cn
印　　张	16.25	版　　次	2001 年 7 月第 1 版
字　　数	370 千字		2023 年 12 月第 2 版
购书热线	010-58581118	印　　次	2023 年 12 月第 1 次印刷
咨询电话	400-810-0598	定　　价	36.00 元

本书如有缺页、倒页、脱页等质量问题，请到所购图书销售部门联系调换
版权所有　侵权必究
物 料 号　61223-00

第二版前言

本书自 2001 年 7 月出版以来,承蒙全国各兄弟院校同行及广大读者的厚爱,纷纷采用本书作为高等学校、高等职业学校旅游管理专业及旅行社岗位培训、旅游从业人员职业资格考试等方面的教材,说明本书得到学界和业界的认可。但由于编者水平所限,本书还存在这样那样的问题,所以在本书使用过程中,许多读者对本书提出了很多宝贵的意见和建议。再者,20 多年来,我国旅行社发展无论宏观环境还是产业环境都发生了巨大变化。宏观环境方面,中国特色社会主义进入新时代、我国已成为世界第二大经济体、互联网技术革命对所有产业产生冲击;产业环境方面,我国旅行社无论产业规模、业态、运行模式还是相关法律法规、产业政策也已发生巨大改变。基于上述考虑,本书再版时对结构和内容都进行了重大调整。

一是在整体结构上,为反映旅行社发展的宏观环境和产业环境的变化,我们增加了第七章第三节旅行社的技术管理、第八章旅行社的产业关系管理和第九章旅行社的法律规范;同时,为使整体结构更加紧凑,我们把旅行社的人力资源管理、旅行社的财务管理、旅行社的技术管理和旅行社的质量管理合并为第七章旅行社的职能管理。

二是在内容方面,本书也进行了重大更新,一方面本书所用资料和数据力求反映旅行社行业发展的最新成果和动态,另一方面,本书加入了大量的图、表和新闻报道案例,做到图文并茂。

本书是在第一版的基础上修订的,在此对第一版参加编写的同志表示衷心的谢意!

编者还要感谢北京第二外国语学院的李宏教授,她为本书的修订提供了很多宝贵的意见和建议,同时也要感谢高等教育出版社的编辑,他们为本书的再版做了大量的工作。

参加本书编写的人员是:华中师范大学徐东文(第一章,第七章第四节)和乔花芳(第八章,第九章,第十章),山东商务职业学院安娜(第二章,第三章),武汉学院王洋(第五章,第六章),湖北科技职业学院杨国丽(第四章,第七章第一、第二、第三节),全书初稿完成后,由徐东文、乔花芳修改、定稿。

徐东文

2022 年 12 月 8 日

第一版前言

旅行社有旅游业"龙头"之称,在旅游业发展中占据举足轻重的地位。但目前在我国有关旅行社经营管理方面的理论并不成熟,相应的教材建设也相对滞后,这使得我们从事旅行社管理教学的同志在选择教材时常常感到无所适从。从现有的旅行社管理方面的教材来看,有的偏重于理论,有的偏重于实务,如何将两者有机地结合起来,构成一个逻辑严密、结构合理的教材体系,是我国旅行社管理类教材建设必须解决的问题。本书的编写正是基于这一思路。

参加本书编写的人员是:华中师范大学徐东文(第二章、第七章),南京师范大学丁正山(第一章、第九章),安徽师范大学王咏(第三章、第五章),新疆师范大学焦黎(第六章、第八章),华中师范大学饶童莉(第四章)。全书初稿完成后,由徐东文修改、定稿。

目录

第一章 导 论

第一节 旅行社的产生与发展

一、旅行社的产生

（一）世界第一家旅行社的产生

旅行社是人类社会的经济活动和旅游活动发展到一定阶段的产物。18 世纪中叶肇始于英国的工业革命，使整个世界的经济和社会结构发生了巨大变化，人类社会的旅行和旅游发展也受到巨大的影响。一方面，工业革命加速人类社会生产力发展，社会财富急剧增加，从而为旅游大规模发展奠定了经济基础；另一方面，工业革命促进了科学技术的进步，蒸汽机车和轮船等近代交通工具相继出现，使运输能力得到空前的提高，大大缩短了旅行时间，并使人类社会大规模和迅速流动成为可能。总之，工业革命提供并满足了实现旅行的两个必备条件：金钱和时间，世界第一家旅行社正是在这样的背景下产生的。

1841 年 7 月，当时作为传教士的英格兰牧师托马斯·库克（Thomas Cook）是一位热心的禁酒演说家，他利用机械化大生产中人们出现的心理危机和压力，以参加戒酒运动为号召，组织了世界上第一次团体包价旅游。托马斯·库克包租了一列火车，载运 500 多人，从莱斯特到拉夫伯勒参加一次禁酒大会，全程 24 英里（约 38624.26 m），第一次采用了集体折扣付费方式，每人仅收费 1 先令（英国旧辅币单位，0.05 英镑）。随后，他又多次组织类似活动，并从中发现潜在的巨大商机。1845 年，库克在莱斯特正式成立世界上第一家旅行社——托马斯·库克旅行社，世界上第一位真正的、专职的旅游代理商由此产生。

托马斯·库克旅行社成立后，其业务经营范围不断扩大。1845 年夏天，库克第一次组织了到利物浦的团体观光旅游。这次观光旅游与以前的旅游活动有显著的区别，主要表现为它是一次以营利为主要目的的纯商业活动，持续时间长，超过 24 小时，而且配有专职导游。

1855 年，托马斯·库克组织了世界上第一次出国包价旅游，旅游路线从英国的莱斯特到法国的巴黎。这次包价旅游可说是现代出境旅游业务的初次尝试，并得到当时英国媒体的普遍好评。

1872 年，托马斯·库克成功地组织了世界上第一次团体环球旅游。旅游团由 9 人组成，库克亲任向导，历时 222 天，历经 10 多个国家。此次环球旅游活动使托马斯·库克名声大噪，其名字也成为旅游的代名词而在欧美地区广为人知。

由于托马斯·库克创立了世界第一家旅行社，极大地推动了近代旅游的发展，并使旅游大众化，所以他被誉为近代旅游业的创始人。

（二）中国第一家旅行社的产生

我国的旅游活动虽然有悠久的历史，但作为一项经济活动，我国的旅行社最早产生于

20 世纪 20 年代。当时的西方列强忙于第一次世界大战,无暇顾及中国市场,中国的民族资本得以发展,成为近代中国社会经济发展的黄金时代。旧中国的旅行社多由英、美、日等帝国主义列强所办,不仅收费高昂,而且态度傲慢。为此,民族资本家陈光甫先生于 1923 年在上海商业储蓄银行设立旅行部,成为中国第一家旅行社的雏形。1924 年春,上海商业储蓄银行旅行部组织了第一批国内旅游团从上海赴杭州游览,由铁路局开专列运送;1925 年春,组织第一批由 20 多名中国公民组成的赴日本旅游的“观樱团”;1927 年春,出版了中国第一本《旅行杂志》,并先后在铁路沿线和长江各主要港口城市设立了 11 个办事处。1927 年 6 月 1 日,旅行部从银行中独立出来,更名为中国旅行社,中国第一家旅行社正式成立。其经营宗旨是“导客以应办之事,助人以必需之便”。经营的主要业务范围包括:代售国内外各种交通票据,办理和提供住宿与餐饮,举办赴国内外的团体旅游,出版刊物和各种宣传品,代办各项出国手续、证件并提供旅途服务,提供导游及各项旅游服务,代办货物运输报关、运输保险并代理海陆空运输业务等。1949 年,中国旅行社迁至香港,更名为香港中国旅行社股份有限公司。

中华人民共和国成立后,1949 年 12 月在厦门成立了华侨服务社,这是新中国成立的首家旅行社。1954 年成立中国国际旅行社总社及上海、杭州、南京、汉口、广州、沈阳、哈尔滨、安东、大连、满洲里、天津、凭祥、南昌等分社。1957 年,由各地华侨服务社组建而成华侨旅行社总社(1974 年更名为“中国旅行社”)及其分支机构。1979 年,中国青年旅行社在北京成立。在此之前,我国旅行社基本上是作为非营利性的、为政治服务的事业单位,规模不大,旅行社真正的大发展是在改革开放之后。

二、旅行社的发展

(一)世界旅行社的发展

从 1845 年世界上第一家旅行社成立至今,旅行社已经历了近 180 年的发展历程。

到 20 世纪初叶,旅行社已在世界范围内得到了较大发展,美国运通公司、英国托马斯·库克公司和以比利时为主的铁路卧车公司成为当时世界旅行社行业三大巨头。

到 20 世纪 20 年代末,已有 50 多个国家开展了旅行社业务。这些国家设立了专门的旅游管理机构和旅游公司,培养专业人才,开发旅游市场,形成了现在旅行社业务的世界规模。

第二次世界大战以后,特别是 20 世纪 50 年代以后,世界经济迅速恢复和发展,中产阶级群体迅速扩大,人们收入提高,再加上 20 世纪 60 年代带薪休假制度的实行,使旅游更加社会化、大众化,并在全球范围内迅速发展,大众旅游时代终于到来。旅行社迎来了前所未有的高速发展时期,并形成了庞大的国际性旅游服务销售网络,产生了多个国际性和地区性的旅行社组织,影响较大的包括世界旅行社协会(World Association of Travel Agencies,WATA)和世界旅行社协会联合会(Universal Federation of Travel Agents' Association,UFTAA)等。

20 世纪 90 年代以来,旅行社的发展表现出如下三个特点。首先,旅游需求促进旅行社产品向个性化发展。随着社会经济条件的改善和人们文化素质的提高,旅游者的旅游经历不断丰富,对标准化产品的需求日益弱化。尤其是以互联网为代表的信息技术的飞速发展,使消费者的信息渠道和消费意识发生了深刻变化,旅游需求的个性化、差异化日益凸显,这就要求旅行社在包价旅游产品之外,为不同细分市场的旅游者安排个性化产品。其次,旅行社行业规模扩大,产业集中度提高。发达国家的制度环境决定了市场机制充分发挥对资源的优化配置作用,旅行社的行业规模是由旅游市场的需求所决定的,因而旅行社数量不断增加。在欧美国家,一般平均每万人就拥有一家旅行社或旅行社经营网点,位于前十名的大型旅行社营业收入均已占到其全国旅行社营业收入总额的40%以上。欧美旅游发达国家的旅行社的行业集中度大大提升,企业竞争实力大大增强,明显表现出两极分化的发展趋势,即旅行社行业主要由中小规模的旅行社构成,大型旅行社数量虽少,但垄断程度不断提高。最后,网络化经营普及,科技含量增大。近年来蓬勃发展的信息技术和互联网已经显示了其强大的生命力以及在经营上的巨大优势,从而引起了旅行社行业的极大重视。科学技术的进步和市场分工的细化进一步推动了旅行社的业态创新,产生了一批以金融与科技为支撑的旅行社集团。信息技术被广泛地应用于预订机票、饭店客房、交通工具等服务,帮助旅行社将其销售触角延伸到每一个潜在旅游者的家庭。同时,旅行社又通过计算机网络,一方面与相关企业实现即时业务联系;另一方面在企业内部实现科学管理,高速、快捷地完成交易票据分发和信息处理等日常事务,借助信息技术实现了旅行社的网络化经营。信息技术的深入发展还促使了在线旅行服务提供商等旅行社新兴业态的诞生。可以说,旅行社业务与现代科技的结合使旅行社的经营效率实现了飞跃,而计算机的广泛、深入使用恰恰迎合了旅行社业务经营要求“快、准、简”的特点,使原本信息量庞大而且复杂的业务在最短时间内得到高效处理,也使得这种经营方式成为旅行社经营的主流方向。可以预见,在未来的几年中,大型旅行社将会在互联网设施与营销方面加大投资,并通过在线销售迅速扩大市场,以击败更多的中小企业,巩固和扩大自己的市场份额,最终建立全球性的旅行社企业集团。

（二）中国旅行社的发展

前已述及,我国旅行社真正的大发展始于改革开放之后。1978年改革开放之前,全国只有中国国际旅行社总社、中国旅行社总社及其在主要省会城市的分支机构。两者都是由总社负责从国外招徕客源,分社负责当地接待工作,在体制上都是直属政府的行政事业单位,不具备企业性质。根据当时国家旅游局（现为文化和旅游部）有关规定,它们之间具有相对明确的业务分工。“国旅系统”负责接待外国来华旅游者,“中旅系统”负责接待海外华侨、外籍华人、港澳及台湾同胞。随着1979年中国青年旅行社在北京成立,我国旅行社行业基本上形成了以国旅、中旅和中青旅三大系统为主的寡头垄断局面,三家旅行社基本控制了旅游外联市场。据统计,1980年这三家旅行社接待的来华旅游者占全国有组织接待人数的79.6%,其中,国旅占全国有组织接待人数的18.8%,中旅占59.9%,青旅占0.9%,其余的20.4%则由其他政府部门组织接待。

1984年,国家旅游局将旅游外联权下放,允许更多的部门和企业经营国际旅游业务,从而打破了我国旅行社行业的寡头垄断局面,从此,国旅、中旅和中青旅三大旅行社的市场份额逐年下降。中国免税品（集团）有限公司也于本年度成立。

1985年,国务院颁布了《旅行社管理暂行条例》,该条例首次将我国旅行社确定为企业性质,明确指出旅行社是"依法设立并具有法人资格,从事招徕、接待旅游者,组织旅游活动,实行独立核算的企业"。同时,该条例还将我国旅行社划分为一类社、二类社、三类社等三个类型。其中一类社为经营对外招徕并接待外国人、华侨、港澳同胞、台湾同胞来中国、归国或者回内地旅游业务的旅行社;二类社不对外招徕,只经营接待第一类旅行社或者其他涉外部门组织的外国人、华侨、港澳同胞、台湾同胞来中国、归国或者回内地旅游业务;三类社为经营中国大陆公民国内旅游业务的旅行社。根据这一划分标准,1988 年我国共有旅行社 1573 家,其中一类社 44 家,二类社 811 家,三类社 718 家。1985 年,在香港中国旅行社有限公司的基础上,成立香港中旅(集团)有限公司。

受 20 世纪 80 年代末 90 年代初世界局势动荡的影响,我国旅游业发展受到极大打击,旅行社发展也受到影响,旅行社数量从 1989 年的 1 617 家下降到 1991 年的 1 561 家。随后,我国旅行社开始从这次打击中恢复,旅行社数量也逐年增加,到 1994 年我国旅行社总数已达 4382 家,其中一类社 267 家,二类社 716 家,三类社 3399 家,特别是三类社从 1993 年的 371 家猛增至 1994 年的 3399 家,增长 43%。其主要原因是 1992 年邓小平南方谈话以后,我国经济发展稳步增长,人民生活水平逐步提高,旅游正成为人们的一种日常生活需求,参加国内旅游的人越来越多,国内旅游市场快速发展,从事国内旅游的三类社迅速发展。1990 年,在中国旅行社总社的基础上,成立中国中旅(集团)公司。

在我国旅游业及旅行社行业快速发展的同时,也出现了很多问题,特别是旅游市场秩序混乱,旅行社违规经营,坑害欺诈旅游者的现象时有发生,旅游投诉大量增加。为规范旅游市场,保护旅游消费者的合法权益,1995 年 1 月 1 日,国家旅游局发布并实施了《旅行社质量保证金暂行规定》《旅行社质量保证金暂行规定实施细则》,正式在我国实施旅行社质量保证金制度。根据《旅行社质量保证金暂行规定》,各类旅行社须向旅游行政管理部门缴纳保证金,数额为经营国际旅游招徕和接待业务的旅行社缴纳 60 万元人民币,经营国际旅游接待业务的旅行社缴纳 30 万元人民币,特许经营出境旅游业务的旅行社另缴纳 100 万元人民币。另外,国际旅行社每增设一个分社,应增缴质量保证金 30 万元人民币;国内旅行社每增设一个分社,应增缴质量保证金 5 万元人民币。随着旅行社质量保证金制度的实施,我国当时很多规模、实力较小的旅行社因无法缴纳规定数量的质量保证金而被迫退出旅行社行业。受此影响,旅行社数量从 1994 年的 4382 家减少到 1995 年的 3836 家。

1996 年 10 月,国务院发布并实施了《旅行社管理条例》,改变了我国旅行社原有的分类方式,重新按业务范围将我国旅行社划分为国际旅行社和国内旅行社。国际旅行社为经营入境旅游业务、出境旅游业务(特许经营)和国内旅游业务的旅行社;国内旅行社为经营国内旅游业务的旅行社。根据旅行社新的类型划分标准,1997 年,我国共有旅行社 4986 家,其中国际旅行社 991 家,国内旅行社 3995 家。

1997 年 3 月,经国务院批准,国家旅游局、公安部联合发布了《中国公民自费出国旅游管理暂行办法》,并于同年 7 月正式实施。《中国公民自费出国旅游管理暂行办法》的颁布实施,标志着我国正式开办中国公民自费出国旅游,也标志着中国出境旅游市场的形成,由此确定了我国旅行社经营业务的基本格局,入境旅游、国内旅游和出境旅游成为旅行社经营业务的三大组成部分。

1999 年 1 月,为进一步扩大旅游业的对外开放,适应全球服务贸易自由化的趋势,在国家旅游局 1993 年 10 月 21 日发布的《关于在国家旅游度假区内开办中外合资经营的第一类旅行社管理暂行办法》基础上,国家旅游局和对外经济贸易合作部联合发布了《中外合资旅行社试点暂行办法》,该办法对申请设立中外合资旅行社的中国合营者和外国合营者的条件及申请审批程序进行了明确规定。

2001 年 12 月 11 日,为适应对外开放的需要,促进我国旅游业的发展,国务院决定对 1996 年 10 月颁布的《旅行社管理条例》进行修订,增设了第四章关于外商投资旅行社的特别规定。新的《旅行社管理条例》于 2002 年 1 月 1 日实施,1999 年 1 月由国家旅游局和对外经济贸易合作部联合发布的《中外合资旅行社试点暂行办法》同时废止。

2003 年 6 月 13 日,为适应我国加入世界贸易组织的新形势,进一步扩大旅游业对外开放,促进旅行社行业发展,国家旅游局和商务部联合发布了《设立外商控股、外商独资旅行社暂行规定》,该规定对设立外商控股旅行社的境外投资方、中国投资者以及设立外商独资旅行社的境外投资方需满足的条件都作出了明确规定。2003 年上半年,由于受非典的影响,我国旅游业遭受到前所未有的冲击,旅行社行业也受到很大影响,很多旅行社因此关门歇业,但随着我国对非典的控制及旅游行业管理部门实施并采取了一系列救市政策及措施,从同年 7 月开始,旅游业开始复苏,旅行社行业也逐步步入正常运营轨道。

2004 年,中国国际旅行社总社与中国免税品(集团)有限公司合并重组为中国国旅集团有限公司。2005 年,整合招商局集团所属的“中国招商旅游总公司”后,成立中国港中旅集团公司,与香港中旅(集团)有限公司实行“两块牌子,一套班子”的管理体制。2007 年,中国中旅(集团)公司正式并入中国港中旅集团公司。

2009 年 2 月 20 日,针对《旅行社管理条例》实施中存在的问题,国务院颁布了《旅行社条例》,该条例于 2009 年 5 月 1 日起施行。新条例进一步降低了旅行社的准入门槛,减轻了旅行社的经营负担,完善了旅行社质量保证金制度,并加大了对旅行社违法经营行为的打击力度,从而为旅游者创造了更好的旅游法律环境。

2016 年国务院对条例进行了修订,调整了旅行社设立条件、申请程序、外商投资旅行社申请程序等规定。中国港中旅集团公司也于本年度与中国国旅集团有限公司实施战略重组,组建中国旅游集团公司,为落实国务院国资委全面深化国有企业改革重点工作要求,完成“公司制”改制工作,中国旅游集团公司于次年正式将公司名称变更为“中国旅游集团有限公司”。

2017 年,《旅行社条例》再次修订,调整了对导游与领队管理的相关规定。

2020 年,国务院对《旅行社条例》进行第三次修订,删除了《旅行社条例》第二十一条第二款,即“前款所称外商投资旅行社,包括中外合资经营旅行社、中外合作经营旅行社和外资旅行社”。

2022 年 10 月 8 日,国务院发布批复,同意自即日起至 2024 年 4 月 8 日,在上海和重庆暂时调整实施《旅行社条例》的有关规定,允许在上海和重庆设立并符合条件的外商投资旅行社从事除台湾地区以外的出境旅游业务。

截至 2021 年年底,我国旅行社总量已达到 42432 家。全国旅行社资产总额达 2249.16 亿元,各类旅行社共实现营业收入 1857.16 亿元,实际缴纳税金 22.47 亿元。全国旅行社从业人员 278772 人,其中大专以上学历人数 192628 人,签订劳动合同的导游人数 94332 人。尽管目前旅行社行业存在这样或那样的问题,但不可否认的是,我国旅行社行业一直在不断成长、成熟和壮大,为促进旅游业发展,满足人民群众的旅游需求以及促进经济发展发挥了重要作用。

第二节　旅行社的概念和分类

一、旅行社的概念

旅行社作为为旅游者提供服务的组织,在不同的国家和地区有着不完全相同的定义。欧美地区将旅行社简单地划分为旅游经营商(tour operator)和旅行代理商(travel agent)。其中,旅游经营商事先预订旅游目的地的各类客房,安排多种游览、娱乐活动,并事先确定价格及出发和返回日期。开发好旅游产品后,由自己属下的销售处或旅行代理商将产品销售给团体或个体消费者。而旅行代理商是获得授权向公众销售旅游、游船舱位、交通服务、饭店住宿、餐饮、接送服务、观光和其他所有与旅行有关产品的个人、商社或公司。

我国《旅行社条例》规定:"旅行社是指从事招徕、组织、接待旅游者等活动,为旅游者提供相关旅游服务,开展国内旅游业务、入境旅游业务或者出境旅游业务的企业法人。"其中,国内旅游业务是指"旅行社招徕、组织、接待中国内地居民在境内旅游的业务";入境旅游业务是指"旅行社招徕、组织、接待外国旅游者来我国旅游,香港特别行政区、澳门特别行政区旅游者来内地旅游,台湾地区居民来大陆旅游,以及招徕、组织、接待在中国内地的外国人,在内地的香港特别行政区、澳门特别行政区居民和在大陆的台湾地区居民在境内旅游的业务";出境旅游业务是指"旅行社招徕、组织、接待中国内地居民出国旅游,赴香港特别行政区、澳门特别行政区和台湾地区旅游,以及招徕、组织、接待在中国内地的外国人,在内地的香港特别行政区、澳门特别行政区居民和在大陆的台湾地区居民出境旅游的业务"。

由此可见,尽管不同国家和地区对旅行社的定义不尽相同,但都包含了如下共同特性:为旅游者旅行提供相关旅游服务;通过生产和销售旅游产品而将酒店、餐馆、交通、景点、娱乐、保险公司等旅游服务部门联结为一体,具有纽带作用;以获取利润为主要目的。

随着信息技术的广泛应用和旅游市场的发展,一些新型旅游代理商开始涉足旅行社业务,其中不仅包括携程、同程等基于互联网和移动通信技术的在线旅游运营商,还包括未纳入旅行社类别的旅游服务类机构,对旅行社的传统定义提出了挑战。

这些新型旅游代理商未以"旅行社"命名,可以不遵守旅行社的相关法律法规,但是却在客观上经营旅行社的业务,在不同细分市场以不同方式为旅游者的空间移动提供服务,因此在理论上可以看作对旅行社商业模式的创新,理应纳入旅行社的范畴,从而与传统旅行社一起构成了"广义的旅行社",即购买、开发旅游供应商的产品,借此为旅游者实现安全、舒适和便利的空间移动提供服务的企业。

二、旅行社的分类

在不同的国家和地区,由于经济发展水平和旅游业发展状况存在差异,旅行社分类标准不尽相同,下面我们介绍世界上一些主要国家和地区及我国旅行社的分类情况。

(一)欧美地区旅行社的分类

前已提及,欧美地区一般按旅游业务经营的性质将旅行社分为旅游经营商和旅行代理商。

1. 旅游经营商

旅游经营商以组织和批发包价旅游产品为主要经营业务,其主要功能是进行市场调查、预测市场需求及发展趋势、生产和设计旅游产品,并将这些产品交给旅行代理商在旅游市场上进行销售,有的经营商也兼营零售业务,即自己直接向旅游者销售旅游产品。旅游经营商的利润主要来自批零差价及设计组合旅游产品所产生的垄断性利润。

2. 旅行代理商

旅行代理商是旅游经营商与旅游者之间的联系纽带,其主要功能是代理旅游经营商招徕与组织旅游者,向旅游者提供旅游咨询和旅游接待服务,代理旅游者直接向旅游经营商和旅游服务部门预订旅游产品,旅游代理商的收入全部来自销售佣金。在西方,不同的部门旅行代理商的销售佣金标准不尽相同,一般而言,销售轮船舱位的佣金为 7.0% ～ 7.5%,航空服务和包价旅游的佣金为 10%,若代理商的销售额可观,可另得 2.5% 的奖励佣金和其他形式的奖励。受恐怖活动等因素的影响,西方航空运输业极不景气,竞争异常残酷,航空服务的销售佣金呈下降趋势。

(二)日本旅行社的分类

日本的旅行业即我国所说的旅行社,主催旅行业务相当于我国的包价旅游,根据日本《旅行业法》,包价旅游是指:"旅行业者事先确定旅游目的地及日程、旅游者能够获得的运送及住宿服务内容、旅游者应对旅行业者支付的代价等有关事项的旅游计划,通过广告或其他方法募集旅游者而实施的旅行。"

为了实施观光立国战略,同时满足旅游者个性化的旅游需求,日本政府在旅行社业界和国土交通省的强烈要求下,于 2005 年 4 月 1 日实施了新的《旅行社法》(以下简称新法),对旅行社业分类标准进行了较大修订。

新法第 5 条以是否实施募集参加包价旅游的旅游者为主要标准将旅行社业分为三类:第一类旅行社是指能够从事国内外的全包价旅游业务和国内外的可选择包价旅游业务的旅行社;第二类旅行社是指能够经营国内全包价旅游业务和国内外的可选择包价旅游业务的旅行社;第三类旅行社是指不能够经营全包价旅游业务,但可经营国内外的可选择包价旅游业务的旅行社。

在新法中,全包价旅游是指旅行社根据本企业的规模、旅游线路开发设计特长等实际情况,按照有利于本企业的条件开发设计出旅游产品交付给旅游者并付诸实施,不考虑或很少考虑旅游者的个人偏好。可选择包价旅游则是指旅行社接受旅游者的预定之后,按照旅游者的个性偏好要求开发设计出旅游产品交付给旅游者并付诸实施,旅游者完全可以根据自己的兴趣爱好及经济实力自由选择旅游服务项目。新法中对可选择包价旅游产品的增加有助于旅行社更好地满足旅游者的需要。

（三）我国台湾地区旅行社的分类

我国台湾地区的《发展观光条例》将旅行社划分为综合旅行业、甲种旅行业和乙种旅行业三个类型。

1. 综合旅行业

综合旅行业的经营范围包括：

① 接受委托代售台湾岛内外海、陆、空运输事业之客票，或代旅客购买台湾岛内外客票、托运行李；

② 接受旅客委托，代办出入境及签证手续；

③ 接待台湾岛内外观光旅客并安排旅游、住宿及导游；

④ 以包办旅游方式，自行组团，安排旅客在台湾岛内外观光旅游、食宿及提供有关服务；

⑤ 委托甲种旅行业代理招揽前款业务；

⑥ 委托乙种旅行业代为招揽第四款台湾岛内团体旅游业务；

⑦ 代理境外旅行业办理联络、推广、报价等业务；

⑧ 其他经主管机关核定的与台湾岛内外有关之事项。

2. 甲种旅行业

甲种旅行业的经营范围是：

① 接受委托代售台湾岛内外海、陆、空运输事业之客票，或代旅客购买岛内外客票、托运行李；

② 接受旅客委托，代办出入境及签证手续；

③ 接待台湾岛内外观光游客并安排旅游、食宿及导游；

④ 自行组团安排游客出岛观光旅游、食宿及提供有关服务；

⑤ 代理综合旅行业招揽第五款之业务；

⑥ 其他经主管机关核定的与台湾岛内外有关之事项。

3. 乙种旅行业

乙种旅行业经营下列旅游业务：

① 接受委托代售台湾岛内海、陆、空运输事业之客票或代旅客购买岛内客票、托运行李；

② 接待本岛观光游客台湾岛内旅游、食宿及提供有关服务；

③ 代理综合旅行业招揽第六款台湾岛内团体旅游业务；

④ 其他经主管机关核定的与台湾岛内有关之事项。

（四）我国大陆地区旅行社的分类

如前所述，1985 年国务院颁布的《旅行社管理暂行条例》将我国的旅行社划分为一类社、二类社和三类社，这种划分方式主要是根据旅行社旅游接待程序和旅行社经营范围相结合的方式来划分的，它给旅行社的经营管理带来了很大的混乱。一方面是划分本身的混乱，

一、二类社划分的标准是旅游接待程序的分段,一、二类社与三类社划分的标准是接待对象的不同;另一方面是接待程序使一类社和二类社形成人为割裂,一类社因担心二类社不能保证接待质量而不愿将自己招徕的旅游团交给二类社,二类社因得不到一类社的团队而自行设法在境外组团,甚至三类社因眼红从事入境旅游业务的高利润也想插手国际旅游业务。因此,1996 年国务院颁布的《旅行社管理条例》对旅行社的分类进行了调整,主要是根据业务经营范围将旅行社划分为国际旅行社和国内旅行社。

而 2009 年公布的《旅行社条例》对旅行社的分类又进行了调整,将旅行社分为经营国内旅游业务、入境旅游业务的旅行社和经营出境旅游业务的旅行社。

第三节　旅行社的业务和职能

一、旅行社的业务

旅行社通过经营旅游业务获取经营利润,其业务范围涵盖了旅游者活动的全过程。旅行社在所属类型和企业规模方面存在较大的差异,所以各个旅行社经营的业务范围也不尽相同。这里,我们按不同的标准对旅行社的业务进行划分。

(一)按经营范围划分

旅行社业务按经营范围可分为国际旅游业务和国内旅游业务。

1. 国际旅游业务

国际旅游业务按经营范围可分为入境旅游业务和出境旅游业务:

① 入境旅游业务。指旅行社招徕、组织、接待外国旅游者来我国旅游,香港特别行政区、澳门特别行政区旅游者来内地旅游,台湾地区居民来大陆旅游,以及招徕、组织、接待在中国内地的外国人,在内地的香港特别行政区、澳门特别行政区居民和在大陆的台湾地区居民在境内旅游的业务。

② 出境旅游业务。指旅行社招徕、组织、接待中国内地居民出国旅游,赴香港特别行政区、澳门特别行政区和台湾地区旅游,以及招徕、组织、接待在中国内地的外国人,在内地的香港特别行政区、澳门特别行政区居民和在大陆的台湾地区居民出境旅游的业务。

2. 国内旅游业务

国内旅游业务是指旅行社招徕、组织、接待中国内地居民在境内旅游的业务。

(二)按服务形式划分

旅行社业务按服务形式可以分为组团旅游业务和接团旅游业务。

组团旅游业务是指旅行社预先制订包括旅游目的地、日程、交通或住宿服务内容、旅游费用的旅游计划,通过广告等推销方式招徕旅游者,组织旅游团队,为旅游者办理签证、保险等手续,并通过接待计划的形式与接团旅游业务进行衔接。

接团旅游业务是指根据旅游接待计划安排,为旅游者在某一地方或区域提供翻译导游,安排旅游者的旅行游览活动,并负责订房、订餐、订票、各旅游目的地的联络等,为旅游者提供满意的综合服务。

（三）按业务分工划分

旅行社业务按分工可分为旅游经营业务、旅游批发业务、旅游零售业务、特殊旅游业务和旅游代理业务。

1. 旅游经营业务

旅游经营业务是指旅行社根据旅游资源和旅游设施提供的实际可能和旅游者的实际需求及不同消费水平，制定出若干不同的项目、日程和价格的旅游线路，并通过各种销售渠道在旅游市场上推出。

2. 旅游批发业务

旅游批发业务是指旅行社专门从事各种旅游供给的组合。其本身并不制定旅游线路，而是根据获得的若干旅游线路的份额，通过零售网络或者旅游代理商向公众进行广告等各种宣传以招徕旅游者。

3. 旅游零售业务

旅游零售业务是指旅行社接待旅游者或者代理旅游批发商去完成组织旅游者的业务，直接为旅游者提供有关旅游目的地、线路、交通工具、餐饮、住宿、观光以及其他旅游项目服务，并从中获得利润。

4. 特殊旅游业务

特殊旅游业务是指旅行社专门从事奖励旅游、会议旅游、展览会和博览会等特殊旅游项目的组织业务，特点是业务内容专门化。

5. 旅游代理业务

旅游代理业务是指旅行社代表客源国或地区进行旅游销售业务。双方一般订有正式的书面合同，规定合作方式、期限与其他相关事项。

（四）按组织形式划分

旅行社业务按组织形式可以分为团体旅游业务和散客旅游业务。具体内容见第六章第二节。

二、旅行社的职能

不同于一般的中介组织，旅行社是为旅游者提供相关服务的专业性机构，同时具有生产、销售、组织协调、分配和信息提供等多项职能。

（一）生产职能

旅行社作为一个中介组织，不仅具有降低交易费用的一般职能，还有生产职能。旅行社从航空公司、轮船公司、铁路公司、汽车运输公司、餐馆、景区和饭店等旅游供应商处批量采购后，根据市场需求状况进行合理的组织加工，并融入本旅行社的服务特色和专业个性，形成独具风格的旅行社产品，进而销售给旅游者。

在旅行社没有介入的情况下，旅游市场上并不存在整体性、复合性的旅游产品。巨大的交易费用也阻碍了那些潜在的旅游者自己去"组装"各个单项的旅游产品，也就是说，他们不能通过自给自足的方式把自己的概念需求转变为现实需求。在生产过程中，旅行社改变了产品的存在形态，旅游者从旅行社那里购买的主要是以旅游线路等形式存在的复合产品，有效地增加了旅游市场供给。

（二）销售职能

销售职能是旅行社作为中介组织的典型职能,旅行社通过组装旅游供应商的产品形成旅游线路,再销售给旅游者,在客观上充当了旅游供应商的销售渠道。一方面,旅行社向旅游者销售其生产的包价旅游产品;另一方面,旅行社接受旅游供应商或其他相关企业的委托,向旅游者代售这些企业的单项产品,如代购机票、代订客房等,这些业务构成了旅行社的单项委托服务。旅行社的上述业务使旅游产品可以更顺利地进入消费领域,旅行社亦因此成为旅游产品最重要的销售渠道,并具有销售职能。

（三）组织协调职能

在旅游产业链中,旅行社是连接产品和旅游者的核心企业。一方面,旅行社作为旅游市场的最前沿和旅游产品的重要销售渠道,可以及时向各相关部门反馈市场信息;另一方面,旅行社将相关协作部门的产品及时、准确、全面地反馈给旅游者,以促进旅游产品的销售与购买。为了确保旅游活动的顺利进行,旅行社必须保证在合作各方实现各自利益的前提下,协同旅游业内部有关部门和其他相关行业的关系,保证旅游活动的各个环节能够衔接与落实。在旅行社的协调下,在旅游业各部门之间和旅行社业与其他行业之间形成一种相互依存、互利互惠的合作关系。

（四）分配职能

在整个旅游活动中,旅游者将涉及许多方面的旅游服务,这就意味着旅行社必须根据旅游者的意愿和要求,在不同的旅游服务项目之间合理分配旅游者的支出,以最大限度地满足旅游者的需求。在组织旅游活动时,旅行社还要根据各个供应商提供服务的具体数量和质量,向旅游供应商合理分配旅游收益。这些都充分体现了旅行社的分配职能。

（五）信息提供职能

在现实生活中,信息不完全是普遍存在的,而且获得信息往往要付出成本,从而影响到市场机制运行的结果和资源配置效率。旅游产品的异地消费性等特征造成了旅游市场的诸多信息不对称,单个旅游者对旅游产品的信息要消费很多时间和精力,并且旅游企业自身的信息建设往往也会花很多精力,这决定了旅行社作为中介企业不仅需要对供应商的产品进行组织加工,而且有必要向旅游者提供目的地的相关信息,并接受旅游者咨询。旅行社的这一职能也正是从其作为中介组织的基本性质延伸而来的。

第四节　旅行社的设立

一、旅行社设立的条件

根据《旅行社条例》、《旅行社条例实施细则》和《旅游服务质量保证金存取管理办法》,在我国申请设立旅行社,经营国内旅游业务和入境旅游业务的,应具备下列条件:

（一）有固定的经营场所

指申请者拥有产权的营业用房,或者申请者租用的、租期不少于 1 年的营业用房;营业用房应当满足申请者业务经营的需要。

（二）有必要的营业设施

2 部以上的直线固定电话，传真机、复印机，具备与旅游行政管理部门及其他旅游经营者联网条件的计算机。

（三）注册资本要求

有不少于 30 万元的注册资本。

二、旅行社设立的程序

（一）准备相关文件

申请设立旅行社，经营国内旅游业务和入境旅游业务的，应当向省、自治区、直辖市旅游行政管理部门提出申请，并提交下列文件：

① 设立申请书。内容包括申请设立的旅行社的中英文名称及英文缩写，设立地址，企业形式、出资人、出资额和出资方式，申请人、受理申请部门的全称、申请书名称和申请的时间。

② 法定代表人履历表及身份证明。

③ 企业章程。

④ 经营场所的证明。

⑤ 营业设施、设备的证明或者说明。

⑥ 工商行政管理部门出具的企业法人营业执照。

（二）申领旅行社业务经营许可证

1. 申请经营国内旅游业务和入境旅游业务的旅行社

旅行社向省、自治区、直辖市旅游行政管理部门或其委托的设区的市级旅游行政管理部门提出申请后，受理申请的旅游行政管理部门可以对申请人的经营场所、营业设施、设备进行现场检查，或者委托下级旅游行政管理部门检查。旅游行政管理部门应当根据《旅行社条例》第六条规定的最低注册资本限额要求，通过查看企业章程、在企业信用信息公示系统查询等方式，对旅行社认缴的出资额进行审查。

旅行社经营国内旅游业务和入境旅游业务的，企业法人营业执照的经营范围不得包括边境旅游业务、出境旅游业务；包括相关业务的，旅游行政管理部门应当告知申请人变更经营范围；申请人不予变更的，依法不予受理行政许可申请。

受理申请的旅游行政管理部门应当自受理申请之日起 20 个工作日内作出许可或者不予许可的决定。予以许可的，向申请人颁发旅行社业务经营许可证，申请人持旅行社业务经营许可证向工商行政管理部门办理设立登记；不予许可的，书面通知申请人并说明理由。

2. 申请经营出境旅游业务的旅行社

旅行社取得经营许可满两年，且未因侵害旅游者合法权益受到行政机关罚款以上处罚的，可以申请经营出境旅游业务。旅行社申请出境旅游业务的，应当向国务院旅游行政主管部门提出申请，并提交经营旅行社业务满两年，且连续两年未因侵害旅游者合法权益受到行政机关罚款以上处罚的承诺书和经工商行政管理部门变更经营范围的企业法人营业执照。

受理申请的旅游行政管理部门应当自受理申请之日起 20 个工作日内作出许可或者不予许可的决定。予以许可的,向申请人换发旅行社业务经营许可证,旅行社应当持换发的旅行社业务经营许可证到工商行政管理部门办理变更登记;不予许可的,书面通知申请人并说明理由。

（三）存入质量保证金

旅行社应当自取得旅行社业务经营许可证之日起 3 个工作日内,在国务院旅游行政主管部门指定的银行开设专门的质量保证金账户,存入质量保证金,或者向作出许可的旅游行政管理部门提交依法取得的担保额度不低于相应质量保证金数额的银行担保。旅行社在银行存入质量保证金的,应当设立独立账户,存期由旅行社确定,但不得少于 1 年。账户存期届满 1 个月前,旅行社应当办理续存手续或者提交银行担保。

经营国内旅游业务和入境旅游业务的旅行社,应当存入质量保证金 20 万元;经营出境旅游业务的旅行社,应当增存质量保证金 120 万元。旅行社每设立一个经营国内旅游业务和入境旅游业务的分社,应当向其质量保证金账户增存 5 万元;每设立一个经营出境旅游业务的分社,应当向其质量保证金账户增存 30 万元。

质量保证金的利息属于旅行社所有。旅行社自交纳或者补足质量保证金之日起三年内未因侵害旅游者合法权益受到行政机关罚款以上处罚的,旅游行政管理部门应当将旅行社质量保证金的交存数额降低 50%,并向社会公告。旅行社可凭省、自治区、直辖市旅游行政管理部门出具的凭证减少其质量保证金。

（四）办理营业执照

申请人取得经营许可后,应当持旅行社业务经营许可证,按照《中华人民共和国企业法人登记管理条例》《中华人民共和国合伙企业登记管理办法》《中华人民共和国公司登记管理条例》等工商行政管理法规的规定,到工商行政管理机关办理设立登记手续。登记主管机关应当在受理申请后 30 日内,做出核准登记或者不予核准登记的决定。申请企业法人开业登记的单位,经登记主管机关核准登记注册,领取企业法人营业执照后,企业即告成立,可以开展经营活动。

三、旅行社分支机构的设立

（一）旅行社分社

旅行社设立分社的,应当持旅行社业务经营许可证副本向分社所在地的工商行政管理部门办理设立登记,并自设立登记之日起 3 个工作日内,持下列文件向分社所在地的旅游行政管理部门备案:

① 设立社的旅行社业务经营许可证副本和企业法人营业执照副本;
② 分社的营业执照;
③ 分社经理的履历表和身份证明;
④ 增存质量保证金的证明文件。

旅行社分社的设立不受地域限制。旅行社分社的经营范围不得超出设立分社的旅行社的经营范围。

（二）旅行社服务网点

服务网点是指旅行社设立的，为旅行社招徕旅游者，并以旅行社的名义与旅游者签订旅游合同的门市部等机构。旅行社设立服务网点的区域范围，应当在设立社所在地的设区的市的行政区划内。旅行社服务网点应当接受旅行社的统一管理，不得从事招徕、咨询以外的活动。设立社可以在其所在地的省、自治区、直辖市行政区划内设立服务网点；设立社在其所在地的省、自治区、直辖市行政区划外设立分社的，可以在该分社所在地设区的市的行政区划内设立服务网点。分社不得设立服务网点。

设立社向服务网点所在地工商行政管理部门办理服务网点设立登记后，应当在3个工作日内，持下列文件向服务网点所在地与工商登记同级的旅游行政管理部门备案：

① 设立社的旅行社业务经营许可证副本和企业法人营业执照副本；

② 服务网点的营业执照；

③ 服务网点经理的履历表和身份证明。

四、外商投资旅行社的设立

《旅行社条例》放宽了外商旅行社的限制。设立外商投资旅行社，由投资者向所在地省、自治区、直辖市旅游行政管理部门提出申请，并提交相关证明文件。申请经营国内旅游业务和入境旅游业务的，应当取得企业法人资格，并且注册资本不少于30万元。省、自治区、直辖市旅游行政管理部门应当自受理申请之日起30个工作日内审查完毕。予以许可的，颁发旅行社业务经营许可证；不予许可的，书面通知申请人并说明理由。设立外商投资旅行社，还应当遵守有关外商投资的法律、法规。

外商投资旅行社不得经营中国内地居民出国旅游业务以及赴香港特别行政区、澳门特别行政区和台湾地区旅游的业务，但是国务院决定或者我国签署的自由贸易协定和内地与香港、澳门关于建立更紧密经贸关系的安排另有规定的除外。

思考题

1. 简要说明世界上第一家旅行社产生的原因。

2. 我国第一家旅行社是何时产生的？产生的背景是什么？

3. 试从行业发展的角度，分析从改革开放到现在我国旅行社行业的主要变化。

4. 简述旅行社的性质。

5. 试将我国与世界上一些主要国家和地区的旅行社分类进行分析比较，指出其异同点。

6. 试述旅行社的主要业务。

7. 设立旅行社需满足哪些条件？设立程序是什么？

第二章　旅行社产品的开发

第一节　旅行社产品的含义

产品是旅行社赖以生存和发展的基础和核心。旅行社经营管理的重要内容之一是保证旅行社产品的数量、种类、质量能够满足旅游者的需求。旅行社生产产品的目的是营利,通过生产出能满足消费者需要的产品,并将产品销售给消费者而最终获得利润。

一、旅行社产品的概念和特点

（一）旅行社产品的概念

菲利普·科特勒认为,"产品是指任何可以提供给市场,让人们注意、获取、使用和消费,从而满足人们的愿望与需要的东西,包括实物、服务、人员、场地、组织和理念"。旅行社产品是一个综合概念,从属于旅游产品,它以服务为主要内容,以旅游设施为依托,带给旅游者一种体验与经历。

根据《旅行社条例》,"旅行社是指从事招徕、组织、接待旅游者活动,为旅游者提供相关的旅游服务,开展国内旅游业务、入境旅游业务和出境旅游业务的企业法人"。从中可以看出,一方面,旅行社提供的主要是高接触性的服务形态的产品,这种服务与旅游设施、旅游资源结合在一起,旅游者在大多数情况下参与了旅行社旅游服务的全过程;另一方面,旅行社是以营利为目的的企业,这决定了旅行社提供的产品是有偿的。所以,对旅行社产品概念的理解可以从两个角度来看:从旅行社经营者角度,是指旅行社凭借一定的旅游资源直接或间接向旅游者提供的满足其在旅游过程中综合需求的服务;而从旅游者角度,则是指旅游者支付一定的金钱、时间和精力后所获得的满足其旅游需求的经历。无论是何种角度,旅行社产品的核心都是为旅游者的空间移动提供服务。

综上所述,旅行社产品是旅行社以旅游者的空间移动为核心,通过采购和开发旅游供应商的产品,向旅游者提供的全部产品和服务。

旅行社产品包括包各类价旅游产品和单项旅游服务,其最主要、最典型的反映形式是"旅游线路"。旅行社所提供的"旅游线路",是旅行社从业人员经过市场调查、筛选、组织、创意策划、服务采购、广告设计等最终生产出来的,以旅游资源点或区域为节点,以交通路线为线索,向旅游者提供的旅游过程的具体走向。当旅游者购买了这个"旅游线路",并在法律上得以承认时,"旅游线路"就具体化或变成"有形物"从而成为"旅行社产品",其后的接待服务（导游服务、后勤保障等）开始释放并融入整个过程。随着旅游业的不断发展,旅行社的经营范围也在不断扩展,部分旅行社走上了集团化发展的道路,经营上开始走向多元化,包括相关多元化和不相关多元化,相关多元化是指向与旅行社业务关联度较高的行业如旅游纪念品生产企业、餐饮业酒店住宿业、交通运输业等的扩展,不相关多元化是指向与旅行社业务关联度较低的行业如金融业、房地产行业等的扩展，但从旅行社经营的专业化角度来说，具有旅游产品属性的旅行社产品应是其经营的最核心产品。

（二）旅行社产品的特点

1. 综合性

旅行社产品的综合性是其区别于其他物质产品和服务产品的重要特征。从旅游要素上看，旅行社产品是由多种旅游吸引物、交通工具、餐饮住宿、文化娱乐等多项服务要素和社会公共产品组成的混合性产品，往往涉及旅游者旅游活动的吃、住、行、游、购、娱全过程，是满足旅游者多方面需求的综合性产品。这些产品可以以单项产品方式出售给旅游者，又可以进行不同的排列组合后出售。

从旅游供给上看，旅行社产品涉及的行业众多，是由不同的旅游企业及相关企业和部门生产的，既包括有形的产品如旅游纪念品，还包括以物质为载体的如交通运输、酒店客房服务，又有以景点、文娱、导游等满足精神和心理需求的服务，还包括间接为旅行社提供支持的保险、农副、建筑、食品、通信等行业和政府、文化、卫生、公安等部门。所以，旅行社产品的生产和销售受制于很多因素，涉及面也很广。

2. 无形性

旅行社产品属于服务产品，在很多情况下它无形无质，既看不见也摸不着。旅行社产品中虽然含有一定的物质比例，但是如线路的设计、日程的安排、客房的预定、导游的讲解等，更多的是无形的服务，在产品中占绝大比重。与有形的产品消费不同，无形的服务不可被提前感知，人们在消费前无法触摸其存在。因此，旅游者在购买决策时，凭借的是自己的经验、产品营销和旅行社的口碑，这就要求旅行社的销售人员要用各种销售手段将旅行社产品进行"有形化"，坚定旅游者购买的信心。

3. 生产与消费的同时性

旅行社产品是以"人"为中心的服务产品。不同于有形产品，当旅游者购买了某一旅行社产品后，他无法将产品带回家，他只是预约了消费产品的时间和地点，之后必须要亲自到旅游目的地进行游览，才可享受旅游服务。从旅行社角度来看，前期对产品的设计、策划、营销等活动，仅仅是产品生产的部分过程。在旅游者购买产品后，旅行社需要派出导游人员带领游客进行旅游活动，完成产品的生产，旅游活动结束后，生产与消费活动也随之结束。旅行社服务的完成需要生产者和消费者共同参与，即旅行社产品的生产过程就是旅游者消费的过程。

因此，旅游者在购买旅游服务产品时，只是购买了产品在特定时间的使用权而不是所有权，旅游者在进行旅游消费时，旅游产品的所有权并未转移，产品仍固定在原地。其中有些有形的饭店设施、交通工具等也仅仅是为了旅游企业向旅游者提供服务的载体。

4. 异质性和雷同性并存

旅行社产品生产与消费的同时性决定了：第一，旅游者是产品生产的参与者，由于每位旅游者对于同一旅行社产品的期望值不同，所获得的经验与感受也不同，就使得旅游者对同一旅行社产品的质量评价也不同；第二，旅游者消费产品的过程也是旅游服务人员提供服务的过程，即使是同一旅行社产品，同一名导游人员，向不同顾客提供服务的过程与质量也难免有一些差异，因此不同旅游者对同一产品的感受与评价会有所不同。这也被称为服务产品的异质性,这一特点在很多服务产品中都有所体现。旅行社产品的异质性特点要求旅行社要更加注重制定服务质量标准,加强员工的服务质量意识与技巧的培训,减少人为因素对产品质量的负面影响。

同时,由于旅行社产品的原材料不具有垄断性特征,旅行社产品还具有高度的雷同性。当一家旅行社开发出一条畅销的旅游线路时,其他旅行社可以轻易"搭便车",在短时间内复制出类似产品,从而引发恶性价格竞争。因此旅行社应重视企业品牌和产品品牌,提高产品的进入门槛。

5. 不可储存性

生产和消费的同时性也决定了旅行社产品的不可储存性,旅行社产品不可能像有形产品一样储存在仓库中,如果在特定的时间没有实现销售,该产品价值就无法实现。旅行社不可能把淡季销售不出去的旅游线路储存到旺季销售,今天的客房如果卖不出去也不可能放到明天再卖。

6. 敏感性

由于旅行社产品涉及人与自然、人与社会、人与人之间的诸多关系,旅行社产品对外界环境包括政治政策、国际关系、经济金融、自然灾害等有着非常高的敏感性。外界环境的任何一项发生变化,都有可能引起旅游需求的变化,进而影响旅行社产品的生产和消费。诸如2009年的全球金融危机、近年的韩国部署萨德反导系统事件、2020年的全球新冠疫情等均对我国旅行社行业产生了一定的冲击和影响。但旅行社产品对外界变化反应的异常迅速并不代表旅行社产品的脆弱。旅行社产品受冲击和影响快,一旦外界环境变化,恢复也很快,这主要是由日益增强的旅游需求所决定的。正像世界旅游组织前任秘书长弗朗加利说过的,"在旅游的历史上,从来没有出现过深度的、长期的萧条",旅游业是永远的朝阳产业,旅行社产品也同样具有顽强的生命力。

二、旅行社产品的构成

从不同的角度分析,旅行社产品的构成要素不同。从旅游者需求的立场来考虑旅行社产品,可以将其看作以目的地活动为基础的有形要素和无形要素的组合,这个组合在旅游者看来就是可以用一定的价格购得的一种经历,它是一种整体产品。从产品生产者旅行社的角度来看,旅行社提供的产品分为 3 个层次:核心产品(core product)、有形产品(tangible product)和外延产品(augmented product)。

(一)从需求的角度考虑

从旅游者角度看,旅行社产品由目的地景物和环境、目的地设施、旅游服务、可进入性和产品价格 5 个要素组成。

1. 目的地景物和环境

目的地景物和环境主要是指旅游吸引物,是一切能够吸引旅游者的旅游资源及条件,它是构成旅行社产品的基本要素。旅游吸引物是旅游者选择目的地的决定因素,也是旅行社能否进行旅游开发的先决条件。旅游吸引物的存在形式有很多种,既可以是某种物质实体,也可以是一些事物或现象。旅游吸引物既包括有形的古迹、建筑等实物,又包括民俗、活动等无形的吸引等。具体看来,目的地景物和环境主要包括自然景物、人造景物、文化吸引物和社会吸引物。

2. 目的地设施

目的地设施指目的地直接或间接向旅游者提供服务所凭借的设施、设备和相关的条件,它是构成旅行社产品的必备要素,是旅游者顺利完成旅游活动和旅行社取得效益的基本条件。目的地设施可以使旅游者在目的地停留,通过某种方式享受和融入景物中去,主要包括旅游服务设施和基础设施。旅游服务设施是指直接为旅游者提供服务的设施,有住宿设施、餐饮设施、目的地交通、零售场所和其他服务设施等。基础设施是指间接为旅游者提供服务的设施,包括城镇道路、供水、供电、供热、排污系统,邮政通信、交通运输、环境保护设施,物资供应系统,城区景区绿化、美化、道路设施、停车场及银行、治安管理机构等,它是旅游业深度发展的后盾。

3. 旅游服务

旅游服务是旅行社产品的核心,旅游者购买旅游产品,除了少量的物质消耗与旅游纪念品的购买外,大量消费的都是无形的旅游服务。

旅游服务包括旅行社的导游讲解和生活服务,交通部门的客运服务,饭店餐馆的食宿服务,商业零售部门的购物服务,景点的接待服务等。旅游服务是服务人员面对面向客人提供的,所以服务人员的服务态度和服务技能特别重要。服务态度是旅游者最为关心的内容,表现为服务人员有主动的服务意识,尊重与理解旅游者。服务技能可分为操作技能和智力技能,前者如饭店餐饮工作人员如何提供合乎规范的餐饮服务,旅行社怎样按照一定的规程与其他部门签订合同,后者如导游人员的带团、讲解、应变技能等。

4. 可进入性

可进入性是指旅游者进入旅游目的地的难易程度,影响旅游者到达目的地的费用、速度和便捷性。它将旅行社产品的各个组成部分连接起来,是构成旅游产品的基本因素之一。主要包括以下几个方面的内容。

政府法律法规。如政府对旅游业的重视程度,对交通运营的法规性控制幅度等。若政府重视旅游业发展,势必会放宽旅游开发政策,增大对旅游业的投入,则有利于旅游的发展。政府关于旅游业的政策也会影响到旅游者的目的地选择,以中国出境游为例,改革开放初期的出境旅游最初在"探亲"范围施行,政府基本上不支持开发出境旅游产品,后来出境旅游市场逐渐放开:从1997年的"适度发展出境旅游",发展到2005年"规范发展出境旅游"、2009年的"有序发展出境旅游"、2021年的"稳步发展出境旅游"。在我国出境游政策的演变与引导下,再加上世界各国不断出台吸引中国游客的政策措施,我国出境游市场得到蓬勃发展。截止到2019年,已有72个国家和地区对中国公民免签或实施落地签,我国出境旅游目的地国家和地区已经达到159个。

交通与通信条件。交通条件包括公路、机场、铁路、海港等基础设施状况,交通工具的种类、数量与质量,对外交通联系的方便程度、交通管理状况、运营的价格等;通信条件包括通信设施的规模、配套状况、完善程度等。这会影响到达目的地的客流量大小、旅行社产品的质量。

各种手续的办理。包括出入境手续办理的难易程度、服务的效率等,会对游客的数量、旅行社产品的成本和吸引力产生影响。

旅游经营管理状况。包括旅游信息的传播、景点的布局、旅游线路的组合与设计等。

旅游地社会承载力。主要指当地社会经济发展水平、社会治安状况、人口密度、当地居民对旅游开发及旅游者的态度等。

5. 产品价格

任何一次对目的地的访问都有一个价格,这个价格是用于旅行、住宿和有选择地体验当地景点所需的一系列费用的总和。由于不同的旅游目的地提供的产品多种多样,吸引的游客不尽相同,因此产品的价格多种多样。而且价格随着季节、国际汇率的变化、旅行的距离和对设施与服务的选择不同而有所变化。

（二）从供给的角度考虑

从供给角度看,旅行社产品包含核心产品、有形产品和外延产品 3 个层次:

1. 核心产品

旅游者购买某种产品时,并不是为了占有或获取产品本身,而是为了获得能满足某种需要的效用或利益。核心产品则是产品的最基本、最主要的部分,是为特定市场的特定需求设计的能满足旅游者需求的服务和利益。

2. 有形产品

有形产品也叫实际产品,是核心产品借以实现的形式,即向市场提供的实体和服务,是生产者围绕产品的核心利益建立的实际部分。如产品向市场提供的实体和劳务的外观、质量、款式、特点、商标及包装等,产品的基本效用必须通过这些具体的形式才能得以实现。旅行社在营销时应首先着眼于旅游者购买产品所追求的利益,以求更完美地满足旅游者的需要,从这一点出发再去寻求利益得以实现的形式,进行产品设计。

3. 外延产品

外延产品是产品的延伸或辅助部分,是生产者提供给旅游者在购买之前、之中和之后的附加服务和利益,可以使产品对旅游者更具吸引力。它主要包括付款方式、信誉与保证、售后服务等,可以进一步提高旅游者的满意度。外延产品的概念来源于对市场需求的深入认识,因为购买者的目的是满足某种需要,因此他们希望得到与满足该项需要有关的一切。美国学者西奥多·莱维特曾经指出,"新的竞争不是发生在各个公司的工厂生产什么产品,而是发生在其产品能提供何种附加利益（如包装、服务、广告、顾客咨询、融资、送货、仓储及具有其他价值的形式）"。

如某家旅行社推出海南冬季避寒康养游,核心产品是旅游者通过度假获得休息、放松、娱乐;有形产品是这次度假的主题名称、往返的交通、提供住宿的酒店、提供餐饮的餐馆、景点的接送等;外延产品是旅游前的促销、门市的咨询服务、在线预订、旅游后的回访、投诉的处理等,有些是有形的,如赠送的目的地景点或娱乐场所的一张门票,有的是无形的,如服务提供者的态度。外延产品表达了正式报价之外的附加价值这一概念,它是旅行社使自己的产品区别于竞争对手产品的重要机会。

任何一种产品都是一个整体系统,不单用于满足某种需求,还能得到与此有关的一切辅助利益,并且产品的外形、外延部分等因素决定了旅游者对产品的评价。旅行社在进行产品营销管理时,应注重产品的整体效能,并在有形产品和延伸产品上形成自身的特点,这些也可以被看作旅行社管理的工具,使旅行社与其他竞争者明显区别开来,赢得竞争优势。

三、旅行社产品的类型

为满足旅游者的不同需求,旅行社要开发不同的产品。从不同的角度,可以对旅行社产品进行不同的分类。旅行社产品的类型有多种划分标准,划分的标准不断增加,类别也不断延伸。

(一)按旅游者的组织形式划分

按游客的组织形式可分为团体旅游和散客旅游。团体旅游(group tour)一般由10人或10人以上的旅游者组成,由旅行社安排旅游行程和旅游形式。散客(individual tourist, FI)旅游又称自助或半自助旅游,它主要是由旅游者自行安排旅游行程,零星现付各项旅游费用的旅游形式。二者在行程安排主体、付款方式、自由程度、价格等方面都有所不同。值得注意的是,我国的旅行社大多擅长组织团体旅游产品,但是散客旅游人数在旅游市场中一贯保持绝大比重。

(二)按照产品形态划分

包价旅游是旅行社产品最简单、最典型的形式,在旅行社的实际经营过程中其提供的产品既包括整体或综合的旅游服务,也包括零散或单项的旅游服务,还包括介于两者之间的任意组合的旅游服务。组合和包价产品是旅行社产品中的核心,是旅行社利润的主要来源。根据产品不同的组合形态,可以将其分为全包价旅游产品、部分包价旅游产品和单项旅游产品。

1. 全包价旅游

全包价旅游(full package tour)指旅游者将各种相关的旅游服务全部委托给一家旅行社办理,一次性预付所有旅游费用。全包价中包括的主要费用由综合服务费、房费、餐费、城市间交通费和专项附加费等构成。

2. 部分包价旅游产品

随着旅游需求的多元化发展,出现了相对于全包价旅游的部分包价旅游产品,即在全包价产品的基础上,根据旅游者的不同需求,减少产品所包含的旅游服务项目。部分包价旅游产品又分为半包价旅游(half-package tour)、小包价旅游(mini-package tour)、零包价旅游(zero package tour)。与全包价旅游的限制和约束的弊端相比,部分包价旅游的旅游者可按本人意愿、出行目的、兴趣爱好和经济情况自由选择所需的旅游项目,更加灵活自主,付费方式可选,更能适应越来越多样化与个性化发展的市场需求,同时也降低了旅行社产品的直观价格,提高了旅行社产品的竞争力。

3. 单项委托服务

单项委托服务(single service)是旅行社为散客提供的按各种单项计价的可供选择的服务。主要的服务项目有:导游服务、接送服务、代办签证、签证延期、代订饭店客房、代购交通票据、代联系参观文娱活动、代办行李托运等。近年来散客旅游的迅猛发展为旅行社单项服务提供了广阔的前景。

(三)按产品的档次划分

按产品的档次可分为豪华型、标准型和经济型三种。

1. 豪华型旅行社产品

豪华型旅行社产品较适合于经济实力高,对价格不太敏感的旅游者。该种产品的价格相对比较高,在旅游过程中的硬件配备也高:旅游者住宿一般安排在四星或以上酒店或豪华邮轮里;餐饮档次较高,以当地风味餐、特色餐为主;往返使用飞机航线,享用高档豪华进口车;购物选择上以提供当地特色、高档商品为主;享用高水准的娱乐节目;对导游员和司机的服务能力要求也较高。另外,近年来豪华型产品多以私人高端定制等方式出现。豪华型旅游对旅行社来说,人均效益较高,但要求也高。

2. 标准型旅行社产品

标准型旅行社产品较适合于经济实力略高于经济型旅行社产品的旅游者,是各旅行社普遍采用的一种形式。该种产品的价格相对适中,在旅游过程中的硬件配备相对较好:旅游者住宿一般安排在二、三星级酒店的双人标间;餐饮一般以包席为主,餐标略高;往返多使用飞机航线,享用豪华空调车。如果接待的是海外旅游者,旅行社要提供相应语言的导游服务;在旅行过程中,向旅游者提供的全部餐饮中需有部分西餐;游览时需要向他们提供较高档次的空调大客车,空调面包车或小轿车;15 人以上的团体实行领队减免办法(即 16 人减免一人的综合服务费)。

3. 经济型旅行社产品

经济型旅行社产品较适合于经济实力较低,对价格敏感的旅游者。该种产品的价格相对比较低,在旅游过程中的硬件配备相对也较低:旅游者住宿一般安排在普通的招待所或旅社的双人标间或三人间、四人间;餐饮多以包席为主,餐标较低,也可以不含餐;交通上一般为普通旅游客车、轮船、火车硬卧(座)。

(四)按照旅行社的业务范围划分

1. 省内旅行社产品

省内旅行社产品一般由国内接待社进行设计和推出。国内接待社通过对旅游者消费需求的了解,结合本省或区域的旅游资源等要素禀赋,合理地对资源进行配置与整合,设计出旅游者喜欢的本省或区域的旅行社产品。

受 2020 年新冠疫情影响,近郊游、省内游成为人们出行的首选。

2. 省外旅行社产品

省外旅行社产品一般由国内组团社进行设计和推出,与省内旅行社产品相比主要差别在于设计和推出的主体不同。省外旅行社产品开发是国内组团社的重要工作,需要加强对地接社的协调和管理,也有少部分国内组团社会配备全兼地导游而不需要地接社的配合。

3. 出境旅行社产品

出境旅行社产品一般由出境组团社进行设计和推出。该类产品的服务对象为出境旅游者,对出境组团社的要求也相对较高,手续办理也相对复杂。该类产品一般需要配备专职的出境领队,并要做好境外接待社的协调和管理。

(五)按旅游的目的划分

旅行社产品必须满足旅游者的需求。旅游者国籍、年龄、身份、文化背景、收入等方面的差异决定了旅游需求的多种多样。访古寻根、探险猎奇、观光览胜、体育健身、异地文化风情等,都可以成为旅游的动机。因此按照旅游目的划分的旅行社产品也是丰富多彩、种类繁多的,可以分为观光、度假、商务、探亲、奖励、会议、修学、探险、宗教、养生,等等。随着社会经济活动的不断改变,个性化、时尚化和人性化的需求日臻显现,对旅行社产品提出了更新、更高的要求,产品本身的内涵和外延在不断地丰富和延伸。

四、传统的旅行社产品和新产品

按照产品进入市场的时间远近,旅行社产品可以分为传统旅行社产品和创新产品。

(一)传统旅行社产品

我国传统旅行社产品主要是"团体、标准等、全包价、文化观光"旅游。在国际、国内旅游市场上形成的传统旅行社产品分为三种类型:一是观光旅游产品,以文物古迹、山水风光、民俗风情为特色的具有东方文明和神州风韵的观光产品,在世界上具有垄断地位;二是度假旅游产品,其中家庭度假、乡间度假、海滨度假、周末度假、节日度假拥有成熟广阔的市场;三是专项旅游产品,包括乡村旅游、长城之旅、黄河之旅、长江三峡之旅、奇山异水游、丝绸之路游、西南少数民族风情游、冰雪风光游、寻根朝拜游、青少年修学游、新婚蜜月旅行、保健旅游、烹饪王国游、江南水乡游、佛教四大名山朝圣游,以及探险、漂流、狩猎等专项、专线旅游。回顾中国旅游业发展的40多年,不难看出,我国以观光产品为主导的传统旅游产品凭借其资源的比较优势,占据了中国旅游市场的垄断地位。

随着旅游业的迅速发展,旅游产品的日趋成熟,传统旅游目的地的旅游产品逐渐出现产品老化的现象:功能单一、内容陈旧、参与程度低、形式缺乏变化,易造成恶性竞争,已经很难适应现代旅游者的需求。因此,如何顺应旅游市场需求的变化,不断更新和再生其吸引力因素,开发新产品,延长产品的生命周期,成为了事关当今旅行社生存和发展的重要课题。

(二)旅行社新产品

旅行社产品创新是旅行社保持生命力和竞争力的来源。在当今旅游发展新时期、新消费和新技术的推动下,面对市场需求的多样化和竞争的白热化,旅行社需要立足行业新业态,以旅游者需求为中心进行产品创新,通过创新来创造需求、带动需求,提高企业持续发展能力。随着5G、人工智能、虚拟现实、区块链、大数据、新媒体等新技术的不断成熟,新型的旅游经营方式、旅游产品样式、营销销售模式在不断创新,行业中出现了共享经济模式、俱乐部模式、众筹模式、个性定制模式、分时分权一体化模式等新型商业模式,涌现了在线旅游、邮轮旅游、研学旅游、低空旅游、自驾车房车营地、特色住宿、康养旅游、户外探险旅游、体育旅游、工业旅游等新型产品业态。

本节主要讨论在线旅游产品。

1. 在线旅游产品的含义

伴随着计算机时代日新月异,互联网技术及应用不断升级和冲击,"不上网就会死"是很多旅行社在传统旅游业改革浪潮中得出的结论,传统旅行社加码线上是必然选择。与传统旅行社以实体门店经营的方式形成巨大差异,旅行社主要借助互联网平台和技术,被旅游从业人士称之为"在线旅行社",英文简称为"OTA",全称为"online travel agency"。

因此,在线旅游产品是指旅行社或OTA以网络为主体,以旅游信息库、电子银行为基础,以满足旅游消费者信息查询、产品预定、在线体验及服务评价为核心目的,通过整合包括航空公司、酒店、景区、租车公司等旅游服务资源而进行设计和发布的旅游产品。旅游者通过网络查阅预订旅游产品、分享旅行经验,或进行在线旅游体验。

2. 在线旅游的发展现状

在线旅游已经成为当今旅游市场产业的主要商业模式。携程旅行网、e龙旅游网等综合性旅游网站和去哪儿网等专业旅游比价搜索引擎,利用超强的搜索技术手段、良好的个性服务和强大的交互功能为旅游者提供方便、快捷的信息,抢占网上旅游市场份额,具有强大的发展潜力。从交易规模角度来说,2018年中国在线旅游市场交易规模为15122.4亿元,较2017年增长了29.0%。2019年的增长率也达到了18.8%,交易规模达到17965.4亿元。

在互联网的浪潮冲击之下,传统旅行社也纷纷迎难而上,主动转型跻身在线旅游市场,搭建属于自己的旅游网站,积极拓展线上旅游产品。如春秋旅游2020年以来新增了4000多家个人的线上门店,开足马力加大在线上开店的力度;中国青年旅行社和香港中国旅行社分别推出遨游网、芒果网;中国妇女旅行社也和携程、途牛搭建合作桥梁;众信、锦江旅游、广之旅等传统旅行社都在在线平台上做过不少投入。众多中小旅行社依托自己建立的微信、网站等线上平台。它们将传统旅游产品经营与网络结合,利用旅游业的专业知识服务市场,具有很大专业优势。

3. 在线旅游产品的主要类别

OTA提供的主要产品有以下几类:

① 信息搜索和平台广告服务。在线旅行社的旅游网站一般提供丰富的旅游信息,如景点、饭店、美食、旅游常识、注意事项、旅游新闻、目的地天气、票务信息、人文环境等信息,为旅游者检索、导航和交流旅游信息提供良好平台。另外,旅游信息网络广告和第三方旅游企业支付的遨游网平台费用作为互联网门户较稳健的盈利模式,也已成为各大旅游网站门户推出的潜在产品。

② 单项旅游产品在线预订。提供单项旅游产品预订获取交易利润是国内综合性在线旅游网站的主要收益渠道。以携程为例,2019年四个季度主要收入来自酒店预订(37.7%)、机票预订(39.3%),合计占到77%的比重。除此之外,提供签证服务、展会策划、租车服务、租船服务、保险服务、购物消费折扣等单项产品也收到旅游者的欢迎。

③ 常规在线旅游线路。旅行社在网站上专门发布国内外短线、长线旅游线路,线路往往以酒店加机票为核心,附带旅游景点门票与旅途服务等信息。用户通过以注册会员身份登录旅行预订网站,查询旅游线路信息并在线预订,通过网上支付或其他支付手段支付费用,来实现自助游或跟团游。此类产品是旅行社线上线下相结合、传统业务形式和现代互联网技术相结合的产物。如携程的旅游度假业务中,线下门店近8000家,在线定制游平台供应商超过1800家。

④ 个性化在线旅游产品。目前市场上最常见的是定制游、分时度假产品等多种类型,灵活满足不同客人的个性化需求。很多在线旅行社推出了"私人定制"业务,旅游者可以随时查询最新的旅行攻略,借助技术平台选择目的地,将喜欢的景点、酒店、交通等添加至行程,智能生成专属的个性化旅游产品。分时度假是一种将房地产业、酒店业、旅游业相结合的一种商业新概念,在线旅游成为分时度假理想的营销渠道和信息载体。另外,从人群划分上,有中高端人士的商旅出行、年轻一代的穷游、家庭亲子游和老年俱乐部游,等等;从内容和人群关系出发,不断衍生出攻略、社交、人脸识别自助登记、"旅行SOS"服务等各种新型旅游产品。

⑤ 线上旅游体验产品。线上旅游体验产品的出现是技术催生、时代发展和文旅变革的产物。很多旅行社上线了旅游产品宣传短视频及 VR 全景功能，为用户打造了生动而丰富的"线上虚拟旅游体验场景"，让用户更加直接、细致、全方位地了解旅游产品细节，提升页面浏览、旅游产品信息获取及预订等体验。尤其 2020 年至 2022 年期间，疫情常态化下的旅游行业，线上旅游产品供给水平正在进一步提升。各地运用"旅游＋科技"推出的线上旅游产品向消费者提供了更具特色、更加便捷的服务，旅游从业者变为旅游主播，游客足不出户"云旅游"，体验"微旅游""微度假"。这种新贵产品创造了全新的旅游体验模式，改变了人们的旅游方式，颠覆了人们对旅游的认知，将成为旅行社业未来要重点突破的一种产品发展方向。

案例 2-1　虚拟旅游数字产品，助客"云旅游"

2020 年至 2022 年期间，新冠疫情和数字科技作为两种相互交织的力量，共同重塑着人们的生产生活方式。全球旅游业停摆，多数人们选择在家隔离防疫，在线旅游也应运而生，众多旅游服务品牌也推出了数字化旅游产品。

据外媒报道，TripAdvisor、CityMe 等国外大型旅游平台陆续上线了虚拟旅游和在线体验活动。TripAdvisor 旗下的目的地旅游活动品牌 Viator 推出了"居家漫游"（roam from home）项目，产品覆盖了家庭烹饪课程、在线游览城市中心和地标建筑等 100 多种数字化活动。城市在线导游应用（CityMe）推出了西班牙观光之旅，覆盖了马德里、巴塞罗那和塞维利亚等城市。荷兰门票预订平台 Tiqets 整理了包括大英博物馆、巴黎卢浮宫、纽约大都会艺术博物馆、北京故宫等全球 30 多家博物馆的虚拟游览服务。

在中国，2021 年不少旅游活动转移到线上，云旅游、云直播、云观展、云演出成为新模式走入人们的生活。景区、旅游平台、旅行社、文化机构、个人等多元主体也加快提供各种云旅游服务。例如：携程、飞猪、马蜂窝等搭建"云直播"平台；大量游客在各景区现场直播分享敦煌研究院的"云游敦煌"；故宫的"全景故宫""V 故宫"；西安兵马俑的"全景兵马俑"；世界旅游博物馆的线上展览；云南借助"游云南"APP 将 900 多个景区"移"至线上；广州国际旅游展览搭建"云上旅游展"；北京、上海、青岛等地文化和旅游消费惠民活动走上"云端"，上线"云享京彩文化生活节""好看上海·云旅游"等。

第二节　旅行社产品开发的影响因素

旅行社产品是旅行社为旅游者的空间提供的一系列服务。这种产品不是凭空想象的，而是受一定因素影响的，既要以本国或本地的旅游吸引物、旅游设施等因素为依据，又要研究旅游者的不同需求，考虑到旅行社自身的特点。

一、资源和服务现状

一个国家或地区拥有的资源禀赋、旅游设施、旅游服务和可进入性，与旅行社产品开发息息相关。这些因素往往会影响到一个国家或地区对旅游者的吸引力、接待能力、服务水平等，从而对旅行社的产品开发产生影响。

（一）旅游吸引物

一个国家或地区有了旅游吸引物,旅行社产品的开发就具备了一定的条件。如果当地自然资源和人文资源独具特色、有强烈的吸引力,旅行社就可能开发出优势明显、竞争力强的旅游产品来吸引旅游者。

（二）旅游设施

仅有旅游吸引物是不够的,旅行社产品开发还需要有交通、住宿、餐饮、娱乐、供水供电等旅游设施。旅游者可凭借这些设施达到旅游目的,丰富旅游生活,保障旅游活动顺利进行。旅游设施的完备与否影响到对旅游者的接待能力,从而影响到旅行社产品的开发。

（三）相关单位提供的旅游服务

旅行社产品涉及的旅游服务不仅由旅行社提供,还涉及各种与旅游直接或间接相关的其他部门,如交通部门、饮食部门、住宿部门和文化单位等。这些单位服务人员态度的好坏、效率的高低也会影响到旅行社产品的开发设计与质量高低。

（四）可进入性

可进入性决定了旅行社产品开发的难易程度。政府重视旅游业,交通通信条件完善,出入境手续办理方便,社会经济发展水平高、治安状况良好,本国本地居民赞成发展旅游业等积极条件都会给旅行社产品开发带来便利。旅行社要根据实际情况,有选择地进行产品开发。

二、旅游需求

作为一种主观意愿,旅游需求表现为旅游者对旅游产品的购买能力和购买愿望,它决定了旅行社产品的开发方向。旅行社产品与旅游需求的大小和旅游者的旅游兴趣息息相关,是否能够满足不同旅游者的需求是旅行社产品成败的关键。

旅游需求是多种多样的,比如说求新、求奇、求美、求险、求享受,或者是为了缓解日常生活中紧张的学习、工作压力,或者是想通过旅游去与他人交往,获得友谊、财富、声誉等。旅游者所处的文化背景、社会时期不同,旅游需求也不相同。2020年以来,旅游休闲需求出现了明显的"内"化特征,不仅呈现空间层面从国际向国内、由远程至近程的显性"内"化,更表现出从追求形式到探究内涵,从完整到碎片、由表及里、向内求索的隐性"内"化,成为新的市场机会。

多样的旅游需求为旅行社设计不同的产品提供了依据,针对不同的旅游需求可以开发不同的旅游产品。如我国旅行社最早开发的旅游路线"北京—西安—上海—桂林—广州",包括了具有代表性的五个城市,其中既有历史悠久的文物古迹,又有秀丽的山水风光,是改革开放初外国人了解中国这一古老的东方古国的最好线路。随着时代发展,旅游新需求产生,催生了新产品。2021年正逢中国共产党建党一百周年,越来越多的旅行社充分发挥红色资源优势,积极回应大众探寻红色历史诉求,进一步挖掘红色文化内涵、赓续红色基因,联合打造"建党百年红色旅游百条精品线路",推动红色旅游产品和服务不断上新,吸引着越来越多旅游者纷纷踏上红色故土,在行走中感受红色文化,在游玩中接受红色精神洗礼。

三、旅行社自身条件

旅行社开发旅游产品要根据自身实际情况量力而行,自身条件考虑包括旅行社自身的经营目标、市场定位、发展周期、社内人力及财力状况,旅行社与其他部门的合作情况,旅行社的信誉度等。一般来说,旅行社产品的设计要符合自己的实力,不能过分超越或低于自身的实力,造成接待能力不足或人力、财力的浪费。另外,旅行社产品设计人员是否具备丰富的旅游基础知识,是否具备旅游行业工作技巧,是否具有敏锐的商业意识,是否具有足够的市场和财会知识,都将直接影响旅行社设计与开发出来的产品质量。

第三节 旅行社产品的开发原则

一、市场原则

旅行社产品的开发必须以旅游市场即旅游者的需求导向来设计产品。旅游者年龄、职业、文化程度和经历的不同,造成旅游者需求的不同。随着社会经济的发展,旅游市场的总体需求也在不断发生变化。因此,旅行社在进行旅游产品开发之前,必须要对市场进行充分调研分析,了解旅游者出行动机、需求内容、潜在的需求状况、市场规模、旅游者的支付能力等,并根据市场需求的变化不断加工、完善、升级,最大限度地满足旅游者的需求。只有这样,才能设计出适销对路的产品,使旅行社产品保有长久的生命力。

(一)根据市场需求状况开发产品

尽管旅游者的需求千变万化、差异较大,但是,通过对大多数旅游者需求的研究,可以得出,旅游消费者的有些需求是相对稳定和具有代表性的,如求名、求新、求异、放松享受等。因此,旅行社产品中应包含必要数量的著名的、有价值的旅游地,以及自然环境和人文环境与游客常住地差异较大的旅游地。

(二)符合旅游者或旅游中间商的要求

旅行社根据从旅游者或旅游中间商获得的要求和意见,设计专门的个性产品以满足他们的需要。根据旅游者或中间商的要求设计个性化产品,符合现代旅行社产品设计与开发的发展趋势。但由于需求差异较大,旅行社在个性化产品设计与开发的时候需考虑成本,因此,应该充分调查并分析旅游者或中间商的个性化需求,找出其中的共性并正确预测其发展趋势,使个性化产品在市场上有足够的消费群体,从而保证旅行社的盈利空间。

(三)引导旅游消费

旅行社可以通过巧妙构思,创造性地设计与开发旅行社产品,从而引导旅游者的消费。如响应国家扶持中西部地区旅游发展战略,旅行社加大中西部旅游产品设计,鼓励和引导更多的东部游客前往西部、东北、中部等地区开展旅游活动;大力推动田园综合体、现代农业产业园、家庭农场、特色小镇、古镇古村等旅游产品的设计开发;借助夜间文旅消费载体,积极培育文化主题突出的夜间文旅产品;等等。从而挖掘文化和旅游消费新内涵,引导文化和旅游绿色新消费。

案例 2–2 上航旅游首发红色巴士线路

在迎接中国共产党百年华诞的重大时刻,上航旅游集团紧抓时代机遇,围绕党史学习教育,着力促进红色旅游发展,丰富红色旅游产品,为旅游者提供了丰富多彩的红色之旅。

2020年下半年开始,上航旅游集团便开始进行红色巴士的线路设计。以传承红色基因为使命,以传播红色文化为纽带,将上海传统红色资源与新时代地标性建筑相互融合。一条浦西线,一条浦东线,把上海一个个红色文化景观与现代化建筑紧密串联,借助可视化技术和智能操控等手段,为客户提供可观、可控、可互动的沉浸式体验,让广大游客能够亲临其境地感受上海红色文化。

上航旅游专门聘请党史专家、城市史专家、革命类纪念馆的金牌讲解员共同精心撰写、编排导游词。每辆红色巴士上配置一名"移动红色故事讲解员",这支充满朝气的青年导游队伍来自集团旗下"上航旅游""上航假期"两家5A级旅行社。坐上红色巴士,开启红色之旅,市民游客既可以选择饱览红色底蕴丰厚的浦西风貌,也可以领略浦东开发开放三十年的沧桑巨变,在须臾之间体会百年历史穿梭的凝重,感受上海都市发展的精彩。

上航旅游推出的"红色巴士"旅游线路,凸显新时代背景,从客户需求出发,以市场和运营的思维在线路设计上独具匠心,取得了很好的经济效益和社会效益。

二、效益原则

旅行社是以营利为目的的企业,在进行产品开发时必须将提高经济效益作为主要目标,既要考虑制定能为旅游者接受的恰当价格,又要在不损害旅游者权益的基础上,争取以最小的投资获得最大的收益。在强调经济效益的同时,旅行社还要重视社会效益和环境效益,以求得综合效益的提高。

(一)讲究经济效益

经济效益要求旅行社在进行产品开发设计时,首先要进行产品可行性研究,对今后一段时期内旅游目标市场的需求及客源增长情况进行预测,选择优秀旅游产品重点开发。其次,在开发过程中,精打细算、合理利用资金、控制好成本,以发挥最大的效用。最后,要及时了解供求关系的变化,以便对产品进行调整,减少对销路不好的产品的投入,不断开创新的旅游项目,来提高旅行社的效益。

另外,由于旅行社产品具有明显的季节性变化的特点,而旅行社接待能力是基本恒定的,因此往往形成淡季时冷冷清清、设施人力闲置,旺季则熙熙攘攘、接待问题频发的供需结构性矛盾。旅行社要尽可能保证接待能力与实际接待量之间的均衡,旺季做好客源分流,考虑分时度假;淡季旅行社可尝试开发一些适合淡季旅游的项目或兼营其他季节性弱的产品,盘活旅游闲置资产,减少因为接待能力闲置造成的经济损失,缓解旅游消费淡旺季矛盾。在价格上,淡季适当降价,吸引更多游客;旺季适当涨价,控制客流量,保护旅游资源,以保证接待质量,减少接待能力与接待人数之间的差距。

案例2-3　冰雪游升温 让冬游淡季不淡

冬天,过去一直被视为旅游业的淡季。近年来,很多旅游目的地和旅行社不断挖掘旅游新需求,开发冰雪旅游新产品,各地推出一批具有地方特色和季节特点的冬季旅游优质产品。哈尔滨推出 10 条冰雪特色旅游线路,让滑雪场的生意火爆了起来;吉林省宣布启动冰雪季,对新雪季项目和产品整体推介;新疆知名景区喀纳斯则筹备多项旅游活动,驾乘穿越林海雪原、挑战高山滑雪、体验马拉爬犁,助力新疆冬季旅游升温;四川阿坝州以"玩转冰雪"为突破口,举办四姑娘山攀冰节,开展了攀冰比赛、攀冰交流会、攀冰技能培训、徒步露营、藏族民俗文化体验等活动,激活了四姑娘山冬季旅游市场活力。各地以冰雪为媒,将冰雪旅游与乡村、体育、民俗节庆、休闲产业相结合,发展优质冬季旅游产品,形成消费新热点,推动冬季旅游不断升级升温。

(二)注重社会效益

旅行社在开发产品时,要考虑当地社会经济发展的整体水平及政治、文化、风俗习惯,当地居民的心理承受能力等因素。策划安排红色旅游、非遗旅游、乡村旅游、康养旅游等健康向上的旅游活动,将有形的旅游景观与无形的精神文化相结合,与当地社会文化相适应,并促进地方精神文明的发展。另外,文旅融合大背景下,让旅游者在旅程中感悟中华文化、增强文化自信,是旅游业的责任与担当。这就要求旅行社在产品开发中着力加强文化元素,盘活城市文化资源,大力发展新兴文化和旅游产品,增加优质产品供给,提高服务效能,让更多游客体验传统文化之美、社会主义先进文化之好。

(三)重视环境效益

"绿水青山就是金山银山",没有"绿水青山",再多的"金山银山"都会付诸东流。这就要求旅行社产品开发时,要注重旅游资源可持续发展,要考虑到自然环境的承载力,注意环境保护和生态文明建设,以优美的环境吸引游客,自觉践行文明旅游,提倡绿色低碳旅游方式,形成"保护—开发—保护"的良性循环,提高开发的综合效益。

三、旅游线路合理安排原则

旅游线路安排是否合理关系到旅游者的旅游体验效果,关系到旅行社产品是否具有吸引力。旅游线路涉及的景点、饭店、餐饮、交通等如何安排及时间控制、排列顺序等内容,合理的线路安排要将这些因素组合成一个圆满高效的有机整体。合理安排旅游线路包括以下内容。

(一)择点适量、张弛有度

作为旅行社典型产品的旅游线路,是以一定的交通方式将线路各节点进行的合理连接。节点是构成旅游线路的基本空间单元,一个线路节点通常为一个有特色的旅游地。一般来说,同一条旅游线路中的各节点,都有相同或相似的特点,用于满足旅游者的同一需求并服从于某一旅游主题,起着相互依存、相互制约的作用。在旅游时间一定的情况下,一条旅游路线不要安排过多节点。过多地安排旅游节点,容易使旅游者紧张疲劳,达不到休息和娱乐的目的,也不利于旅游者深入细致地了解旅游目的地。但也不能把旅游地安排得过少,让游客无所事事,觉得质价不符。因此,在选择旅游点的时候,应做到景点数量适度、张弛有度,而非走马观花,疲于奔命。

任何一个旅游区都有一个从冷到热的发展过程,并具有各自特点和资源优势。规划和设计旅游线路就是要不断发掘新的资源特点和吸引点。因此设计旅游线路,要从全局观念出发,做到两个兼顾。一是在空间上以热带冷,平衡发展,避免"热点"人满为患。尽快使新景点通过传统热门景点扶植变热,以旧带新,使整个区域旅游平衡发展。二是在时间上,既要兼顾旅游资源的自然节律变化,即季节性出现的景观,又要兼顾旅游需求的季节性变化。

(二)顺序科学、渐入佳境

策划旅游线路就是确定从始端到终端及中间途经地之间的游览顺序,在线路上合理布局节点。对节点游览顺序的安排,应根据时间最短、费用最少、交通便利、合理搭配的原则进行全面考察、综合平衡,并进行合理选择。

在条件许可的情况下,交通方面应避免走回头路,同一旅游线路各旅游点间的距离不宜太远,以免造成大量时间和金钱浪费在旅途中,造成旅游成本上升。一般来说,旅游线路应该是避免重复、串联成环的(或是多边形),且城市间交通耗费时间不能超过全部旅程时间的 1/3,即所谓"一短二长":旅途时间短,游览时间长。

在交通安排合理(所谓"进得去、散得开、出得来")的前提下,线路的安排同样要在动静、快慢、虚实、观光体验上下功夫,把握好时间和距离的节奏。同一线路旅游点的浏览顺序应由一般的旅游点逐步过渡到吸引力较大的旅游点,让旅游者的旅游经历如同一篇有韵律感的乐章,有序曲,有高潮,有结尾,这样可以使旅游者感到节奏感强、游兴不绝,而非每况愈下,同时达到宣传自己、吸引游客的目的。例如,对国际旅游者来说,广州—桂林—上海—西安—北京一线的组合便优于其逆向组合。

案例 2-4 "好"线路,无人理?

小王是某旅行社的新员工,经过认真调研发现有很多游客对山东的名山很感兴趣,他认为这是一个很好的市场机会,于是经过精心的查阅和设计,推出了一款"齐鲁名山游"的旅游线路。他在名山的选择上花了较大的工夫,分别选择了"海上名山第一"的崂山、"五岳之首"的泰山、"海上仙山之祖"的昆嵛山、"天然氧吧长寿圣地"蒙山、"齐鲁界山"鲁山为主要的旅游点。为配合此项目,小王还设计了精美的宣传册,制定了合理的价格。随后到对山东名山感兴趣的人群中去发放推荐该旅游线路。结果,半个月过去了,竟无人来电咨询该项目,更别说登门咨询或报名了。精心设计的这么"好"的旅游线路为什么就没有人理呢?小王陷入了困惑。

小王带着这些困惑去对山东名山感兴趣的人群中去调研,一位男士的反问点醒了小王:"你推荐的这些名山本身很有吸引力,但是一个线路下来全都是山,你想累死我啊?再者说了,从头到尾全都是山,好山也看不出好来了!"

资料来源:魏凯、韩国华(2020)

四、特色创新原则

随着旅游市场的不断发展,旅游者的不断成熟,旅游者对于旅游产品的要求也越来越高。由于游客求新求异的心理,同质化、传统的、无特色的旅游产品已经不能满足旅游者的要求了,即使是一些著名景区和游线,游客通常观点也是"不可不来,不可再来"。因此,在产品设计上应具备鲜明的特色,以新、奇、异、美吸引旅游者,尽量做到"人无我有,人有我特""无中生有,变中生特"。旅行社产品开发时要具时代意识,敢于推陈出新,要独具慧眼,大胆创新,另辟蹊径,培育核心竞争力,不断开拓新景点、新路线。近年来,我国的旅行社业中也推出了很多新型特色旅游产品,如研学旅游、康养旅游、红色旅游、乡村旅游、工业旅游、体育旅游、会展旅游、静态旅游、冰雪旅游、打卡旅游、定制旅游,等等,受到了市场欢迎,取得了很好的经济效益和社会效益。

　　旅游线路设计,既要有特色,又要烘托一个主题。旅游线路开发是旅行社的一种导向性设计,必须努力反映该旅游线路的主题,并尽力加强和突出这一主题。如果是一般观光旅游线,应多安排一些紧扣主题、旅游内容丰富、交通组织便利、游客精力许可的旅游项目让旅游者在有限的时间内,尽可能多地参观领略目的地有代表性的旅游资源。如果是专项旅游线路,则应根据所确定的具体专题组织景点和活动内容,做到合理选择、大胆取舍,处理好主辅关系,以突出主题。如,"中华美食之旅"线路将广州—成都—武汉—西安—北京—南京—上海有机串联起来,为热爱美食的游客设计了一条品尝我国南北大餐的特色线路。总之,只有特色鲜明的旅游线路,才是一条成功的旅游线路。

五、安全可靠原则

　　在旅行社产品中,保障安全是旅游者最基本的要求。确保旅游者人身、财产安全的旅行社产品,让旅游者放心购买、放心游玩,才是有市场活力的旅行社产品。比如青藏铁路通车之后,向往去西藏旅游的人与日俱增,旅行社纷纷开设西藏旅游线路,但西藏的高原反应也令很多游客有所顾忌。旅行社在销售该产品之前,要做好安全宣讲工作,减轻游客对未知环境的恐惧;另一方面,要让游客提前体检,确保其身体状况适合高原环境。到达西藏的第一天,通常也不能安排过多的、过于辛苦的旅游项目,让游客有充分的时间消除高原反应带来的不适,把这一类产品的危险性降到最低。另外一方面,要遵守旅游地的安全管控有关规定。旅游线路应避开不宜暴露的军事禁区、保密设施,不安排涉嫌经济技术泄密的内容。特殊时期旅行社要时刻关注旅游景区"限量、预约、错峰"等要求,增强防控意识、关注动态、安全理性出游,合理控制团队规模,积极引导游客自觉遵守防控措施要求。

第四节　旅行社的产品管理

一、旅行社产品的生命周期

(一)旅行社产品生命周期的含义

　　所谓旅行社产品生命周期,就是指一个旅行社产品从开发出来投放市场到最后被淘汰退出市场的整个过程。一条旅游路线、一个旅游活动项目、一个旅游景点、一个旅游地开发大多都将遵循一个从无到有、由弱至强,然后衰退、消失的时间过程。

　　旅行社产品生命周期借用了有形产品生命周期的概念。美国哈佛大学教授雷蒙德·弗农于1966年首次提出产品生命周期理论（product life cycle，PLC）。根据产品生命周期理论，与人的生命周期要经历出生、成长、成熟、死亡等阶段一样，旅行社产品生命周期从产品进入市场开始算起，也要经历导入期、成长期、成熟期和衰退期（见图2-1）。理想的旅行社产品生命周期呈"S"形。旅行社产品生命周期的各个阶段通常是以旅行社产品的销售额和利润的变化状态来衡量。

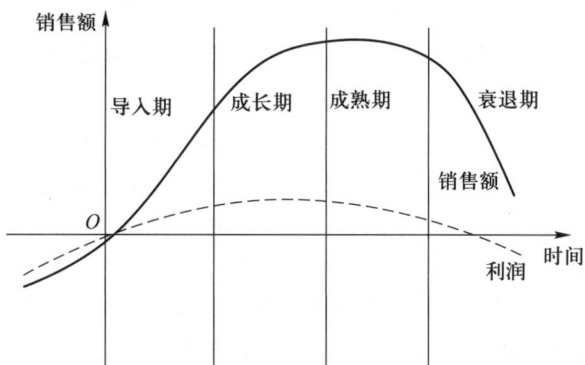

图 2-1　旅游产品生命周期图

1. 导入期

指旅行社产品刚刚投入市场，旅游者对产品还不了解，市场销量低，各种成本费用高，旅游企业利润低甚至亏损。

2. 成长期

这一时期，旅行社产品的景点、基础设施等基本上初具规模，产品的知名度得到提高，市场销量迅速提高，产品的单位成本下降，企业利润增加，但由于市场及利润增长较快，容易吸引更多的竞争者，市场竞争日趋激烈。

3. 成熟期

此时市场成长趋势渐缓或达到饱和，旅行社产品已被大多数潜在购买者所接受，利润在达到顶点后逐渐走下坡路。此时旅游市场竞争激烈，旅游企业为保持产品地位需投入大量的营销费用。

4. 衰退期

此时旅行社产品已经不再适应旅游者的需求，旅行社产品销售量显著衰退，利润也大幅度滑落，市场上很多旅行社产品在市场竞争中被淘汰，退出旅游市场，市场竞争者也越来越少，与此同时，市场出现新的换代产品或者替代产品。

（二）旅行社产品生命周期的影响因素

造成旅行社产品生命周期的原因非常复杂，主要有下列因素。

1. 产品的吸引力

吸引力是旅行社产品的核心。一般来说，旅游吸引物越具特色就越不可被替代，吸引前往的游客就越多，重复旅游的价值越高，以其为核心而构成的旅行社产品生命周期就越长。如我国云南昆明—大理—丽江旅游线路、北京经典旅游线路、华东五市旅游线路等对国内外游客有强的吸引力,生命周期比较长。相反,一些人造景点类旅游产品、网红旅游产品,曾经火爆一时,但是由于替代产品太多,很快进入市场衰退期。因此旅行社应保持产品的持续创新。

2. 旅游目的地的社会生态环境

旅行社产品总是处于旅游目的地的特定大环境中,因此,旅游目的地的自然环境和社会环境也是影响旅行社产品的重要因素。如目的地的居民对游客态度、目的地的自然环境是否优美宜人,居住环境治安和卫生的状况,交通是否便捷等都会影响旅行社产品的生命周期。比如,尽管伊拉克处于幼发拉底河和底格里斯河这一人类文明的重要发源地,有许多全世界绝无仅有的极具吸引力的文化旅游资源,但是该地区由于连年战乱,还是让很多旅游者望而却步。因此,就这一意义讲,旅行社必须树立大旅游的观念,用系统工程的方法来设计旅行社产品,不仅要重视旅行社产品的内涵建设,还要重视目的地的基础设施和社会环境建设,更要重视当地的精神文明建设,这样才可能使本地区旅游业可持续地高速发展。

3. 消费者需求的变化

旅游者的旅游需求可能会因时尚潮流的变化而发生兴趣转移,从而引起客源市场的变化,导致某地旅游吸引物的吸引力衰减。旅游消费观念的变化、收入的增加、新的旅游景点的出现、目的地的环境污染或者服务质量下降都会影响消费需求的变化,从而使旅行社产品生命周期发生变化。

4. 市场竞争因素

在旅游业市场竞争日趋激烈的今天,很难造成对旅行社产品经营的垄断。对于旅行社产品,潜在竞争者在导入期持观望态度,但一旦产品的市场前景明朗,就必然吸引竞争者趋之若鹜,相应的替代产品和竞争产品必然就多,该旅行社产品的市场就会很快饱和,原旅行社产品的生命周期相应缩短。因此,需要旅行社改变经营观念,不断推出新产品,调整营销策略和市场细分战略,才可能保持可扩展的客源市场,才能延长旅行社产品的生命周期。

总之,旅行社产品是旅行社的生命线,旅行社产品的兴衰直接或间接决定了该旅行社的兴衰。因此,旅行社应一方面做好产品筛选和产品优化组合工作,尽可能地延长现有产品的生命周期;另一方面还要不断寻找新的市场机会,开发新产品,以便将来替代衰退的产品,从而实现旅行社的可持续发展。

二、旅行社产品的筛选

关于旅行社产品的筛选,学者提出很多理论,如产品定位图、波士顿矩阵、SWOT分析法等,下面介绍前两种。

(一)产品定位图

产品定位图分析法可以帮助企业了解自己的产品线与竞争对手产品线的对比情况,是全面衡量各产品与竞争产品的市场地位的一种有效的分析工具。根据产品的类型建立十字形的位置图,调查潜在旅游者的旅游意愿,将游客的意见归纳到图上,最后确定本旅行社应开发的产品(图2-2)。

(二)波士顿矩阵

波士顿矩阵(BCG矩阵)是由美国波士顿咨询公司率先提出的,对企业当前的业务组合进行分析、评价的战略管理工具。它把公司经营的全部产品和服务的组合作为一个总体来看待,故也称"统筹分析法"。利用这个分析矩阵,可以把旅行社产品划分为不同的类型,针对不同类型的产品采取不同的发展策略(图 2-3)。

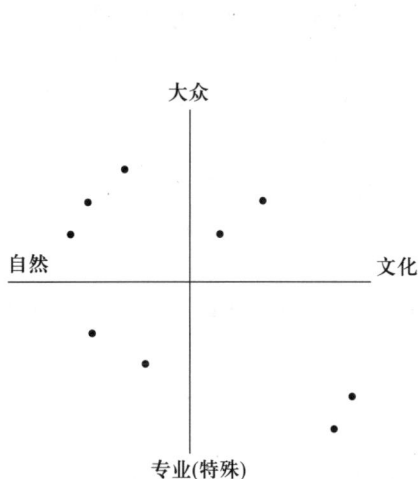

图 2-2　旅游产品定位图

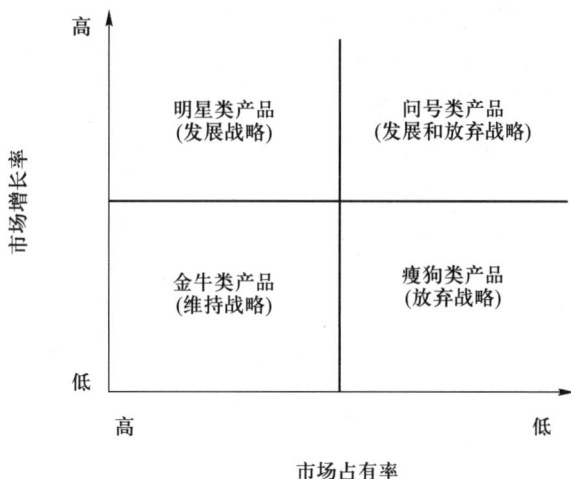

图 2-3　波士顿矩阵图

1. 明星类产品

指在市场增长率和相对市场份额均较高的产品。此类产品一经投放市场,便会吸引较多的旅游者前来购买,从而形成较大的市场需求。针对其特点,旅行社可以在产品投放市场一段时间后,适当提高产品的售价,以试探旅游者的反应。如果旅游者在提价后仍然大量购买,就说明旅游者对产品价格的提升幅度不敏感,产品的价格仍有上调的空间。旅行社可以继续提升产品价格,直到旅游者对产品价格的变化开始比较关注为止。旅行社应将产品的售价保持在这个水平,以便获得最大的经营利润。

明星类产品是旅行社获取长期利润的重要渠道和扩大市场份额的有力手段,因此,旅行社必须严格保证明星类产品的质量,并大力向旅游市场进行促销。

2. 问号类产品

指市场增长率较高而相对市场份额较小的旅行社产品。市场增长率较高说明该类产品具有比较强的吸引力和发展前景,相对市场份额较小则表示产品在某些方面仍存在一定的缺陷,如促销力度不够、价格偏高等。旅行社应该对问号类产品做具体分析,找出问题的症结,并制订出相应的对策。问号产品的发展前景尚不明朗,既可能发展成为明星产品,也存在某种不确定因素,演变成金钱陷阱产品。经营问号产品需要冒一定的风险,但也很可能带来丰厚的回报。

3. 金牛类产品

这类产品的市场增长率低而相对市场份额较高。一方面,较低的市场增长率说明此类产品的消费者群相对固定,市场扩展的空间较小。另一方面,相对市场份额大表明它们是成熟的产品,无须更多的促销投入。金牛类产品多为投放市场时间较长已被公众所熟悉的产品,其质量一般比较稳定,价格也为旅游者所接受。由此可见,金牛类产品是销售量比较稳定的产品,能够产生相对稳定的销售收入,是旅行社的重要收入来源。旅行社应该采取维持生产和销售的策略,保证使金牛类产品继续为旅行社的经营和发展提供可靠的资金来源,如成熟的常规线路。

4. 瘦狗类产品

指市场增长率低和相对市场份额小的旅行社产品。市场增长率低表明此类产品缺少发展的空间,而相对市场份额小又说明它们不能成为旅行社经营的主要产品品种。旅行社的策略应是及时淘汰,不再继续投入,将节省下来的资金用于明星类产品和问号类产品的促销,以增加它们的销售量和销售额,从而为旅行社带来更多的客源和收入。

有些学者还把这种矩阵分析与产品生命周期理论联系在一起:问题类产品属于引入或早期成长阶段,明星类产品处于快速成长阶段,金牛类产品已达到成熟阶段,瘦狗类产品已经处于衰退阶段。总之,针对产品所处不同象限,旅行社要采取不同对策,以保证其不断地淘汰无发展前景的产品,保持"问号类""明星类""金牛类"产品的合理组合,实现旅行社产品及资源分配结构的良性循环。

三、旅行社的产品组合

旅行社产品往往是由若干产品组合而成的。旅行社通过生产不同规格、不同档次的旅行社产品,使其所生产的旅行社产品更能适应市场的需求,从而以最小的投入,最大限度地占领旅游市场。

(一)旅行社产品组合的含义

旅行社的产品组合是指旅行社销售给游客的一组产品中包括旅行社所有的产品线和产品品目。在产品组合中,每个具体的具有使用价值的单个产品被称为产品项目,是构成产品组合的基本单位;那些能够满足同类需求的,在规格、款式、档次上有所差别的产品项目的集合叫作产品线。旅游企业的各类产品线及其包含的全部产品项目,构成了一个旅游企业的产品组合。

产品组合具有一定的广度、长度、深度和一致性。

① 产品组合的广度:是指旅行社具有多少条不同的产品线。如某个国际旅行社,推出的产品线有东南亚游、东亚日韩游、澳新游、俄罗斯游、西欧英法荷德瑞意六国游等。

② 产品组合的长度:是指产品组合中的产品品目总数。如东南亚游包括泰国(普吉岛)、马来西亚(槟城)、新加坡、印尼(巴厘岛)等多条线路。

③ 产品组合的深度:是指产品线中的每一个产品有多少个品种。如观光旅游、商务旅游、休闲旅游、度假旅游、团体包价旅游、半包价、小包价、委托代办等。

④ 产品组合的一致性:是指各条产品在最终用途、生产条件、分销渠道或其他方面相互关联的程度。如东南亚游和澳新游关联性强。

(二)旅行社产品组合的主要类型

1. 地域组合

地域组合是指跨越一定地域空间且差异性较大和地域综合特色鲜明的数个产品项目组合成一条旅行社产品线路。该类组合强调的是这一线路丰富的内容和不同内容间的差异。如有的地域以自然风光出名,有的地域以古文化遗迹出名,有的地域以宜人气候出名。那么,在相关条件具备的情况下,则可以对这三个地域的旅游项目进行组合。

2. 内容组合

内容组合是指根据旅游活动的主题将数个旅行社产品项目组合在一起。内容组合一般可分为综合性组合旅游和专业性组合旅游。例如中青旅在 2021 年南水北调中线工程正式通水七周年之际，针对不同年龄段青少年推出以 "饮水思源·报效祖国" 为主题的五天四晚研学活动，实现 "旅游 + 教育" 组合；围绕客户需求，定制策划第十四届全运会等相关赛事活动，培养体育主题 IP（intellectual property），实现 "旅游 + 体育" 组合；服务于退休老龄群体，发展候鸟式养老项目，实现 "旅游 + 康养" 组合。通过不断顺应不同市场变化，连打 "组合拳"，保持产品生命力和企业竞争力。

3. 时间组合

时间组合是根据季节的变化来组合不同的旅行社产品，如春季赏花、夏季避暑、冬季滑冰等旅游，还可根据不同节日、不同假期来组合旅行社产品。

（三）旅行社产品组合管理

旅行社可以结合自身情况，通过广度、长度、深度和一致性四种方式和不同的组合类型发展其业务有目的、有重点地选取适当的目标市场，确定产品组合发展战略。旅行社可以增加新的产品线，以扩大产品组合的广度，并充分利用旅行社其他产品线的声誉树立品牌形象；也可以拉长现有的产品线，延伸旅游产品内涵，向市场提供更加完整的旅行社产品；还可以增加每一产品的种类，来增加产品组合的深度；另外还要考虑旅行社的经营目标使产品线有一致性或是差异性。这种策略使旅行社产品的开发更现实、更具针对性。

组合分析（portfolio analysis）是很多行业都在应用的一种产品设计方法。对于某一特定的传统旅游地区来说，不可能开发出所有种类的旅行社产品，这就需要对目的地的资源、市场和竞争态势进行分析，找出最适合该目的地的若干种优势产品，构成产品组合。产品组合中首先需要做的就是确定本地区的关键产品，在此基础上，再决定哪些产品应该大力发展，哪些可以维持现状，哪些应该逐步调整转换结构。随着市场需求的变化，旅行社产品组合也应当进行调整，而不能因循守旧、一成不变，否则旅行社产品就缺乏竞争力。

四、旅行社的产品战略

旅行社产品战略包括市场定位战略、产品开发战略等。

（一）市场定位战略

在竞争日益激烈的当今旅游市场中，产品的市场定位是旅行社产品经营中一项非常重要的战略性工程。所谓市场定位，就是旅行社确定自身产品在目标市场上的竞争位置的活动。旅行社必须进行市场细分，抓住属于自己的市场，提高企业的核心竞争力。说到底，市场定位实质上是一种竞争战略，是旅行社企业生存与发展的关键。

1. 无差异目标市场战略

无差异目标市场战略也叫重点产品型开发战略，指旅行社把整个客源市场作为目标市场来经营的一种产品战略。虽然目标市场可以按照不同标准细分为许多个，但是如果客源市场对产品的要求不存在实质性的差别，旅行社就可以采用这种战略，集中精力开发一种产品来推向不同的市场。如经营一条观光旅游线路，同时推向中国和日本。由于产品单一，可使旅行社重点开发完善某一种产品,经营成本较低。

这种战略适用于三种情况:第一,整个客源市场的需求虽然有差别,但是需求的相似程度较大;第二,客源市场的需求虽有实质上的差别,但各个需求差别群体的经济规模较小,不足以使旅行社通过某个细分市场的经营取得效益;第三,旅行社内部业内竞争程度较低,客源市场的需求强度较高。

旅行社采用这种无差异目标市场战略的优势是成本较低。一般说来,无差异目标市场战略促使旅行社向市场提供标准化产品,可以大大降低产品开发、广告促销、市场调研,以及市场管理的各项费用,有利于旅行社形成规模经济。但这种单一产品容易被效仿,竞争力不强,单一的产品本身也容易受到各种因素的影响。如,某家旅行社主要经营赴汤加王国的旅游业务,那么2021年汤加海底火山爆发事件就会大大影响到该旅行社产品的销售。

2. 差异性目标市场战略

差异性目标市场战略也叫特殊市场特殊产品型战略,是指旅行社在大多数细分市场上经营,每个目标市场存在明显的需求差异,旅行社有选择地向不同市场推出适应不同需求的产品。如某家旅行社针对不同人群市场推出红色旅游产品时,对初中生市场开发"跟着课本游革命圣地"产品,对家庭市场推出亲子爱国教育产品,对年轻人创新设计沉浸式剧本杀产品,对老年市场提供"追忆红色岁月"产品等。这种战略适用于三种情况:第一,客源市场的需求存在着明显的差异;第二,按细分因素与细分标准划分的各类客源市场都具有一定的经营价值;第三,旅行社规模较大,且旅行社经营能力足以占领更多的细分市场。

差异性目标市场战略的优势在于针对性强,这种战略使旅行社有针对性地根据不同的市场开发不同的产品,使产品适销对路,满足市场需求的程度高,对扩大旅行社的市场占有率十分有利。但是这样会增加旅行社的各种经营成本和经营费用。因为旅行社要向不同的细分市场提供不同的产品,制订并且实行不同的经营方案,建立不同的销售网络等,需要较大的经济投入,成本较高。

3. 集中型目标市场战略

集中型目标市场战略也叫重点市场型开发战略,是指旅行社只选取一两个细分市场作为经营目标,制订一套经营方案,并集中力量在这些细分市场上占有绝对份额的战略,即只向某特定的目标市场提供其所需的产品。如某旅行社专门提供东南亚地区的观光、考察、购物旅游产品,某旅行社专门为中小学生提供研学旅游产品。这种战略有利于旅行社集中财力、物力对一个特定的市场进行调研,投其所好开发满足这个市场的多层次、多样化的产品。这种战略适用于:细分市场具有明显的、实质性的需求差异;旅行社规模较小,且经营能力有限。

由于目标市场明显集中,可以实行针对性较强的经营方案。此种战略与无差异目标市场战略相反,其优点在于目标市场极为明确,有助于旅行社提高产品的市场形象和占有率,同时降低产品经营成本。这种战略是中小型旅行社经常采用的目标市场战略。不足之处是经营风险较大,由于目标市场单一,市场规模有限,旅行社产品的销量可能会受到限制。一旦这个市场有所波动就立即会影响到旅行社的效益,影响到整个旅行社的经营。

4. 全面型市场战略

全面型市场战略要求旅行社经营多种旅游产品,以适应多个市场的不同需求。如旅行社可经营观光、度假、体育、商务等不同产品,同时确定国内、欧美、日本等多个目标市场。这种开发战略可满足不同旅游者的需求,占据较多的市场份额,但经营成本较高,需要旅行社有较强的实力。

(二)产品开发战略

旅行社产品开发要以最有效地利用资源、最大限度地为旅游者服务和最利于旅行社的发展为指导,遵循开发的原则,制订有效的开发战略。旅行社的产品开发战略包含以下几种。

1. 领先型开发战略

领先型开发战略要求旅行社以旅游市场需求新趋势为导向,正确运用市场细分化原则,对旅行社现有的旅游产品进行更新或设计开发新的旅游产品,开拓新的经营领域和经营线路。同时,也要求旅行社有很强的线路设计开发能力和雄厚的资源。旅行社应努力提高产品技术水平和新颖性,以保持其线路设计的持续优势和市场竞争中的领先地位。旅行社将致力于向现有市场投放新产品或增加服务的种类,以扩大市场占有率从而增加销售额。

采用此战略的旅行社必须对目标群体了解透彻。这种战略也具有一定的创新开拓性,所提供的产品和服务可以是在原有产品和服务基础上改进的,也可以是全新的。只有具备这样的创新,才能带来创新战略所具有的收益,因此这种战略具有高风险、高收益的特征,风险来自新产品不一定适合该市场游客群的需要。领先型开发战略适用于经营管理素质好,产品开发能力较强的企业。旅行社要采取这种战略,就必须积极创造条件,不断进行产品开发工作,以求保持自己的产品和服务在技术上的先进性和功能、质量、价格等方面的优势。

2. 追随型开发战略

采取追随型开发战略的旅行社并不抢先研究新产品,而是当市场上出现较好的新产品时,对其进行仿制并加以改进,从而迅速占领市场。由于旅游线路不具有专利性,可以模仿,于是出现了所谓的"跟风"。很多中小旅行社因自身资源和研发能力的限制不能进行大量的市场需求调研及产品的创新和设计,只能作为大旅行社的跟随者,通过大旅行社的新产品广告宣传等途径得知一条成熟线路后,与目的地的地接社取得联系,达成合作意向,即可组团前往。这是一种省时、省力、节约成本的做法,一个产品的"设计与生产"过程只需要几个小时就可完成。只要能够找到合适的地接社,买到赴旅游目的地的交通票据,就可完成整个行程。但采用这种战略要求旅行社具有较强的跟踪竞争对手产品情况与动态的信息人员,并具有很强的新产品消化、吸收能力。产品的设计思路一般来自本地大型旅行社的广告信息、各种旅游交易会上得到的信息等。

3. 补缺型开发战略

补缺型开发战略是旅行社基于寻找和选择市场"空白点"的方法开展的,即旅行社通过新科技和新理念,创新设计出具有新内容和新特色的产品,吸引目标市场的注意力,使自己区别于竞争对手,从而避开市场竞争压力,达到占有目标市场的目的。旅行社采取这种战略,需具备的条件是目标市场上确有相当数量的旅游需求没有得到充分满足,也就是说,目标市场具有可充分利用的市场"空白点",并且旅行社具有一定的产品优势,以及应付潜在竞争对手进入目标市场的措施。旅行社采取这种战略的不利因素是,旅行社进入目标市场的成本增加;同时,一旦定位不当,将会给旅行社的经营带来风险。有利的一面是,一旦市场定位成功,旅行社便可以成为市场领导型的企业。该战略适用于对市场变化反应灵敏、富有创新精神、开发能力强的旅行社。

五、旅游线路的设计和制作

(一)旅游线路设计的要素组合

一条完整的旅游线路一般包括:线路名称、线路内容、线路价格和服务标准等(如表2-1所示)。

表2-1　旅行社线路编排表

团号:	线路名称:激情夏日森林之旅		旅游天数:3			
出发日期:	出发交通:空调旅游车		出发地:			
出抵达日:			出抵达地:			
返程日期:	返程交通:空调旅游车		返程地点:			
返抵达日:			返抵达地:			
全陪:	地陪:		送团电话:			
最高成本门市:568元/人　1.1米以上儿童:388元/人(不含床位) 1.1米以下儿童:328/人(不含门票,床位)						
D1	杭州/龙泉	住:龙泉		餐:	中	晚
8:30在武林广场集合,乘空调旅游车(4小时)前往云和,抵达后参加畲族婚嫁表演(鼓乐迎宾、山歌迎宾、迎亲、拦路对歌、借锅、杀鸡、出嫁等),中餐后乘车前往龙泉山,夜住绿野山庄。						
D2	龙泉一日	住:龙泉		餐:	早　中	晚
早餐后游览绝壁奇松景区:观云海,赏雾凇,游绝壁云梯、聚仙岩、万松屏等,在山上用中餐,下午游览龙泉大峡谷景区,游通天桥、天街、观峡台等。夜住绿野山庄。						
D3	龙泉/杭州	住:无		餐:	早　中	
登浙江第一高峰——黄茅尖,看日出,接着游凤阳湖、瓯江源。中午在何园用餐,下午参观大窑、源口等青瓷宝剑工业园区,然后乘车返回杭州,结束愉快旅程(途中如果时间太晚,为大家在车上准备了小点心)。						
包含项目:	1. 往返空调旅游车。 2. 准三星级饭店双标间(绿野山庄标A150元/间含早)。 3. 所列景点大门票(龙泉山48元/人、婚嫁表演700元/团、电瓶车10元/人)。 4. 两早五正餐(畲族景点20元/人,海鲜酒楼30元/人,其他20元/人)。 5. 优秀导游服务(地陪100元/团)。 6. 旅行社责任险、旅游意外险。					
注意事项:	着装便捷					

提醒事项:

1. 出团时成人必须携带有效期内身份证原件,未成年人必须携带户口本原件。

2. 住宿按床位分房,有可能出现拼房,若不愿拼房或拼房不成功者,需补房差。

3. 标注各景点游览的参考时间,因旅游的特殊性允许导游在实际操作中,有10~15分钟的浮动。

4. 按自愿原则购物,购物时游客应慎重把握质量、价格,并开具发票;不参与赠送项目的按放弃处理。

5. 因公共交通延误或取消或第三方侵害等不可归责于旅行社原因而导致的受损,旅行社不承担责任但积极协助。

1. 线路名称

线路名称是线路的性质、大致内容和设计思路等核心竞争物的高度概括,应该勾勒出产品的全貌。因此,确定线路名称时应考虑各方面的因素,并本着力求简约、突出主题、富有时代感和吸引力等原则。线路名称一般不超过 15 个字,带旅游目的地、游览时长等字眼,如"老三峡,让我再看你一眼!"、"山村版圣诞狂欢夜"、"读着水浒游山东"文化体验游、"沂蒙情·山东行"山东经典红色旅游线路、"看《康熙王朝》,观皇城相府!",等等,短短的一个名称,让旅游者既对旅游目的地有了一个大概的了解,又品味到了浓浓的情感。

2. 线路内容

线路内容是旅游线路的主干部分,包括线路节点、活动日程计划、旅游交通、餐饮、住宿、文化娱乐和购物时间安排等。

① 线路节点。节点是指具有相对完整旅游意义的区域,多指旅游城市或比较大的旅游景区。如果把整条旅游线路比喻成一条珍珠项链,那么节点则犹如项链上的粒粒明珠。它反映了旅游线路的核心内容,也是游客体验的核心,属于旅游活动的"静态"部分,体现了旅游线路的等级、类型、特色,是旅游线路的主体和精华所在。在游览节点的筛选方面,需要遵循"有地方代表性、有唯一性特色、有强知名度"的原则。

② 活动日程计划。活动日程是指在具体的旅游线路中对各旅游项目进行时间、地点等的安排,应体现劳逸结合、丰富多彩、节奏感强、高潮迭起的原则。

③ 旅游交通安排。旅游交通安排上要考虑价格、时间、距离和旅游者经历等因素,体现"安全、舒适、经济、快捷、高效"的原则。如多利用高铁、飞机可以减少旅行时间避免疲劳,用汽车作短途交通工具机动灵活等。

④ 旅游餐饮、住宿安排。"食"和"住"是旅游者体验最直观的旅游产品,线路设计中餐饮住宿安排要注意的是,不同类型的旅游方式对旅游餐饮和住宿的要求差别较大,各地特色美食和新颖住宿形式也层出不穷,使餐饮和住宿本身就成为重要的旅游吸引物。

⑤ 旅游文娱活动安排。文娱活动在各地壮大文化产业和提高文化消费中的作用越来越明显,是很多旅游目的地旅游发展的新型商业模式。在安排旅游文娱活动时,既要丰富多彩、雅俗共赏,又要健康文明、体现民族文化的主旋律,以达到文化交流的目的。

⑥ 购物安排。近年来随着国家对旅游市场秩序的整顿和目的地消费拉动的需求,购物安排依然是不可或缺的。经双方协商一致或者旅游者要求的,旅行社可以适当安排购物项目或明确留出购物时间,供旅游者自行选择安排。适当鼓励购买老字号国潮、文创商品、扶贫农产品、优质进口商品,引导新型绿色消费和文化消费,杜绝强迫购物、获取回扣等不良行为。

3. 线路价格

一般来说,一条旅游线路的价格在制订时既要考虑成本,也要考虑顾客感受到的价值以及竞争者的价格等,杜绝"零负团费"和不合理低价游等违反旅游法规的情况。

4. 服务标准

旅行社线路产品中应当标明"注意事项"。注意事项应就证件、住房、退费、门票优惠、保险及安全告知等事项做出简要说明提示,连同行程中发放的安全须知,应当从文字上完整地履行旅行社为保证旅行安全顺利而应尽的告知义务。

(二)旅游线路设计的一般流程

旅游线路设计是一个技术性非常强的课题,需要大量细致的工作。为了提高产品开发的成功率,必须遵循科学的开发程序。旅行社产品开发一般要经历这样几个阶段。

1. 产品策划阶段

(1)调查分析

在线路设计之前,必须要摸清旅游市场的状况,这就要借助市场调查。与其他产品相比,旅游线路更容易受到不断变化的环境因素的影响,而市场调研可以在很大程度上减少这些不确定性的影响。调查分析阶段的主要目的是通过对市场的调查分析发现潜在的市场机会。调查常见的方法包括文献资料调研法、实地调研法和网络问卷调研法等。在开始调查之前应进行认真的准备,确定调研目标并制订详细的调研计划。调查的主要内容包括目标客户群外出旅游的动机、支付能力和闲暇时间情况,市场的规模和可进入性情况,同业间的竞争情况等。在调查的基础上,结合旅行社自身的条件对收集到的信息进行整理分析,形成调研报告,为旅游线路的设计打好基础。

案例 2-5　是谁偷走了我的客户?

山东某旅行社已经连续多年推出面向老年人的崂山养生之旅项目,按照惯例,又到了推出该产品的时间,作为该项目负责人的小王今年又做了认真的准备,按照往年的模式满怀信心地前往原来的客户群所在区域发放宣传彩页,推介该产品。但一周过去了,来电咨询的客户却非常少,半个月过去了,也没能凑够一个团。小王开始有点着急了,往年这个时候报名人数早就爆满了,到现在却连一个团也没能凑成,照此下去,这个月的业绩就要泡汤了。小王赶忙紧急出动,最后通过不断跑老客户,搞优惠活动等才勉强成行了两个团,但比起往年,明显冷清了很多。后来经过了解发现,大部分客户报了另外一家旅行社的医护团。

资料来源:魏凯、韩国华(2020)

(2)寻求创意

旅行社新产品开发一般从寻求设计产品的创意开始。虽然并非所有的创意都可变成产品,但是寻求尽可能多的创意可为开发新产品提供较多的机会。寻求创意的主要来源有:

① 旅游者。旅游者的需求是产品创意的出发点,旅游消费者是产品信息的最好来源。通过市场调查阶段对旅游者的问卷调查,分析旅游者的建议书、投诉或组织旅游者讨论,可以获取大量的第一手资料,促进产品创意的产生。

② 竞争对手。分析竞争对手的成功与失败之处,往往可以发现新的创意。旅行社要随时注意竞争对手产品情况,观察、分析其销售及游客对它们的评价与反应。

③ 旅行社销售人员及旅游代理商。他们经常与旅游者打交道,了解市场行情与旅游者的需求与心理,也很清楚竞争对手产品的优势,从他们身上获得的产品创意往往最符合市场的需要。

另外,还可以从咨询公司、旅行社内部员工及有关报纸、杂志等媒介及统计资料中了解旅游者的需求、流向及市场的趋势,寻求产品创意。

（3）创意筛选

取得足够的创意以后,要对这些创意加以评估,进行筛选,挑选出可行性较高的创意。这样可以淘汰那些不可行或可行性低的创意,使旅行社的人力、财力集中起来开发新产品。创意筛选时一般要考虑两个方面的因素:一是该创意是否与旅行社的战略发展目标相适应,表现为利润目标、销售目标、旅游形象目标等几个方面;二是旅行社有无足够的能力开发这种创意,包括资金能力、旅游开发所需要的技术能力、资源供给能力、旅游市场营销能力等。图 2-4 显示了创意筛选的主要过程。

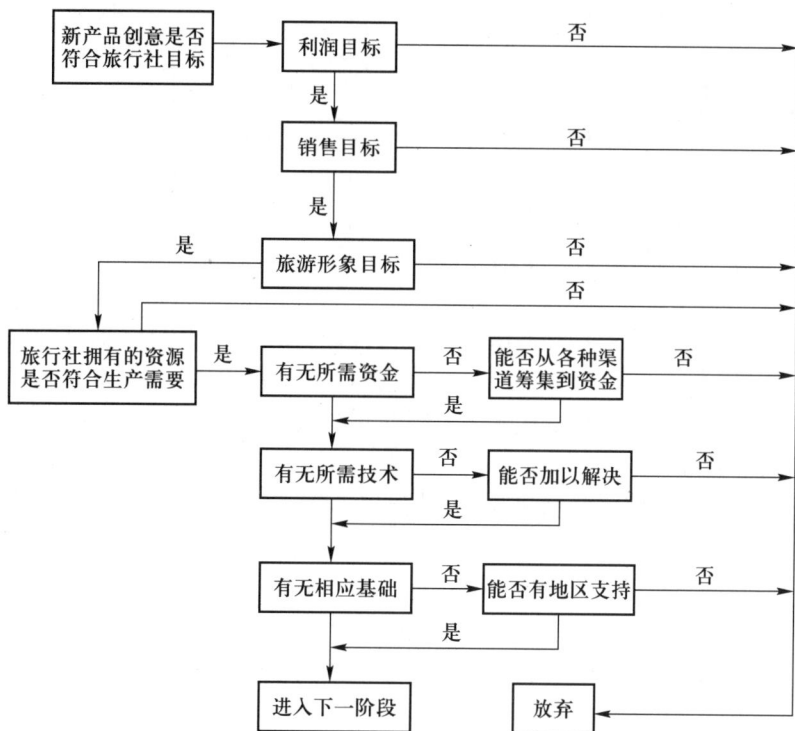

图 2-4　旅行社产品创意筛选过程图

旅行社也可以将相关因素具体化,通过产品创意评价表(如表 2-2 所示)对有关产品进行打分评价,划分出等级,从中选出最可行或较可行的创意。

（4）产品概念的形成与实验

产品创意是旅行社从自身的角度对它可能向旅游者提供的产品的设想。产品概念则是旅行社从旅游者的角度对这种思想的详尽描述。如某旅行社要设计一条"佛教名山朝圣游"线路,这是一种创意,但为了形成具体的产品概念,旅行社还要解决客源地、客源层次、线路构成要素及日程安排等详细的内容,这样就形成了许多具体的产品概念。旅行社按照对旅游者的吸引力、销售量、收益率等评价因素从中选出最佳产品概念后进行实验,也就是

表 2-2 旅行社新产品创意评价表

产品成功的条件	权数(A)	旅行社能力水平(B)											得分(A×B)
		0.0	0.1	0.2	0.3	0.4	0.5	0.6	0.7	0.8	0.9	1.0	
旅行社信誉	0.20							√					0.120
销售前景	0.20										√		0.180
研究开发能力	0.20								√				0.140
竞争能力	0.15							√					0.090
赢利能力	0.10										√		0.090
人员安排	0.05									√			0.040
财务状况	0.05				√								0.015
采购与供应	0.05										√		0.045
合计	1.00												0.720

（参考分数标准：0.000~0.400 为"劣"；0.400~0.750 为"中"；0.750~1.000 为"良"）

用文字、图片等将产品概念展示在旅游者或旅行代理商面前,让他们评估,提出意见,以便于更好地选择和完善产品概念。旅行社要根据旅游者或旅游中间商的要求对旅游产品做出相应调整,把旅行社想卖出的线路变成旅游者想购买的旅游线路。

（5）初步营销预测

产品概念形成后,为降低经营风险,要进行初步营销方案的制订。营销方案一般由三部分组成:第一部分是描述目标市场的规模、结构及旅游者的购买行为,开发产品的市场定位、最初的销售额、利润目标及市场占有率等;第二部分是略述产品的预期价格、分销战略及短期营销预算;第三部分是阐述较长期的销售额、利润目标及不同时期的营销组合策略等。

在初步营销方案的基础上,旅行社从财务上对新产品概念进行分析,预计成本、销售量、利润和投资收益率。如果产品的预计销售量可以使旅行社获得满意的利润,就可以进入产品制作阶段。

2. 产品制作阶段

产品经过了产品策划阶段的创意分析和市场预测等工作,就可以进入产品制作阶段。具体包括设计旅游线路、日程安排、交通编排、产品品牌及产品名称等内容。

（1）设计线路

设计线路安排就是按照产品开发的基本原则,设计从行程开始到终端及中间途径地之间的游览顺序,在线路上对景点、参观项目、酒店、交通、餐饮、购物和娱乐活动等多种要素以及有关节点进行合理布局。

从形式上看,旅游线路是以一定的交通方式将线路各节点进行的合理连接。在策划旅游线路时最好进行实地考察,旅行社工作人员要站在游客、旅行社的角度进行分析,并对游览过程中吃、住、行、游、购、娱各个环节各个方面进行全面细致的考察。如：饮食卫生情况、住宿酒店级别、路况、行车时间、景点内容、购物点产品质量等。通过敏锐细致的考察，力求实现在最短时间内使游客获得最大的游览价值，使旅行社获得最大的收益。

旅游线路组织的基本思路，首先要考虑交通因素。旅游线路的组织，与交通建设相配套，"线随路走，路为景开"。一般优先安排交通干线附近的旅游地、旅游区，否则不宜列入旅游线路，即所谓"线随路走"。另一方面，有些资源稀有性、独特性明显，品位高需求大，开发前景广阔的地区，虽然目前可进入性较差，但是也可以规划建设交通线路，然后将该地列入旅游线路，这就是所谓的"路为景开"。

（2）编制旅游行程单

活动日程是指旅游线路中具体的旅游项目内容和地点及各项活动进行的日期，应体现旅游线路合理安排原则。编制旅游行程单一般有三个要求：

① 表述要清楚。旅行社的相关信息如旅行社名称、相关联系人及联系方式、地接社的相关信息都必须表述；当日行程需分上午、下午和晚上分别列出，一日三餐的时间和地点、用餐条件让旅游者一目了然；相关服务安排，如车次信息包括出发时间、抵达时间、车站名称、车票种类等必须清楚；下榻饭店的具体名称、位置、联络电话、星级状况等要准确体现；不能使用不确定性用语，如"准×星级"、"优秀导游服务"、将"机场建设费"和"燃油附加费"简称为"税"等；不要出现一些不必要的表述，如含旅行社责任险等。

② 书写要规范。行程单中各要素都要行文规范。线路名称应该符合线路名称设计原则；行程安排行文要简洁明了、重点突出；服务标准必须准确，不得出现违反相关政策法规的说明，以及使用不确定用语；旅游目的地简介要简单、突出特色；友情提示尽量使用柔性语言，更不能出现错字别字或语句不通畅等低级问题。

③ 内容要合法。不得出现有关购物场所的相关信息，如购物场所介绍、购物场所推荐；不得出现加重旅游者责任、减轻旅行社责任的内容，如"在不减少旅游景点的前提下我社有权对各景点游览顺序进行调整"；不得出现黄、赌、毒项目的内容，如"成人秀表演""豪赌一把"等字眼。

④ 体现灵活性。对于一些可能因客观环境等因素导致的不确定性，如景点游览时间，可使用"约××分钟"或"约××小时"字眼使游览活动留有合理余地。景点介绍描述不要过于艺术化，根据景点不同季节和地域特征客观描述，点到为止，不要过度渲染，以免造成游客期望值过高带来不必要的麻烦。

3. 市场投放阶段

（1）试产试销阶段

旅行社产品设计出来以后，就可以与有关部门达成暂时性协议，少量投放到有代表性的小范围市场上进行试销。试销不仅能增进旅行社对产品销售潜力的了解，而且有助于旅行社检查产品的优劣。试销前应注意以下几个问题：确定典型的试销市场；确定试销时间范围；试销中应获取的资料，如试用率及再购率、市场普及率、推广费用和游客对产品的意见等；采取何种方式试销，如出门推广、在旅游贸易展览会上推销等；试销后应采取的行动。

试销可及时收集反馈意见，便于旅行社对新产品加以改进，但试销也可能暴露新产品的信息,造成其他旅行社的模仿,所以有的旅行社省去了这一阶段。

（2）正式投放阶段

产品试销成功后,旅行社就可将这一产品大量投入市场。这一阶段应慎重做出以下决策:产品投入市场的时间、地点,客源,产品的定位和具体的营销策略。

一般的海外旅行社在每年的9月左右便要编制下一年度关于各种旅游线路的小册子,因此旅行社最好能在8月前就把新产品内容通报给对方。一般一种大规模的旅游产品要提前一年左右让海外旅行社知道,而且要对新产品进行详细的介绍,如交通工具情况、食宿情况、参观游览的项目及价格等要一一列出以利于海外旅行社及时进行招徕、编制产品介绍及广告宣传。

思考题

1. 什么是旅行社产品?它有什么特点?

2. 按照不同的标准,可以将旅行社产品分为哪些不同的种类?

3. 旅行社应如何延长产品生命周期?

4. 旅游线路的组成要素包括哪些部分?

5. 旅行社产品开发的一般流程是什么?

6. 案例分析,请结合案例回答,该旅行社在进行旅行社产品开发时体现了哪些原则?

福建旅行社深耕工业游

"我们参观了永春老醋醋业有限责任公司的老醋生产车间,了解到了平时吃的醋是怎么生产出来的,还亲手制作了醋饼干、醋饮料、醋果冻等,体验不一样的醋文化,下次有机会我还要来。"近日,参加福建A旅行社组织的"永春老醋生产探寻之旅"后,小团员张某激动地说。

张某参观的永春老醋醋业有限责任公司是福建省第一批工业旅游示范基地培育单位。永春老醋始于北宋年间,其古法酿造工艺传承已有千年之久,是"中国四大名醋"之一。近年来,该公司利用旧厂房与醋窖,打造了永春老醋文创园,设计了打翻醋坛、老醋最潮、古装醋作等12条精品路线供游客参观,新增了自助制作(DIY)醋饼干和古装穿越等新项目,让游客深入了解老醋文化。福建多家旅行社负责人表示,"随着疫情防控进入常态化阶段,旅游产品细分化趋势更加明显,康养产品、亲子游、小包团度假产品越来越多,能够让孩子们寓教于乐的工业游也受到了越来越多家庭的青睐"。

福建工业发展历史悠久,不仅有服装、机械装备产品等重要的制造业基地,还有茶、竹木、陶瓷等传统制造产业。2016年,福建引进并推出观光工厂这一工业旅游形式,先后评选了97家省级观光工厂;2020年,9家企业上榜福建省第一批省级工业旅游示范基地名单。福建A旅行社的负责人陈经理介绍道,"公司已设立研学游学业务板块,深耕工业研学游等细分市场"。该社相继推出了"福州直升机航空基地研学之旅""古田银耳生产探寻之旅""武夷山茶业体验之旅""永春老醋生产探寻之旅""厦门古龙肉酱加工探寻之旅""和声钢琴厂半日游""福州茉莉花茶研学之旅"等工业研学旅游线路。截至目前,选择工业研学游产品的游客近万人。

"开发工业旅游市场,最难的是产品设计。每个工业研学旅行产品,都要与企业进行深入的沟通。要在有限的时间内,让游客更全面地了解产品的内涵",陈经理说。在设计研发工业游产品时,加入体验环节,提升游客的满意感是不少旅行社的做法。以武夷山茶文化体验研学产品为例,为了让游客体验从采茶到制茶的全过程,他们与茶厂沟通,在茶园里专门开辟了游客采茶区,不仅带领游客观赏独具特色的茶园风光,认识福建省稀有茶树品种,还可以到茶园采茶,前往车间参观、体验制茶过程,欣赏茶道歌舞,由制茶老师傅亲手教游客制茶,让游客更加深入地了解武夷山茶文化。"这些环节吸引力强、参与度高,可以满足不同年龄段的游客需求,很受游客欢迎"。

在开发工业游市场过程中,旅行社也遇到了一些困难。比如,有的工厂或基地可供游客参观的项目比较单一,没有专门的工业游通道,工艺流程展示环节比较薄弱;很多工业企业没有专门负责工业旅游板块的部门或者人员;旅行社组织的工业研学活动常常是在周末、节假日,而工厂人手有限,工业游产品难以做大做强。

接下来,旅行社将继续加大对具有吸引力的工业游产品的策划力度,以文旅融合为工业研学旅行的核心,充分挖掘工业旅游资源,把企业生产线变成研学旅游线,成为集工业游、学生游学、研学体验、亲子教育等于一体的工业游研学基地,将福建最具代表性的工业游研学产品全面推向全国。

据悉,福建省将发掘和培育一批高水平、有特色、有影响、创意性强的文化旅游产品和项目,更好地满足游客个性化、多样化的消费需求。到 2022 年,福建将推动建设 100 个以上工业旅游景区点,培育 20 个左右省级工业旅游示范基地,打造 10 条左右工业旅游精品线路,推动工业旅游新业态形成规模,不断做大做强福建工业游市场。

资料来源:中国旅游报(2020)

第三章　旅行社营销管理

在旅行社运营管理中,营销管理是一项重要内容。旅行社营销管理是旅行社在市场营销观念指导下经由定价、渠道、促销等环节,将旅行社产品以符合旅行社利益及市场规律的价格销售出去的一种以营利为目的的现代企业行为。在旅行社运作过程中,旅行社营销管理包含制定产品价格、选择产品销售渠道、促销策划三个环节。

第一节　旅行社产品的价格管理

定价在旅行社的营销管理中是首要环节,定价的合理与否会直接决定旅行社获利或是赔钱。旅行社为了实现自身的经营目标,要采取合适的定价方法和策略,以确保实现预期的盈利目标。

一、旅行社产品价格的类型

旅行社产品的价格是旅游者为了满足其旅游活动需要所购买的旅游产品的价格,是旅游产品的价值的货币表现形式,旅行社通过制定特定水平的价格实现预期的盈利目标,并尽可能获得更高的利润。旅行社产品的价格类型包括以下形式:

(一)根据旅游者需求差异程度划分

根据旅游者在旅游活动中的需求差异程度,可以将旅行社产品的价格分为基本旅游产品价格和非基本旅游产品价格两类。基本旅游产品价格是指满足旅游者旅游活动中基本需求的各种旅游产品的价格,主要包括交通、住宿、餐饮、游览等产品的价格。非基本旅游产品价格是指在旅游活动中可以发生也可以不发生的旅游产品的价格,如购物、娱乐、通信服务等产品的价格。

一般情况下,基本旅游产品价格的需求弹性较小,而非基本旅游产品价格的需求弹性较大。根据不同类型旅游产品的需求价格弹性,旅行社可以通过设计和调节不同旅游产品的价格,进而调节旅游者需求,提高企业整体盈利水平。

(二)根据旅游者购买方式的不同划分

根据旅游者购买方式,旅行社的旅游产品价格可以分为旅游包价、半包价和单项价格三种类型。

旅游包价是指旅游者参加旅行社组织的旅游活动,按照某条线路的报价一次性支付所有旅游费用的价格形式。常见的跟团旅游产品体现的就是这种价格形式。小包价是指旅游者在旅行社购买选择性的旅游产品,支付旅游过程中所需要的某一部分或某几部分的单项产品的价格,其余部分根据旅游者行程中的需要零星现付的价格形式。常见的自由行产品或"机票 + 酒店""酒店 + 景区门票"等都属于半包价旅游的形式。单项价格是指旅游者所购买的单项旅游产品的价格,如住宿产品、景区门票、机票、火车票、导服费用。单项价格可以根据旅游者的需要更灵活地进行组合销售。

(三)根据旅游者游览范围划分

根据旅游者游览范围,旅行社产品价格分为国际旅游价格和国内旅游价格。

国际旅游价格一般包括从客源国(或地区)到目的地国(或地区)之间的往返交通费、旅游产品价格、本国及外国旅行社相应费用和利润。随着旅游活动的不断发展,国际旅游价格中,部分包价与单项价格被越来越多的旅游者所选择。有的旅游者甚至只订购往返的机票,从而使旅游价格出现多种形式并存的局面。国内价格也可分为单项价格、包价及部分包价几种。通常情况下,发展中国家的国际旅游价格比国内旅游价格高得多。但随着经济发展、全球一体化进程的加深,服务贸易将日益世界化,境内外旅游价格的差异将逐渐缩小。

另外,按照产品的层次不同,可以分为豪华等、标准等、经济等,各等级因为提供的服务的消费水平高低而收取不同的费用。

二、旅行社产品的定价目标

旅行社产品的定价目标,是指旅行社为产品定价时,预先设定的通过价格手段所要达到的预期目的和标准。旅行社在确定了明确具体、现实可行的定价目标之后,才能进一步按照恰当的定价方法和策略进行价格管理。

(一)生存导向目标

生存导向目标,也叫维持生存目标。当旅行社面临竞争态势异常恶劣、客源大减、资金周转不灵、产品卖不出去等困难时,为避免破产倒闭,度过经营危机,以保本价格甚至亏本价格出售产品,以争取客源维持营业,并努力争取研制新产品的时机,重新占领市场。这种定价目标往往只作为特定时期的过渡性目标,一旦旅行社出现转机,它将很快被其他定价目标所取代。

(二)利润导向目标

利润导向目标,也叫当期利润目标。这种目标通常是侧重于短期内得到最大利润。以此为目标的前提条件是:旅行社及其产品在市场上居领先地位,而其他竞争对手力量不强;旅行社产品在市场上供不应求。旅行社可采取扩大销售量和提高价格的策略来实现这一目标。但利润最大化并不意味着价格最高。这一目标可能会影响到市场占有率,为竞争者提供机会。所以旅行社采用这一目标应慎重,必须有长远的经营战略。

(三)销售导向目标

销售导向目标,也叫扩大市场占有率目标。这是一种注重长期利益的定价目标。市场占有率也称为市场份额,是指企业产品的销售量在同类产品销售量中所占的百分比。市场占有率高,可以通过规格的高低和市场占有率降低成本,并可以取得一定控制市场和价格的能力,从而提高产品竞争力。一般产品价格的高低与市场占有率呈反比关系。所以,对于新创立或不满足自己所占市场份额的旅行社,一般可采取将自己产品定价低于主要竞争对手同类产品价格的方法,实行市场渗透,以取得更大的市场占有率。这是放弃眼前利益,取得长远利益的一种战略。

（四）竞争导向目标

竞争导向目标，也叫应付或防止竞争目标。在旅游市场竞争中，价格是最有效而又最敏感的竞争手段。旅行社可以以有影响力的竞争对手的价格为基础，再根据自身的条件对自己的产品进行定价。在一个竞争激烈的旅游产品市场中，若本旅行社实力较弱，一般价格应定低些。只有具备特别优越的条件，如资产雄厚、产品质量优异、服务水平很高等条件下，才可能把价格定得高一些。

（五）形象导向目标

形象导向目标，也叫作树立或维持良好形象目标。旅行社形象，是旅行社通过长期市场营销等活动，给予消费者的一种精神感知。旅行社良好的企业形象会存在于旅游者的心目中，给旅行社带来可观的利润。良好的形象与产品销售市场占有率、竞争能力等密切相关，这些又会通过价格表现出来。所以旅行社为建立或保持良好的企业形象，产品价格的制定就要符合企业形象的要求。这种定价目标有利于改变目前我国旅游市场上存在的恶性削价竞争局面，提高旅行社的产品销售和利润率，也会得到旅游者的欢迎。旅行社要提高产品的质量，实行优质、优价服务，树立良好的企业形象。

三、旅行社产品的定价方法

旅行社定价必须要考虑很多因素，如供求关系、旅游产品本身的需求弹性、成本变动、汇率变化、国家政策和产品本身的特性等。根据市场营销的基本原理可以得知，旅行社产品的价格水平一般由三个因素决定：产品成本决定的最低价格、竞争对手同类产品的价格，以及由旅游者的购买能力和对产品价值的认识决定的最高价格。合理的旅游价格在这几个因素之间浮动。在不同的市场环境中，旅行社可以采取不同的定价方法。常见的定价方法包括成本导向定价、需求导向定价和竞争导向定价三种。

（一）成本导向定价法

成本导向定价法是以产品成本作为基础的定价方法，以旅游产品的成本作为定价的主要依据，同时综合考虑其他因素而制定出旅游产品的价格。

成本是旅行社生产经营过程中的实际耗费，一般要求通过产品的销售得到回报。这种方法简单易行地将成本与价格直接挂钩，有利于保持价格的稳定。但此种方法以生产为中心，忽视了供求及竞争等因素的影响，只能适应卖方市场的条件对于买方市场则难以适应，缺乏竞争性。在成本容易确定且对于旅游者和旅游企业都公平的情况下，成本导向定价是较受欢迎的定价方法。所以旅行社可以考虑以成本为中心确定产品价格，具体可分为以下两种：

1. 成本加成法

成本加成定价是以成本为中心的常用定价方法，它是在产品单位成本的基础上增加一定比例来确定产品售价的方法。从理论上讲，旅行社产品的价格应该包括直接成本、各种费用、税金、利润、固定资产折旧等。但在旅行社实际运营过程中，通常产品的售价简单表示为成本＋利润，这里的利润是包含了旅行社各种经营费用在内的利润，它通常根据直接成本的一定比例来确定。这个比例可以是旅行社的预期利润率，也可以是旅行社经营者的经验

数据。在我国,绝大多数旅行社采取的都是行业平均利润。成本加成法定价的公式可以表示为:

$$旅行社单位产品基本价格 = 单位产品直接成本 × (1+ 利润率)$$

例如,某旅行社一款两日游的产品成本为 400 元,旅行社确定的成本利润率为 20%,则:两日游产品价格 =400 元 × (1+20%)=480 元。

2. 目标利润定价法

它是先确定旅行社本期(如一个价格年度)内获得的利润,并预测本期内可以销售的产品数量,再把预期总成本与预期总利润的和除以预期销售量而定出单位产品的销售价格。其计算公式是:

$$单位产品销售价格 = (预期总成本 + 预期总利润)/ 预期销售量$$

(二) 需求导向定价法

需求导向定价法,是根据市场上需求的强度和旅游消费者对产品价值的评价来确定产品基本价格的方法。这种定价方法通常建立在市场细分的基础上,不同的细分市场执行不同的价格水平,旅游者可以根据自己的购买能力与消费喜好选择合适价格水平的旅游产品。

需求导向定价法一般是以该产品的历史价格为基础,根据市场需求变化情况,在一定的幅度内变动价格以至同一商品可以按两种或两种以上价格销售。这种差价可以因顾客的购买能力、对产品的需求情况、产生的型号和式样以及时间、地点等因素而采用不同的形式。需求导向定价法原则上要求确定消费者对于各种不同的产品感受的价值,然而这很难衡量,且费时费力。这种方法主要通过调研获取在不同时间、地点及场合的情况下旅游者愿意为产品付出的最高价格,作为定价的依据。

(三) 竞争导向定价法

这是一种以竞争对手产品价格为主要依据的定价方法。这种方法定价的产品价格与成本及需求不发生直接联系,主要是为应付竞争、争取更多旅游者而采取的特殊方法。旅行社采取这种定价方法时要首先分析以下问题:一是竞争者为何这样定价,在其营销策略中价格是不是一个主导因素;二是针对特定的目标市场,哪些地区和企业构成了对本地区和本企业最直接的竞争;三是如果本地区和本企业改变旅行社产品价格时,主要的竞争地和企业将可能作出何种反应。这里主要介绍两种竞争导向定价法:

1. 随行就市法

即根据同行业的一般价格水平作为定价标准来进行定价,将本旅行社产品价格维持在同行业平均水平上。在竞争激烈而供需基本平衡的市场上,这是一种较为稳妥的"防御性"的定价方法。采用这种方法可以减少风险,也容易和竞争对手和平相处,但只能获得一般性利润,无法获得绝对市场优势。

2. 差异定价法

差异定价法与随行就市法相反,不管竞争者产品价格是高是低,而是有意将价格定得高于或低于对手产品价格。高于竞争者的价格定价有利于在旅游者中树立本旅行社的形象,低于竞争者的价格有利于提高市场占有率,这是一种反其道而行之的"进攻型"的定价方法。

四、旅行社产品的定价策略

旅行社除了要根据不同的定价目标,选取不同的定价方法确定产品的基本价格以外,还要学会在不同的市场环境中运用不同的价格策略。

（一）新产品定价策略

旅行社在确定新产品定价时,可以根据不同情况,对以下三种策略加以选择（表 3-1）。

表 3-1　旅行社新产品定价策略的选择标准

选择标准	取脂定价策略	渗透定价策略	适宜定价策略
市场需求水平	高	低	居中
与竞争产品的差异性	大	不大	居中
价格需求弹性	小	大	居中
生产能力扩大可能性	小	大	居中
旅游者购买力水平	高	低	居中
仿制难易程度	难	易	居中
市场潜力	不大	大	居中
投资回收方式	迅速	逐渐	居中

1. 取脂定价策略

取脂定价策略（creamskimming pricing）,也叫撇油定价,它主张将产品高价投放市场,这样可以使旅行社在短期内获得高额利润,适用于经营具有垄断性和需求缺乏弹性的产品。这一策略的缺点在于尚未在消费者中建立声誉之前实行高价投放,不利于开拓市场;同时,如果高价投放销路仍然很好,则会迅速招致竞争者,致使竞争白热化,旅行社的高额利润自然会随着竞争的加剧而降低。因此,取脂定价策略一般只适应于某种新特产品投放市场的初级阶段,旅行社若想长期采取这一策略就必须不断进行产品创新。

2. 渗透定价策略

与取脂定价策略相反,渗透定价策略（penetration pricing）主张采取低价投放市场的政策,以便增加销量,广泛地占领市场,并借此排斥竞争者的加入,从而达到长期占有市场的目的。这一策略主要适应于具有大批量接待能力,经营缺乏垄断性和需求富有弹性的产品。但这一策略必然导致旅行社利润率偏低。

3. 适宜定价策略

上面两种策略是对新产品进行定价的两种极端情况,适宜定价策略是旅行社根据不同情况,在上述两种极端定价之间,取适宜的价格。这种策略确定的价格对旅行社和旅游者都比较公平合理,旅行社可以在一定时期内收回成本,多数旅游者也可以接受新产品的价格。

（二）心理定价策略

旅行社可以使用的心理定价策略主要包括:尾数定价、声望定价、吉祥定价、招徕定价、系列定价等五种策略。

1. 尾数定价策略

所谓尾数定价是相对于整数定价而言的,也叫零头定价,它是指旅行社在确定产品价格时采用低于但又非常接近下一个整数的数字作为产品的销售价格,如使用 999 元而非 1000元。虽然两者之间只相差一元,但给旅游者一种"货真价实"和价格低廉的心理感觉。

2. 声望定价策略

也称整数定价,一般指有声望的名牌企业用高价位或整数价来显示产品的高品质形象。在旅游者心中,信誉较高的旅行社或知名的产品才可以用这种定价策略,购买这种产品的旅游者常将此作为一种身份或社会地位的象征。

3. 吉祥定价策略

吉祥定价就是利用人们讨"口彩"的心理,用一些表示吉祥的谐音或表示吉祥意思的数字来确定价格的一种定价方法。我国通用的吉利数字有"6"、"9"和"8",那么旅行社可采取诸如 98(久发)、518(我要发)、818(发一发)、1666(六六大顺)等具有吉祥意义的数字作为产品售价。

4. 招徕定价策略

即特价定价,旅行社用低价、减价等方法吸引旅游者购买。这种策略主要是为迎合多数旅游者求廉价的心理,提供"特价旅游路线",吸引游客。游客购买时可以推荐其他的产品,扩大连带销售。

5. 系列定价策略

又叫分级定价。即旅行社将所有的产品分为"豪华""标准""经济"或更细的几等。再对各个等级分别定价,形成一系列价格档次,可使旅游者按照需求购买,又容易使旅游者对产品质量产生信任,同时也提高了旅行社的管理效率。

(三)折扣定价策略

旅行社为了扩大产品的销售量、加快资金的周转等目标,在产品的基础价格上给予旅游者或中间商某种折扣。这种折扣策略可不必改变产品的价格,有较强的灵活性。折扣的形式繁多,有以下几种。

1. 数量折扣策略

这是旅行社为了鼓励旅游者大量购买,根据旅游者购买的数量给予一定的折扣。这里的数量可以是一次性购买的数量,也可以是累计数量。这种策略可以鼓励客户多次购买旅行社的产品,有利于维系和加强旅行社和旅游者之间的长期合作关系。

2. 季节折扣策略

又叫季节差价,即旅行社可根据旅游者购买产品的季节性差异给予一定的折扣。有些旅游产品的淡旺季非常明显,为了发挥竞争优势,避免资源闲置造成的浪费,旅行社可以在淡季或平季给予旅游者相应的价格折扣,以维持相应的盈利水平。

3. 同业折扣策略

同业折扣也被称为功能性折扣或交易折扣,是指旅行社对提供某些宣传、推销、服务等营销功能的分销商、零售商等中间商给予一定的价格折扣。旅行社采取此种策略可减少营销费用从而省下成本费用,借助同行的力量,占领更可观的市场份额。

案例3-1 "3·15",中青旅让利魅力邮轮

中青旅是国内知名的大型旅行社企业,多年来,中青旅持久健康的发展靠的就是优质过硬的服务。值此3·15消费者权益保护日到来之际,中青旅为答谢广大消费者,特意拿出自己的精品线路——"中青旅魅力邮轮",独家降价展开酬宾大行动。

中青旅"魅力邮轮"航线是"处女星"号新马泰六日游,出发时间特意选在东南亚最凉爽的季节——3月底和4月初,让游客缓解紧张工作带来的压力,进行彻底的放松。无论是欢乐家庭组还是浪漫二人组,或者节奏舒缓的老年游客,船上丰富完善的各项休闲娱乐设施、泰国普吉和马来西亚卡威等宜人的海岛风情,都能让游客们感受到无比的轻松惬意与浪漫自由。

根据北京市旅行社服务质量监督管理所的通报显示,中青旅这次酬宾大行动活动,价格从原先的6380元/人一举降至5580元/人;若多人一起报名参团,在同舱位的情况下,第3、4位游客还能享受到更具震撼力的优惠价格。此价格仅适用于3月22日、3月29日两期。此后价格将恢复正常,且由于旅游旺季的到来,还将有显著提升。

点评:中青旅之所以在3·15消费者权益保护日到来之际,适时推出"魅力邮轮"大酬宾行动,其主要目的在于利用需求价格弹性,以降价来提高销售量和市场占有率。作为名牌旅游产品,适时、适当地降价,可以更加深入人心,扩大影响,提高旅行社的知名度。

五、旅行社产品的价格调整

主动调价是旅行社在市场经营中为适应市场变化而主动进行的价格调整。主动调价包括主动降价和主动提价,被动调价是对经营对手调价的应对。不论是降价还是提价,经营者在调价前都注意调价理由要充分,调价幅度要适当,调价时机要选准,对调价后竞争对手的反应估计要充分,对竞争对手可能的反击措施要有应对预案。

(一)主动降价

旅行社为实现特定目的有时会选择主动降价。在什么情况下降低旅游产品价格最有效,这是旅行社首先要考虑的问题。旅游行业发动降价必须慎重,因为降价往往会引起同行的连锁反应,甚至引发恶性竞争。但这并不表示旅行社产品不能降价,时机成熟,降价也会带来利润。以下情况可以考虑降价:

(1)生产能力过剩

当旅行社具备为更多旅游者提供服务的能力,但又不能通过加大促销力度、改进产品或其他措施来增加销售量时,旅行社可以采取主动降价的策略来刺激销售量的增加。

(2)降价能大幅提高销售量

一般情况下,降价与提高销量成正比。旅行社可以考虑通过降低价格,增加销量来弥补价格上的损失。但有的产品降价并不会提高或较大幅度提高销量,甚至不能弥补因降价带来的损失,这时降价就毫无意义。

(3)成本下降

采购到更加优惠的旅游服务项目、加强内部管理、减少浪费等都能降低旅行社的经营成

本。这时旅行社可以适当降价,让利于旅游者,赢得游客的信任,增加销售量。

（二）主动提价

虽然旅行社提高价格可能会招致顾客、经销商的不满,但成功的提价能减少损失,还能极大地增加利润。以下情况可以考虑提价:

（1）成本上涨

旅行社的成本有些旅行社可以控制,有些控制不了,如机票上涨、酒店房价上扬、景点涨价等。这些涨价因素必然会带来成本的增加。为了维持经营,旅行社不得不提价。这是一种被动提价,其目的是减少损失。由于成本上涨的因素难以预测,所以旅行社应尽量避免与顾客或经销商达成长期的价格协议。

（2）需求过剩

当旅行社的某一旅游产品的需求大量增加,而旅行社在短时间内又无法增加供给时,可以考虑提价,以求得供给与需求的平衡,并在现有的供给水平中获得最大的利润。

（3）提价不影响销量

当旅行社的某一产品有较好的市场需求,同时适当的提价不会影响销量时,旅行社可以考虑提价以增加利润。这种产品往往是旅行社的特色产品,顾客在市场上一时找不到可替代品。

（三）应对竞争对手价格调整的措施

旅行社在权衡市场情况后,可以采取多种应对竞争对手价格调整的措施,主动适应市场竞争。

（1）同向跟进

当竞争对手率先调价后,可以采取同方向跟进的措施,即随竞争者降价而降价,随其提价而提价。同向跟进又分为同步跟进和不同步跟进。同步跟进是指旅行社提价或降价幅度与其同幅度,或把价格就定在竞争者的价格水平上;不同步跟进也调整价格,但调价幅度、售价水平与竞争者保持一定距离。

（2）逆向调整

当竞争对手率先调价后,经营者对价格也作相应调整,只不过调整方向与竞争对手恰恰相反。即竞争对手降价,本企业提价;竞争对手提价,本企业降价。其目的在于拉开差距,映衬与众不同的产品形象和企业形象。逆向价格调整决策最难,因为只是在一段时间,价格变动冒逆旅游市场大势的风险。采用这一策略一般是处于转变关头的前夕,市场即将发生趋势性转变之际。

（3）维持现价

旅行社对竞争者调价以"不作为"的方式应对,在价格上不作调整。经营者发现调高价格会导致销售量下降、市场份额减少,或发现调低价格而销售量增加不明显而导致利润减少,往往会采取观望态度。

（4）实施非价格竞争策略

提高旅游产品和服务质量,形成特色,塑造品牌,拓宽渠道,建立营销网络,针对性开展广告、公关等沟通与促销方式争取客源,这就是非价格竞争策略。非价格竞争策略既可单独运用,也可与上述三种方式协调使用,如在经营者决定同向跟进率先提价的竞争对手,准备提价时,还可通过提高产品质量和服务质量,使旅游者感到物有所值。

第二节　旅行社产品的销售渠道

销售渠道建设作为旅行社市场营销组合的一个重要组成部分,是旅行社营销管理中的核心环节。如何将旅游产品以最高的效率和最低的费用从旅行社销售到旅游者的手中,是旅行社经营过程中始终关注的问题。构建高效的销售渠道,并进行科学的管理,对旅行社具有积极的现实意义。

一、旅行社产品销售渠道的含义

旅行社生产出来的产品,只有通过一定的销售渠道,才能在适当的时间以适当的价格出售。任何一个旅行社在具有足够的生产能力时,都希望能尽量扩展销售渠道。一方面这是因为销售渠道能使旅行社接触到更多的消费者,扩大产品的销售量,增加旅行社的市场份额,实现旅行社的发展壮大;另一方面,由于旅行社的目标市场与本企业空间距离较远,像很多以经营入境旅游业务为主的旅行社,其目标市场甚至遍布世界很多地方,旅行社必须借助销售渠道中各中间商的力量,才能接触到目标市场,实现产品的销售。

案例 3-2　嘉华旅游的盈利公式

旅行社要想实现健康长远发展,必须不断创新产品和服务,探索新的盈利模式。如何应对当前复杂的形势,嘉华旅游总结出一个公式:资源 + 渠道 = 成功。

嘉华旅游认为,旅行社要控制资源如景区、交通、酒店等旅游要素,要有自己的独门绝技。譬如,上海春秋有航空公司,中青旅有乌镇景点,国旅有免税店,这都是各旅行社独特的资源,形成了不可比拟的竞争优势。近年来,嘉华旅游一方面大量做包机,尝试垄断或半垄断空中交通资源,另一方面争取国内多家著名景区的推广销售权,成为黄果树、千岛湖、峨眉山、婺源、庐山、香港海洋公园、香港迪士尼乐园等数十家景区在山东的销售总代理。同时,不断增加实体门店,并与国内多家旅行社合作,同时组织团队开设天猫网店,积极发展电商。

旅行社产品的销售渠道,又称流通渠道或销售分配系统,是指旅游产品和服务从旅行社企业向旅游者转移时所经过的途径或路线。销售渠道可长可短,可宽可窄,主要包括中间商、代理商、零售商,以及处于渠道起点的旅行社和终点的旅游者。如图 3-1 所示。

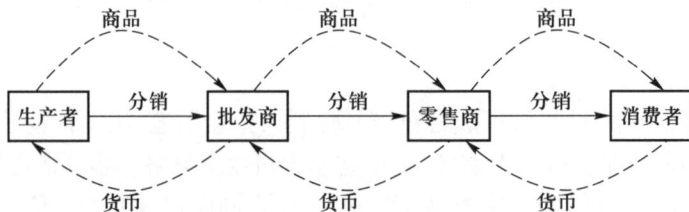

图 3-1　销售渠道示意图

二、旅行社销售渠道的类型

按照不同的划分标准,可对销售渠道进行不同的划分:

(一)直接销售渠道和间接销售渠道

按照产品从旅行社到旅游者手中是否经过中间环节来划分,销售渠道可以分为直接销售渠道和间接销售渠道。

(1)直接销售渠道

直接销售渠道,指旅行社不经过任何中间商,直接向游客出售其产品,因此也叫零级渠道。它的销售方式有人员推销、邮寄销售、设立销售门市部、联合销售、展览会销售、网络销售等。这是最古老、最简单、最短的销售方式。如图 3-2 所示。

通过直接销售渠道,旅行社省去了与中间商的合作,易于控制价格;能及时获得消费者需求变化的市场信息的第一手资料;可及时加快资金的周转,减少佣金开支;刺激旅行社向消费者提供高质量的旅游产品,树立旅行社形象。但直接销售渠

图 3-2 直接销售渠道示意图

道存在一定缺陷。当销量小或销量不稳定时,旅行社的销售成本增加,经营风险增大;当销售面广、游客分散时,旅行社难以把产品全部出售给游客。

(2)间接销售渠道

间接销售渠道,指旅行社通过一个或一个以上的中间商经销、代理或帮助销售,向游客销售旅游产品和服务的流通途径。这是目前旅游产品的主要销售方式。我国的国际旅行社在国际入境旅游业务中就主要采用间接销售渠道。

间接销售渠道又分为一级销售渠道、二级销售渠道和三级销售渠道等类型。存在两个或两个以上中介机构的销售渠道统称为多级销售渠道,与直接销售渠道所对应(图 3-3)。

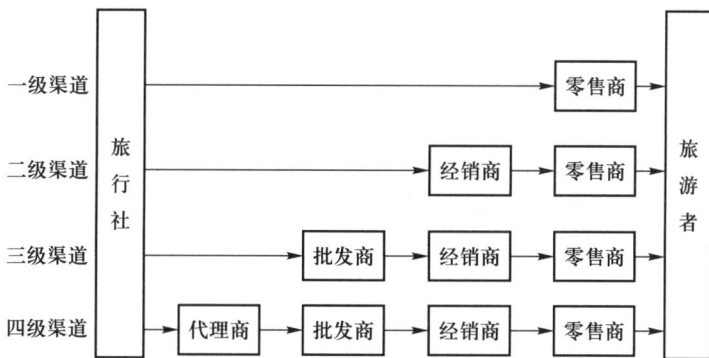

图 3-3 旅行社间接销渠道

与直接销售渠道相比,经营间接销售渠道由于增设了中间环节及扩大了合作者队伍,旅行社销售活动的辐射范围增大;又由于分工协作,销售活动深层次的内容也得以发展,这是有利的一面。但是,旅行社在经营间接销售渠道中,对销售活动的控制力减弱,难以控制产品的最终售价;费用结算相对较慢,容易延缓旅行社资金周转的速度;同时,旅行社需支付

中间商一笔佣金,也增加了旅行社的成本。

(二)长销售渠道和短销售渠道

根据旅游产品到旅游消费者手中经历中间环节的多少,可将销售渠道分为长销售渠道和短销售渠道。经历的中间环节越多,销售渠道就越长。如采用直接或一级销售渠道属于短销售渠道,多级销售渠道就属于长销售渠道。

(三)宽销售渠道和窄销售渠道

销售渠道的宽度是相对于长度而言的,按照每一个中间环节中容纳的中间商的多少,可将销售渠道划分为宽销售渠道和窄销售渠道。旅行社在目标市场中所找的中间商越多,则销售渠道就越宽;反之,销售点越少、每个环节容纳的中间商越少,则销售渠道就越窄。

宽销售渠道的优点是网点多,便于旅游者及时、就近购买旅行社的产品;也利于旅行社迅速、大量地将产品投放到市场上,同时避免了旅行社对少数中间商的依赖。但是如果旅行社选择过多的中间商或设立太多的销售点,会增加成本及管理的难度,也使中间商与旅行社之间的关系较为松散,不愿花费很多的精力来促销。选择窄销售渠道的优点是可以密切旅行社与中间商之间的关系,若中间商是某种旅游产品的独家代理,他更愿意努力为旅行社推销;其缺点是旅行社会过分依赖一家中间商,经营风险较大。

三、旅行社对销售渠道的选择

旅行社销售渠道类型众多且各有优缺点,销售渠道的选择对旅行社来说至关重要。最佳的销售渠道一般具备以下特点:各环节衔接密切且辐射带动能力强、费用省且效益高、合作意愿良好且配套完善、能够带给旅游购买者便捷性。如何选择销售渠道,需注意两点:一是对渠道结构的选择;二是对渠道结构成员即对中间商的选择。

(一)旅行社选择销售渠道的影响因素

旅行社选择销售渠道的影响因素主要有产品因素、市场因素、自身因素、竞争因素和环境因素等。

1. 产品因素

旅行社产品的类型、等级、价格、生命周期等因素都会影响到销售渠道的选择。旅行社要销售的产品如果价格较高,市场范围较小,通常可以采取直接或短销售渠道,由旅行社直接卖给游客或经过少量的中间商,因为扣除成本外,还能抵偿直接销售的费用,厚利少销;相反,价格便宜的大众产品,目标市场广阔,销售渠道应长、宽,薄利多销,通过大批量销售及广阔的市场覆盖来赢利。如果是新推出的旅游产品,为了让旅游者和客户熟悉产品,旅行社可以自己组织推销队伍,开拓市场;如果产品进入成熟期,则应通过中间环节,扩大覆盖面,大批量投入市场;若产品已渐渐走向衰退,旅行社可以减少中间环节以节约费用。

旅行社在选择销售渠道时,还要考虑到产品的季节性因素,旺季到来时应采用短渠道,使产品及时投放市场,从而占领市场。

2. 市场因素

① 市场规模。市场规模大,潜在旅游消费者的数量多,产品的购买量就大,一般需要较多的销售网点,可选择宽渠道和长渠道,借助中间商的力量扩大销售,使尽可能多的游客能

订购到产品;反之,如果潜在旅游消费者少,则应选择短渠道、窄渠道以降低成本。

②　市场集中程度。是指某一区域内潜在旅游者的集中程度。如果潜在游客比较集中,如都集中在几个大城市,可借助零售商的力量建立一层销售渠道,有条件的话可以选择直接销售渠道;如果游客较为分散,应选择长、宽的销售渠道,使各个地区的游客都能买到所需的产品。

③　客源市场距离。如果客源市场距离较远,宜采用间接销售渠道;如果客源市场距离较近,旅行社比较方便向潜在旅游者促销,而且潜在旅游者也能较方便地直接购买旅行社产品,可以采用直接销售渠道(表 3-2)。

表 3-2　销售渠道选择的市场因素比较

市场因素	直接销售渠道	间接销售渠道
市场规模	小	大
市场集中程度	高	低
客源市场距离	近	远

3. 旅行社自身因素

若旅行社自身实力雄厚,资金充足、规模大、管理能力强、销售数量多,可选择直接或窄销售渠道;而资金少、规模小、实力较弱的旅行社销售量有限,则要靠中间商来销售自己的产品。旅行社的信誉好,营销能力强,在营销队伍和管理经验方面条件较好,则能依靠自身的力量建立销售网点或根据自己的意愿选择理想的销售渠道;相反,旅行社营销能力有限,没有较高的声誉和市场地位,则要选用长、宽的销售渠道,通过中间商来销售自己的产品。

4. 竞争因素

若旅行社竞争对手多、竞争激烈,应选用宽渠道,通过各种方式、各个渠道将自己的产品推销出去;相反,竞争对手少、竞争不激烈,则可选用较少的中间商来经销。另外,考虑到实际情况,有时出于竞争的需要,旅行社可选择与对手相同的渠道,风险小;有时则要避开竞争对手的常用渠道另辟新的途径,风险大但效益较高。

5. 环境因素

旅行社外部环境(如政策环境、经济环境)的变化也会影响到销售渠道的选择。在经济发展迅速、旅游市场繁荣的情况下,旅游需求上升时,旅行社可以考虑增加销售点,扩大销售网。近年来移动互联网技术的不断发展,很多旅行社偏向于与电子商务网站合作,改变传统销售渠道,改为选择线上网络销售。再如,基于 2020 年新冠疫情的影响,很多旅行社加强经营近郊游和短期游产品,势必倒逼旅行社销售渠道的重新选择。

(二)旅行社销售渠道选择策略

在我国的国际旅游业务中,因为旅行社实力有限,加上对客源地缺乏深入了解,而中间商了解当地情况,旅行社大多采取间接销售渠道。其中有三种渠道策略可供选择:

(1)广泛性销售渠道策略

广泛性销售渠道策略又叫密集型销售渠道策略,是指旅行社尽可能多地使用旅游中间商进行产品销售,将旅游产品广泛散布给各个经销商和零售商进行产品销售、招徕旅游者,以便及时满足旅游者需求的一种渠道策略。

旅行社产品的销售和其他日用消费品的销售一样,人们都希望能迅速、便捷地满足自己的需求,有众多的零售商可以方便旅游者随时购买。广泛性销售渠道策略的优点是,选择较多的批发商和零售商,构建广泛的销售网络,便于旅行社更多接触旅游者和潜在旅游者,同时有利于发现理想型的中间商。但是这一策略的缺点在于成本较高,产品销售过于分散,为旅行社的销售管理增加了一定的难度。

（2）选择性销售渠道策略

选择性销售渠道策略,也叫精选型销售渠道策略,是指旅行社只在一定市场中选择少数几个中间商的渠道策略。在旅游市场中采用广泛性销售渠道策略的旅行社,在经过一段时间后,往往可以根据中间商在市场营销中的作用、组团能力以及销售量的变化等情况,选择其中效益最好的几家中间商。这一策略的优点是可以将客源地集中在少数优质的中间商进行产品销售的推进,可以降低经营成本,缺点是如果中间商选择不当,就会给社产品销售带来相应的风险。

（3）专营性销售渠道策略

专营性销售渠道策略,也叫独家销售渠道策略,是指在一定时期、一定地区内只选择一家中间商的渠道策略。通常情况下,作为旅行社总代理的中间商不能同时代销其他竞争对手的旅游产品。专营性销售渠道策略的优点在于可以提高中间商的积极性和推销效率,更好地为旅游者服务,同时可以降低销售成本,加强产销双方的密切合作。缺点在于如果专营中间商经营失误,则可能会殃及客源地的目标市场;若中间商选择不当,则有可能失去该市场。

（三）旅游中间商的选择

目前我国的旅行社广泛采用间接销售渠道策略,旅游市场上中间商众多、规模实力各不相同,这就必然涉及旅游中间商的选择问题,这关系到旅行社间接销售渠道策略的成败。旅行社应通过多种渠道与他们接触,了解情况,从中选择适合本旅行社的旅游中间商,选择中间商时应考虑以下条件:

（1）目标市场一致性

在选择旅游中间商时,应考虑中间商在地理位置上接近旅行社客源相对集中的地区,并在此基础上考虑旅游中间商的目标群体与旅行社的目标市场是否一致。不同的中间商有不同的销售对象,旅行社选择的中间商的销售对象与旅行社目标市场相一致,才会使供需双方有机地结合起来。地理位置是否接近会影响旅游者能否及时买到旅游产品,中间商销售区域的大小会直接影响到旅行社产品的销售量。

美国:据统计,美国出国旅游者主要集中在加利福尼亚州、纽约州、新泽西州、佛罗里达州、得克萨斯州和伊利诺伊州共 6 个州,占总量的 50% 以上。

日本:出国旅游者主要集中在东京都、京阪神、爱知、岐阜等地,三大城市圈中出游总比例达 68%。

英国:出国旅游者主要来自伦敦、英格兰东南部、英格兰西北部,英格兰占总量的 52%。

泰国：赴泰国旅游者主要集中在"天使之城"曼谷、"泰北玫瑰"清迈、"东方夏威夷"芭堤雅、"金汤城池"大城等主要城市。

德国：北威州的杜塞尔多夫、多特蒙德，人口密度大，巴伐利亚州的慕尼黑、斯图加特，北部的汉诺威、不来梅等是出国旅游较多的地区。

（2）合作意向

中间商必须有与本旅行社合作的意愿，对本旅行社开展的业务有兴趣，有诚意合作才可以进行相互之间的协作，这是一个双向选择的过程。

（3）规模与数量

旅行社在同一地区应选择适当数量、适当规模的中间商。如果中间商过多，会造成促销方面的重复与浪费，而且中间商本身也会因为"僧多粥少"影响推销的积极性。如果中间商过少则有可能形成垄断性销售或销售不力的局面。当然，中间商的规模与数量取决于旅行社的经营实力与销售规模。

（4）财力与资信

旅行社应尽量选择财力状况好、资信可靠的中间商，这是旅行社产品销售顺利进行的重要保证。近年来，由于我国出现买方市场竞争激烈的局面，有些旅行社先接待后让中间商付费，产生了一些中间商拖延付款的情况，使旅行社蒙受了重大经济损失。中间商的财力与资信情况可以从其历史上的表现、目前经营状况、旅游者的反映及与银行关系的密切程度等方面了解分析。

（5）经营历史及提供信息的能力

如果中间商经营历史长，一般经验比较丰富，经营覆盖面较广，能及时向旅行社提供有关竞争、市场方面的信息。同时，提供信息的能力也与中间商的经营规模、人员素质等密切相关。所以旅行社应酌情选择。

（6）经营本旅行社业务的比重

中间商经营本旅行社业务的比重不同，与旅行社关系密切程度就不同，销售努力程度也不同。如有的境外旅游中间商专营中国旅游业务，对我国旅行社具有一定的依赖性，积极推销我国旅行社的产品。而有的中间商规模较大，销售渠道宽，与各家旅行社的业务关系都比较松散，但比较珍惜自己的商业信誉。在这种情况下，旅行社应根据情况做出选择。

此外，旅行社还要从自身经营的目的、产品、市场和竞争等方面进行详细考察，选择合适的中间商。选定中间商后，旅行社就可以和中间商签订合同并开展业务合作。

四、旅行社产品的销售程序

（一）销售程序

虽然不同旅行社有不同的销售渠道与管理方法，但基本销售程序大同小异，这里主要介绍一下旅行社进行海外销售的几个步骤。

（1）制订销售计划

销售计划的内容包括对销售形势的分析、本年度销售情况、市场发展状况、旅游者购买行为的变化及竞争对手情况分析等内容。制订销售计划还须明确销售目标，进行销售预算，预算内容包括：出国参加展销会、联合促销、出访国内各地旅行社、邀请代理人和记者、宣传品制作及广告等项目的预算（如表 3-3 所示）。

表 3-3 旅行社产品预算表

	开始日期	负责人	活动目的	市场划分	预算	结束时间
旅游展销会						
国外推销						
国内走访						
邀请访问						
印发宣传品						
其他						

（2）寻求、选择旅游中间商

旅行社可通过多种方式来寻找旅游中间商，如参加伦敦、柏林、北京、香港、广州等地每年定期举行的国际国内各类旅游博览会或展销会，派遣推销小组参加推销，向潜在的中间商寄发资料，从一些商业性刊物中获取信息，或通过接团、本地外办、友协等方式发现旅游中间商。如果旅行社信誉高、广告宣传工作做得成功，会有中间商主动来电、来函询问而建立业务关系。旅行社要从中选择合适的中间商。

（3）谈判业务

也就是旅行社与旅游中间商为建立业务联系或促成产品交易而进行的协商。谈判是建立关系和促成交易的重要手段。旅行社可选用面谈、函件、电话、传真、电子邮件等方式与中间商进行交流，了解各自的规模、特点、经营内容、合作意向等情况，商讨交易条件，建立合作关系。合作关系建立以后，要针对旅游产品的交易进行洽谈，旅行社将具体的产品项目安排、报价等情况介绍给中间商，并根据对方的要求进行调整。

（4）办理有关手续

中间商在确认购买后，要向旅行社提供游客名单、抵达的日期。旅行社接到中间商对产品内容和报价的最终确认以及客人的详细情况以后，可向我国驻当地使领馆发出签证电函，并协助中间商办理旅游者签证等手续。

（5）落实接待事宜

签证发出后，旅行社要尽快制订出接待计划，发给有关部门，进行接待，中间商则按有关规定按期汇款。

（二）销售程序管理

旅行社产品的销售程序与其他产品相比更为复杂，因为旅行社产品种类繁多，每个团队路线、日程、内容、标准各不相同，交易手续繁多，多是小额多批次，要经过多次函电往返才能完成一笔交易，并且交易周期长、变化多。旅行社交易程序从开始销售到最后结清账目往往要经历数月甚至一年以上的时间,其间可能会发生汇率变动、价格变化、投诉索赔等情况,使得交易更加复杂。所以为了使旅行社销售工作顺利进行,必须从寻找中间商开始就要严格把关,加强销售程序管理,防止买卖双方发生经济纠纷,避免销售工作效率低下、错误多而造成经济损失。对销售程序管理的内容主要有:

（1）做好充分的准备

旅行社在制订销售计划、寻求旅游中间商、进行业务谈判、落实接待事宜时都要做好充分的准备。如在谈判以前,要做好选择熟悉业务的谈判人员,了解有关国家或地区的法律、法规和政策,掌握尽可能详细的市场信息,制定谈判的上、中、下策方案及谈判中的进退方案和交换条件等准备。

（2）订立旅游交易合同

旅游交易合同是买卖双方为达成旅游交易所签订的协议或契约,是用来调整旅游经济关系的一种法律形式。合同的内容主要有名称、品种、质量、数量、价格、结账方式、经济责任及发生意外事故的处理等。合同对订立双方都有约束力,订立合同可以规范双方当事人的行为并保证旅游交易顺利进行。

（3）建立客户档案

旅行社在与中间商建立业务关系时,为了掌握这些客户的基本情况,需填写客户登记表备案。有了有关客户的详细资料后,才能做到知己知彼,与客户更好地合作。

（4）制定严格的销售工作规范

旅行社对销售程序的每个环节都要制定合理的操作程序、文书格式、职责范围、岗位责任等工作规范,并严格监督实施,明确奖惩制度。

（5）重视对销售人员的管理

对旅行社销售人员的管理,应做到制度化、科学化、人性化,加强销售人员的行为管理、结果管理、销售计划管理和客户管理。重视对销售人员的选择,加强对销售人员的培训和激励,以提高他们的业务技能和工作效率,培养他们良好的服务态度和工作责任心。另外,在通过制度对销售人员进行约束时,还要赋予他们一定的权限,以发挥工作积极性。

五、旅行社销售渠道的评估

销售渠道评估是旅行社销售管理的一项重要工作。建立销售渠道是为了发挥渠道的功能,实现销售增长。然而,旅行社自身资源条件和营销环境的变化均会使旅行社改变现有的营销策略,因此加强旅行社营销渠道的评估与完善是必不可少的。

（一）旅行社销售渠道评估的含义

旅行社渠道绩效评估(performance evaluation on channel),就是指旅行社通过系统化的手段或措施,对销售渠道系统的效率和效果进行的客观的考核和评价的活动过程。评估的对象既可以是渠道系统中某一层级的渠道成员,也可以是整个渠道系统。在营销实践中,不少旅行社同时对某个层级的渠道成员及整个渠道系统进行评估。

通过销售渠道绩效的评估,分析旅行社渠道建设的优势与劣势,找到旅行社渠道需要改进问题所在,明确渠道发展的方向,可为旅行社渠道的调整和改进提供依据,又利于改进和提高旅行社渠道管理效率。

（二）旅行社销售渠道评估的原则

1. 有效性原则

渠道绩效评估的首要原则就是其分销的有效性。具体来讲，就是看该渠道是否能够给旅行社或品牌带来预期的销售量，是否能达到旅行社期望的市场占有率目标，或者是品牌影响力目标。一般来讲，旅行社建立销售渠道的目的，都是追求销售量的最大化和市场占有率的最大化，所以能够给旅行社带来预期销量和市场占有率的渠道就是好渠道，就是合格渠道。为此，旅行社在评估渠道成员的优劣时，其在销量和市场占有率方面的有效性是最基本的评价指标。

2. 经济性原则

旅行社追求的是利润，而不仅仅追求对销售渠道的控制。经济分析可以用许多旅行社经常遇到的一个决策问题来说明，即旅行社是用自己的推销力量还是用销售代理商。假设旅行社希望其产品在某一地区取得大批零售商的支持，现有两种方案可供选择：一是向该地区的营业处派 10 名销售人员，除了付给他们基本工资外，还采取根据推销成绩付给佣金的鼓励措施；二是利用该地区的销售代理商，该代理商已和零售店建立起密切的联系，并派出 40 名推销员，推销员的报酬按佣金支付。这两种方案有不同的销售收入和销售成本。判别一个方案的好坏，不应该是其是否具有较高的销售额和较低的成本费用，而是能否取得最大利润。

3. 可控原则

使用代理商无疑会增加控制上的问题。一个不容忽视的事实是，代理商是一个独立的企业，其所关心的是自己如何取得最大利润。代理商可能不愿与相邻地区同一委托人的代理商合作，可能只注重访问那些与其推销产品有关的顾客，而忽略对委托人很重要的顾客。代理商的推销员可能无心去了解与委托人产品相关的技术细节，也很难正确对待委托人的促销资料。

4. 适应性原则

适应性原则是指旅行社是否具有适应环境变化的能力，即应变能力如何。每个分销网络方案都会因某些固定期间的承诺而失去弹性。当某一旅行社决定利用销售代理商推销产品时，可能要签订 1 到 5 年的合同。这段时间内，即使其他销售方式更有效，旅行社也不得任意取消现有销售代理商。所以，一个涉及长期承诺的分销网络方案，只有在经济性和控制性方面都很优越的条件下，才可以给予考虑。

（三）旅行社销售渠道评估内容

1. 评估对象

旅行社销售渠道评估主要包括对个别渠道成员的评估和整条渠道评估。同大多数无形资产一样，销售渠道价值评估的内容也是看不见摸不着的，不是实体性的，主要包括渠道各成员的忠实度、渠道成员对于新环境的适应能力、渠道成员的学习能力，以及顾客对渠道的满意程度等内容。个别销售渠道成员的评估包括销售业绩、销售能力、面临的竞争和发展前景几个方面。

2. 评估内容

旅行社渠道评估内容包括渠道管理组织评估、渠道运行状态评估、财务绩效评估、服务质量评估四个方面。

① 渠道管理组织评估。渠道管理组织评估包括两方面：第一是考察渠道系统中销售经理的素质和能力；第二是考察旅行社分支机构对零售终端的控制能力。

② 渠道运行状态评估。渠道运行状态评估是以渠道建设目标和销售计划为依据，检查任务的分配是否合理，渠道成员的努力程度，是否存在有害的渠道冲突，销售是否达到既定目标等，具体可从渠道畅通性、渠道覆盖面、流通能力及其利用率、渠道冲突等方面进行分析。其中渠道通畅性的评估包括主体是否到位、功能配置是否合理、衔接是否到位、能否长期合作。渠道覆盖面评估包括渠道成员数量多少、渠道成员分布区域如何、零售商的商圈大小。渠道流通能力及其利用率评估主要考察分销渠道成员参与产品分销积极性的发挥程度。渠道冲突有水平冲突、垂直冲突和交互式冲突，冲突严重会造成分销渠道畅通性、流通能力及其利用率严重下降，因此旅行社要重视渠道冲突分析。

③ 财务绩效评估。旅行社还可以通过销售分析、市场占有率分析、渠道费用分析、盈利分析和资产管理效率分析对营销渠道的经济效益进行年度评估。销售分析主要用于衡量和评估企业所制定的计划销售目标与实际销售额之间的关系，这种关系的衡量和评估主要通过微观销售分析和销售差异分析来完成。市场占有率分析具体可从全部市场占有率、可达市场占有率、相对市场占有率三方面进行。市场占有率升高，表明旅行社较竞争者的情况更好；反之，则说明相对于竞争者其绩效较差。

④ 服务质量评估。主要是旅行社通过考察上下游市场信息沟通是否有效、促销效率和顾客抱怨及处理等几个方面进行评估。

旅行社进行渠道评估之后，要根据评估结果从渠道设计、流程管理、成员管理和其他方面改进销售渠道。如成员管理方面的营销渠道的改进措施有，对每一级渠道中的各同级经销商业绩排序，对排在后面的成员要逐条分析原因，并提出切实可行的改进措施。对每个渠道成员下达一个最低销售额计划，对连续半年至两年完不成计划，且已影响到企业某地区或整个经营业绩的要终止与该销售成员的合作，撤销该网点。对销售业绩优秀的渠道成员将其好的经验介绍给其他成员，以供借鉴，并要巩固和再创新，保持优势业绩。对业绩一般的成员指导其分析原因，找出不足之处，总结经验教训。

第三节　旅行社产品的促销管理

一、旅行社促销的概念

（一）旅行社促销的含义

促销也叫销售促进，是指旅行社把一些有关本企业的产品信息通过各种方式和手段传递给旅游消费者，促进其了解、熟悉、信赖并接受和购买，从而达到扩大销售的目的。促销的主要功能是刺激交易，如果效率高，促销将会实现原本不会发生的交易，因为促销通过信息的流动,说服旅游者做出购买决定。它包括四种主要方式:广告、营业推广、人员推销及公共关系。

促销的本质是作为营销者的旅行社与旅游消费者之间的信息沟通,这个信息沟通的过程包括以下九种因素(如图3-4所示)。

① 旅行社:即促销的主体,它的首要任务是选择和确定需要传递的信息和传播媒体。

② 编码:即旅行社选择恰当的方式把要传递的信息转换为文字、声像等形式,以便旅游者充分理解。

③ 信息:指信息的具体内容,也就是促销的内容。

④ 媒体:指信息从旅行社到旅游者之间的传播途径,也就是信息的载体或信息的传播媒介。信息可以通过报纸、信件、广播、电视、网络等媒介进行传播。

⑤ 旅游者:即促销的客体,是信息的预期接受对象,包括旅游者和旅游中间商。旅行社应针对接受对象的需求进行沟通,以市场为导向,进行市场定位,选择自己的宣传对象,一般应该和自己的客源市场一致。

⑥ 译码:是旅游消费者理解旅行社所传递信息的过程。编码能否被正确地解译,关系到信息沟通的效果。

⑦ 反应:是旅游消费者对信息的评价、意见和态度。信息沟通必须重视反应,以争取最大限度地影响旅游者。

⑧ 反馈:是旅游者把对信息的反应再回传给旅行社的过程。旅行社要全面地收集反馈信息才能对信息沟通的效果进行评价,并考虑进行必要的调整和改进。

⑨ 干扰:指外界因素对信息的干扰。旅行社要不断地排除干扰,保证信息传递的效果。

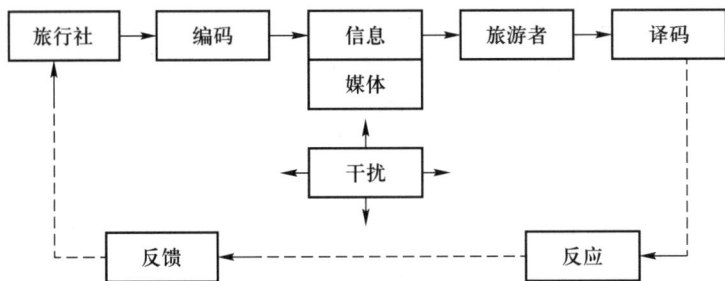

图3-4 旅行社沟通过程模型

(二)旅行社促销的作用

旅行社促销可以达成或加强旅游者购买行为。当旅游需求处于潜伏状态时,通过促销可以引发需求,吸引潜在的游客。具体来说,有以下几个方面的作用:

(1)传递产品信息

旅游市场上,旅行社和旅游者之间存在着信息分离,旅行社必须进行沟通与促销活动,采取各种方法,及时向中间商、旅游者传递有关产品信息。旅行社在整个营销过程中,通过不断地向旅游者提供有关信息,不仅能引起注意,使他们能及时了解旅行社和旅游产品,而且能密切旅行社、中间商和旅游者之间的关系,扩大销售。

（2）激发购买欲望

一般说来,人们的需求只是作为一种潜在愿望存在,并不知道有什么具体产品可以满足这种需求。旅游者的购买行为往往要受到促销宣传等外界因素的影响,具有可诱导性。旅行社通过促销宣传,可以调整、引导甚至创造旅游需求,激发游客的购买欲望,使市场需求朝着有利于旅行社的方向发展。

（3）突出产品的特色,增强竞争实力

在竞争激烈的旅游市场环境中,存在着许多不同旅行社生产的同类产品,旅游者自己很难识别。旅行社通过促销,宣传自己产品区别于竞争产品的特色和优势,帮助旅游者认识购买本旅行社产品所获得的特殊利益,能在旅游者心中建立起对本旅行社的了解和信任,促使消费者对本产品产生偏好,从而增加产品销售,提高企业竞争力。

（4）提高声誉,稳定销售

声誉是旅行社的名声和市场形象,反映了旅游者对旅行社的综合评价和看法,对旅行社的产品销售起着至关重要的作用。旅行社通过促销活动,可以扩大本企业的知名度,有助于加深旅游者对旅行社的印象,提高企业声誉,使旅行社获得稳定的销售和市场占有率,在市场上树立本旅行社产品的独特形象。同时,当产品的季节性等因素造成需求与供给不同步时,促销可以平衡供求;当旅游需求发生动摇或衰退时,通过促销可以使需求得到一定程度的恢复,稳住游客。

案例 3–3　国外旅行社旅游宣传促销情况简介

（1）西班牙

西班牙素有"旅游王国"之称,他们把宣传促销工作视为"开路先锋",每年用于旅游促销的费用高达 2500 多万美元,该国各旅行社每年印制的宣传手册、招贴画、导游图等宣传品逾 600 万份,名列世界前茅。他们的经验之一,就是"精心的、高质量和有效的宣传"。

（2）意大利

意大利旅游局局长把旅游宣传比作"带动旅游业前进的火车头"。该国各旅行社为了达到招徕游客的目的,纷纷推出各种举措。例如,有的旅行社的组织或者几家旅行社联合起来,到国外开展销会,以本国特有的民族形式布置展区、展台,用富有特色的图片、电影、录像、幻灯片、工艺品等吸引观众。

（3）马来西亚

马来西亚政府具备强大的资源整合能力,旅游部每年都会举办一次"全球会聚马来西亚"的全球性旅游推广活动。活动会汇集来自几十个国家的媒体、企业、旅行社等代表到马来西亚,进行商务洽谈和游玩大马。毕竟亲身体验胜过任何华丽的广告,口碑是无可比拟的宣传效应。如今,马来西亚已成为国际性旅游、会议、展览及奖励旅游的首选目的地和最佳旅游地。

（4）新加坡

在新加坡各个旅游景点的商店里,你们都会看到一个名为"乐宾莱恩"（Luving Lionel）

的毛绒玩具,它上半身是狮子头,下半身是鱼尾,给人一种彬彬有礼、笑容可掬的模样,受到当地公众及海外游客的青睐。乐宾莱恩除了出了毛绒玩具外,同时还有形象各异的手提包、手机链、钥匙圈、瓷器等。当地还促成该卡通与当地老字号饼店合作,为其重新设计包装,将"乐宾莱恩"的形象印在饼盒上,既让本地年轻人了解传统文化,又能让外地旅客体验到新加坡的传统糕点美食。

（5）泰国

泰国旅游局每年用于旅游宣传的预算占总预算的 60%。近年来,泰国旅游依靠影视业开创了营销新模式:依靠上游产业链条中的电影、电视产品在全球形成的吸引力,根据影视情节包装推广泰国的景点。典型的例子是电影《泰囧》在中国引起的强烈反响,这部并不明显展现外景地的电影却奇迹般催旺清迈旅游热。据泰国观光酒店业协会的数据显示,《泰囧》上映后,当月赴泰国旅游人数就比前一年增长了 3 倍。清迈泼水节的酒店预订中,中国游客比重高达 55%。

二、旅行社促销决策的制定

（一）旅行社促销决策概述

促销决策,也称促销策略,是旅行社对广告宣传、营业推广、人员推销、公共关系等几种促销方式进行编排、决策、组合及运用的过程。一个整体的促销策略是由多种不同的促销方式组成的,在设计促销方式时,必须确信这些方法能让特定的目标市场接收到正确的信息。

完整的促销决策,需要旅行社确定:在信息沟通中向谁传播信息、传播什么、采用何种方式、达到什么目的等问题。所以旅行社进行促销决策管理时必须对沟通对象、促销目标、产品信息、沟通媒介、促销预算和促销组合等问题进行全面考虑。

影响促销策略选择的因素主要有:旅游者的特征;目标市场的信息需求;旅行社产品的特征;地区的资源;每一种可行的促销组成要素的传播特点;区域形象定位。

（二）旅行社决策的制定过程

旅行社主要通过以下步骤来制定促销策略。

1. 确定目标受众

目标受众是被挑选出来接受信息的人群。在进行促销决策时,要想通过沟通达到预期目的,旅行社首先要明确目标受众,也就是明确对哪些旅游者进行促销。对不同的目标受众,促销的内容、方式、时间和地点也不应该相同。

确定目标受众,不仅要求旅行社了解他们的类型、需求特点和偏好,还要测定本旅行社产品在目标受众心中的形象,分析他们对产品的熟悉和喜爱程度（如图 3-5 所示）。

首先,要测定沟通对象对旅行社产品的熟悉程度。如果大多数旅游者对产品的熟悉程度处于前两种阶段,即从未听说或偶尔听说,那么旅行社的主要任务是加强促销,提高旅游产品的知名度;如果属于后三个阶段,旅行社要强调产品的特色,加深旅游者的印象,促使购买行为发生。

旅游者对产品的熟悉程度

| 从未听说 | 偶尔听说 | 了解一些 | 了解较多 | 非常熟悉 |

旅游者对产品的喜爱程度

| 极不喜欢 | 不太喜欢 | 无所谓 | 比较喜欢 | 非常喜欢 |

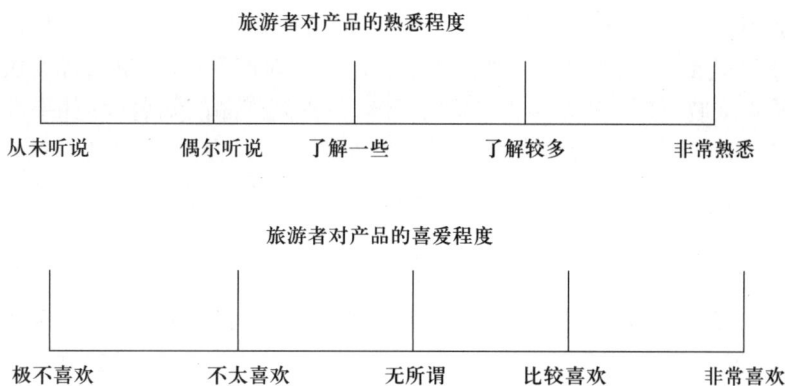

图 3-5　旅行社产品在旅游者心中的形象

其次,旅行社要分析旅游者对产品的喜爱程度。如果大部分旅游者对产品的评价不好,旅行社应努力找出产品不被喜欢的原因,采取如提高服务水平等措施转化他们的否定态度;如果处于后两个阶段,旅行社要进一步强化其印象,创造良好的声誉。

2. 确定促销目标及工作

促销目标包括要达成的目标、完成什么工作及预期的旅游者反应。促销工作则是围绕这个目标展开的,即促销的目标是预期的结果,促销工作必须指出如何实现这一目标。旅行社促销的最终目的是促使旅游者购买行为的发生。

促销目标的类型主要有:吸引预期的旅游者;保持和增强旅行社的形象;提供关于旅行社产品和服务的信息;确立旅游企业的忠诚度和支持率;改正关于旅行社产品和服务的不正确或不全面的信息。

但是购买行为的产生并不是一蹴而就的,要经历一个很长的过程。消费者购买行为的心理发展过程有不同的模式(如表 3-4 所示),了解了目前旅游者所处的阶段,才能采取正确的促销活动,引导、影响和改变旅游者的消费行为。

表 3-4　购买行为模式比较

	模式	效果-层次模式	认知-兴趣-愿望-行动模式	创新-采用模式	沟通模式
阶段	认知阶段（了解）	知晓 了解	注意	知晓	接触 接收 认知反应
	情感阶段（逐渐认同）	喜欢 偏好 信任	兴趣 欲望	兴趣 评价	态度 意愿
	行为阶段（最终购买）	购买	行动	试用 采用	行为

旅行社促销人员可以根据沟通对象所处的不同阶段和水平来确定通过促销要达到的目标。例如,按照"效果－层次"模式,如果大多数旅游者对产品尚不知晓,那么旅行社促销的目的就是要扩大知晓,增加旅游者对产品的了解,以提高产品的知名度;如果大多数旅游者已对产品的特点有所了解,那么旅行社就要为培养旅游者的购买兴趣、产生对产品的偏好而进行沟通,以创立良好的产品形象,使旅游者对产品产生喜爱,产生信任,当然沟通最主要的目的是促成购买行为的产生。

3. 设计促销信息

沟通目标明确以后,旅行社就应确定沟通何种信息。有效的促销信息应该能够唤起旅游者对产品的注意、引起兴趣、激发需求、促使购买。在设计沟通信息时,旅行社要在信息内容、结构、形式和信息来源等方面进行合理的决策。

① 信息内容,即向旅游者传递的具体内容,例如,旅行社产品的档次、价格、特点、线路安排等。注意针对不同市场的旅游者,信息的选取要有不同的侧重。

② 信息的结构就是信息内容的次序安排,包括在进行促销时结论如何提出、产品优点怎样阐述等。信息沟通得好坏不仅取决于内容的选择,还由能否合理地、合乎逻辑地表达决定。例如在结论的提出方面,是由旅行社给出明确的结论,还是由旅游者自己得出;在表达顺序上,是先声夺人,把最有利的论据放在前面,还是循序渐进、引人入胜,把最有优势的特点放在后面。

③ 信息形式指信息的内容和结构采取何种表现方式。一条好的信息往往可能被一种拙劣的表现方式所破坏,所以旅行社要选取最有吸引力的方式来表达信息。例如,使用印刷媒介,就要考虑选择恰当的版面、标题、文字、图案和色彩。

④ 信息的来源对沟通的效果也有影响。信息来源是专业性——促销人员具备的专业能力,可信性——让人觉得公正的信息内容及可亲性——有吸引力的信息三者的结合。信息来源的专业性、可信性、可亲性越高,信息的影响力就越大。一般来说,旅游者对自己所熟悉的人、自己所喜爱的人和专家的权威意见比较信任。现在,游客对旅游广告可信度的不满占较大的比重。

4. 确定促销费用

促销决策还涉及如何确定促销的预算。它规定了旅行社在一定时期内从事促销活动所需的经费总额和基本使用范围。虽然有很多方法可以帮助确定促销预算,但旅行社常用的促销预算制定方法一般有四种:

① 量入为出法,许多旅行社根据一个特定时期内自己的支付能力和财务状况来确定促销费用。这种方法简单易行,不会超出企业的资金承受能力,但是忽略了实际情况的变化,导致了年度促销费用的不确定,给长期营销规划的制定带来困难。

② 竞争对等法,这种方法是指参照竞争者的促销费用,确定与之抗衡的支出额。这种方法适用市场竞争非常激烈的情况,其中心是如何打败竞争者。采用这种方法要先了解市场上其他旅行社的大致促销预算,然后据此确定自己的预算。但实际上竞争对手的预算未必合理,且各家旅行社信誉、规模、促销目标等存在着不同,这种方法太被动,具有容易造成价格战的市场风险。

③ 目标任务法,即根据一定时期内旅行社的目标或任务来进行预算。这种方法逻辑上

具有较强的科学性,一般分三步:首先尽可能详细地将促销目标描述清楚;其次确定为实现此目标所要进行的促销活动;最后对各项促销活动所需的支出加以估算,汇总后得出促销预算。这种方法从理论上讲比较合理,因为它将促销预算与促销的目标任务联系起来,能较灵活地适应市场变化,但是它对营销者的主观判断依赖性很强。

④ 效益比例法,即旅行社依照一定时期内销售额或利润额,按照一定的比例确定促销费用。这种方法简便易行,并且将销售额、促销费用、销售利润三者结合起来,能有效地控制经营情况。这种方法的不合理之处是没有可靠依据作为确定百分比的基础,且没有考虑竞争因素。

以上各种方法各有利弊,旅行社可以根据不同情况灵活加以运用。

案例 3-4　某家英国地方旅行社做的预算

营业额 220 万英镑,抽出 0.75% 作为广告预算,即 16500 英镑。三项主要目标是:

① 从现有游客身上最大限度地发掘业务。

采用方法:每月直接邮寄。

预算:12 月 ×300 英镑 / 月 =3600 英镑

② 提高公司的形象和声誉。

方法:在当地的报纸做每周广告。

预算:52 周 ×100 英镑 / 周 =5200 英镑。

③ 到达这一地区的所有住户。

方法:在地方宣传品(free sheet)上每月做广告。

预算:12 月 ×400 英镑 / 月 =4800 英镑。

剩下 2900 英镑留下作为应急资金,可以加到供应商允诺的联合促销的资金中。

5. 确定促销组合

确定促销组合就是要确定广告宣传、营业推广、人员推销、公共关系、网络促销等不同的促销方式的运用程度。其中某些要素特别适用于某个特定的目标,在一些情况下各种促销方式是可以互换的,但要分清主次,对它们进行正确的组合。对旅行社而言,广告是非常有效的促销工具,因为它可以在一个较低的人均成本水平上传达给一个较大规模的目标市场。其他的各种促销方式也各有千秋,这些将在后面进行详细的介绍。

6. 评估和控制促销活动

评估和控制促销活动的效果是旅行社的又一主要任务。评价促销活动时首先应明确促销的目标,再根据市场调查,对产品销售量、知名度等促销的实际效果和预期目标进行综合比较。旅行社对促销组合策略应该定期进行检查,并随着环境的变化对其进行修改。评估的目的在于控制和调整促销活动,在控制促销活动时应考虑:

① 促销活动应协调。旅行社应考虑分析不同市场的特点,根据不同目标市场对信息传播的要求以及可能的反应,选择适当的促销方式,以达到促销目标。

② 旅行社应确立良好的形象和宣传主题,增加人们对本企业的认知。

③ 促销必须可信。欺骗的行为会很快被旅游者识破,并导致不满,而且一个旅行社不

应该在不同的市场显现出产品不一致的特征。

④ 有效的促销虽然很重要,但它只是整个营销活动的一个部分。只有在产品、价格、渠道和促销各方面同时具有良好表现,才能确立旅行社好的整体形象。

案例 3-5　广之旅打"组合拳",创新促销"收获满途"

近年来,以家庭为主的旅游需求旺盛,尤其是各地的周边游、短途游中的亲子游产品备受青睐。广之旅作为华南地区规模最大、实力最强的旅行社,每年为逾百万家庭提供优质旅游产品与服务。2018 年 5 月下旬,广之旅针对家庭旅游,包括亲子游、陪父母以及携伴侣三类客群,正式开启以"收获满途"为主题的家庭旅游季整合营销传播。

广之旅"收获满途"的整合传播,分五步:发布首个《中国家庭旅游市场需求报告》—制作暖心品牌故事视频—开展线上 H5 手帐游戏联动,落地沉浸式体验"旅行时光馆"—优质家庭旅游清单—全渠道渗透,各环节层层相扣,将传播效果最大化。同时,把每年的 5 月 26 日广之旅品牌日定义为优质家庭旅游日,发布旅游清单,提供家庭旅游基金,提倡每年至少与家人旅游 2 次。

对于越来越注重体验的家庭消费群体,传统的营销模式已不能满足当下消费需求,一些 OTA 与线下旅行社开始采用更加有价值、有内容、有创意、有产品、有节奏的组合策略。广之旅"收获满途"家庭旅游季打造的一系列动作,正式开启暑期传播,持续宣传暑期优质家庭旅游产品,加强与家庭用户的沟通与连接,是传统旅行社首次整合营销传播。广之旅凭借自身优质旅游产品优势以及对品牌客群的需求洞察,整合资源,联动线上与线下渠道,配合公关宣传,话题在北京、上海、广州三地同时发酵,总曝光量超过一亿人次,形成了持续性口碑传播,突破了传统旅行社价格竞争的瓶颈。

三、旅行社的促销组合

旅行社在促销活动中,可采用多样的促销方式如网络、电视、报纸、杂志等。如何使各种促销方式互相配合,彼此协调,以获得良好的整体促销效果,就是促销组合要解决的问题。旅行社应根据促销目标、产品特点、旅行社经营能力及市场状况等条件来选择合适的促销形式,制定相应的促销组合策略,并对促销的效果进行评估。

(一)促销组合要素

旅行社促销组合的要素又称为促销方式或促销手段,主要有广告、人员推销、营业推广、公共关系和网络销售等。

1. 广告

有关广告的定义很多,根据《中华人民共和国广告法》的规定,广告是指商品经营者或者服务提供者承担费用,通过一定媒体和形式直接或间接地介绍自己所推销的商品或所提供的服务的商业活动。广告往往简洁明快,动人心弦,它用精彩的画面、凝练的语言、悦耳的音乐去刺激消费者购买欲,颇为有效。旅行社选择广告媒体时,要明确广告的目标,即旅行社开展广告活动所要达到的目的进行广告预算,根据不同广告媒体的特点进行选择,一般要考虑成本因素、媒体覆盖面与公信度、是否能反映产品特征等因素。

广告因其媒体不同可以划分为电视广告、杂志广告、报纸广告、广播广告、户外广告几类。媒体广告作为重要的旅游促销方式由来已久，不同的媒体具有各不相同的特点，如表 3-5 所示。

表 3-5　广告媒体及其特点

媒体类别	优点	缺点
电视	① 传播性能多样； ② 传播范围广泛； ③ 及时，灵活	① 费用高； ② 印象逝去快； ③ 缺乏选择性
报纸	① 覆盖面广； ② 时效性强； ③ 灵活性强	① 内容繁杂，阅读仓促； ② 缺少形象表达手段
杂志	① 对象明确，选择性强； ② 阅读和保存时间长； ③ 印制效果良好	① 缺乏灵活性； ② 传播范围有限； ③ 时效性差
广播	① 传播速度快； ② 传播空间广泛； ③ 传播方式灵活	① 不能持久保存； ② 选择性差； ③ 易产生听觉错误
户外广告	① 视觉效果强烈； ② 多次重复产生效果	① 传播区域小； ② 创造力受到限制

2. 营业推广

旅行社营业推广也称销售促进或销售推广，是指旅行社在一定条件下通过各种非常规促销手段，为鼓励旅游者购买旅行社产品而采取的各种短期激励手段。它包括面向行业（旅游中间商）的销售推广和面向消费者（旅游者）的销售推广两类，在旅游业中以前者更为普及。针对旅游者的营业推广包括打折和降价等价格优惠、发放赠券、销售点展示、附赠产品和附加服务、联谊活动等；针对中间商的营业推广包括销售奖励、免费考察旅行、培训活动、销售竞赛、实行领队优惠等。旅行社营业推广决策的过程包括以下几个步骤：选定目标市场、设立营业推广目标与主题、选择营业推广工具、制定预算、实施营业推广计划、营业推广效果评估。

营业推广与其他促销方式相比，具有自己的优点：推销效果快而强，可以依据产品特点、顾客心理、营销环境等因素，通过各种方式给消费者提供特殊的购买机会，具有强烈的吸引力，及时促成购买行为。其缺点是：由于企业急于推销，给人以急功近利之感，往往使消费者对产品的质量、价格等产生怀疑，给企业声誉带来不利影响。所以，旅行社采取这种营销方式时，要力争避免对同类产品、在同一市场环境中频繁地使用，应与其他促销方式相互配合、相互补充着使用。

3. 人员推销

旅行社人员推销是指通过旅行社销售人员直接向顾客介绍和宣传产品，以促使顾客购买本企业产品的传播活动。由于旅行社业是服务性行业,是一个人群为另一个人群提供服务的行业,人员推销是当面洽谈,有较大的灵活性,面对面的交流更亲切、更人性化;与顾客进行双向沟通,目标明确,能及时得到反馈信息,具有针对性且说服力强,因此人员推销在旅行社业中的作用尤为重要。

与其他行业不同的是,旅行社业的人员推销很少采用上门推销的方式,只有针对商务型顾客才会上门拜访。针对旅游大众所采用的人员推销方式一般为电话推销和营业场所推销。旅行社人员推销决策过程通常为:寻找和识别潜在客户、接触前的准备工作、与客户接触、推介产品、应对异议、抓住机会成交、后续工作。

4. 公共关系

旅行社公共关系也是一种市场营销工具,是指旅行社为了发展与社会公众的良好关系,树立自己的良好形象,营造有利于自己的社会环境,而进行的各种传播活动。这里的公众不仅包括顾客群体,而且指对企业目标的实现有实际或潜在影响的各类群体,如股东、供应商、中间商、行业组织、网络经销商、旅游刊物作者等。

旅行社开展公共关系的任务是"内求团结、外求发展",开展方式包括:选择多种大众传播媒体,向其提供本企业的新闻稿件;举办本企业最新发展情况的新闻发布会;面向特定公关对象举办各种社交活动;邀请重要人物和媒体记者等前来本企业参观、参加庆典活动,以吸引新闻报道;参与公益活动;危机处理;等等。旅行社公共关系决策过程包括调研、设立公共关系目标、选择传播工具、实施公共关系计划和效果评估等步骤。

5. 网络销售

互联网时代的到来,使电子商务在旅行社产品销售中得以推广和应用。网络销售,又称为互联网营销,是指为实现旅行社的营销目标,借助互联网开展的一系列销售活动。网络销售因其高速灵活、互动便捷、成本低廉、受众精准、覆盖广泛等优势,特别适合旅行社这种涉及面广、远距离、多批次的小额交易。网络销售既是一种技术手段的革新,又包含深层次观念上的革新。旅行社要积极引进和培养综合性电子商务人才,通过建立和完善旅行社网站建设、开发和优化移动客户端等方式,实现可观的销售价值,进一步实现企业转型升级。

案例 3-6 旅行社加入"双 11"促销阵营,中青旅夺旅游类目第一名

近年来,在线旅游产品得到热捧。随着电商购物季的火爆,不少旅行社也在天猫的旗舰店加入"双 11"促销大战,部分促销旅游产品甚至出现 5 折特价。中青旅、凯撒、中国国旅的天猫旗舰店都打出了"双 11"促销广告,大部分旅游产品价格均大幅下降。中青旅天猫旗舰店"百变马尔代夫五星吉哈德岛 4 晚 6 天自由行产品"原价 21998 元,在"双 11"前夕促销之后价格为 10999 元。淘宝旅行不仅旅游产品降价近五成,还推出旅行红包、里程卡等额外促销品。

在 2017 年的"双 11"购物狂欢节中,中青旅旗舰店以 7084 万元的总销售额独占鳌头,夺得旅行度假类目第一名,成为最受欢迎的在线旅游服务商。据悉,中青旅旗舰店开售 80 分钟交易额就突破 1000 万,旅游线路预定人数超过 6000 人,各国签证预定超 30000 人,海外当地玩乐预定人数超 10000 人。其中,旅游线路销售额占比 59%,签证占比 22%,当地玩乐项目占比 19%；在人群分布上，公司职员占比 54.18%，学生占比 16.22%，个人经营占比 13.99%，其他为医务人员、教职工、公务员等；在地域分布上，北京客群占比 32.33%，上海占比 23.75%，其他为杭州、天津、南京等。

中青旅已连续五年位列飞猪旅游度假品类前三甲。为备战"双 11"，中青旅遨游从 7 月开始便规划产品准备库存，以应对"双 11"期间庞大的预订量。目前中青旅丰富的自营产品体系提供了全品类旅游产品，包含了消费者从出行前到目的地体验过程中每一个环节，能够提供全球超过 100 多个国家 500 多个类别的签证产品以及单机票酒店的预订服务，全面满足不同客户出行中的不同需求。

在旅行社促销组合中，宣传海报是很重要的一种营销工具。旅行社产品具有无形性特点，各种海报等宣传品使旅行社产品有形化，为潜在旅游者提供参考，更加方便顾客购买。最早的宣传手册可以追溯到 1845 年托马斯·库克编写的《利物浦之行》，一直延续下来，直到当今的旅游发达国家，旅游经营商 50% 以上的营销预算都花费在宣传手册上。宣传手册一般具有固有的结构安排，通常包括封面、开篇、正文、结尾和封底。随着电子商务的突飞猛进，旅行社的宣传海报多以电子海报的方式，更方便传播。广告海报内容一般包括线路名称、线路广告语及促销语、线路主要日程、线路价格、代表性景点照片和元素、旅行社名称及标志、联系方式等。海报的制作要求图文并茂、内容完整、简约美观、特色鲜明，能够达到促销效果。

（二）促销组合策略

了解了每种促销因素的内容和特点后，就可以对促销因素进行组合。

1. 考虑决定促销组合策略的因素

在进行促销组合时旅行社应考虑下列因素：

① 各种促销因素的特点，如广告覆盖面广，人员推销最具直接性等；

② 促销的目的，如在一定时期内，旅行社促销的任务是提高获知率，可采用广告的方式，若为树立良好的企业形象，则可考虑使用公关的方式；

③ 市场特点，旅游者集中可采用人员推销，旅游者分散可采用广告宣传。此外还要考虑到产品的生命周期、产品特点等因素。如表 3-6 所示。

表 3-6　五种主要促销因素的特点

促销要素	广告	人员推销	营业推广	公共关系	网络销售
覆盖范围	广	窄	较窄	较窄	广
沟通方式	间接	直接	直接居多	间接居多	直接
对沟通情况的控制能力	低	高	较低	较低	低
反馈信息量	极少	多	较少	极少	多
信息反馈速度	慢	快	或慢或快	慢	快
信息流向	单向	双向	多为单向	单向	双向
顾客接收信息的速度	快	慢	较快	较快	快
信息的弹性	统一、不变	可随顾客不同而变动	统一	不能直接控制	不能直接控制

2. 两种基本促销策略

旅行社促销策略可分为两种：推式策略和拉式策略。

推式策略就是以旅游中间商为主要促销对象，运用人员推销及其他促销手段把产品推进销售渠道，再推向最终市场，运用这种策略有访问推销、网点推销等具体方式。拉式策略就是以最终旅游消费者为主要促销对象，大量运用广告和其他宣传措施激发旅游者对产品的购买欲望，积极向销售者订货，运用拉式策略有广告宣传销售、商誉形象促销等方式。两种促销策略过程如图 3-6 所示。

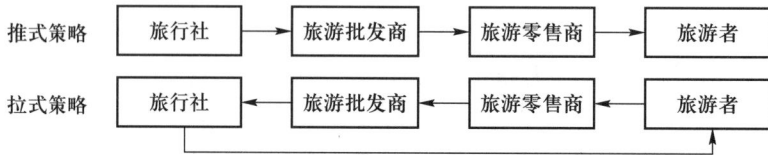

图 3-6　两种基本促销策略

四、旅行社促销效果的评估

（一）评估促销的信息效果

对促销的信息效果评估是指旅行社要了解获取信息人数，了解记住信息内容的旅游者人数、购买产品的人数及对促销和产品的反应情况等。假如有甲、乙两种旅游产品，旅行社对其促销的信息效果的评估如图 3-7 所示。

图 3-7　旅行社促销的信息效果评估

对于甲产品，未来的主要促销任务是加强旅游者对旅行社产品购买后的满意度；对于乙产品来说，应加强对提高产品知名度的促销，引导旅游者购买。

（二）评估促销的经济效果

旅行社评估促销效果必须联系促销费用进行，才能达到以少量的投入获取最大的产出。对促销的经济效果可用促销费用投入与促销后增加的销售额或销售量进行比较。主要评估方法有两种。

1. 比值法

这种方法是以促销前后的销售量变化和促销费用来进行测量的，用来评价每次广告费用对销售的增益程度。其公式为：

$$R = \frac{S_2 - S_1}{P}$$

式中，R 代表单位费用销售增加额；S_2 代表促销后销售额；S_1 代表促销前销售额；P 代表促销费用总额。

这一公式简单易行，可以反映出促销费用带来的经济效果。但促销并不是影响销售量的唯一因素，供求关系、竞争状况等条件的变化也会影响旅行社的销售。所以运用这一公式时，要注意排除促销以外其他因素的影响。

2. 比率法

这是用来评估一个促销期内，促销费用增减对产品销售额增减的影响。其计算公式是：

$$促销效果比率 = \frac{销售额增加率}{促销费用增加率} \times 100\%$$

销售额增加率越大，促销费用增加率越小，促销效果比率就越大，促销效果就越好。

另外，还有横向比较法、纵向比较法等，就不再一一介绍。

思考题

1. 影响旅行社定价的因素有哪些？

2. 旅行社在定价时可以采取什么策略？

3. 旅行社在选择销售渠道时需要考虑哪些因素？采取不同销售渠道策略的优点和缺点是什么？

4. 如何评估旅行社销售渠道？

5. 在旅行社产品促销的过程中，有哪些促销方式？各自有什么特点？

6. 如何评估旅行社促销效果？

7. 案例分析：

A 旅行社多渠道运营奏实效

A 旅行社成立于 20 世纪 70 年代，主营跨境旅游、国内旅游、国旅运通商务旅游和休闲旅游等业务，并涉足旅游运输、航空票务等业务领域，拥有一批业务能力强、经验丰富的管理和营销团队，现有员工超过 300 多人。在产品销售方面，该旅行社有直接营销渠道和间接营销渠道两种营销渠道。

直接营销渠道包括线下门店、在线官网以及员工直销等。A 旅行社目前在所在市拥有近 20 家门店，是旅行社线下宣传的主阵地，主要接待消费者的上门咨询并受理相关业务；旅行社还建有官方网站，主要宣传旅行社的业务产品，并提供消费者在线预订服务；此外，旅行社还给每位员工制定营销考核任务，要求员工定期通过微信朋友圈等渠道宣传旅行社产品，招揽客户，并通过微信沟通让客户订购合适的旅游产品。

间接营销渠道主要包括渠道中间商、OTA 平台等。A 旅行社与同业展开合作，将公司的旅游产品交由旅行社代理机构、线下酒店等进行宣传，并给予中间商一定的利润分成；旅行社还与在线 OTA 平台，如美团、马蜂窝、驴妈妈等平台展开合作，购买 OTA 平台的流量，在 OTA 平台展示旅行社的旅游产品，消费者可以通过 OTA 平台购买旅行社的产品,OTA 平台同样需要抽取一定分成。间接营销渠道可以扩大旅行社的营销覆盖面,扩大旅行社的市场影响力,抓住更多的客户,并且节约人力物力。

A 旅行社目前各营销渠道经营结果及贡献情况如表 3-7。

表 3-7　A 旅行社 2018 年营销渠道经营情况表

营销渠道	营业收入		人次		订单	
	营收 / 万元	占比 /%	人次	占比 /%	订单数	占比 /%
同业代理	6344.9	73.4	36179	67.8	4866	57.9
实体门店	1245.8	14.4	9154	17.2	1798	21.4
员工直销	568.5	6.6	3810	7.1	556	6.6
电子商务	489.3	5.6	4243	7.9	1189	14.1
合计	8648.5	100	53386	100	8409	100

资料来源:王婕(2021)

结合案例,请回答:A 旅行社主要的营销渠道有哪些? 请结合渠道经营情况表的数据,对该旅行社的营销渠道运营情况进行评估。

第四章 旅行社的采购管理

第一节 旅行社采购业务概述

一、旅行社旅游服务采购的内涵

旅行社提供的产品,实质就是为满足旅游者旅游过程中的需要而提供的各种有偿服务。目前,我国旅行社向旅游者提供的产品除了包括各种单项服务以外,更多地表现为包括交通、游览、住宿、餐饮、娱乐等要素在内的综合包价服务。这使得旅行社的产品不可避免地将食、住、行、游、购、娱等许多旅行社自己不生产、不直接经营的服务项目包括在其中,由此而产生了旅行社旅游服务的采购行为。

旅行社采购的服务项目是旅行社产品的必要组成部分,应该注意的是,旅行社采购的并不是具体的商品或实物的所有权,而是某种设施或服务在特定时间内的使用权。旅游服务采购是指在需要的时间和地点,以最低成本、最高效率获得最适当数量和品质的物资或服务,并及时交付相关部门使用的一项业务。旅游服务采购是旅行社为了向旅游者提供旅游产品,通过合同形式,以一定价格向其他旅游服务企业及相关部门订购产品或服务的行为。目前旅行社服务采购的项目主要有交通服务、景区景点游览服务、住宿服务、餐饮服务、购物服务、娱乐服务和保险服务等内容。

二、旅行社旅游服务采购的原则和策略

(一)旅行社旅游服务采购的原则

1. 保证供给原则

旅行社产品是一项综合性产品,它主要由采购自其他企业或部门的旅游服务项目构成。如果采购不能保证供给,就会影响旅行社的经营工作。旅行社在销售产品时需要明确产品的内容和范围,并规定其数量与质量。在旅游者到达目的地时,假如由于采购工作的失误,不能完全兑现"已经销售的产品",例如旅游者搭不上计划中的航班,住不上预期的酒店,欣赏不到旅游协议中的景点,品尝不到销售时所推销的菜肴时,都会引起旅游者的不满甚至投诉,这会影响旅行社的声誉乃至客源。

2. 质量保证原则

旅行社在采购各项旅游服务要素时,不仅要保证能购买到所需数量的产品,而且要保证其购买的旅游服务要素全部符合预售产品所规定的质量标准。例如,某旅行社有一个产品:香港4日休闲豪华游,旅游合同中规定安排旅游者在香港入住四星级酒店,旅行社安排的酒店确实是四星级酒店,但是位置非常偏远,已到香港机场。香港是购物天堂,行程中都会有一天的自由活动时间,因为离市中心太远,游客自己出来购物特别不方便,很多游客对旅行

社安排非常不满意,向旅行社提出投诉。从这个案例中可以看出,旅行社各项服务项目的质量十分重要,可以直接影响旅行社的品牌声誉和客源。

3. 成本领先原则

旅行社产品中的主要成分是购买自其他旅游服务企业或部门的旅游服务项目,所以购买这些旅游服务项目的价格构成了旅行社产品的主要成本。换句话说,旅行社经营的成功在很大程度上取决于旅行社采购的各种旅游服务项目的价格。如果旅行社的采购工作得力,采购到的旅游服务项目价格低于竞争对手,或产品质量优于竞争对手,则该旅行社就能够在激烈的市场竞争中挫败对手,获得较多的利润和市场占有率。因此,旅行必须在保证旅游服务的供应和旅游服务质量的前提下尽量设法降低成本。

（二）旅行社旅游服务采购的策略

旅行社与旅游服务供应商之间是一种商品交换关系。在采购活动中,采购人员应根据具体情况灵活运用采购策略。旅行社的采购人员必须经常研究市场,分析旅游市场上的供需状况,了解市场上各种旅游服务的价格,采用各种切实可行的采购策略,以获得最大的经济效益。在旅行社采购中,可以采用的策略包括集中采购、分散采购两种。

1. 集中采购

集中采购是旅行社在采购中经常利用的一种采购策略。集中采购包括两个方面的含义:第一,旅行社将各个部门的采购集中于一个部门,统一对外采购;第二,旅行将在一个时期（一个月、一个季度、半年甚至一年）所需的某种旅游服务集中起来,全部或大部分投向经过精心挑选的某一个或少数几个旅游服务供应企业或部门,以最大的购买量获得最优惠的价格和供应条件。集中采购的主要目的是通过扩大采购批量,减少采购批次,从而降低采购价格和采购成本。集中采购策略主要适用于交通、旅游景区门票及酒店方面。集中采购价格便宜,但是会占用旅行社部分资金,适合大型旅行社及专线旅行社采用,主要适用于旅游"温点""冷点"的地区和旅游淡季。

2. 分散采购

分散采购也是旅行社采购活动中经常采用的一种采购策略。分散采购主要适用于两种情况。一是旅游市场上出现供过于求十分严重的现象。在这种情况下,旅行社采取分散采购的策略,具体是指在旅游团队或旅游者即将到达本地时,旅游服务供应部门或企业无法通过其他渠道找到大量购买者,而旅游服务又具有不可储存性,不能加以贮存或转移,迫切需要将大量旅游服务项目售出以获得现金收入。这时,旅行社采取一团一购的方式,尽量将价格压低,以最小的代价获得所需的旅游服务供给。二是当旅游服务因旅游旺季的到来而出现供不应求的情况时,旅行社无法从一个或少数几个旅游服务供应企业或部门那里获得足够的旅游服务供应。在这种形势下,旅行社应该采取分散采购的采购策略,设法向同类型旅行服务供应企业或部门采购所需的旅游服务。

案例 4-1　从产品供应商向渠道商转型　旅行社创新采购策略

"2013 年,传统旅游市场遭遇'冷空气',没有了总营收大幅增长的风光,拳头产品'非常泰国'10 月份的游客量从 2000 人骤减至 120 人。"南京中北国际旅行社总经理顾震坦言,传统旅行社既要适应散客时代和自由行趋势,又要面对在线巨头攻城略地的挑战,唯有调整经营思路,优化产品结构,整合运作平台,创新营销模式,积极应对才有出路。

一、强强联手打造 B2B 新平台

"携程、艺龙、途牛、同城、去哪儿……近年来,电商对于传统旅行社的冲击有目共睹,最近八爪鱼又在江苏跃跃欲试,2014 年的市场竞争注定是一场'血雨腥风'。"顾震表示,新年第一天,包括中北在内的南京 9 家品牌旅行社就在谋划强强联合打造南京旅游 B2B 的全新平台。顾震透露,此次 9 家社计划联手搭建 B2B 全新平台,共同采购上游产品,获得更为理想的价格,以此抵御电商,同时通过资源共享,让产品更具竞争力。

二、门店扩张产品服务不走样

市场正在"倒逼"企业改造。顾震表示,从 2014 年开始,中北要跳出传统思维,重点推进线上、线下一体化发展,对产品体系、营销渠道、内部流程等进行全面整合,尝试从产品供应商向渠道商转型。春节过后,中北将正式启动"百店计划",通过设立区域旗舰店、特色体验馆、特许经营社区店、跨行业合作代理店等多种方式,扩大门店的市场份额,计划到 2014 年末,将公司在南京的门店数量扩大至 100 家,形成平台效应。而其中,整合中北集团旗下客运、房地产、物业、汽车、广告、培训教育等多个领域资源将成为最大亮点,未来,门店甚至可以延伸至中北房地产、社区以及公交场站。大规模扩张之后,如何确保门店的产品素质和服务品质?顾震透露,他们将成为专门的渠道运营管理公司,通过健全供应商监督管理机制,建立标准化运作体系,进行多重数据分析,促进产品研发,形成流程再造和良性循环,让百家门店产品和服务"拷贝不走样"。

三、重研发优化产品结构

从数据来看,2013 年散客市场已占七成,但从总营收来看影响又不大,这说明市场活力依旧,关键在于用差异化、特色化、品牌化的产品去对接。顾震告诉记者,《中华人民共和国旅游法》实施后,中北充分发挥传统旅行社产品研发优势,将重点放在差异化的品质游产品和自由行产品上,市场细分的手法也予以调整,形成了"非常"系列以及"两岸情,台湾行""阳光澳洲"等特色品牌产品。顾震始终认为,虽然电商线上交易看起来风光,但旅游毕竟是体验式消费,大多数游客还是会选择"网站浏览+线上咨询+门店签单"。因此中北首先研究借鉴国内外网站的先进经验,以用户体验为先导,采用旅游攻略的方式包装产品,并辅以视频、相册等多重表现形式;其次,整合线上门户网站、第三方平台及线下门店等营销渠道,制定统一的运营规则,打破线上线下利益壁垒。

资料来源:雷琛烨(2014)。

第二节　旅行社采购的内容

旅游活动涉及食、住、行、游、购、娱等方面,航空公司、铁路、轮船公司、汽车租赁公司、酒店、餐厅、景点以及娱乐场所和保险公司等也就成为旅行社的采购对象。旅行社的采购人员必须善于同各种旅游服务企业和部门打交道,根据市场的供需状况和相关企业或部门的有关规定,在保证旅游服务供给的前提下,遵循互惠互利的原则,设法为旅行社采购到价廉质优的旅游服务要素,以保障旅行社的经营活动的顺利进行。

因此,根据具体的采购内容的不同,旅行社产品要素采购任务又可细分为:旅游交通服务采购、旅游住宿服务采购、旅游餐饮服务采购、旅游参观游览服采购、旅游购物与娱乐服务采购、旅游保险服务采购六大任务。

一、旅游交通服务采购

旅游交通服务的费用在旅行社包价产品总费用中所占的比例往往是最高的,可以说交通服务价格决定旅游产品报价,交通服务质量影响旅游体验,因此旅行社交通服务采购是一项重要内容。安全、舒适、便捷、经济是旅行社采购交通服务时需要考量的因素。交通的形式主要有飞机、火车、汽车和轮船,旅行社必须与包括航空公司、铁路部门、轮船公司、汽车公司在内的交通部门建立密切的合作关系。

(一)航空交通服务采购

航空交通服务采购是指旅行社根据旅游团队的旅游计划或散客旅游者的委托,为旅游者、旅游团队及全程陪同代购旅游途中所需的飞机票。在进行航空交通服务采购时必须先了解有关航空交通服务的相关知识。这些知识包括国内主要航空公司、国外主要航空公司、各航空公司提供的服务项目、机票的价格及折扣、国家有关民航运输的法律法规及航空公司的各种相关规定。在此基础上,旅行社的采购人员才能开展航空交通服务的采购工作。一般而言,旅行社选择航空公司主要考虑以下六个因素:机票折扣的竞争力、机位数量是否足够、工作配合度、付款方式、各航线的航班密度,以及各地联络网络方便程度等。航空交通服务采购分为两种形式,即定期航班飞机票的采购和旅游包机的预订。

1. 定期航班飞机票的采购

定期航班飞机票的采购业务包括飞机票的预订、购买、确认、退订与退购、补购与变更五项内容。

无论是团体还是散客旅游者,旅行社采购人员在预订其飞机票之前必须了解乘坐飞机的旅游者和提供航空服务的航空公司两个方面的信息。旅游者方面的信息包括旅游者姓名的全称、同行人的相关信息、旅游者的联系方式、旅游目的地、日期、支付方式、特殊要求等;航空公司方面的信息包括飞行设施设备方面的信息、机票价格信息、行李托运信息、航班延误或取消方面的责任条款等信息。

根据旅行社的经营业务,旅行社采购的飞机票主要分为团体机票、散客机票、国内段机票和国际段机票。团体机票的购买一般只开一张团体客票,团体游客误机,客票作废,票额不退;国内客票是指旅游者乘坐国内航班飞机旅行的客票,有效期为一年;国际客票包括国际间旅行的单程客票、往返客票和环程客票,有效期均为一年。

根据我国民航部门的规定,对于往返和联程机票,如果在某地停留时间超过 72 小时,无论是否已订妥后续航班机位,国内旅行的客人需要在该联程或回程航班飞机起飞前两天的中午 12 时前办理座位的再证实手续；在国际航行中，则需要提前至少 72 小时办理后续航班的机位再确认手续。一般方法是通过电话、电子邮件、传真或网络等方式告知航空公司是否按时乘坐后续航班继续旅行。否则，航空公司有权取消机位。

旅行社采购人员在为旅游团队或旅游者预订或购买机票后，有时会遇到因旅游计划变更造成旅游团队的人数减少或旅游者（团队）取消旅游计划等情况。旅行社退购机票则应按照民航部门的规定办理。我国民航部门规定：旅客在航班规定起飞时间 24 小时以内至两小时以前要求退票的，收取客票价 10% 的手续费；在航班起飞两小时以内退票的，收取客票价 20% 的退票费。在旅游过程，因各种原因可能发生机票丢失的情况，按照规定，每张机票只能变更一次。

2. 旅游包机的预订

旅游包机是旅行社因无法满足旅游者乘坐正常航班抵达目的地的要求，或者旅行社为降低热门旅游目的地往返交通成本而采用的一种航空服务采购方式。包机业务给旅行社带来利润的同时，也增加了隐患和风险。旅行社办理包机业务时，应特别注意以下五个问题：

第一，和收客业务的代理社签订详尽的委托合同，真正做到随客服务统一标准，包括统一销售价格、使用统一旅游合同版本等事项，防止旅游投诉发生。

第二，如果先收取预付款，旅行社就要明确预付款的性质，在给游客出具收款凭证时，究竟是"订金""预收款""团款"还是"定金"。法律对"定金"和其他款项有不同的规定，一字之差，承担的赔偿责任不同。

第三，和收客事务相比，旅行社要特别注意与包机公司的协调。所谓包机，就不是正常航班，是航空公司临时性的飞机，也可以理解为加班机。此类航班的稳定性较差，取消的可能性随时存在。旅行社对此要有预先的研判和准备，并在与航空公司的包机合同中注明违约条款。

第四，旅行社要和航空公司就包机延误、取消等事项做出事先约定，即取消后如何承担各项损失，包括向游客赔偿。如果旅行社是向当地接待社预订包机的，就要和接待社约定风险承担比例。

第五，旅行社需要取消包机时，应及时报告给航空公司或合作的包机公司，尽早采取措施，防止群体性事件的发生。

（二）铁路交通服务采购

铁路交通与航空交通相比，有其独特的优势：运载力大、价格低、安全性高、受影响小。目前在我国，铁路仍然是旅游者外出旅行时采取的主要交通方式。旅行社向铁路部门采购，主要是做好票务预订工作。出票率、保障率是衡量铁路交通服务采购的重要指标，尤其是在旅游旺季和节假日。

1. 旅客列车的种类及代码含义

我国的铁路客车分类有很多，根据等级划分主要有高铁、动车组、城际特快、直达特快、特快、普快等，具体说明见表 4-1。其中，旅行社采购的旅客列车以高铁、动车组、直达特快、快速旅客列车和临时旅游列车为主。

表 4-1 旅客列车的种类及代码含义

字母类型	列车种类	备注
G 字头列车	高速动车	2009 年 12 月 26 日，武广高速铁路正式对公众运行，新启用车次为 G+4 位数字，意为高速动车（G 字头），最高时速可达 350 km/h
C 字头列车	城际列车	2008 年 8 月 1 日，京津城际铁路正式对公众运行，新启用车次为 C+4 位数字，意为城际列车，最高时速可达 350 km/h
D 字头列车	动车组列车	以 CRH1、CRH2、CRH5 型机车为主，最高时速可达 250 km/h。其中广深线全线使用此车
Z 字头列车	直达特快旅客列车	直达特别快速旅客列车，简称直特，字母 Z 是"直"字的汉语拼音首字母。这样的列车在行程中一站不停或者经停必须站但不办理客运业务，全部都是空调列车，这类列车是从 2004 年 4 月 18 日铁路第五次提速后才出现的
T 字头列车	特快旅客列车	特别快速旅客列车，简称特快，字母 T 是"特"字汉语拼音的首字母，最高车速 140 km/h，全部都是空调列车
K 字头列车	快速旅客列车	快速旅客列车，简称快速，字母 K 是"快"字汉语拼音的首字线，最高车速达 120 km/h
1001~5998 列车	普通旅客快车	普通旅客快车（1001~5998），停靠县级市和大部分县级中大站点，此类列车大约 40% 为空调列车
6001~7598 列车	普通旅客慢车	普通旅客慢车（6001~7598），停靠大部分可以停靠的站点。由于票价低廉，列车基本上"站站停"，很受农村乘客喜爱
7601~8998 列车	通勤列车	通勤列车（7601~8998），此类列车通常用于铁路职工和周边居民上下班，列车"站站停"。铁路职工凭证免费乘坐
L 字头列车	临时旅客快车	临时旅客快车，此类列车一般在春运、暑运、国庆长假等时候开行，跨局临客列车一般没有空调，也被称为"民工专列"
Y 字头列车	临时旅游列车	旅游季节增开的，一般都是各大旅行社开展主题旅游活动，租用铁路部门的车体开行的车次

2. 实名制后旅行社火车票采购

中国铁路实行购票实名制后，给旅行社安排旅游团带来较大不便。这一规定实施之前，因购票前不需要身份证明，旅行社可以"先拿票，再收团"，可以依据拿到车票的情况，有计划地收客，最大限度地保障游客按照既定计划出行。而这一规定实行后，旅行社要"先收团，再拿票"，而究竟能买到多少张票，还是个未知数。这给旅行社组团带来很多变数，产生了一系列问题，有可能会出现收客后无票的情况，出行计划可能无法保障。

火车票为实名制订票，建议旅行社组织游客报名时要求游客复印或扫描有效出票证件，火车票所分座位随机产生，告知游客不能保证车型和座位的合理性。由于旅行社采购的团体票48小时内不得改签及退票,应告知参团客人两天内取消火车票会损失全额票价。同时,告知游客如果因自身原因或不可抗力因素造成无法正常参团,火车票损失由游客承担(包括异地火车票)。游客报名需要准确的姓名和身份证号(以身份证为准),如果出现错误,产生损失游客自理。

3. 旅游专列的采购

旅游专列是现代旅行社经营中最早的经营模式之一,现已成为国内旅行社组织游客大规模出游的重要手段。2020年铁路部门充分发挥路网优势,对地区旅游资源有机整合,开行"环西部火车游""黄河号"等多趟定制旅游专列,以更加安全可靠的定制服务吸引稳定客源,为西部地区文旅经济复苏按下"快进键"。自2018年以来,新疆铁路部门组织多家旅行社成立了高铁旅游联盟,实施集中采购旅游产品,为旅客提供打包式服务,推出高铁+慢车+景区的半自助旅游新产品,此外还开行了"畅览南疆"旅游列车,深度开发南疆旅游资源。甘肃兰铁国际旅行社有限公司通过招投标的方式成为甘肃省文化与旅游厅"环西部火车游"旅游专列"1+N"连通"海丝""陆丝"主题推广营销活动的中标供应商。该旅行社通过组织"环西部火车游"旅游专列赴广西、新疆等省区开展推广营销活动,优化全方位、多角度宣传营销方式,全面打响"环西部火车游"旅游品牌,使之成为南起北部湾、西抵新疆直至中亚连通海上丝绸之路和陆上丝绸之路的"环西部火车游大环线"。

(三)公路交通服务采购

公路交通服务是旅游交通服务的第三种形式,主要用于市内游览和近距离旅游目的地之间的旅行。在一些航空交通服务和铁路交通服务欠发达的内陆地区,公路交通服务是主要的旅游交通方式。旅行社采购人员在采购公路交通服务时应对提供此项服务的旅游汽车公司、汽车租赁公司及其他长途汽车公司进行调查,充分了解公司所拥有的车辆数目、型号、性能、保险缴纳情况,驾驶员的技术水平、公司的管理状况、租车的费用等情况。然后,采购人员将搜集到的有关信息加以整理和分析,从中选出合适的汽车公司作为旅行社公路交通服务的采购对象。最后,采购人员代表旅行社经过谈判同这些汽车公司签订租车协议。该协议应包含以下内容:价格与折扣、对车辆和司机的基本要求、预订与预订取消的方式与时间、结算方式与时间、违约责任等。

(四)水路交通服务采购

1. 水路交通服务采购流程

水路交通服务采购业务的基本流程包括以下四个步骤:

第一,业务洽谈。旅行社采购人员在采购水路交通服务时,应该根据旅游者或旅游团队的旅行计划和要求,与轮船公司、邮轮公司等水运交通部门洽谈采购业务,洽谈的内容包含价格与折扣、预订与预订取消的方式与时间要求、结算方式与时间要求、违约责任等。

第二,船票预订。经过洽谈后,选定合适的合作伙伴,预报船票预订计划,并在对方发来的确认书上签字。

第三,船票购买。采购人员在取票时应根据旅行计划逐项核对船票的日期、离港时间、船次、航线、乘客名单、船票数量及船票金额等内容。

第四,退票。购票后,如因旅行计划变更造成乘船人数增加或减少、旅行计划取消等情况时,采购人员应及时办理增购或退票手续,保证旅游者或旅游团能够按计划乘船,同时减少旅行社的经济损失。

2. 旅行社与邮轮公司的合作

自 2006 年国际邮轮公司首次进入我国市场,中国邮轮产业这条"大船"便正式"鸣笛起航",从市场培育到加速渗透、爆发增长,再到当前的加快调整,这段"航程"既生机勃勃、充满机遇,又始终面临着挑战。我国邮轮产品以国内的在线旅行社为主要销售渠道,而分销方式则通过包船分销,主要是买断包船、邮轮公司散卖为辅的模式。

基于邮轮母港建设,我国已形成了三大邮轮圈:以上海为中心的长三角邮轮圈、以天津为中心的环渤海邮轮圈、以广州为中心的南海邮轮圈。从 2006—2016 十年间,我国邮轮游客数量从 0 增长至 250 万,邮轮游客数量排名全球第二,仅次于美国。从众信旅游 2007 年第一个包船式邮轮游产品出现,越来越多的旅行社选择包船的方式推广邮轮游。据了解,2013 年 12 月携程一次性包了 15 个邮轮航次,刷新了邮轮游的新纪录,2014 年携程共推出了 17 艘独家邮轮航次;凯撒旅游北京分公司 2014 年在邮轮业务上延续以往的包船活动,在原有包船数量的基础上,增加到 6 个航次。当时中国国旅旗下分公司的包船数量也在增加,2013 年 3—4 月就有 4 个由福建国旅包船的邮轮航次出航;同程网 2013 年也包了 7 个航次的邮轮。此外,沿海城市,特别是拥有母港的城市,旅行社包船的竞争更加激烈。上海春秋旅游 2014 年的包船数量增加到 8 艘,南京的旅行社也在原有包船数量的基础上,有 1~2 艘的增加。2019 年,中国邮轮市场进入更新换代期,有更多旗舰型邮轮布局中国市场,多家国际邮轮公司将最新、最好的邮轮服务于中国市场。未来旅行社行业发展邮轮游的主要方向之一就是研发特色主题活动,丰富游客的邮轮出游选择,更要关注国际邮轮产品的研发,与全球更多邮轮公司合作,研发出覆盖范围更广的邮轮线路。

二、旅游住宿服务采购

旅游住宿服务是旅行社产品的重要构成部分。旅行社采购人员除了采购合适的住宿服务,还应该设法在保证住宿服务供给的前提下尽量降低采购的成本和服务的价格。旅游住宿采购业务一般包括选择住宿服务设施、选择预订渠道、确定饭店客房价格和办理住宿服务预订手续四项内容。

(一)选择住宿服务设施

选择住宿服务设施是保证住宿服务质量的重要手段之一。旅行社采购人员必须严格考察饭店、宾馆、客栈等住宿服务设施,并从中选择一批质量好、价格公道的住宿服务设施,以便能够确保旅游者在旅游过程中的住宿需要。旅行社采购人员通常从以下四个方面考察住宿服务设施。

第一,坐落地点。旅行社采购人员考察的第一个方面就是饭店的位置。因为这对于旅游者的接待具有重要的意义。不同类型的旅游者对于住宿设施的坐落地点有着不同的要求和偏好。例如,商务旅游者、停留时间长的旅游者或喜欢购物的旅游者偏爱坐落在市区特别是市中心的饭店,短暂停留的过往旅游者则偏好靠近机场、火车站等交通便利的饭店。另外,对于那些位于城外的住宿设施,旅行社采购人员应重点考察饭店的交通便利性和度假休闲设施的丰富程度。

第二,设施、设备。旅行社采购人员需要考察的第二方面是饭店、宾馆等住宿服务设施的设备情况。例如,饭店是否为商务游客配备了会议室和行政酒廊,是否为休闲度假游客配备了游泳池、健身中心和户外休闲场地等康乐设施。旅行社采购人员可以根据饭店所拥有的设施、设备,安排适当类型的旅游者下榻。

第三,服务类型。旅行社采购人员需要考察的第三个方面是饭店所提供的服务类型,了解饭店是否提供本旅行社产品所要求必须具备的服务。例如,以团队包价旅游作为主要经营产品的旅行社采购人员应特别注重饭店的行李运送服务和接机送机服务。另外,旅行社采购人员还应依据旅游团的服务标准采购四星以上的豪华型酒店和三星以下的大众型酒店。

第四,停车场地。旅行社采购人员需要考察的第四个方面是饭店是否拥有一定面积的停车场地,以团队旅游产品为主要经营业务的旅行社对大巴停车位的规模尤为重视,以半自助自驾游产品为主要经营业务的旅行社对私家车停车位的数量尤为重视。

（二）选择饭店预订渠道

旅行社饭店预订渠道主要包括组团旅行社预订、地方接待社、连锁酒店集团预订中心和OTA 平台四种。

1. 组团旅行社预订

组团旅行社预订又称直接预订,是指旅行社直接向旅游目的地有关饭店提出预订要求。这种预订渠道的优点体现在两个方面。一是能够直接从饭店获得客房信息,及时掌握饭店客房的出租情况并直接与饭店达成预订协议,既能够比较有把握地保证旅游者的住宿,又能够免去中间环节的费用降低采购成本。二是能够与饭店建立比较亲密的合作关系,有利于采购业务的进一步开展。直接预订渠道的缺点也体现在两个方面。一是采购人员必须同所预订的各家饭店逐一打交道,不仅在预定时要同它们联系,而且还要在随后寄送预订申请、确认住房人数及名单、付房费等占用大量的时间和精力。二是外地的饭店未必了解组团旅行社,因而不愿意向组团旅行社提供最优惠的价格,并可能在交纳租房预订金、付款期限、客房保留截止时间等方面不给予优惠。这种预订方式主要适用于组团旅行社经营的海岛游、森林度假等休闲度假旅游目的地的住宿服务,以"机 + 酒"产品为主。

2. 委托接待旅行社预订

大部分组团旅行社基本都委托旅游者前往地区的接待旅行社预订住宿服务,将住房和游览参观、交通、餐饮等服务组合在一起打包给接待旅行社。旅行社委托接待旅行社预订当地的住宿服务可以获得两项好处。一是当地的接待社比较熟悉该地区旅游住宿服务供给状况,可以预订住宿服务性价比更有竞争力的饭店;二是接待社同许多当地饭店建立了良好的合作关系,能够根据旅游者的不同特点和要求安排适当的饭店。其不足之处有以下两点:一是当地的接待社会把饭店对旅行社批量采购所给予的折扣留下一部分作为其代订饭店的报酬;二是组团旅行社必须选择具有一定经济实力和信誉的接待社作为预订渠道,否则,一旦受委托的接待社违约,组团旅行社将陷入困境。

3. 委托连锁酒店集团预订中心预订

如果旅游者要求住在连锁酒店集团下属的饭店,旅行社则可以委托该饭店集团预订中心为其预订所需的客房。许多连锁饭店集团都提供这种业务,如万豪国际集团、希尔顿酒店集团、凯悦酒店集团、雅高酒店集团、洲际酒店集团等国际连锁酒店集团和锦江国际、华住、首旅如家等国内连锁酒店集团。旅行社委托酒店集团预订中心为其预订客房主要有以下两个优点:一是方便,旅行社通过连锁酒店预订中心订房,能够比较方便地获得它所需要的饭店客房。二是可靠,旅行社通过连锁酒店预订中心订房可以获得可靠的饭店信息,有利于旅行社的产品销售和满足追求高品质住宿需求的旅游者需求。

4. OTA 平台预订

OTA,全称为 online travel agency,如携程、途牛、美团、艺龙等都归属于 OTA 平台。OTA平台能够提高酒店的曝光度,吸引更多潜在顾客,而且能够提供翻译、信用卡支付、搜索引擎营销等服务,为酒店减少技术和行政障碍。

酒店入驻 OTA 平台可以自己入驻,还可以通过酒店代理商来入驻。线上酒店代理,就是我们以旅行社的身份去和酒店谈协议价,然后以酒店房间供应商的身份入驻到美团、携程、飞猪、同程等众多平台,把协议价房间加上自己的利润放到这些平台上去售卖,有客户预订房间我们就得到利润。因此,以这种方式预订酒店客房的旅行社一般以线上旅行社或在OTA 平台上有酒店代理业务的旅行社为主。

（三）确定饭店客房价格

饭店客房价格是旅行社在采购住宿服务时必须认真考虑的重要因素。旅行社采购人员应利用各种方式与饭店进行谈判,获得最优惠的价格。饭店客房价格主要包括以下三种类型:

第一,门市价格。门市价格是饭店对外公布的客房价格,主要适用于接待事先未预订的临时入住的过往客人。

第二,团队价格。这是饭店以低于门市价格一定比例提供给旅行社折扣的方式,对旅行社接待的旅游团队提供的优惠价格,也就是饭店与旅行社的协议价。

第三,散客价格。这是饭店以低于门市价格的一定比例提供给旅行社折扣的方式,对旅行社接待的旅游散客提供的优惠价格。

（四）办理住宿服务预订手续

旅行社采购人员在确定了为旅游者安排的饭店后,应该按照下列程序预订客房。

第一步,提出订房申请。旅行社采购人员应该向饭店预订部门或选择的其他预订渠道提出订房申请。在申请中,采购人员应提供下列信息:其一,旅行社名称、需要的客房数量和类型、入住饭店的时间、退房离开饭店的时间和结算的方式;其二,境外旅游者的国籍或国内旅游者的居住地、旅游者姓名或旅游团队的代号、旅游者的性别、夫妇人数、随行儿童人数及年龄;其三,旅游者在住房方面的特殊要求,如要求住在某个楼层、客房的朝向(临街、面海、临湖等)、客房远离电梯间(避免吵闹)等;其四,团队用房需注明饭店提供司陪房的请求。饭店在接到旅行社的订房申请后,如果认为能够按照旅行社提出的要求提供客房,通常会向旅行社发出确认函。

第二步,交纳预订金。饭店通常要求旅行社接到饭店发出的预订确认函后的一定时间内,向饭店交纳预订金,以便饭店在规定时间内为旅行社保留其所预订的客房。每个饭店都有关于预订金交纳的时间、交纳预订金的比例、取消预订的退款比例等事项的规定。采购人员必须熟悉这些规定。如果旅行社未能在规定时间内交纳预订金,饭店则认为旅行社取消预订,而将客房出租给其他客户或客人。某些饭店不需要交纳预订金,但对抵达饭店的时间有要求,如下午6点前需要办理入住手续,过了时间饭店就不预留客房。

第三步,办理入住手续。旅游团队入住饭店由地陪导游办理入住手续。如果是没有地陪导游的散客旅游者,散客在预定时间到达饭店后,即可凭旅行社给予其转交的饭店确认函在饭店前台办理入住手续。

三、旅游餐饮服务采购

"民以食为天""吃饱了不想家",都说明了餐饮服务在旅游产品中举足轻重的地位。餐饮质量的优劣直接关系到旅游产品的质量,关系到旅游者的直接感受。均衡的营养搭配,色、香、味、形的感官刺激,清洁、优雅的用餐环境,专业到位的用餐服务,都会令旅游者尤其是海外旅游者留下深刻的印象。

餐饮服务采购是旅行社为满足旅游者在旅游过程中对餐饮方面的需要而进行采购的业务。旅行社采购人员在采购餐饮服务时应根据旅游者的口味、生活习惯、旅游等级、用餐偏好等因素,安排旅游者到卫生条件好、餐饮产品质量高、服务规范、价格公道、交通便捷的餐厅就餐。

旅行社采购人员一般按照以下三个步骤完成餐饮服务采购工作。

1. 确定采购对象

采购人员根据旅行社经营计划,调查、收集餐饮部门(定点餐馆、酒店)的相关信息资料;经过初步筛选后,对基本符合本社要求的餐饮单位进行实地考察,重点考察餐馆/饭店的餐厅卫生标准、地理位置、洗手间、餐标、主要经营风味、菜单(特色餐)、结算方式、销售配合、环境、停车场地、接待能力和服务情况等;通过实地考察,进行综合比较和评价,与符合本旅行社客源用餐需求的餐馆或饭店联系,选出符合本社要求的餐厅或饭店。

2. 签订合作协议

采购人员根据考察结果,与多家符合本社要求的饭店或餐厅进行合作洽谈,根据当地具体法律法规,由一方或双方协商拟订《合作协议书》;通过与餐馆或饭店负责人谈判,协商具体的合作事宜,并签订双方认可的《合作协议书》;将签署的《合作协议书》进行编号、存档,并报送相关部门备案。

3. 整理相关资料

一是整理与餐饮单位签订的《合作协议书》和餐馆或饭店的名称、主要经营风味、值班电话、餐标、销售联系人姓名及24小时联系方式、接待能力等相关资料及规定并列表,将列表发给本社相关部门并备案。

二是与财务部门协商印制或打印专用的餐饮费用结算单,该结算单的具体内容包括:签约餐饮单位名称、电话、联系人的姓名,不同等级(标准、豪华等)旅游者(团)的便餐、风味餐最低价格标准,用餐人数、司机和陪同人数、司陪餐用餐标准、导游签字等。

四、参观游览服务采购

游览和参观是旅游者在旅游目的地进行的最基本和最重要的旅游活动。做好游览景点的采购工作对于保证旅游计划的顺利完成具有举足轻重的作用。

旅行社采购人员一般按照以下三个步骤完成参观游览服务的采购工作。

1. 确定采购对象

采购人员根据旅行社经营计划,调查、收集游览单位(风景名胜区、A 级景区、博物馆、美术馆、动物园、植物园、主题公园等)的相关信息,经过初步筛选后,对基本符合本社要求的游览项目进行实地考察。重点考察旅游资源情况、游乐项目、地理位置、交通路况、停车场地、结算方式、销售配合能力和服务情况等。通过实地考察,进行综合比较和评价,选出符合本社要求的游览项目。

2. 签订合作协议

采购人员根据本社需求和选定结果,到游览单位进行洽谈,协商合作事宜,包括旅游团门票折扣、旅行社散客门票折扣、年底返利、广告支持额度、游览前是否传真确认、景区内单个项目或套票的折扣、陪同的减免人数及费用、结算方式及期限等;在协商一致的基础上,采购人员根据当地具体行规,由一方或双方协商拟订《合作协议书》,同时将签署的《合作协议书》进行编号、存档,并报相关部门备案。

3. 整理相关资料

采购人员要整理签约旅游项目单位的资料,包括单位名称、值班电话、淡旺季价格、团队散客价、销售联系人姓名及 24 小时联系方式等相关资料及规定并列表;根据《合作协议书》和双方的相关规定,编制"游览结算单",主要包括:旅行社的名称、人数、收款单位、导游人员签名、日期、编号等;将《合作协议书》及列表分发给本社相关部门并备案。

五、旅游购物和娱乐服务采购

旅游购物和娱乐活动是旅游活动的两个要素。旅行社组织好旅游者的购物和娱乐活动不仅能够满足旅游者在这两个方面的需求,提高他们对旅行社接待工作的满意程度,而且能够为当地增加经济收益和就业机会。旅行社采购人员应该重视旅游购物和娱乐服务的采购业务,对当地的商店、商场和娱乐场所进行详细的调查,筛选出一批信誉好、货色齐全、价格合理的商店和质量高、具有特色的娱乐场所。同他们签订合作合同,建立长期合作关系。

旅行社采购人员在采购购物服务时,应对与对方洽谈以下四个方面的内容:① 游客自由选择权的保障;② 利润提成的方式、条件及结算方式;③ 停车费用;④ 违约责任。

旅行社采购人员在采购娱乐服务时,应与对方商谈以下五个方面的内容:① 服务内容与时间;② 门票价格与优惠政策;③ 结算方式与时间;④ 预订与预订取消的方式与时间要求;⑤ 违约责任。

六、旅游保险服务采购

旅游保险是旅游活动得到社会保障不可忽视的重要因素。为了保护旅游者和旅行社的合法权益,减少旅行过程中各种意外事故造成的经济损失或人身伤害,国家文化与旅游部规定,旅行社组团旅游,必须投保"旅行社责任险",游客的"人身意外伤害险"由游客自愿投保。因此,旅行社与实力强、信誉好的保险公司建立合作关系也是非常必要的。

（一）旅游保险的主要险种

1. 旅行社责任保险

旅行社责任保险是指旅行社根据保险合同的约定,向保险公司支付保险费,保险公司对旅行社在从事旅游业务经营活动中,因旅游者人身、财产遭受损害而应由旅行社承担的责任,承担赔偿保险金责任的险种。也就是承保旅行社在组织旅游活动中因疏忽、过失造成事故所应承担的法律赔偿责任的险种。该险种的投保人为旅行社。投保后,一旦发生责任事故,将由保险公司在第一时间对受伤旅客进行赔偿。旅行社责任险具有很强的社会公益性。

2. 旅游意外保险

旅游意外保险是指旅行社在组织团队旅游时,为保护旅游者利益,代旅游者向保险公司支付保险费,一旦旅游者在旅游期间发生意外事故,按合同约定由承包保险公司向旅游者支付保险赔偿金的险种。旅游意外保险是一种短期保险,保的是旅游者而不是旅行社,是由旅游者自愿购买的短期补偿性险种。

3. 航空旅客意外伤害保险

航空旅客意外伤害保险,是指被保险乘客在登机、飞机滑行、飞行、着陆过程中,即在保险期限内因飞机意外事故遭到人身伤害导致身故或残疾时,由保险公司按照保险条款所载明的保险金额给付身故保险金,或按身体残疾所对应的给付比例给付残疾保险金,属自愿保险的个人意外伤害保险。

（二）三种旅游保险的主要赔偿责任

1. 旅行社责任保险的主要赔偿责任

① 因人身伤亡发生的经济损失、费用;

② 因人身伤亡发生的其他相关费用;

③ 行李物品的丢失、损坏或被盗导致的损失;

④ 事先经保险公司书面同意的诉讼费用;

⑤ 发生保险责任事故后,旅行社为减少赔偿责任,抢救受伤的旅游者及施救旅游者的财产所支付的必要的、合理的费用。

2. 旅游意外保险的主要赔偿责任

在下列情形之一发生后,保险公司应承担保险责任:

① 旅游者急性病发作之日起 7 日内因同一原因死亡的;

② 旅游者自意外伤害发生之日起 180 日内因同一原因死亡的;

③ 旅游者因意外事故下落不明,经人民法院宣告死亡的;

④ 旅游者自意外伤害发生之日起 180 日内因同一原因身体残疾的;

⑤ 旅游者在县级以上（含县级）医院或者保险公司认可的医疗机构诊疗所支出的、符合当地社会医疗保险主管部门规定的可报销的医疗费用;

⑥ 旅游者因急性病或意外伤害死亡后的死亡处理及遗体遣返所需的费用。

3. 航空旅客意外伤害保险规定的主要赔偿责任

主要指意外身故保险金和意外残疾保险金。

（三）三种旅游保险的赔偿限额

1. 旅行社责任保险赔偿限额

依据 2011 年 2 月 1 日起施行的《旅行社责任保险管理办法》规定，旅行社办理旅行社责任保险的责任限额可以根据旅行社业务经营范围、经营规模、风险管控能力、当地经济社会发展水平和旅行社自身需要，由旅行社与保险公司协商确定，但每人人身伤亡责任限额不得低于人民币 20 万元。

2. 旅游意外保险赔偿限额

旅行社为旅游者办理的旅游意外保险金额不得低于以下基本标准。

① 入境旅游：每位旅游者人民币 30 万元；

② 出境旅游：每位旅游者人民币 30 万元；

③ 国内旅游：每位旅游者人民币 10 万元；

④ 一日游（含入境旅游、出境旅游和国内旅游）：每位旅游者人民币 3 万元。

3. 航空旅客意外伤害保险赔偿限额

不论年龄，每份保单保险费为 20 元。航空意外险 1 份起卖，同一名乘客最多可买 10 份，保险金额包括身故及残疾赔偿 40 万元、意外医药费赔偿最高 3 万元（根据实际发生的医药费赔偿）。国内和国际航班的乘客均可购买，赔付标准是一样的。

（四）旅行社责任保险和旅游意外保险的区别

1. 两类保险对旅行社和旅游者意义的不同

目前，和我国旅行社组团旅游有关的旅游保险主要有两大类，旅行社责任保险和旅游意外保险，这两类保险对于旅行社和旅游者具有不同的意义，从不同侧面保障旅行社旅游者的权益。

旅行社责任保险是强制保险，由旅行社购买，而旅游意外保险是任意险，由旅游者自己购买。当然，除此之外，旅游者还可以根据自己的需求，选择其他种类的旅游人身财产伤害保险。在旅行社实际运营中，旅行社往往和保险公司达成协议，将旅行社责任保险和旅游者意外保险打包，一并购买；另外一种方式就是直接购买旅游综合保险。从实际操作上来说，购买打包保险产品或者综合旅游保险产品，既实惠，又方便，受到了旅行社的欢迎，但从法律上说，这样的销售和购买方式是否合乎规范，仍然值得探讨。

2. 旅行社责任保险在旅行社行业中的运用

旅行社责任保险的投保人是旅行社，直接受益人也是旅行社。当旅行社的经营有过错，给旅游者造成人身财产损害，需要旅行社承担赔偿责任时，由保险公司向旅游者承担赔偿责任，旅行社不需要自己额外支付赔偿金。总之，旅行社责任保险就是旅行社为了自己的过错购买的保险，也就是为自己的过错而买单。旅行社在推销旅游线路时，在旅游保险方面应避免出现下列问题：

① 业务员在推销旅游产品时，或者是对旅行社责任保险的作用不明，或者是有意为之，对外销售时只是简单地告诉旅游者，旅行社已经办理了保险，而不介绍责任险的真正含义，导致旅游者误以为旅行社购买的保险涵盖了所有的保险，旅游者自己无须再购买另外的保险。

② 旅行社对旅行社责任保险不以为然。少数旅行社认为，办理旅行社责任保险，就是为了完成《旅行社条例》规定的任务，而且自己的旅行社从来不出事，办理责任保险纯粹是浪费钱。所以，在具体的责任保险办理中，只选择保费最低的责任保险，目的就是不要被旅游主管部门追究行政责任，根本没有意识到责任保险的意义和作用。

③ 旅行社没有特别关注医疗费的限额。对于旅游者的死亡，责任保险通常都有较高的赔偿额度，而旅游者医疗费的额度很低，导致由于旅行社的责任旅游者需要就医时，医疗费用不足，旅游者的权益难以保障，最后还是由旅行社自己直接承担。这样一来，旅行社的感觉就是责任保险不管用，而不反思自己的保险做法。

3. 旅游意外保险在旅行社经营业务中的运用

旅游意外保险的投保人应当是旅游者，受益人也是旅游者。《旅行社条例实施细则》规定了旅行社"可以"向旅游者推荐意外险，是一种任意性的规范，而不是像旅行社责任险那样属于强制性规范。《中华人民共和国旅游法》对此做出了明确的修正，要求旅行社向旅游团队推荐旅游意外保险。这样的修正更加符合旅游保险的实际需要。

① 旅游者发生的伤害以意外事故为多。从旅游者人身伤害的纠纷中看，大部分伤害主要来源于意外，而不是责任，旅行社为了避免麻烦和损失，应当向旅游者推荐旅游意外保险。

② 旅游者拒绝投保意外险要得到书面确认。如果旅行社向旅游者推荐意外险，而旅游者拒绝投保，旅游者的行为没有过错，但为了保险起见，旅行社应当得到旅游者的书面确认，以防将来出来意外后旅行社举证不能。

案例 4-2　疫情影响下旅行社投保责任险的思考

旅行社可以和保险公司或者保险经纪公司协商，将疫情期间本可解除合同并退还的保费暂缓退还，适当延长保险的使用期限，或者将出境旅游和入境旅游的保险转移适用于境内旅游，以降低旅行社的保险成本。

新冠肺炎疫情给旅行社行业发展带来了严重影响。目前，国内多数省区市已经恢复跨省团队旅游，绝大部分旅行社复工复产。然而，仅凭国内旅游市场，要想恢复到疫情前企业的经营水平，依然面临诸多问题。其中，现金流短缺仍旧是最主要的问题。如何帮助旅行社渡过难关，也是摆在旅游行政主管部门面前一道亟须解决的难题。

新冠疫情暴发后，文化和旅游部出台暂退部分旅游服务质量保证金的举措，在一定程度上缓解了企业流动资金短缺的困难。那么，在当前疫情防控常态化的形势下，能否借鉴退还旅行社质量保证金的思路，鼓励旅行社和保险公司（保险经纪公司）在友好协商的基础上，通过解除保险合同、变更保险合同等方式，进一步缓解旅行社流动资金短缺问题呢？笔者认为，分析以上方法是否可行，需要明确以下几个问题：

一、分清疫情对于旅行社业务影响的不同阶段

新冠疫情对于旅行社经营业务的影响，可以分为三个阶段：第一个阶段从 2022 年 1 月 24 日开始至 3 月中旬。由于受到不可抗力的影响，按照文化和旅游部的要求，旅行社暂停经营团队旅游及"机票＋酒店"旅游产品。在这一阶段，旅行社所有的旅游经营活动都暂停了。

第二个阶段从 3 月中旬开始至 7 月 13 日。按照文化和旅游部的部署,旅行社在省域范围内可以有序恢复经营活动。

第三个阶段从 7 月 14 日至今,旅行社跨省团队游重新恢复。

二、旅行社是否可以要求解除旅游保险合同

回答是肯定的。旅行社可以向保险公司(保险经纪公司)提出该要求,与此相关的法律规定有两条。一是《中华人民共和国合同法》第九十四条规定的,有下列情形之一的,当事人可以解除合同:(一)因不可抗力致使不能实现合同目的。二是《中华人民共和国保险法》第十五条的规定,除本法另有规定或者保险合同另有约定外,保险合同成立后,投保人可以解除合同,保险人不得解除合同。

从上述规定看,受疫情的影响,旅行社组织旅游者参团、接待旅游者,都有可能危及旅游者的人身安全,导致旅游者的参团目的无法实现,旅游合同必须解除。与此同时,旅游保险合同关系成立后,作为投保人的旅行社可以提出解除旅游保险合同的要求。但作为保险人的保险公司(保险经纪公司),则不可以主张解除旅游保险合同。

在第一个阶段,不可抗力的发生导致旅行社签订的旅游保险合同的目的不能实现,旅行社可以提出解除旅游保险合同的主张,要求保险公司(保险经纪公司)退还旅游保险费。即使旅行社在疫情发生期间没有提出解除旅游保险合同的要求,时至今日,旅行社仍然可以提出该主张,保险公司(保险经纪公司)不能以旅行社在疫情期间未提出解除旅游保险合同为由,拒绝旅行社事后提出合同解除要求。因为《中华人民共和国民法典》第一百八十八条规定,向人民法院请求保护民事权利的诉讼时效期间为三年。法律另有规定的,依照其规定。

在第二个阶段和第三个阶段,虽然旅行社仍然可以要求解除旅游保险合同,但由于境内旅游的部分和全部开放,旅行社提出该要求时,保险公司(保险经纪公司)会以旅行社单方违约为由,要求旅行社承担相应的违约责任,旅行社会因此遭受经济损失。

三、变更保险合同是旅行社的优选方案

日前,最高人民法院、司法部、文化和旅游部三部门共同发布的《关于依法妥善处理涉疫情旅游合同纠纷有关问题的通知》中特别提出,在处理旅游合同纠纷中,需要遵循严格执行法律政策、积极引导变更旅游合同、慎重解除旅游合同等基本原则,及时化解纠纷。虽然该通知针对的是旅行社和旅游者之间的服务纠纷,但我们在处理旅行社和保险公司或者保险经纪公司的问题时,同样可以参照适用。

虽然法律赋予旅行社可以向保险公司或者保险经纪公司提出解除保险合同的权利,旅行社也可以因为解除保险合同可以得到暂时的退款,但从长远看,旅行社和保险公司或者保险经纪公司协商一致,变更保险合同乃为上策。这样既可以帮助旅行社降低经济损失,又可以减少社会矛盾和纠纷。

具体而言,旅行社可以和保险公司或者保险经纪公司协商,将疫情期间本可解除合同并退还的保费暂缓退还,适当延长保险的使用期限,或者将出境旅游和入境旅游的保险转移适用于境内旅游,以降低旅行社的保险成本。

四、市场复苏期间旅行社投保旅游保险的设想

目前,旅游市场正在逐渐复苏,但对于旅行社而言,经营水平要想达到疫情前的水平尚

需时日。笔者认为,在今后较长的一段时间内,旅行社在投保责任险时,可以采用以下三种更为务实和灵活的投保方式。

一是针对特定产品投保。旅行社和保险公司(保险经纪公司)可以协商,针对细分市场或者线路投保,比如周边游线路、华东游专线、代办服务等市场,实施精准的保险策略,而不是像疫情前那样出境游、国内游、入境游等各个市场都要投保。

二是投保方式更为多样。旅行社可以根据业务需要,实施一团一保或者是一季一保等方式,而不必一定是一年一保。只要旅行社和保险公司(保险经纪公司)能够协商一致,以旅行社责任保险的投保范围能够全面覆盖旅行社业务为目标,投保期间可以不受该规定的限制。

三是告知游客购买旅游意外保险。旅行社在开展业务时,必须购买旅行社责任险,这是法律赋予旅行社的义务。与此同时,旅行社还被赋予了要向旅游者告知旅游意外保险的义务,而不是为旅游者购买人身意外保险的义务,旅行社可以通过推荐和告知意外保险,由旅游者自行购买意外保险,以降低企业保险费用的支出。

资料来源:黄恢月(2022)。

第三节　旅行社采购业务的管理

一、建立采购协作网络

不管旅行社采用集中采购策略还是分散采购策略,为了达到保证供应和降低采购成本的目的,在日常的经营活动中,旅行社应该通过与其他旅游服务供应部门或企业的联系或协作,建立起一个广泛且相对稳定的采购协作网络,这是实现旅行社采购目标的基础。

旅行社在建立采购协作网络的过程中,必须坚持三个原则。第一,协作网络必须足够广泛。当一个地区存在大量的旅游服务供应部门或企业时,旅行社应该根据自身的业务需要和经营实力,尽量同各种旅游服务供应商加强联系,设法获得他们的合作。这样,旅行社就能够获得比较理想的供应渠道,保证旅行社能够以比较理想的价格获得所需的旅游服务。第二,运用经济规律,在互惠互利的基础上长期合作。旅行社建立采购协作网络的目的是发展同旅游供应商的长期合作关系。因此,旅行社在与这些旅游服务供应商的交往过程中,必须坚持互惠互利的原则,只有合作的双方都能够获利,这种合作关系才能长期保持下去。旅行社在采购活动中,应该从长远利益着手,不应急功近利,为图一时的利益而伤害对方的利益;也不应乘人之危,利用对方的不利处境迫使对方做出过大的经济利益牺牲。第三,加强公关活动,建立良好的人际关系。旅行社的采购工作要靠旅行社的采购人员与旅游服务供应商的销售人员或计调人员的通力合作才能够完成。因此,旅行社的有关部门领导和相关人员应该加强公关活动,设法与对方的相关部门领导和相关人员建立良好的人际关系,使旅行社的采购协作网络能够不断加强和发展。

二、正确处理保证供应和降低成本的关系

保证供应与降低成本是旅行社采购工作中同等重要的两大任务。正确处理保证供应和

降低成本的关系就是既要保证供应,又要降低成本。保证供应和降低成本本身就是一对矛盾。因此,在实际工作中,旅行社针对不同情况在这两者之间有不同的侧重,或者说,是在不同时期用不同的策略来协调这对矛盾。

例如在旅游旺季,机票常常是旅游业务最大的顽敌,报名参团的人数很多,可是机位却迟迟不能确认,业务经理像热锅上的蚂蚁,着急上火,彻夜难眠。此时,"交通运输网"的作用就显现出来了。谁的网络范围广泛、合作关系良好,谁就能拿到更多的机位,也就能保证更多的成团率。这不仅能显示出自己的运营实力,还能赢得潜在的客源市场。而在旅游淡季,机位充足,客源紧缩,为了吸引尽可能多的游客,旅行社就要凭借良好的"交通运输网",拿到优惠的价格,降低成本,提高产品的市场竞争力。由此可见,保证供应和降低成本这对矛盾处理好了,就能确保旅游业务旺季不慌、淡季不淡。

三、正确处理集中采购与分散采购的关系

按照商业惯例,批发价格低于零售价格,批发量越大,价格也就越低。因此,旅行社作为中间商,应该把旅游者的需求集中起来向旅游服务供应商采购。也就是说,应该集中自己的购买力以增强自己在采购方面的还价能力。这种采购叫批量采购,也叫集中采购。集中采购通常有两种方式:一是把本旅行社各部门和全体销售人员接到的订单集中起来,统一以一个渠道对外采购;二是把集中起来的订单尽可能集中地投向一家,或尽可能少的供应商进行采购,以最大的购买量获得最优惠的价格。但是,在供大于求的情况下,分散采购可能更容易以较低价格获得旅游者所需的服务。究其原因,集中采购数虽然很大,但其中远期预订比较多,具有较大的不确定性。实际采购量可能会减少。因此,卖方对买方计划的可靠性缺乏足够的信心,不一定愿意将价格定得很低。而分散采购多是近期预订,预订时一般都有确定的客源。因此,采购的可靠性高,卖方迫于供过于求的压力常常愿意低价出售。

四、旅行社旅游服务采购供需关系的调整

在旅行社的采购活动中,采购部门必须根据实际情况,及时调整旅游服务的供需关系,处理好同其他旅游服务供应部门或企业的协作关系。

(一)调整采购工作重点

除了个别旅游目的地外,绝大多数地区的旅游市场都存在着比较明显的销售旺季和销售淡季。由于旅游市场的供需状况经常变化,旅行社同旅游服务供应商之间的关系也相应不断地变动。因此,旅行社必须根据旅游服务供应市场上出现的供需变化,及时调整其采购工作的重点。

在旅游旺季时,大量的旅游者蜂拥而至,往往给某些旅游目的地的旅游服务供应造成巨大的压力,使某些旅游服务出现一时的短缺,并使相关的旅游服务供应市场暂时变成卖方市场。这时,旅行社采购的首要任务是保证其所需旅游服务的供给,而不是降低所采购的旅游服务项目的价格。在必要时,旅行社的采购部门应该不惜牺牲眼前的部分利润,以较高的价格获得其迫切所需的旅游服务项目,以便保证旅游合同的实施,使旅游者感到满意。

当旅游淡季到来后,旅游市场上供给紧张的状况得到缓解,旅游服务供应市场又变成了

买方市场。这个时候,旅行社采购工作的重点就应该及时转移到降低所采购的旅游服务价格和采购成本上来。旅行社可以利用旅游服务产品的不可转移性和不可贮存性的特点,利用旅游服务供应商收入下降迫切需要客源的心理,在谈判中尽量压低价格,设法获得更多的优惠条件。旅行社通过淡季的采购,降低其全年的营业成本,弥补在旅游旺季时为确保旅游服务的供应而付出比较高价格所蒙受的损失,进而增加旅行社的经营利润。

(二)调整预订与退订的关系

旅行社产品的销售是一种预约性的交易。旅游者在预订了旅行社的产品后,有时会因各种原因要求取消旅游计划。另外,对于旅游目的地的接待旅行社来说,他们同旅游客源地的组团旅行社签订的旅游合同并无法律上的约束力。在旅行社实际经营中,旅游客源地的组团旅行社以各种原因和理由要求临时增加或临时取消旅游计划的情况更是屡见不鲜。由于旅行社产品销售的预约性特点,旅行社必须提前制订旅游服务采购计划,并按照这些计划向相关的旅游服务供应部门或企业预订各种所需的旅游服务项目。这样,一旦出现临时增加旅游计划或临时取消旅游计划时,旅行社就必须向有关的旅游服务供应部门或企业提出临时增订或退订旅游服务项目的要求。由于临时性的增订或退订往往会给提供这些旅游服务的部门或企业带来一定的压力或经济损失,因此,这些部门或企业往往要求提高临时增订的旅游服务的价格或收取一定比例的退订损失费用。为了尽量减少损失,旅行社应该设法通过友好协商,尽量在批量采购协议中使对方降低提价的幅度或减少退订损失费用。

五、加强旅行社采购合同的管理

目前,一些大的旅游公司或旅游集团成立了专门的采购部门,如由运营管理部来承担采购合同的管理工作。可见,采购合同的管理工作在旅行社工作中占有非常重要的地位。合同是指当事人双方(或多方)为了实现某一合作目的,依法订立的有关权利、义务的协议,对当事人双方都具有法律的约束力。签订合同,是当事人为避免可能发生的纠纷而采取的行为,目的在于确保各自经济利益的实现和不受损害。

旅游采购不是一手交钱、一手交货的简单交易,而是一种预约性的批发交易,是一次谈判、多次成交的业务,谈判与成交之间既有时间间隔,又有数量差距。旅游采购的这种特点,使旅行社与协作部门,为预防各种纠纷的发生而签订经济合同显得更为必要。

采购合同的基本内容有以下五个方面:

第一,合同标的。合同标的是指合同双方当事人权利、义务所指向的事物,即合同的客体。旅游采购合同的标的,就是旅行社购买和旅游相关企业提供的旅游服务,如酒店、餐饮、景区、航空公司等。

第二,数量和质量。由于旅游采购合同是预约契约,无法规定确切的购买数量,只能由买卖双方商定一个计划采购量,或是规定一个采购和供应的幅度。至于质量要求,可由双方商定一个最低限度。

第三,价格和付款方法。合同中应规定拟采购的服务的价格。由于价格常常随着采购量大小而变动,而合同中又没有确定的采购量,因此可商定一个随采购量变动的定价法,以及规定在合同期内价格可否变动及变动的条件;此外,还要规定优惠折扣条件、结算方式及付款时间等。

第四,合同期限。合同期限是指签订合同后开始与终止买卖行为的时间。旅游采购合同一般是一年签订一个合同,也有的旅行社根据淡季、旺季,每年签订两个合同。

第五,违约责任。违约责任是指当事人不履行所列条款时所应承担的责任。按照《中华人民共和国经济合同法》规定,违约方要承担支付违约金和赔偿金的义务。

除了以上五项内容外,还要加强对采购合同的存档。为了方便查找,以备不时之需,采购部要将所有的合同分门别类地进行整理归档,并随时更新。采购合同的存档也为再次续签合同、协商价格、控制成本、把握商机和掌握主动权提供有效依据。

案例4-3 旅行社做精做大康养旅游市场 积极采购康养旅游供应商

相关数据显示,疫情发生前的两年间,全球康养旅游一直保持着年均7%的增速。尽管近两年疫情对旅游市场冲击巨大,但是康养旅游产品依然在国内旅游市场"热销",这也让康养旅游的市场份额不断扩大。近段时间,不仅海南、广西、重庆等地瞄准市场需求,进一步升级打造康养旅游目的地,而且作为旅游产品的设计师和营销者,旅游企业也在进一步丰富康养旅游产品体系,以期在疫情压力之下,将其变成激活旅游市场的新生力量。

一、需求改变着市场供给

"受新冠肺炎疫情影响,旅游行业遭受重创,但危中有机,在疫情影响下人们对健康的需求愈发高涨。小型民用高压氧舱颇受追捧,温泉、水疗热度不减,户外专业运动逐渐与社群相结合,皮划艇、冲浪等小众运动风靡都说明了这一点。"在奇创旅游集团总经理马磊看来,发展康养旅游首先需要抓住城市人群的休闲度假需求,因为大量群体存在共性需求,比如减压放松、亚健康的调理等。当康养旅游深入大众视野,康养旅行者的具体需求也在改变着市场供给方向。

"疫情发生后,康养旅游就不再只针对老年市场了,各个年龄段的人群对于健康养生都很关注,亲子家庭在逐渐成为康养旅游的主体。不同于老年客群追求的是健康养生、医疗等方面的产品,家庭群体追求度假休闲、美食、亲子互动等。如今,女性群体在旅游消费中占主导,对于康养旅游她们更看重环境品质,注重情调、文化氛围和运动。"安徽环球文旅集团老玩童俱乐部总经理张军说。

二、针对性越强越"受宠"

在携程平台上,南方旅居养生类产品热度较高,"受宠"的产品多采取套餐形式,即康养体验＋当地旅游观光,客人除了可以在康养中心体验,还可以游弋于山水之间。此外,一些地域性更强的康养产品颇受追捧,比如,在三亚保亭的一些康养酒店,不仅可以泡温泉,还可以在波罗蜜树下享用健康美食,体验热带雨林的惬意。

疫情发生以来,安徽环球文旅集团研发了一系列"康养＋"旅游产品,如康养＋文化、康养＋医疗、康养＋运动、康养＋研学、康养＋农业等。安徽石台仙寓山的富硒之旅、广西巴马的长寿之旅、广东茂名的温泉之旅、新疆和田喀什的文化之旅等定制类康养产品,越来越受到客户的喜爱。

"去年国庆假期,我们组织了十几个家庭近70人的团队,自驾前往芜湖的霭里村。这个村子刚刚开始做康养旅游,三面环山,自然环境很好。虽然设施和接待服务还不够完善,但民风淳朴,当地人对游客十分热情,当地政府也支持发展康养旅游。我们经过几次实地考察,设计推出了国庆家庭自驾康养旅游产品。清晨开始,老人可以在村里的森林公园散步,在农家喝茶,选购土特产,孩子们可以在父母的带领下,参与村里组织的足球赛等活动;晚上,一家人一起品尝健康美食。虽然只住了两晚,但游客玩得很开心。"张军说。

海南旅品惠国际旅行社总经理张惟惟介绍,疫情是康养旅游市场发展的分水岭。疫情发生前,很多康养旅游产品设计相对粗犷,无外乎就是行程安排慢一点、目的地停留时间长一些,只能算是康养旅游产品的初级形式。疫情防控常态化下,特别是博鳌乐城医疗旅游先行试验区的建成开放,以及三亚中医疗养院等岛内诸多康养基地的建成,康养旅游向着更专业更细分的方向发展,旅游和康养的关系发生了改变,康养成为主体,旅游则是载体。"比如,到五指山吸氧、参加有氧运动,到博鳌乐城听养生讲座、做健康监测,我们推出的澄迈县熙康云舍康养产品,很受客人欢迎。"张惟惟说。

三、全力提升项目水平

目前,国内大部分康养项目的专业度还不够,可以选择的内容也不是很丰富,多为温泉、徒步等,品质也参差不齐。在疫情影响下,我们越来越看重健康生活,更加希望通过康养旅游了解更多有意思的健康的生活方式。"康养旅游爱好者张女士说。

"康养旅游的快速发展离不开目的地的顶层设计。"在马磊看来,发展康养旅游,仅依靠旅游企业和社会资本投入是远远不够的,还需要有关政府部门的引导,从目的地的层面积极推动。此外,马磊认为,我国康养旅游项目的开发要走特色化道路,要善于从传统文化中汲取灵感,找到中国康养文化的内涵,并将其融入项目建设之中。同时,还要分析老百姓的生活方式和旅游方式,从中寻找康养旅游产品的组合形式,建立以游客需求为本的经营模式,更加符合多层次多元化的需求。尤其需要注意的是,开发康养旅游要从项目谋划开始,要有运营前置的思维,避免开发中各环节脱节,从建设初期就为整个项目的成功打下基础。

资料来源:王玮(2022)。

思考题

1. 辨析"保证供给"和"成本领先"两大采购原则的关系。

2. 辨析"集中采购"和"分散采购"两大采购策略的关系。

3. 旅行社与各旅游服务供应部门合作的基础是什么?

4. 旅行社与航空服务部门洽谈合作的重点考虑因素有哪些?

5. 旅行社采购住宿服务应该重点考虑哪些因素?

6. 旅行社采购购物与娱乐服务应着重思考的因素有哪些?

第五章　旅行社的计调业务

第一节　旅行社计调业务概述

计调在旅行社的整体运作中发挥着极其重要的作用,在旅游行业中,一直就有"外联买菜、计调做菜、导游带游客品尝大餐"的说法。可见,外联、计调、导游各司其职,都是旅行社业务中十分重要的角色。

一、旅行社计调业务的概念

计调是计划调度的简称,是旅行社内部专职为旅游团(散客)的运行走向安排接待计划、统计与之相关的信息并承担与接待相关的旅游接待服务采购和有关业务调度工作的一种职位类别。

计调业务是旅行社经营活动的重要环节,包括采购、计划、质量监控、成本核算等内容。一般来说,旅行社的计调业务有广义和狭义之分。广义的旅行社计调业务是对外代表旅行社同旅游服务供应商建立广泛的协作网络,签订采购协议,保证提供旅游者购买的各种服务,并协同处理有关计划变更和突发事件;对内做好联络和统计工作,为旅行社业务决策和计划管理提供信息服务。狭义的计调业务主要是指旅行社为落实旅游接待计划所提供的各种服务,包括食、住、行、游、购、娱等事宜的安排,旅游服务采购,接待计划制订,导游人员安排,旅游预算编制等工作的总称。

二、旅行社计调业务的内容

当旅行社的外联人员将游客的具体要求反馈给旅行社后,接下来的一系列工作就由计调人员来完成。计调人员会根据要求安排这个团队的行程、餐饮、住宿以及交通,并进行成本核算。再通过外联人员去跟客户沟通,如此反复,最终达成一致,完成旅游合同的签订。计调人员需要根据旅游合同所列的条款向旅游供应商下订单,监督接待过程中各项工作的落实,随时解决游客在旅游过程中遇到的问题,收集意见反馈信息,最后完成财务报账、团队档案整理等工作。总的来说,旅行社计调业务主要是收集信息、编制计划、对外采购、衔接沟通、质量跟踪等。

(一)收集信息

收集信息是旅行社计调工作的第一步,也是计调工作开展的前提。计调人员每天要接触众多的旅游者、旅游服务供应商和合作伙伴,处于旅游市场的前沿,收集的信息也来自多个方面。主要包括旅游行业信息(各种政策、规定等)、旅行社同行信息、旅游合作单位(酒店、旅游景点、餐厅、票务公司、运输公司、保险公司等)信息、游客反馈的意见或建议、公众对旅游活动发展的需求变化等。计调人员应对这些信息进行分类、归纳和整理,以备业务之需。

（二）编制计划

计调人员在收到旅游团队的要求后，应科学而合理地编制旅游接待计划，为旅游接待工作提供依据。一份完整的旅游接待计划应包含团队的基本情况和要求、行程安排、游客名单等具体信息。

① 旅游团的基本情况和要求：团号、团队名称、人数、团队性质、用餐用房标准、服务项目、导游（全陪、地陪）要求、组团社联系人姓名及联络方式、地接社联系人姓名及联络方式等。

② 行程安排：游览日、出发城市及抵达城市、城市间交通及抵离时间、各地参观的景区、文娱活动及其他特殊要求。

③ 游客名单：姓名、性别、国籍、证件类型及号码、生日、住房要求、客人身份、联系人姓名及联络方式等。

（三）对外采购

"5定"（定房、定票、定车、定导游员、定餐）是计调人员的主要任务。尽管事物繁杂，但计调人员头脑必须时刻清醒，逐项落实。需按照旅游接待计划，代表旅行社向其他旅游企业或其他行业、部门购买相关旅游服务项目，满足旅游者在食、住、行、游、购、娱等方面的需求。

订票业务主要是负责旅游者（团队）的各种交通票据（飞机票、火车票、汽车票、游船票等）及旅游景区门票的预定、购买和验证等服务。订房与订餐业务主要是根据旅游合同的相关要求，为旅游者（团队）及司机导游预定客房、餐饮服务。在对外采购活动中，计调人员要采取不同的策略确保在旅游旺季、紧急需求等特殊情况下旅游服务项目的供给。

（四）衔接沟通

负责对外合作伙伴的洽谈、联络和信息传递。充分掌握旅游接待计划，根据有关部门和旅游者（团队）的变更信息，及时快速地与合作伙伴处理好诸如取消、新增、变更等事宜，确保团队接待的质量。

（五）质量跟踪

质量跟踪主要是对旅游者（团队）运作质量、导游服务质量、接待社服务质量、旅游服务提供商服务质量进行跟踪和评估。发现质量问题，应立即指出纠正，并采取措施予以补救。

三、旅行社计调业务的特点

旅行社计调业务是旅行社经营管理的一项重要工作，其特点主要体现在以下四个方面：

（一）复杂性

第一，计调业务工作内容复杂，涉及采购、接待、票务、交通、监督等工作。第二，计调业务工作程序复杂，从接到外联人员的团队要求到旅游者（团队）接待工作结束后的财务结算，都离不开计调人员。第三，计调业务工作涉及的关系复杂，与旅游者、旅行社内部工作人员、旅游接待部门等都有联系，协调处理这些关系贯穿计调业务的全过程。

（二）具体性

无论是收集本地的接待情况，编制接待计划，还是落实和监督团队的运行情况，都是具体的事务性工作。计调人员总是在忙于解决和处理采购、联络、安排落实接待计划等具体工作。

（三）多变性

旅游人数和接待计划的临时调整导致计调业务具有多变性的特征。旅游人数一旦发生变化,计调人员就需要马上做出应对方案,更改客房、交通工具、景点门票的预订等。我国交通、住宿和餐饮条件尚不能完全满足预订的要求,无形之中也增加了计调工作的不确定性。此外,旅游者(团队)需求的改变,也需要计调人员及时调整和落实接待计划。

（四）创新性

旅游产品设计是计调业务的一项核心工作,需要根据旅游者消费行为和旅游市场的变化情况及时做出调整、更新,才能更好地满足消费者的需求。计调工作本质上是一种创新性的工作,需要从业人员具有较强的创新能力。

案例5-1 机票名字拼音有误 马蜂窝未能有效修改致误机

10月21日,霍女士与丈夫准备乘14:05的飞机前往普吉岛度假,11点45分便抵达沈阳机场,但在取票时却遇到"意外"。

"我的那张机票姓氏拼写有误,正确的应该是HUO,但上面却写着HCC。"机场工作人员表示需要联系马蜂窝才能更改。"当时距离飞机起飞还有两个小时,但是马蜂窝却没能修改成功。"霍女士说。

两个小时,霍女士与马蜂窝通话十余次。"客服最开始说可以修改,但需要走流程,让我等,一个小时过了,还是没有消息,我按捺不住了,再次询问竟被告知无法修改。"一怒之下,霍女士将电话转为投诉。最终,在登机前,马蜂窝为她备注了更改信息。

然而,当霍女士再次去换票时,机场工作人员反馈更改不成功。"马蜂窝只是备注了正确的拼音,没有将错误的信息修改。"最终,霍女士与丈夫错过了飞机。

讨论:作为旅行社的工作人员,你会怎么处理这一事件?

第二节 计调人员的分类及素质要求

一、计调人员的分类

随着旅游业的发展和旅行社行业规模的扩大,计调业务朝着专业化、细分化的方向发展。按照不同的标准可以把计调人员划分成不同的类型,先介绍三种常用的分类方法。

（一）按照旅游团队的组织和接待过程来划分

按照旅游团队的组织和接待过程,可以将计调分为组团社计调和地接社计调,这是最基本的分类方法。组团社计调是负责旅游团队组织,并将旅游团队交由异地接待社接待的专职人员。按照旅游者出行目的地可划分为国内游组团计调和出境游组团计调两种类型。地接社计调是负责按照组团社计划和要求确定旅游用车、用餐、住宿、游览、委派导游等事宜的专职人员。按照组团社的地区差异可划分为国内游地接计调和入境游地接计调两种类型。

（二）按照旅游者的组织类型来划分

按照旅游者的组织类型,可以划分为旅游团队计调和散客计调。旅游团队计调主要是负责团队操作的专职人员,散客计调是负责自助或半自助旅游操作的专职人员。

(三)按照专项类来划分

按照专项类,可以划分为商务会展计调、研学旅行计调、老年游计调、自由行计调、签证类计调等。专项类计调的产生是计调业务专业化、细分化发展的产物,伴随着旅游业的发展,新的旅游需求的产生,专项类计调的种类会越来越丰富。

二、计调人员的素质要求

(一)良好的职业道德

社会主义职业道德是社会主义社会各行各业的劳动者在职业活动中必须共同遵守的基本行为准则。在我国,大力提倡"爱岗敬业、诚实守信、办事公道、服务群众、奉献社会"的社会主义职业道德。作为一名旅行社的计调人员,应具备的良好职业道德主要体现在以下几个方面。

1. 爱岗敬业

作为一名合格的计调人员,必须要热爱旅游事业。计调工作琐碎、繁杂,并且要求反应迅速,注重细节。行程标准必须清晰详细,采购服务时需明确采购的具体内容并要求合作单位回传确认数量,团队结束后需收集齐相关单据等诸多操作细节,都要求计调人员的细致和耐心。如果缺乏敬业精神,则很难胜任这些琐碎的工作,一些小的失误,就会降低旅游团队的服务质量,为旅行社带来损失。

2. 诚实守信

诚实守信是各行各业的行为准则,也是做人做事的基本准则,恪守信誉在服务行业中尤为重要。诚实就是表里如一,言行一致。守信就是信守诺言,讲信誉,重信用,忠实履行自己承担的义务。对旅游者(团队)做出的承诺,一定要保质保量完成。

3. 办事公道

计调人员在处理问题时,要站在公正的立场上,遵守按照同一标准和同一原则办事的职业道德规范。计调人员在工作中都要与不同的人打交道,要处理各种关系,这就存在办事是否公道的问题。要做到不以貌取人,对不同国籍、不同肤色、不同民族的宾客都能一视同仁,同样热情服务,这就是办事公道。

4. 服务游客

在旅游投诉中,很多人都会将关注点放在导游、司机身上,但据有关资料分析,旅行社发生的服务质量问题,更多的是计调人员的操作程序出现问题。导游人员领取的是行程计划书,游客的用餐时间、用餐地点、用车的调配、游览景点的安排、酒店的落实、票务的预订是不能随意改动的,因此行程计划书的明确和周到与否会直接影响游客的满意度。计调人员在工作过程中,要学会设身处地地为他人着想,体会他人的感受,全心全意为游客服务。

5. 奉献精神

计调人员必须具备奉献精神。首先,奉献精神有助于把工作做得更好,计调业务烦琐复杂,只有乐于奉献的计调人员才能细致认真,对工作保持高度的热情,才能设身处地为游客和企业着想,愿意付出额外的努力。其次,乐于奉献精神还有助于计调人员进行组织协调工作。组织协调工作是计调工作的主要职能之一,乐于奉献的计调人员,会主动以大局为重,把自己的利益融入组织的利益之中,支持和维护企业的目标和形象,愿意帮助别人,自愿承担一些额外的工作,积极与他人合作,从而将资源进行有效整合,使企业的目标得以实现。

（二）丰富的知识储备

1. 史地文化知识

史地文化知识包括历史、地理、宗教、民族、民俗风情、风物特产、文学艺术、古建筑、园林等多方面的知识。史地文化知识是为产品的设计和开发、旅游业务的咨询和销售、旅游活动的组织和协调等工作服务的。作为一名计调人员,只有掌握了史地文化知识,才能串联起一系列的旅游活动,设计出内容丰富、特色鲜明、文化品位高的旅游产品,从而提高游客的满意度。

2. 法律法规知识

一个合格的计调应该熟悉各项旅游法规,包括《中华人民共和国旅游法》《旅行社条例》《导游人员管理条例》《中华人民共和国合同法》《中华人民共和国消费者权益保护法》以及饭店管理、旅游资源保护、车辆运输、航空法规等相关行业的法律法规。

计调人员在操作过程中,必须以国家的方针、政策和法规为指导,在旅游合同签订和履行过程中才能有效地规避风险,保障旅行社的合法权益;在受理旅游投诉时才能有理有据地处理相关问题。

3. 财务知识

计调人员要做到成本控制和团队运作效果兼顾,就必须具备一定的财务知识有效控制产品成本,得到合理的报价,保证旅行社的盈利。在保证旅游团队良好运作的效果下,在不同行程安排中编制出经济的旅游产品。

4. 心理学知识

计调人员的工作对象是不同的群体,有游客、供应商、外联人员等,因而掌握必要的心理学知识具有特殊的重要性。了解旅游者的心理活动,能有的放矢地做好行程安排和旅行生活服务,从而使游客在心理上得到满足,在精神上获得享受。必要的心理学知识也能够帮助我们更好地跟行业中的上下游企业联系,保持沟通联络的高效性。

5. 相关旅行知识

旅行知识是我们进行旅游产品设计必须储备的知识。主要有交通知识、通信知识、货币保险知识、卫生防病知识等。此外,还要掌握必要的国际知识,要了解国际形势和各时期国际上的热点问题,以及中国的外交政策和对有关国际问题的态度;要熟悉客源国或出游接待国的概况,知道其历史、地理、文化、民族、风土民情、宗教信仰、礼俗禁忌等。

（三）扎实的业务操作能力

1. 采集信息能力

业务信息是对所有与旅游相关资源的认识和把握。如对酒店,不仅要明确不同时期的价格,还需要掌握区域、社情、房况、保安、车位、早（正）餐等细节。对用车,不仅要明确价格,更要通晓车型、配置、车况、驾驶员自然情况,以及偏远线路的费用、准确的移动里程等细节。同理还包括餐饮、景点（门票）、导游等重要因素。在以上要素中,信息动态的掌控最为关键。因为以上诸要素经常随淡旺季节、重大活动、政府行为等影响发生变化,所以计调人员对动态信息必须时刻关注,保证快速、准确的信息回复。

2. 灵活应变能力

灵活应变能力是计调人员的综合能力。第一,由于旅游产品具有生产和销售的同时性,在对客户服务时需要较强的应变能力。第二,计调人员所接触的对象十分广泛和复杂,如果没有灵活应变能力,则很难应对不同客户的不同需求。第三,在团队接待过程中可能会出现突发情况,或遭遇不可抗力影响,需要计调人员冷静处理、分析问题,灵活应对,提出解决方案。

3. 组织协调能力

计调人员在设计旅游产品时,需要将外部供应商的产品和服务串联起来,需要计调人员去进行组织协调,使各个环节能够更好地衔接。在旅游接待计划落实时,需要导游人员和其他协作单位的配合,同样考验导游人员的组织协调能力。组织协调能力强的计调人员在相同的条件下,可以将各种要素投入转化为更好的产品或效率更高的服务。

4. 沟通谈判能力

谈判能力主要针对旅行社外部的协作单位、旅游供应商和旅游客户。与协作单位谈判时,应建立协作网络,扩大企业的业务范围。与供应商谈判时,应尽可能地控制成本,签订采购合同。与客户谈判时,应在保证服务质量的前提下,尽可能地提高售价,为旅行社创造更大的价值。

5. 文案写作能力

在计调工作中,线路介绍、产品宣传促销、旅游接待计划、旅游需求分析报告、业务总结等具体工作都离不开文案写作。文案内容翔实富有吸引力、表述准确、修饰得当等是计调人员进行文案创作的基本要求。一份好的旅游产品推荐,可以激发游客的出游动机和参团的欲望。

第三节 计调业务工作流程

前面的章节中介绍了旅行社计调人员的分类,在不同的分类标准中,最常见的是按照旅游团队的组织和接待过程划分的组团社计调和地接社计调。因此,本书主要介绍这两种常见计调的业务流程。

一、组团社计调的业务流程

组团社是指接受旅游团(者)预定,制订和下达接待计划,并可提供全程陪同导游服务的旅行社。具体负责客人参团报名工作,根据不同的旅游目的地,联系不同的地接社来完成旅游项目。计调业务的内容主要包括地接社的选择和接待计划的落实。下面介绍国内组团社计调的工作流程。

(一)产品策划、设计

计调人员需要根据市场旅游需求变化和收集的旅游信息设计旅游线路,并核算出线路的成本价格,确定线路的销售价格、行程安排、接待标准等。针对旅游团体客户,外联人员在了解客户需求后,需和计调人员一起设计、策划个性化的旅游线路。

(二)向协作单位询价、预采购

主要是询问交通、住宿、餐饮、景点等环节的价格,可以直接向旅游服务供应商直接询问,也可以通过地接社咨询。旅游线路产品的质量很大程度上取决于地接社的服务水平和质量,应重点对地接社进行考察,对比两家以上地接社的价格。

（三）确定产品的价格

将预采购的情况汇总,与组团人员一起,共同核算产品的成本,综合市场定位,营销策划,产品销售等因素,对产品的线路行程进行必要的调整,制定出产品的市场价。

（四）编制旅游行程计划,进行团队预告

为了使地接社更好地落实团队接待,计调人员需要编制旅游行程计划,向行程中的各地接待社发出,方便地接社提前做相关准备工作。

（五）接受报名,产品咨询工作

产品推向市场进行销售后,会不断有客人咨询和报名,要耐心地做好产品推广工作,对报名的客人认真地做好登记。

（六）确定出团人数,落实交通工具

根据客人报名人数和旅行社的营销目标,确定机票机位,并在航空公司要求的最后出票日出票,尽可能地避免退票损失;同样,火车票也是在铁路部门规定的最后日期出票。

（七）向地接社发出团计划,等待地接社确认信息

向地接社发传真确认最终的出团计划,这次确认应包括团队的行程、餐饮住宿的标准和价格,并附上游客的名单人数、接团方式、联系人姓名及电话等,并约定好结算方式。督促地接社在 24 小时内给予反馈和书面确认。

（八）安排导游人员,派发出团通知书

为旅游团队安排全陪导游,派发导游出团通知书,确认行程、出发时间及地点、游客名单及联系方式、地接社联系人及联系方式等信息,明确团队接待重点和服务方向,并督促导游携带各种单据。

（九）团队跟踪

团队游览过程中,计调人员应与地接社、全陪、领队及游客保持联系,掌握团队各项事宜的落实情况,及时处理突发情况和意外事件。团队在行进过程中,如要求改变接待计划,计调人员首先应征得对方地接社计调人员的同意,并发传真确认才可以变更计划,不得随意口头变更行程和计划。

（十）结算单据

团队运行过程中如果有一些变动,或增减了项目,涉及费用的变动,需在团队运行完毕后对全过程进行审核,了解清楚旅游团队对地接社质量有无异议或投诉。给地接社拨全款前,应要求地接社把客人的"意见反馈表"传回组团社,作为拨款的依据。最后做好结算单,报财务结账。

（十一）团队结束归档

团队行程结束后,要将所有操作传真及单据复印留档,作为操作完毕资料归档。外联人员可以根据游客意见反馈表,对参团游客进行回访,建立客户档案。

（十二）根据销售情况调整产品

根据旅游产品销售情况、团队质量对现有产品进行调整。销售情况较好的旅游产品可以适当增加出团计划,销售情况不好的产品要总结分析原因。对于团队接待质量出现的问

题,要找清楚原因,及时改正。

出境计调的业务流程跟国内组团计调业务流程大致相同。但仍需注意以下细节:

① 认真审核旅游者的资料。注意证件的时效性、出游动机、担保人情况等。未办理证件的旅游者,需到公安局出入境管理处办理护照或通行证。按照目的地国家的要求,统一办理签证。

② 团队出发前,召开行前说明会,提醒团队成员遵守旅游目的地国家的法律及当地的风俗习惯等。

③ 全程跟踪反馈。国内旅游团队出现问题沟通相对较容易,但出境旅游团队所在的环境复杂,组团社距离较远,出现问题时主要依靠寻求接待方的协作。因此在旅游行程中做好跟踪监控工作十分有必要。

二、地接社计调的业务流程

地接社计调主要工作是组织完成组团社交付给本旅行社的旅游接待计划,围绕《旅游行程计划书》展开工作。《旅游行程计划书》是地接社计调工作的纲领和依据。

(一)接受咨询

① 产品的介绍。旅行社向社会公开推出已经成型的产品,接受团体和散客的咨询,介绍产品的情况、产品的亮点、产品的报价及产品的价格构成,等等。

② 单项询价。如房、餐、车、机票等。

③ 接受组团社提供的旅游计划预案,在第一时间回答他们急需了解的各方面的情况。如认为有安排不合理,或因地接方面的特殊情况不可能实施的,要向组团社说明情况、要求更改,并提出相应合理可行的建议。

④ 接受组团社提出的要求或提供的需求,设计旅游行程方案。

(二)提供报价

根据组团社的要求,提供相应价格信息。报价应清晰、准确、具有实效性,如有不确定的某项内容,要说明情况并提示变化的趋势。报价之后,应视报价内容的轻重缓急积极跟进。根据客户的需求和市场的变化,及时调整报价内容或增加服务,特别是免费服务内容。同时把跟踪的情况和调整的内容做好记录,及时控制资源,做好预订工作。

(三)确认团队信息

地接社计调在接到组团社书面预报计划后,需将团号、人数、国籍、抵/离时间等相关信息进行登记,记录在当月团队动态表中。如遇对方口头预报,必须请求组团社以书面方式补发计划。确认组团计划后应编制接待计划,将人数、陪同数、抵/离时间、住宿酒店、参观景点、餐厅、接团地点、特殊要求等信息逐一登记。

(四)采购计划发送

向有关单位发出预定计划,并逐一确认落实。主要涉及房、餐、车、景区门票、演出门票、特殊参观点等服务的预定。应根据团队人数及要求,以传真形式向协议单位或指定单位发送预定计划书(如表5-1、表5-2、表5-3所示),并要求对方予以书面确认。如遇人数变化,应及时更改,将更改后的文件以传真方式再次发出,并要求对方予以书面确认。如遇对方无法接待的情况,则应通知组团社,经协议同意后调整为同等标准的接待方。

表 5-1 旅行社订房计划单

_____旅行社订房计划单

TO: FROM:

TEL: TEL:

FAX: FAX:

团队（客人）名称：   人数：

入住时间：___年___月___日___时至___年___月___日___时   共___天

住宿要求：___房___间，全陪房___床，陪同免房___床

房费标准：___房___元/天，全陪床___元/天，住宿费累计___元

膳食标准：早餐_____元/人（含早，不含早），中餐_____元/人，晚餐_____元/人，餐费
　　　　　累计___元

付款方式：按付款协议约定执行（导游前台凭此单登记入住）

备注：

1、代订费、房费结算账单，请寄到我社财务部。

2、其他费用均由客人自理，本社不予承担。

3、收到订房委托后，请速将订房回执传回我社。

酒店确认：

公司名称（盖章）：   联系人：   年   月   日

表 5-2 旅行社订餐计划单

_____旅行社用餐计划单

TO: FROM:

TEL: TEL:

FAX: FAX:

团队（客人）名称：

人数：_____成人_____小孩   用餐时间：_____年_____月_____日餐

用餐要求：_____菜_____汤（十人一桌，_____荤_____素）

餐标：早餐 成人_____元/人，小孩_____元/人

　　　中餐 成人_____元/人，小孩_____元/人

　　　晚餐 成人_____元/人，小孩_____元/人

餐费累计元

付款方式：按付款协议约定执行（导游前台凭此单登记用餐）

特殊要求：

备注：

1、其他费用均由客人自理，本社不予承担。

2、收到订餐委托后，请速将订房回执传回我社。

餐厅确认：

公司名称（盖章）：   联系人：   年   月   日

表 5-3 旅行社订车计划单

_____旅行社订车通知单

接收方：某某车队： 负责人： 传真： 电话：	发出方：某某旅行社： 负责人： 传真： 电话：
您好！现将我社用车计划传给您，请派车并回信确认告知师傅电话、车号。感谢支持！	

团号：	国家：	人数：
日期：	天数：	团队类别：

用车要求		
车型： 座旅游空调车	车价： 元	结算方式：
行程表		
日期	行程	住宿
备注：		
回传确认：		

车队名称（盖章）：		派车人：
本次车号：	本次驾驶员姓名：	驾驶员电话：

制表人： 日期： （单位盖章生效）

（五）编制财务预算

根据预订计划及各接待方的报价，核算本团的成本及可能的盈利。

（六）计划确认

确认有接待能力后，向组团社确认。在对方的计划书上加盖本社的公章，经办人签字，注明确认时间，发送给组团社并需获得组团社书面确认。

（七）下达接待计划

编制接待计划（如表 5-4 所示），准备好附件资料。除旅游行程外，还需提供游客名单、与协议单位签订的结算单、游客意见反馈表等资料。与导游人员确认需要签单和付现金的地方，以及具体的付款金额。

表5-4　旅行社出团计划书

_____旅行社国内旅游组团中心出团计划书

TO:		T:		F:		
FR:		T:		F:		Date
团号：		人数：		房间数：		团型：

日期	交通	日程安排	餐饮	酒店

服务标准	
购物说明	
客户姓名	T:
注意事项	
结　　算	

请盖章回传确认！多谢！！　　　　　　　　　　发件人

（八）团队跟踪

在团队旅游过程中,地接社计调应与全陪、地陪、组团社计调及游客保持联系。掌握团队的接待质量和导游的工作质量,可采用一团一填的《游客反馈意见书》,也可派质检人员在团队离开前到团队了解客人的意见并填写《游客反馈意见书》。

（九）报账,团队结算

团队行程结束后,计调人员需要根据接待计划审核导游提供的各项原始票据,并填写团队费用小结单和决算单,部门经理审核无误后交至财务部进行报账。计调人员还需填写团队结算单,经审核后加盖公司财务专用章,传真至组团社,核对确认团款。

（十）总结归档

团队行程结束后,计调人员要将所有操作传真及单据复印留档,作为操作完毕资料归档,以备查询。

思考题

1. 计调业务的内容主要包括哪些?

2. 组团社计调和地接社计调的业务流程分别是什么? 有何区别?

3. 随着旅游业的发展、科学技术的进步以及各种新媒体的出现,对计调人员的素质提出了哪些更高的要求?

　　4. 案例分析:

　　2019 年 1 月,广州某旅行社接受了一批客人的委托,为他们定制组团到云南西双版纳旅游,并根据客人的需求拟订了旅游行程计划书,计划书中除了常规的游览外,还按客人的要求,安排了昆明自由活动一天。旅行社组团人员考虑了多种因素,安排的行程是在客人返回广州的当天,让客人乘早班机从西双版纳飞昆明,上午 10 点抵达昆明,晚上 8 点飞广州,这种安排让客人在昆明停留的时间有 10 个小时,可自由活动的时间有 6~8 小时,客人同意旅行社的安排,与旅行社签订了旅游合同。

　　旅行社计调人员根据旅游行程计划书,预订了广州—昆明、昆明—西双版纳、西双版纳—昆明、昆明—广州四联程机票,与云南的地接社联系,做好了所有工作。但是,航空公司没有确认机票的预订,回复说,预订的四段联程机票中有三段没问题,但其中旅行社要求日期的西双版纳飞昆明的这段,早班机机位不够,下午的航班机位数可以满足旅行社的要求,请旅行社考虑是否可以用下午的航班。这位计调人员得知情况后,多方联系了其他航空公司,都不能满足计划,他预订不到能接计划飞的机票,又自认为这天没有旅游景点,自由活动在昆明或西双版纳差不多,于是他擅自订了下午的航班,没有就此事征求组团社意见,也没有通知全陪。

　　这个团按计划飞到了云南,走完了游览行程,客人基本满意。到了最后一天,西双版纳的地接社按照计划书上的航班时间把客人送到了机场,结果是客人上不了飞机。全陪急了,给组团人打电话,给计调打电话,又是了解情况,又是埋怨,拖了很长时间也没有商量出解决的方案。这时的客人只好在候机室内焦急地等待,有的年龄大的客人在候机室找不到座椅,就到室外的街沿边坐着休息,全团客人情绪很大,又是惊讶又是气愤,回到广州后,客人投诉旅行社单方面改变行程,其中有一个客人是一位老红军,他说,当时他提出在昆明自由活动一天,是为了约见几十年未见面的老战友,有几个客人说他们是要用这段时间探亲访友,还有的客人是安排了其他的事,旅行社改了航班时间,压缩了他们在昆明的时间,导致他们没见到老战友,没见到亲友,让他们的计划落空,要求旅行社赔偿。

　　请结合案例回答以下问题:

　　(1)旅游行程计划书计调有权改动吗?

　　(2)此例中,组团社计调犯了什么错误?

　　(3)地接计调有疏忽的地方吗? 他们有机会发现和解决组团计调的错误吗?

　　(4)全陪工作有漏洞吗?

　　(5)计调的基本业务有哪些?

　　(6)旅游采购服务的内容包括哪些?

第六章　旅行社的接待业务

旅行社的接待业务是旅行社的基本业务之一,是旅行社将产品由虚拟转化为现实的过程。接待服务水平直接关系到旅行社产品的质量和企业声誉,进而影响到企业的经济效益和发展趋势。旅行社接待业务的主要宗旨就是保证向游客提供高质量的接待服务。旅游接待过程是旅行社的直接生产过程,是旅行社经营管理水平的直接反映,通常也是旅行社实现价值转移和价值创造的重要途径。

第一节　旅行社的接待业务概述

一、旅行社接待业务的内涵

狭义的旅行社接待业务是旅行社为已经预定或购买了旅行社产品的旅游者(团),提供实地旅游服务的一项综合性工作。其主要内容包括:安排落实旅游活动日程、对导游人员的选择、导游讲解、提供交通工具、住宿、餐饮等各方面的保证,以及沿线各游览点接待社的落实。

广义的接待服务,除了上述内容之外,还包括旅游咨询、门市服务和投诉管理等。

二、旅行社接待业务的特点

(一)综合性和时效性

接待旅游者(团)常常在几天或更长的时间内,由多个城市的多家旅行社,按预定程序提供相应的服务才能完成,因而它是一项相当复杂的工作。需要组团社及各地接社的步调一致,需要旅游供应商及时、保质保量地提供服务,需要全陪和地陪的即时服务。

在实际接待过程中,常常还会发生突发状况,如天气原因使旅游行程被打乱等,这些情况不仅影响正常的接待工作,也会使接待工作的质量难以保证。

(二)规范化和个性化

由于旅游产品是先购买、后消费,为了保证旅行社的产品质量,使客人满意消费者满意,旅行社全部的服务过程都要按照规范、标准来执行。接待服务的流程化和标准化可以减少接待过程中的事故隐患,保证接待过程各项工作的落实,从而提高旅行社接待服务的质量。

由于旅游者国籍、民族、职业、文化背景、年龄、性别、习惯、爱好,以及健康情况各不相同,服务要求也有所区别。因此,在提供规范化服务的同时,应按照合理而可能的要求提供个性化的服务,照顾旅游者的不同需求,给予既热情又有差别的服务。

(三)参与性和趣味性

随着现代旅游业的发展,国内外旅游者旅游需求的多样化和个性化也对旅游产品、旅游服务提出了新的要求。旅行社在设计旅游产品时应充分考虑旅游者的需求,提供富有体验性和参与性的旅游产品,并在接待的过程中,引导旅游者参与到旅游活动中来。除此以外,导游人员在接待的过程中,还可以通过亲切自然、轻松幽默、趣味性的导游方式来激发旅游者游览的兴趣。

（四）文化性和知识性

旅游活动包含着对文化的了解、对知识的渴求,这在客观上要求接待工作具有较高的文化性。接待工作的主要部分是导游接待服务,导游接待服务不仅要照顾客人的旅行生活,更重要的是要在讲解的过程中传播文化、传递知识,丰富旅游者的阅历。

（五）原则性与灵活性

旅游接待工作的原则性就是在接待过程中需要秉持党纪国法、规章制度、职业操守以及素养等基本准则。旅游接待工作的灵活性则要求接待人员在工作中要灵活变通,不能死板和墨守成规,做到因人而异,具体问题具体分析。导游人员具有灵活性的同时又必须有原则性,如对旅游者提出的要求,只要是合理的,就应该在规定的范围内尽可能给予满足。

第二节　旅行社旅游接待过程的管理

一、旅行社团体旅游接待业务

团体旅游接待是指旅行社根据事先同旅游中间商达成的销售合同规定的内容,对旅游团在整个旅游过程中的交通、住宿、餐饮、游览参观、娱乐和购物等活动提供具体组织和安排落实的过程。

（一）团体旅游接待业务的特点

1. 计划性强

团体旅游一般在旅游活动开始前同旅游者或者旅游中间商签订旅游合同或旅游接待协议。这种合同是契约性文件,除了不可抗力的影响因素外,旅行社不得擅自改变旅游团的线路、时间、服务等级等。否则,旅行社构成违约,需要对旅游者进行赔偿。旅行团的旅游计划是一个相互连接的整体,旅行过程中上下站之间的衔接非常重要。旅游线路途中所经停的各地接社必须根据组团旅行社下达的旅游团接待计划,制订旅游团在当地的活动日程。由此可见,旅游团体接待在活动开始之前,所有的行程及其他安排等都已经计划好,导游或者其他工作人员只需要按计划行事。

2. 接待要求高

由于团体旅游的人数较多,需要在有限的旅游时间内相互适应,因此对接待人员的技能水平要求较高。需要选派业务水平较高的导游员来做接待工作,需要导游人员具备讲解技能、人际交往技能、组织协调能力等。

3. 协调工作多

团体旅游接待是旅游接待中一项综合性很强的旅行社业务,需要旅行社在接待过程中与多方进行大量的沟通和协调。协调的各方工作大致有以下两个方面:

（1）旅行社与旅游服务供应商

旅行社要与许多其他旅游服务企业共同协作才能完成团队旅游接待工作，例如，旅行社与酒店、旅游景区、相关交通部门等联系沟通好后，才能够保证旅游团接待的正常运作。

（2）各地旅行社工作人员

团体旅游接待，往往存在领队、全程陪同导游员和地方陪同导游员三种不同身份的接待服务人员。他们既要维护各自旅行社的利益，又要共同维护旅游者的利益，因此需要经常就接待中出现的问题进行磋商、相互协调等，确保接待工作的正常进行，同时也要保证游客对接待工作满意，以免出现游客投诉等不好的现象。

（二）团体旅游接待业务的过程

团体旅游接待业务过程包括准备阶段、接待阶段和总结阶段。相关的工作人员一定要做好团队接待的各个服务程序，给团队留下良好的印象。无论是全陪、地陪，还是领队，团体旅游接待的服务都大致有以下三个程序。

1. 准备阶段

在旅行团抵达目的地前，全陪、领队及地陪都要做好相关的准备工作，为团队提供细致的接待工作，避免在接待过程中出现不必要的错误，以免对游客的情绪和旅行社的形象造成不良影响。导游员接待团队前的准备工作包括以下几个方面：

① 业务准备：研究接待计划、核对接待计划、安排活动日程、落实接待事宜等。

② 知识准备：景点相关知识、沿途旅游知识、交通知识等。

③ 心理准备：准备面临艰苦复杂的工作、准备接受抱怨和投诉等。

④ 物质准备：工作证、业务用品、个人旅游用品等。

⑤ 形象准备：仪容仪表、服饰等。

2. 接待阶段

旅游团抵达后的实际接待工作包括食、住、行、游、购、娱等方面。在实际接待过程中，全陪、地陪和领队的各自职责是不尽相同的，无论是哪个角色，各自都要根据自己的工作职责和团队的接待要求，在具体的实际接待工作中，把接待工作做好。例如，吃的方面，能够为客人提供符合接待计划要求和标准的用餐；住的方面，能够为客人提供符合住宿要求的酒店，在分房时能够给一个家庭的客人更加人性化地分房，为客人提供贴心的服务；在游览方面，能够为客人提供满意的讲解服务，并且能够根据客人的需求，提供个性化服务等。

旅游团队接待工作是一项独立性很强的工作，导游员远离旅行社在外接待团队。为了加强对旅游接待过程的管理，旅行社应根据自身实际制定出请示汇报制度。这种制度既要允许导游人员在一定范围和一定程度上拥有随机处理问题的权力，又应要求接待人员在遇到旅游活动中的一些事故时，及时请示旅行社有关部门，以取得必要的指导和帮助。此外，旅行社还可以通过突击检查和成立质量监督小组的形式直接了解接待服务质量和旅游者的评价，做到及时发现问题，及时解决，并为旅行社改进服务质量提供资料。

3. 旅游团离开后的总结

旅游团离开后，导游员并不是就完成了团队的接待工作。全陪、领队及地陪等还有相关的后续工作要完成，例如，写陪同日记（如表 6-1 所示）、账单报销等。如果在接待过程中出现了问题或者事故,导游员需要对接待过程中的问题和事故、处理的方法及其结果、旅游者的反应等进行认真总结,必要时应写出书面总结报告。此外,如果团队对接待工作进行了投诉,那么导游员也要做好相关的总结工作,把以后的工作做得更好,避免以后出现同样的问题,影响接待质量。

表6-1 全 陪 日 志

全陪日志

单位/部门					团号	
全陪姓名					组团社	
领队姓名					国籍	
接待时间	年 月 日至 年 月 日				人数	(含 岁儿童 名)
途经城市						
国内重要客人、特别情况及要求:						
领队或游客的意见、建议和对旅游接待工作的评价:						
该团发生问题处理情况(意外事件、游客投诉、追加费用等):						
全陪意见和建议:						
全陪对全过程服务的评价:			合格			不合格
行程状况	顺利		较顺利	一般		不顺利
客户评价	满意		较满意	一般		不满意
服务质量	优秀		良好	一般		比较差
全陪签字			部门经理签字			质管部门签字
日期			日期			日期

二、旅行社散客旅游接待业务

散客旅游,又称自助或半自助旅游,在国外称为自主旅游(independent tour)。它是由游客自行安排旅游行程,零星现付各项旅游费用的旅游形式。散客旅游也并不意味着只是单个游客,它可以是单个游客,也可以是一个家庭或几个亲朋好友,还可以是临时组织起来的散客旅游团。

(一)散客旅游接待业务的特点

随着旅游业的不断发展,散客旅游越来越受到游客的青睐。随着旅游者经验的积累,旅游者对单独进行远距离旅行的能力越来越自信,他们不再将旅游视为畏途,而是作为日常生活的一个组成部分,用以调节身心、恢复疲惫和增长阅历。旅游者的旅游动机从传统的观光型向多主题转变,旅游的目标上升到体验人生、完善自我和实现自我价值的高度。散客旅游者往往比团体旅游者更加注重旅游服务的效率和质量,因此散客对旅游接待服务的要求也就越来越高。根据散客旅游的特点,旅行社对散客旅游的接待具有以下特点。

1. 突出旅游产品的文化内涵

散客旅游是一种自主的旅游形式,参加散客旅游的游客一般都是知识面广、对旅游期待较高的旅游者,更希望享受到自己未曾感受到的见闻。正因为这样,为了满足散客的需求,旅行社在为他们设计旅游产品时,要特别增加旅游产品的文化含量,使得这些旅游产品具有较高的文化内涵、地方特色或者是民族特色产品,满足散客追求个性化、满足好奇心、拓宽视野的要求。

除了旅游产品要增加文化含量外,旅行社在给散客分派导游时,也务必要为他们提供知识面广、文化素养高的导游人员,以丰富他们的知识领域。

2. 建立计算机网络化预订系统

散客旅游者的购买方式多为零星购买、随意性较大。因此旅行社的预订系统必须要迅速、高效、便利、准确地运行,这样才能够满足散客购买者的要求,为他们提供方便快捷的服务。为此,旅行社应采用以计算机技术为基础的网络化预订系统,这样不仅可以方便游客,还可以拓宽旅行社的业务,增强经济效益。

3. 建立广泛、高效、优质的旅游服务供应网络

散客旅游者多采用自助式的旅游方式,在旅游过程中,他们的计划经常会发生变动,对于旅游目的地的各类服务设施要求较高。为此,对旅行社提供的旅游服务项目在时间上要求快,对旅游服务质量要求较高。旅行社为了满足散客这一特点,务必建立广泛、高效、优质的旅游服务供应网络,以满足游客的需求。

案例 6-1　低价旅行团里的秘密:散客拼团成潜规则

由于平时工作繁忙,对于不少游客而言,旅行社提供的两日游、三日游都是不错的选择。可两三天内就能转上很多景点的短期游真的有旅行社宣传的那么好吗? 五一前夕,记者参加了济南市一家旅行社的"三日游"。

2017 年 4 月 24 日记者通过网络联系上了一家山东旅游百事通旅行社,在电话咨询了工作人员之后,记者以 650 元的价格,满怀期待地参加了苏州杭州周庄乌镇的纯玩三日"枕水之旅"。4 月 25 日早上 6 点,记者来到了导游指定的集合地点,然而过来接记者的并不是工作人员说的全程旅游大巴,而是一辆莱芜牌照的私人面包车。

司机一会说自己是旅行社的,一会又说自己是出租车公司的,而他告诉记者,这个旅游团都是来自省内各地的"散客团"拼起来的,这种现象在低价旅行团里很常见。

当天上午 8 点钟,记者被送到了莱芜市的红石广场门口,在等待半个多小时后,一辆写着山东追风客国际旅行社的大巴才赶了过来,记者和几名莱芜的游客一起登上了大巴。就这样,大巴车开始了走走停停的"旅途"——在行驶到蒙阴县、临沂市、兰陵县相继上了十几名散客,在行驶了 12 小时后,当天晚上 6 点多,记者一行才赶到了周庄。纯玩三日"枕水之旅"的第一天就在大巴上度过了。

记者在报旅行团之前,特别电话咨询了旅行社的工作人员。工作人员表示,苏州杭州周

庄乌镇的纯玩三日"枕水之旅"是没有任何购物店的。

事实果真如此吗？在第二天，旅行团按照行程来到了 2A 景区"锦绣天地城"。说是景区，不过这里看起来更像是一家购物店。在"锦绣天地城"的导游介绍完一家丝绸国有企业的历史后，便将游客带到了二楼的一间屋内。工作人员先是介绍了如何区分真假蚕丝，之后又介绍起产品。工作人员首先介绍了真丝衣服和丝巾的好处，接着又给大家推荐了蚕丝被和真丝被套。工作人员说，真丝里面含有 18 种氨基酸，其中丝氨酸、赖氨酸有滋养皮肤美白皮肤的功效，所以天天睡真丝被套里面，就等于天天睡美容觉，做全身的美容。

按照工作人员的说法，真丝不仅能防紫外线，还能美容，有很好的保健作用，那么，真丝果真有这么好的功效吗？记者咨询了山东纺织科学研究院的工作人员。工作人员表示，蚕丝里的确含有氨基酸，它属于蛋白纤维。但是说蚕丝防紫外线和能美容只是一种概念，涉嫌概念炒作，真正的效果没有那么明显。

（二）散客旅游接待业务的过程

旅行社散客旅游接待服务的程序是指受组团社的委托，根据双方长期协议或者临时约定，由地方接待旅行社向外地组团社发来的散客团体提供的旅游接待服务。只要是组团社发送来的散客，一人也可以享受散客团的待遇。

散客旅游接待从业务洽谈开始到游客行程结束，有以下 5 项接待服务程序。

1. 咨询洽谈

在旅游者决定购买旅行社旅游产品前，旅游者会通过各种方式向旅行社工作人员进行咨询了解相关信息，例如，通过电话咨询服务、网络咨询，以及人员咨询服务等。因此，在这个阶段，旅行社工作人员主要是与旅游咨询者进行咨询洽谈工作，旅行社接待员回答旅游者关于旅行社产品及其他旅游服务方面的问题，并向其提供购买本旅行社有关产品的建议。

2. 签订合同

签订合同是每一个在旅行社报名的旅游者在出行前都要和旅行社签订的协议，这是对旅游者的保障，也是对旅行社的一种保障。当旅游咨询者决定购买相关的旅游产品后，旅行社会向旅游咨询者出示旅游合同，旅游合同里明确标示了旅游者和旅行社在旅游行程中各自的权利和义务，以及其他注意事项等，旅游者在认真阅读无异议后与旅行社签订旅游合同。

3. 采购旅游产品

旅行社针对游客提出的要求对相关的旅游产品进行采购工作。旅行社及时给散客旅游者采购或者预订符合散客旅游者要求的饭店、餐馆、景点、文娱场所、交通工具等，使得散客旅游者的行程能够按时顺利进行。

4. 选派导游

在散客旅游者的旅游行程开始之前，旅行社需要为散客旅游者分派导游。在游客整个行程中，导游为其提供满意的导游服务，包括食、住、行、游、购、娱等方面的服务。散客旅游的接待工作难度较大，旅行社需要为其配备经验丰富、独立能力强的导游人员。

5. 导游的接待工作

在接待过程中，导游人员应组织安排好各项活动，随时注意旅游者的反应和要求，在不违反旅游者承诺和不增加旅行社经济负担的前提下,对旅游活动内容做适当的调整。导游的接待工作包括接站准备工作、接站服务、入住与交通服务、参观游览服务、送站服务等。

三、旅游接待中的常见事故

在旅游过程中,出现任何问题、发生任何事故都是不愉快的,甚至是不幸的。出现问题、发生事故不仅会给旅游者带来烦恼和痛苦,也会给接待人员的工作增添许多麻烦和困难,甚至还会影响旅游目的地国家或地区旅游业的声誉。

旅游接待人员在接待过程中,要努力做好服务工作,与各方密切合作,时刻保持警惕,适时采取各种必要措施,预防问题和事故的发生。杜绝责任事故,处理好非责任事故是保证并提高接待服务质量的基本条件。处理旅游过程中出现的问题和事故是对接待人员工作能力和独立处理问题能力的考验,处理得好,旅游者满意,旅游接待人员的威信会因此而提高;反之,不仅旅游者不满,还可能留下隐患,使旅游活动无法顺利进行。因此,出现问题、发生事故时,接待人员要沉着冷静、迅速及时、合情合理地进行处理。

(一)漏接的预防和处理

漏接是指旅游团抵达机场、车站、码头,没有导游人员迎接的现象。这会造成旅游团原地滞留、活动受阻、影响行程等一系列麻烦。漏接的原因是多方面的,并不都是接待人员的责任。对旅游者来说,无论是哪方面的原因造成的漏接都是不应该的,因此旅游者见到导游人员后会抱怨、发火甚至投诉,这都是正常的。这时,导游人员应设身处地为旅游者着想,尽快消除旅游者的不满情绪,做好工作,挽回不良影响。

1. 漏接的预防

① 认真审阅接待计划。导游人员接站前,一定要详细审阅接待计划,再次确认是否有计划外通知。

② 做到三核实。接站前要与机场、车站、组团社或上一站接待旅行社联系,做好计划时间、时刻表时间、问询时间三核实,还要核实确切的接站地点。

③ 提前半小时到达接站地点。站在醒目位置,举接站牌迎接旅游团。

2. 漏接的处理

① 认真对待已发生的事故。若导游人员得知旅游团已抵达,应立即前往与旅游团会合,实事求是地说明情况,诚恳地赔礼道歉,以求旅游者谅解。如果是外来因素造成的漏接,导游人员要认真解释,消除误解。

② 提供高质量的服务。通过更加热情周到的服务,精彩的导游讲解,尽快消除旅游者因漏接造成的不愉快,高质量地完成旅游接待任务。

③ 支付必要费用。导游人员应主动承担旅游者在漏接事故发生后产生的交通费、通信费等相关费用。

(二)空接的原因和处理

所谓空接,是指导游人员按预定计划前往机场、车站、码头接站,但没有接到旅游团的现象。空接虽然不经常出现,但是一旦发生,就往往是一个棘手的问题,一步没处理好,就会环环出问题。

1. 空接产生的原因

① 地陪按原计划前往接站,但飞机没有抵达。造成此类现象的原因是:气候的突然变化或机械故障,飞机没有起飞或滞留在途中某地,上一站旅行社不知道,也就无法通知本站接待社;上一站旅行社知道,但因应对突发事件,无暇顾及通知本站;已经通知本站,但接待社没能及时通知导游人员。

② 导游人员按原计划前往接站,飞机、火车准时抵达,但没有接到旅游者。这类情况的成因可能是:旅游团在上一站误了飞机、火车等交通工具,或上一站旅行社改变了旅游团的行程或改换了交通工具,但没有及时通知本站地接社;通知了本站地接社,但没有及时通知导游人员;旅游者(主要是散客)因生病、急事,临时取消旅游计划,但没有及时通知旅行社,造成空接。

2. 空接的处理

① 排除漏接。飞机、火车准时抵达,导游人员接不到旅游团(者)时,首先应排除漏接的可能。与旅游团下榻的饭店联系,核实旅游团是否自行到了饭店。

② 请旅行社查明原因。立即与地接社联系,请其查明原因。

③ 旅游团(者)抵达时间推迟。若经核实,旅游团(者)推迟抵达,则导游人员要听从接待社的安排,或在机场、车站等待,准备迎接不久后来到的旅游团(者),或离开机场、车站,重新安排接团事宜。

④ 旅游团(者)次日抵达。若经核实,旅游团(者)次日抵达,则接待社应重新安排住房、餐饮、车辆,地陪要与计调部门协商,重新安排活动计划。

⑤ 旅游团(者)取消行程。若经核实,旅游团(者)取消旅游目的地的行程时,接待社应立即取消一切预订事项,例如退掉住房、餐饮、车辆和交通票证;及时通知组团社和下一站接待社(如果有下一站活动的话)。

讨论 6-1　空接事故的处理

一个 18 人的旅游团,原计划当日晚 20:00 由武汉飞抵北京,但那天武汉天河机场因故临时空中管制,计划中的航班都无法按时起飞,全陪忙于关注事态发展,未能及时通知旅行社,造成了北京的空接事故。全陪和地陪都不知道对方的手机号码,所以地陪虽然在机场与多方联络,但毫无结果。另外,由于北京地接社计调部门的疏忽,将计划书上的旅游团出发城市武汉错写成长沙,致使地陪没能发现武汉的航班没有准点起飞的情况。该团最终于次日到达北京,但因全陪没有及时跟地陪联系确认,造成全团近 6000 元损失。

讨论:在这起事故中,接待人员有哪些失误的地方? 旅行社和接待人员该如何避免此类事故的发生?

(三)错接的预防和处理

错接是指导游人员未认真核实,接了不应由他接的旅游团(者)。错接属于责任事故,是由于导游人员责任心不强、粗心大意造成的。

1. 错接的预防

① 认真阅读接待计划,掌握旅游团的相关信息。

② 接到旅游团后,导游人员要认真核实其团号、人数、领队姓名等基本信息;如果是散客,要核对清楚旅游者的姓名和国籍等信息。

③ 杜绝迟到现象,警惕非法导游接走旅游团(者)。

2. 错接的处理

通常情况下,发生错接事故,必然伴随着发生漏接事故,即错接的导游人员应接的旅游团发生无人迎接的现象。发生错接旅游团(者)事故,导游人员应:

① 立即报告旅行社。发现错接,应立即报告接待社,请其帮忙寻找该旅游团的旅行社和导游人员。找到了应立即办理移交手续,说明情况,并向旅游者道歉。

② 寻找自己的旅游团。同时,接待人员应设法寻找自己的旅游团,找到后,要向旅游者实事求是地说明情况,真诚地赔礼道歉。

③ 非法导游接走旅游团(者)的处理。若发现非法导游接走了旅游团(者),则导游人员应立即报告接待社,请其协助寻找。若找到非法导游,则交给有关部门予以严肃处理。

(四)误机(车、船)事故的处理和预防

误机(车、船)事故是指由于某些原因或旅行社有关人员工作的失误,旅游团(者)没有按原定航班(车次、船次)离开本站而导致滞留。

误机(车、船)是重大事故,不仅给旅行社带来巨大的经济损失,还会使旅游者蒙受经济或其他方面的损失,严重影响旅行社的声誉。导游人员要高度认识误机(车、船)的严重后果,杜绝此类事故的发生。

1. 误机(车、船)事故的原因

(1)非责任事故

由于旅游者方面原因或由于途中遇到交通事故、严重堵车、汽车发生故障等突发情况造成迟误。

(2)责任事故

由于导游人员或旅行社其他人员工作上的差错造成迟误。如导游人员安排日程不当或过紧,没有按规定提前到达机场(车站、码头);导游人员没有认真核实交通票据;班次已变更但旅行社有关人员没有及时通知导游人员等。

讨论 6-2　误机事故的处理和预防

一个40人的国内旅游团,计划于6月15日15:30乘火车离开前往下一站,旅游团在一家大型商场旁的餐厅用餐,午餐于13:00结束,旅游者要求去商场购物,地陪起先不同意,但经不住旅游者的坚持要求,还是同意了,不过一再提醒大家一个小时后一定要返回原地集合。一个小时后只有38人回来,等了一会儿,地陪让已经回来的旅游者在旅游车上休息,自己与全陪及两名年轻旅游者进商场寻找,找到两人时,离火车离站时间只有20分钟了,旅游车赶到车站时,火车已经离站。

讨论:在这起事故中,接待人员有哪些失误的地方? 该如何处理呢?

2. 误机（车、船）事故的处理

（1）立即报告接待旅行社

导游人员应立即向旅行社领导及有关部门报告并请求协助。地陪和旅行社尽快与机场（车站、码头）联系，争取让游客乘最近班次的交通工具离开本站，或采取包机（车厢、船）或改乘其他交通工具前往下一站。稳定旅游团（者）的情绪，安排好在当地滞留期间的食宿、游览等事宜。及时通知下一站，对日程作相应的调整。

（2）承担责任

事故责任者应诚恳地向旅游团（者）赔礼道歉，并提供更加热情的服务。旅行社领导应该出面向旅游者道歉并予以安慰。

（3）严肃处理

写出事故报告，查清事故的原因和责任，责任者应承担经济损失并受政纪处分。旅游团因导游方面的原因，延误离站，费用由地接旅行社承担；协商处理对旅游者的经济补偿；事故责任人的赔偿金额由旅行社决定。

3. 误机（车、船）事故的预防

发生误机（车、船）事故，无论怎样处理，总会有旅游者不满意，而且这类事故会对旅行社造成经济损失和不良影响。所以，此类事故重在预防，设法杜绝。

（1）旅游管理部门的工作

① 强化管理。对导游人员和其他旅游从业人员加强教育，制定必要的规章制度，强化管理。

② 建立岗位责任制并严格执行。制定严密、有效的接待工作程序，建立岗位责任制并严格执行，加强接待工作各个环节的联络检查和审核制度。

③ 制定处罚条例。事故责任者不能只检讨了事，还必须承担相应的经济损失并接受处罚。

（2）导游方面的工作

① 加强责任心。导游人员要加强责任心，认真做好旅游接待工作。送站前，切实做到四核实并问清具体的送站地点。地陪、全陪要提前做好旅游团离站交通票据的落实工作，并核对日期、班次、时间、目的地等。如交通票据没落实，带团期间要随时与旅行社有关部门联系，了解班次有无变化。

② 与各方紧密联系。导游人员要与计调部门和行李员、司机紧密联系，相互配合，共同做好送站工作。

③ 严格按照规章制度办事。有关规章制度，导游人员必须遵照执行，不得我行我素，不能只凭经验办事。临行前，不安排旅游团到范围广、地域复杂的景点参观游览；不安排旅游团到热闹的地方购物或自由活动。

④ 时间安排留有余地。要充分考虑各方面的因素，安排充裕的时间，提前到达机场、车站。

（五）旅游活动计划和日程变更的处理

1. 旅游团（者）要求变更计划行程

旅游过程中，旅游团（者）提出变更路线或日程的要求时，导游人员原则上应按合同执行，若有特殊情况应上报组团社，根据组团社的指示做好工作。

2. 客观原因需要变更计划和日程

旅游过程中,因客观原因、不可预料的因素(如天气、自然灾害、交通问题等)需要变更旅游团的旅游计划、路线和活动日程时,一般会出现三种情况:延长在一地的游览时间;缩短或取消在一地的游览时间;在一地的游览时间不变,但被迫取消某一活动,由另一活动代替。

(1)延长在一地的游览时间

旅游团提前抵达或推迟离开都会延长在一地的游览时间,具体的处理方式如下:

① 旅行社的工作。立即通知下一站地接社有关旅游团延误的信息;解决旅游团滞留期间的具体问题,例如住房、餐饮、市内交通车辆和离站交通工具等。

② 地陪人员提出应变计划。旅游团滞留期间,地陪应与计调人员联系,商量旅游团继续游览的计划,调整活动日程,酌情增加游览景点;适当延长在主要景点的游览时间;晚上安排文体活动,努力使活动内容充实。

(2)缩短或取消在一地的游览时间

旅游团提前离开或推迟抵达,都会缩短在一地的游览时间,地陪应积极做好如下工作:

① 尽量抓紧时间,将计划内的参观游览安排完成;若确有困难,则应有应变计划;突出本地最有代表性、最具有特色的旅游景点,以求旅游者对本地的旅游景观有基本了解。

② 如系提前离开,要及时通知下一站(也可提醒旅行社有关部门与下一站联系)。

③ 向旅行社领导及有关部门报告,与饭店、车队联系,及时办理退餐、退房、退车等事宜。

(3)被迫改变部分旅游计划

① 减少(超过半天)或取消一地的游览时间,全陪应报告组团社,由组团社作出决定并通知有关地方接待旅行社。

② 被迫取消某一活动,由另一活动替代,导游人员应实事求是说明情况,详细介绍替代项目。要以精彩的介绍、新奇的内容和最佳的安排激起旅游者的游兴,使新的安排得以实现。

(六)旅游者走失的处理和预防

在参观游览或自由活动时,时常有旅游者走失的情况。一般说来,造成旅游者走失的原因有三种:一是导游人员没有向旅游者讲清停车位置或景点的游览路线;二是旅游者对某种现象和事物产生兴趣,或在某处摄影滞留时间较长而脱离团队自己走失;三是在自由活动、外出购物时旅游者没有记清地址和路线而走失。无论哪种情况,都会使旅游者极度焦虑,感到恐慌,严重时会影响整个旅游计划的完成,甚至会危及旅游者的生命财产安全。一旦有旅游者走失,导游人员就应立即采取有效措施。

1. 旅游者走失的处理

(1)游览活动中旅游者走失

① 了解情况,迅速寻找。导游人员应立即向其他旅游者、景点工作人员了解情况并迅速寻找。地陪、全陪和领队要密切配合,一般情况下是全陪、领队分头去找,地陪带领其他旅游者继续游览。

② 向有关部门报告。在经过认真寻找仍然找不到走失者后,应立即向游览地的派出所和管理部门求助,特别是在面积大、范围广、进出口多的游览点,因寻找工作难度较大,争取当地有关部门的帮助尤其必要。

③ 与饭店联系。在寻找过程中,导游人员可与饭店联系,请他们注意该旅游者是否已经回到饭店。

④ 向旅行社报告。如采取了以上措施仍找不到走失的旅游者,地陪应向旅行社及时报告并请求帮助,必要时请示领导,向公安部门报案。

⑤ 做好善后工作。找到走失的旅游者后,导游人员要做好善后工作,分析走失的原因。如属导游人员的责任,导游人员应向旅游者赔礼道歉;如果责任在走失者,导游人员也不应指责或训斥对方,而应对其进行安慰,讲清利害关系,提醒以后注意。

⑥ 写出事故报告。若发生严重的走失事故,则导游人员要写出书面报告,详细记述旅游者走失经过、寻找经过、走失原因、善后处理情况及旅游者的反应等。

讨论 6-3　旅游者走失的处理

某年暑假,由 80 人组成的武汉中学生旅游团游览北京。旅游团分乘两辆车前往颐和园,到达颐和园时,入口处已是人山人海。两位地陪商量后,决定 A 车学生从东宫门进,B 车学生由北如意门入园,三个小时后在新建宫门口集合。两个小时后,A 车一行 40 人游览了石舫,地陪清点人数,40 名游客都在现场,便带团登船前往东岸文昌阁。船抵码头,游客陆续下船,地陪一一清点人数,少了喜欢照相的 4 人。4 名学生,都没有手机,这下带队的老师、全陪和地陪都着急了。这时,地陪让全陪照顾学生就地拍照、休息。自己跑去颐和园管理处,请求广播找人,通知 4 人直接到东宫门,地陪去东宫门等候。30 分钟后全团会合,乘车返回市区。

讨论:在上述案例中,为什么会发生游客走失的事故?

（2）自由活动时旅游者走失

① 立即报告旅行社。旅游者若在自己外出时走失,则导游人员得知后应立即报告旅行社,请求指示和协助,通过有关部门通报管区的公安局、派出所和交通部门,提供走失者可辨认的特征,请求沿途寻找。

② 做好善后工作。走失者回饭店,导游人员应表示高兴;问清情况,必要时提出善意的批评,提醒走失者引以为戒,避免走失事故再次出现。

③ 旅游者走失后若出现其他情况,则应视具体情况作为治安事故或其他事故处理。

2. 旅游者走失的预防

旅游者走失虽然不一定是导游人员的责任,但是与导游人员责任心不强、工作不细致有很大的关系。为防止此类事故发生,导游人员应:

① 做好提醒工作。提醒旅游者记住接待社的名称,旅行车的车号和标志,下榻饭店的名称、电话号码,带上饭店的店徽等。团体游览时,地陪要提醒旅游者不要走散;自由活动时,提醒旅游者不要走得太远;不要回饭店太晚;不要去热闹、拥挤、秩序乱的地方。

② 做好各项安排的预报。在出发前或旅游车离开饭店后,地陪要向旅游者报告一天的行程,上、下午游览点和吃中、晚餐餐厅的名称和地址。到游览点后,在景点示意图前,地陪要向旅游者介绍游览线路,告知旅游车的停车地点,强调集合时间和地点,再次提醒旅游车的特征和车号。

③ 时刻和旅游者在一起,及时清点人数。

④ 地陪、全陪和领队应密切配合,全陪和领队要主动负责做好旅游团的断后工作。

⑤ 导游人员要以高超的导游技巧和丰富的讲解内容吸引旅游者。

（七）旅游者丢失证件、钱物、行李的预防与处理

1. 丢失证件、钱物、行李的预防

旅游期间,旅游者丢失证件、钱物、行李的现象时有发生,不仅给旅游者造成诸多不便和一定的经济损失,也给导游人员的工作带来不少麻烦和困难。导游人员应经常关注旅游者这些方面的安全,采取各种措施预防此类问题的发生。

（1）多做提醒工作

导游人员要不厌其烦地反复提醒旅游者保管好自己的证件、财物,这是防止物品遗失或失窃的最有效的方法。参观游览时,导游人员要提醒旅游者带好随身物品和提包;在热闹、拥挤的场所和购物时,导游人员要提醒旅游者保管好自己的钱包、提包和贵重物品;入住饭店时,提醒旅游者不要将随身携带的贵重物品和大量现金放在客房内,应该放在饭店为旅客准备的保险柜内;离开饭店时,提醒旅游者取出存放在保险柜内的物品,提醒旅游者带好随身行李物品,检查是否带齐了旅行证件;离开餐厅时,提醒游客带好随身物品;游客下车后,导游人员要检查车厢,若发现旅游者的物品,则应立即交还。

（2）不保管旅游者的证件、贵重物品

导游人员在工作中需要旅游者的证件时,要经由领队收取,用毕立即如数归还并当面点清,不要代为保管;还要提醒旅游者保管好自己的证件。

（3）严格按照规定交接行李

在有行李员接送行李时,地陪要严格按规定检查、清点、签字、交接,切实做好每次行李的清点、交接工作。

（4）提醒司机关好旅游车的门窗

每次旅游者下车后,导游人员要随时提醒司机在旅游者下车后关好旅游车的门窗,不离开旅游车;若离开,则一定要锁好车门。旅游者返回上车时,导游人员和司机要阻止小商贩上车兜售商品。

2. 丢失证件的处理

当旅游者丢失证件时,导游人员应先请旅游者冷静地回忆,详细了解丢失情况,尽量协助寻找。若确已丢失,则应马上报告组团社或接待社,根据组团社或接待社的安排,协助旅游者向有关部门报失,补办必要的手续。所需费用由旅游者自理。

（1）丢失外国护照和签证

在接待入境的外国游客时,若发生护照和签证丢失,应立即采取以下措施:

① 帮助寻找。外国游客丢失护照,导游人员首先要帮助寻找,安慰失主,设法稳定其情

绪,让其回忆证件可能放在什么地方,可能在哪个环节丢失,帮助在可能的范围内寻找。

② 接待社开具遗失证明。确认证件遗失后,由旅行社出具遗失证明。

③ 到当地公安机关挂失。失主本人持证明去当地公安局(外国人出入境管理处)报失,由公安局出具证明。

④ 申请新护照。持公安局的证明去所在国驻华使、领馆申请补办新护照。

⑤ 重新办理签证。领到新护照后,再去公安局办理签证手续。

讨论 6-4　丢失证件的处理

一个德国旅游团在北京游览的第四天,上午参观天坛,下午逛王府井。一位老先生在外文书店前突然焦急地叫起来,说放在上衣口袋里的护照不见了,全陪在附近陪游客购物,得知消息后赶了过来,一面安慰老人,一面迅速用手机与地陪联系。地陪到后,请老人认真回忆,在身上与腰包中寻找,确认护照丢失后,地陪将此事通报了接待社,写好德国大使馆的地址,让全陪带失主去北京市公安局和德国大使馆办理相关手续,自己则带领旅游团其他成员继续在王府井逛街、购物。

讨论:接待人员在处理遗失事故时,应注意什么?

(2)补办团队签证

确认丢失后由接待旅行社出具团队签证遗失证明。补办团队签证时,须有签证副本和团队成员护照,并重新打印全体成员名单,填写有关申请表(可由一名旅游者填写,其他成员附名单),然后到公安局(外国人出入境管理处)进行补办。

(3)丢失中国护照和签证

① 华侨丢失护照和签证:帮助寻找,确认遗失后,由当地接待旅行社开具证明;失主持遗失证明到省、自治区、直辖市公安局(厅)或授权的公安机关报失并申请办理新护照;持新护照去其侨居国驻华使、领馆办理入境签证手续。

② 中国公民出境旅游时丢失护照、签证:请当地陪同协助在接待社开具遗失证明,再持遗失证明到当地警察机构报案,取得警察机构开具的报案证明;持当地警察机构的报案证明和遗失者照片及有关护照资料到我驻该国使、领馆办理新护照;新护照领到后,携带必备的材料和证明到所在国移民局办理新签证。

(4)丢失港澳同胞回乡证(港澳居民来往内地通行证)

失主持当地接待旅行社的证明向遗失地的市、县公安部门报失,经查实后由公安机关的出入境管理部门签发一次性有效的"中华人民共和国出境通行证"。

(5)丢失台湾同胞旅行证明

失主向遗失地的中国旅行社或户口管理部门或侨办报失,核实后发给一次性有效的入出境通行证。

(6)丢失中华人民共和国居民身份证

由当地旅行社核实后开具证明,失主持证明到当地公安局报失,经核实后开具身份证明,机场安检人员核准放行。

3. 丢失财物的处理

旅游者丢失财物,导游人员应先稳定游客的情绪,并详细了解失物的形状、特征、价值,分析物品丢失的可能时间和地点并积极帮助寻找。若丢失的是进关时登记并须复带出境的或投保的贵重物品,则接待旅行社要出具证明,失主持证明到当地公安局开具遗失证明,以备出海关时查验或向保险公司索赔。

证件、财物特别是贵重物品被盗属于治安事故,导游人员须立即向公安部门和保险公司报案,协助有关人员查清线索,力争破案,找回被窃证件、物品,挽回不良影响。若找不回被盗物品,则导游人员要协助失主持旅行社的证明到当地公安局开具失窃证明书,以便出关时查验或向保险公司索赔,同时要提供热情周到的服务,安慰失主,缓解他的不快情绪。

4. 行李遗失的处理

(1)来华途中丢失行李

海外旅游者的行李在来华途中丢失,虽不是导游人员的责任,但导游人员应帮助旅游者追回行李。

① 带失主到机场失物登记处办理行李丢失和认领手续。失主须出示机票及行李牌,详细说明始发站、转运站,说清楚行李件数及丢失行李的大小、形状、颜色、标记、特征等,并一一填入失物登记表;将失主将下榻饭店的名称、房间号和电话号码(如果已经知道的话)告诉登记处并记下登记处的电话和联系人,记下有关航空公司办事处的地址、电话,以便联系。

② 旅游者在当地游览期间,导游人员要不时打电话询问寻找行李的情况,一时找不回行李,要协助失主购置必要的生活用品。

③ 离开本地前行李还没有找到,导游人员应帮助失主将接待旅行社的名称、全程旅游线路,以及各地可能下榻的饭店名称转告有关航空公司,以便行李找到后及时运往最相宜地点交还失主。

④ 若行李确系丢失,则失主可向有关航空公司索赔。

(2)在中国境内丢失行李

旅游者在中国境内旅游期间丢失行李,一般是交通部门或行李员的责任,但导游人员应高度重视,负责查找。

① 冷静分析情况,找出差错的环节。

如果旅游者在出站前领取行李时,找不到托运的行李,那么有可能在上一站行李交接或行李托运过程中出现了差错,此时导游人员可采取以下措施:带失主到失物登记处办理行李丢失和认领手续。由失主出示机票和行李牌,填写丢失行李登记表。立即向旅行社领导汇报,请其安排有关部门和人员与机场、上一站旅行社、民航等单位联系,积极寻找。

如果抵达饭店后,发现旅游者没有拿到行李则问题可能出在饭店内或本地交接或运送行李过程中,那么此时,地陪应采取如下措施:和全陪、领队一起先在本团成员所住房间寻找,查看是否饭店行李员送错了房间,还是本团客人误拿了行李。如果找不到,就应与饭店行李科迅速取得联系,请其设法查寻。若饭店行李科工作人员仍找不到,则应向旅行社汇报。

② 主动做好失主的工作。

对丢失行李事故向失主表示歉意,并帮助其解决因行李丢失而带来的生活方面的困难。

③ 经常与有关方面联系,询问查找进展情况。

④ 将找回的行李及时归还。如果确定行李已经遗失,那么应由旅行社领导出面向失主说明情况并表示歉意。

⑤ 帮助失主根据惯例向有关部门索赔。

⑥ 事后写出书面报告。

报告中要写清行李丢失的经过、原因、查找过程及失主和其他团员的反映等情况。

第三节　旅行社的售后服务

一、旅行社售后服务的内涵

旅行社售后服务是指旅行社在旅游者旅游活动结束之后,继续向游客提供的服务,以主动解决客人遇到的问题和加强同客人的联系。

旅行社仅有高质量的接待服务是不够的,良好的售后服务是优质接待工作的延续。向旅游者提供新的信息,并从旅游者那里得到意见反馈不仅可以维持和扩大原有的客源,还可以不断更新产品内容,提高接待服务水平,让旅行社在激烈的市场竞争中立于不败之地。

二、售后服务的形式

(一)电话回访

旅行社可针对一些重要的常客进行电话回访。通过电话访问,一方面让旅游者觉得受到了关心与尊重,另一方面旅行社可以从旅游者那里了解到他们对旅游服务的满意程度,以及意见和建议。此外,旅行社还可以及时知道旅途中发生的问题以及客人可能提出的投诉,这样可以获得主动,及早处理。一般来说,旅游者对待旅游过程中遇到的麻烦,一部分人会提出投诉,另一部分则得过且过,采取"只此一次,以后不再光顾"的态度。而旅行社主动打电话来,不仅可以平缓旅游者的不满情绪,而且可以通过意见的沟通与意见的处理,让旅游者还愿意购买此家旅行社的产品。

(二)发放意见征询单

由于时间、条件限制,旅行社不可能给每位返回的旅游者打电话,意见征询单则弥补了这个不足。意见征询单应印刷精美,内容清晰,既可向客人表示问候,又便于客人填写。征询他们对此次旅游活动的意见,并且最好附回邮信封,以提高征询单的回收率。旅行社可通过意见征询单来获得第一手资料,以利于以后旅游活动的设计。为使游客无所顾虑地发表看法,旅行社可以不要求客人在征询单上署名和填写地址。但征询单收回后,旅行社要对每份单子进行排序,以便在分类整理时将游客意见作为参考来提高旅游服务。

(三)赠送纪念品

旅行社可编印一些精美的印刷品,如导游图,旅游地简介或专项旅游活动、新产品简介、指南、须知等寄给旅游者。印刷品要图文并茂,印制精美,内容编排要引人入胜、妙趣横生,并最好有一句热情亲切的问候,还要印上旅行社醒目的社徽、通信地址及联络方式,便于游客查询。同时,这些印刷品应具有一定的实用价值,如挂历、台历、画册、书签、折扇等以让旅游者能较长时间地保留。旅行社还可以给旅游者准备一些其他的纪念品,如带有本旅行社标志的玩偶、眼罩、记事本、雨伞、运动水杯、收纳袋等。给旅游者一个意外惊喜,加深旅游者对旅行社的印象。

(四)邮寄服务

旅行社可以通过给顾客写亲笔信或寄送明信片的方式与他们保持联络。信件可由和游客交往较多的导游人员执笔,也可由其他工作人员填写。旅行社给客给游客写亲笔信利于双方深层次的交流,使游客倍感亲切,愿意再次购买该旅行社的产品。与写亲笔信相比较,更简捷的方式是给游客寄送问候性或促销性的明信片。问候性明信片通常附有旅行社的社徽、地址、联系电话等内容。促销性明信片则是旅行社工作人员在一处新的旅游地带团或考察旅游胜地时向游客寄送印有当地风景名胜的明信片。这样做既可以向游客介绍推荐当地的风景名胜,引起游客到那里旅游的兴趣,同时表明旅行社工作人员已经游览过该地,暗示该地值得一游。

此外,旅行社还可以向一些老顾客寄送报纸影印材料或旅行社报等。报纸影印材料通常是关于旅游见闻的文章或游客感兴趣的旅游胜地的报道,旅行社报则是旅行社自己编辑的介绍旅游知识和经济的内部报纸。这种报纸主要刊登当地新闻、游客撰写的旅途中发生的一些小故事,介绍旅游知识和经验。社报上的文章要文字精练,富有人情味,可供客人茶余饭后的消遣。

(五)举行游客招待会、联谊会等活动

旅行社除使用电话问询、邮寄服务等间接联络方式外,还可和游客进行面对面的接触。旅行社可在社内或社外举办游客招待会,放映介绍有关线路的视频资料,让旅游者了解各国各地风景名胜、文化古迹和奇风异俗,与旅游者畅谈旅游中的经历,促进旅游者与旅行社及旅游者之间的交流。

一些重点经营散客业务的旅行社还可以举行经验交流会,专门为独来独往的散客提供互相认识及互相推荐旅游线路的机会。旅行社还可以举办野餐会、联谊会、舞会等活动,让游客和旅行社的联系更为密切。

除此之外,旅行社还可以通过开展一些社会公益活动来提高知名度和社会影响力。例如赞助当地的重要节庆活动,举办旅游摄影作品比赛邀请旅游者参加等,既可扩大自己的影响,又可通过新闻媒体扩大自己的知名度。

(六)举办旅行社开放日

为了加强与游客的联系,很多西方旅行社每年都举办一次旅行社开放日的活动,邀请一些旅游者到旅行社参观,并邀请一些有名望的游客、旅游专家、新闻工作者等与他们见面交流。这样可以让旅游者了解旅行社的各种设施设备及社会联系,使旅游者相信这家旅行社有足够的实力来为他们提供优质的服务,扩大旅行社的影响。

(七)节日祝贺

互联网技术的发展为建立保留客史档案提供了极大的便利,旅行社可以为每位客人建

立电子档案资料,在节日或旅游者生日时,对旅游者表示祝贺可以加强彼此之间的联系。这些祝贺往往让客人在惊喜之余觉得旅行社与自己的关系亲近,从而更愿意订购该旅行社的服务。

第四节 旅游投诉的处理

旅游投诉,是指旅游者认为旅游经营者损害其合法权益,请求旅游行政管理部门、旅游质量监督管理机构或者旅游执法机构,对双方发生的民事争议进行处理的行为。

一、旅游投诉的产生

在旅游接待过程中,旅游投诉产生的原因多种多样,但主要可归纳为以下四个方面。

(一)旅行社方面的原因

1. 组团社原因

组团社工作失误造成的投诉主要体现在以下几个方面:① 旅行社外联人员没有实事求是地介绍旅游产品,使旅游者对旅游服务的期望值高于实际体验到的服务;② 组团社与地接社矛盾,如恶意拖欠团款等,引起地接社作出甩团等损害旅游者利益的行为;③ 组团社接待人员服务质量下降,没有监督团队行程落实情况,没有维护旅游者利益;④ 组团社计调人员工作失误,交通票据预订错误,造成误机(车、船)事故,导致旅游团队无法正常出游;⑤ 组团社计调人员计划通知错误,造成地接社发生漏接、空接、错接事故;⑥ 组团社未考虑外界环境变化,如不可抗力,强行出团,导致旅游者利益受损;⑦ 委派的导游人员未获得导游资格或缺乏相关技能培训,业务不熟练。

2. 地接社原因

地接社工作失误造成的投诉主要体现在以下几个方面:① 地接社计调人员通知错误或接待人员的疏忽,导致漏接、空接、错接旅游事故发生;② 地接社接待的旅游者人数超过其实际接待能力,导致服务质量下降,游客利益受损;③ 地接社的导游人员向旅游者兜售物品或者购买旅游者的物品,向旅游者索要小费;④ 地接社接待人员欺骗、胁迫旅游者消费或者与经营者串通欺骗、胁迫旅游者消费;⑤ 地接社接待人员未按照旅行社确定的接待计划安排旅游者的旅行、游览活动,擅自增加、减少旅游项目或者中止导游活动;⑥ 委派的地接导游人员未获得导游资格或缺乏相关技能培训,业务不熟练,缺乏基本的接待能力;⑦ 地接社的接待人员在引导旅游者旅行、游览过程中,未对可能发生危及旅游者人身、财物安全的情况,向旅游者做出真实说明和明确警示,并未采取防止危害发生的措施。

(二)旅游服务单位方面的原因

1. 服务态度恶劣

旅行社所安排的餐厅、酒店、景区、旅游交通公司等服务单位的员工缺乏服务意识,职业道德观念不强,在接待的过程中不能礼貌待人,态度恶劣,导致旅游者不满从而提出投诉。

2. 服务质量低下

在旅游接待过程中,旅行社所安排的餐厅、酒店、景区、旅游交通公司等服务单位,不重视员工服务技能的培训,一线员工不具备基本的业务能力,导致服务质量不达标,严重影响旅游者的服务体验,成为投诉的重要原因。

3. 违反合同约定的内容

部分合作单位缺乏诚信,擅自违反与旅行社签订的合同,拒绝按照合同约定的数量和等级标准提供相应的服务产品,或临时取消旅行社的预订,导致旅游团队无法正常开展游览活动,引起旅游者的投诉。

4. 设施设备陈旧

接待服务设施陈旧,运转不灵,如旅游车、酒店房间空调故障等,给旅游者的旅行生活带来极大的不便,严重影响旅游者的旅游体验,引起旅游者的投诉。

(三)旅游者方面的原因

1. 期望值过高

当旅游者旅游时感受到的服务低于其期望值时,便会产生不满情绪,诱发旅游投诉。由于信息不对称,旅游者对旅游目的地了解较少,对旅游活动期望值较高。当旅游活动不能正常进行时,旅游者则会产生失望感,甚至产生被欺骗的想法,从而向旅行社提出旅游投诉。

2. 理解偏差

由于旅游者不熟悉旅游服务质量标准、旅游政策法规等知识,他们对所获得的旅游服务内容理解不当,例如对四星级酒店和挂四星酒店的区别不够理解。由于双方认识和理解的不同,就旅游活动接待的产品内容就会产生分歧,从而导致不满和投诉。

二、旅游投诉的处理

旅行社应重视旅游者的投诉,妥善地处理好投诉,将坏事变为好事,成为旅行社拾遗补缺、扭转某些问题的契机,被投诉最多的地方正是需要改进的环节。

(一)高度重视、迅速受理

无论客人投诉的问题大与小,旅行社接待人员都不应不屑一顾,应给客人以足够的重视,迅速受理,绝不拖延,尽量缩短投诉人等待的时间。

(二)认真倾听、耐心安抚

如果客人当面投诉,那么接待人员要仔细倾听,对旅游者的遭遇保持同情,绝不争辩。不管客人当时脾气多大,态度多恶劣,都要保持冷静,不要打断他,耐心让他把话讲完,不要急于解释,并做必要的笔记。情绪激动的投诉客人往往带有发泄情绪的性质,旅行社的接待人员应耐心安抚旅游者情绪,尽量帮其理智地分析问题。注意一定要维护客人自尊心,即使客人有不合理的要求和误解时,也不要站在自我保护的立场当面顶撞客人。

(三)调查了解、澄清问题

接到投诉后,要尽快进行调查了解,取得当事者情况说明和旁证,据此查明原因,分清责任,并弄清客人投诉的问题和客人投诉的心理状态,做出处理决定。重要的投诉必须报告上级主管人员或部门。当旅游者讲述完毕时,旅行社接待人员可以要求投诉人写出书面资料,以证实问题。对涉及旅行社接待服务以外其他相关因素,如住店、餐饮、交通、购物等方面的投诉,旅行社负责转交和催办。

（四）原因分析，调查核实

旅行社接待人员在受理投诉后，立即开展对旅游者投诉涉及的人员和事情经过调查核实。客观地分析责任和原因，仔细核实情况，力求做出正确的判断。如果遇到无法解决的问题或重要的投诉，那么应及时向旅行社领导或有关部门汇报。

（五）判定责任，处理投诉

旅游投诉的处理方式是投诉处理中的关键环节。旅行社的接待人员应在客观事实的基础上，依据国家相关法律法规和旅行社的相关规章制度判定责任，对旅游者的投诉妥善处理。具体措施如下：

① 消除旅游者的误会。如果经过调查，发现旅游者的投诉是双方之间的误会造成，那么旅行社接待人员应主动向旅游者解释。不论误会的责任方是不是旅行社方面，旅行社的接待人员都应诚恳地说明造成误会的原因，取得旅游者的理解。

② 向旅游者道歉。如果调查结果显示投诉事件属实，那么旅行社接待人员应主动向投诉者诚恳地赔礼道歉，以便取得旅游者的谅解。如果旅游者在投诉时仅要求旅行社道歉，没有要求旅行社进行赔偿，那么旅行社接待人员除了向旅游者致歉外，还应向旅游者表示感谢，可以提供旅游纪念品或承诺在日后的旅游接待过程中为旅游者提供周到的服务。

③ 补偿损失。如果调查结果显示投诉事件属实，并且旅游者遭受了一定的经济损失，旅游者也要求旅行社给予经济补偿，那么旅行社应承担补偿责任。旅行社接待人员应在取得旅行社领导授权的前提下，积极与旅游者沟通，征求旅游者的意见，提出解决方案，达成补偿协议。

④ 对涉及旅行社员工的投诉处理。如果调查结果显示投诉事件是旅行社员工工作失误造成的，那么旅行社接待人员应请示领导根据企业的相关制度对当事人进行惩处。具体的惩处措施应视情节严重的程度，可以对当事人开展批评教育、扣发奖金、暂停接待工作、要求赔偿经济损失、通报批评、行政记过、留社察看、解聘等。

⑤ 对涉及其他旅游服务单位的投诉处理。如果调查结果显示投诉事件是该服务单位的责任，那么旅行社接待人员应迅速向旅行社领导反映情况，通过适当渠道向该单位说明情况。如果该旅游服务单位多次出现同类的投诉问题，那么应减少甚至暂停与其合作，不再采购其服务或其他旅游产品。

（六）设立档案，积极改进

对客人的投诉要进行归档，做到档案卷宗有编号，有调查过程的各种证明材料，有处理决定和给客人答复的信函复印件。旅行社应重视投诉，因为旅游者投诉的地方，往往是旅行社接待和管理中相对薄弱的环节。旅行社应从投诉中吸取教训，积极改进，提高服务质量。

案例 6-2　旅游投诉的处理

2021 年 9 月，太原马先生在某旅行社报名参加了桂林旅游团。到达旅游目的地后，地接旅游公司导游未征求旅游者同意便直接安排旅游者去指定的商场购物。在得知马先生仅携带 1000 元后，导游热情提议马先生可以先借款购物，待返回太原后再行归还。于是，经导游介绍，马先生向商家借款 10000 元用于购物，在商场共消费 11000 元。返程后马先生认为地接导游擅自安排行程外的购物活动,并在其指定的购物场所故意诱导自己"借款购物",让自己产生预期之外的大额消费,损害了自己的权益。马先生随后向旅游投诉处理机构投诉,要求旅行社对借款和购物问题给予合理解决,并对所购商品全额退款。

接到投诉后,旅游投诉处理机构对此案立即进行调查核实。经调解,组团旅行社与地接社和商家协商后,同意为马先生办理退货和退款,马先生退还所购商品后,由组团旅行社先行垫付退款,双方达成了书面协议。最终,组团旅行社退还马先生所花费的 1000 元,并撕毁了马先生的 10000 元借条,马先生对处理结果表示满意。

思考题

1. 简述旅行社接待业务的内涵及特点。

2. 团队旅游接待业务的特点有哪些?

3. 简述团队旅游接待业务的程序。

4. 散客旅游接待业务的特点有哪些?

5. 简述散客旅游接待业务的程序。

6. 旅行社售后服务的形式有哪些?

7. 旅行社投诉产生的原因有哪些?

8. 旅行社对投诉的处理程序是什么?

9. 案例分析:

在线旅游投诉事件——主体夏令营游学团的质量投诉

行程:美国本土 Galileo 营地 STEM 主题夏令营 14 天(亲子)

时间:2017. 7. 9—2017. 7. 22

跟团费用:34550 元 / 人,优惠后为 33500 元 / 人(部分家庭未有优惠)

对于本次游学旅行的几个重要问题点的投诉。

一、未与客户签订游学或旅行的相关合同文件

只是发送了一封邮件,其中有行程单和旅游协议,但协议中没有盖公章也未与客户签字。并且在出发前未说明美国落地承接方(AEEA)的情况,在宣传材料也未注明,造成客户理解为该服务全程由携程提供,欺瞒客户。

二、AEEA 是一个留学服务公司而不是旅游公司

AEEA 不具备旅行社应有的相关资质,并且也没用持导游证的工作人员,但 AEEA 作为落地承接方,本应该具有美国当地政府颁发的合规合法的相关资质证明(包含该公司应具有的旅游接待资质证明、导游资格证等相关受美国政府承认的资质)。

三、未按订单约定提供服务,擅自改变行程、减少行程、缩短旅游时间等

1. 第一天抵达美国后就擅自改变行程,没有按照公布在网络的行程,并且没有提前通知和任何协商。

2. 硅谷创新博物馆行程公布的时间是约 3 小时,实际安排不到 45 分钟的时间。

3. 参观谷歌总部和苹果公司,都是带我们去商店购物,而没有任何景点介绍和餐馆。

4. 未经商量,取消游览蒙塔尔沃艺术中心景点。

四、安全隐患问题与卫生问题

1. 整个旅游行程的大巴都没有做卫生清理,也没有安全带。

2. 从旧金山到洛杉矶的行程开车超过 10 个小时,只安排一个司机。

五、携程对于此次游学团的宣传存在严重的欺诈与消费误导

携程在公布此次游学团的宣传时,自始至终未在宣传资料和合同或协议中说明该出国游学团是外包给了第三方 AEEA 来为我们服务(或者是由什么机构来承接,该机构是否具备相关资质),存在对消费者的欺瞒。在携程公布的行程中,多处存在不真实的描述和文字渲染以诱导消费者进行订购。例如:行程安排、游览时间、夏令营课程安排、住家情况介绍,甚至连路途遥远驱车时间过长都进行了欺瞒。

1. 公布的行程中写道:夏令营课程公布的内容 6~8 年级(12~14 岁)学生有 12 门兴趣课程可选,例如三维建模和打印等。而实际上的是骑士、水利之类的内容。

2. 寄宿家庭方面。有些孩子被安排到华裔家庭,整个一周孩子都在用中文,根本谈不上在寄宿家庭用英语与当地居民交流,体验纯正的美国生活。

3. 行程方面。行程中非常明确地注明由圣弗朗西斯科乘坐大巴至洛杉矶车程为 5 小时,而实际上却是从早晨 9 点出发一直到晚上 9 点多才抵达洛杉矶的酒店(12 个小时),在出发的前一天晚上,已经有家长在群里提出质疑,该家长与当地住家详细了解了驱车前往的路程与时间后在微信群里提出驱车前往时间的质疑,但携程领队与 AEEA 负责人却依旧欺瞒大家 5~6 小时便可抵达。

思考:(1)作为旅游公司的负责人,该如何处理这一事件?

　　　(2)作为一名旅游者,如何避免自己利益受损? 发觉自己被骗后,如何采取正当手段维护自身利益?

第七章　旅行社的职能管理

第一节　旅行社的人力资源管理

一、旅行社组织结构设计

（一）旅行社组织结构设计的依据

旅行社的管理者应根据旅行社经营的战略和目标,结合内外环境、拥有资源、客源市场、企业管理理念、人员的素质、企业规模、企业发展阶段等情况,建立适当的组织结构,以保障经营战略的实施和经营目标的实现。

1. 旅行社战略目标

旅行社的组织结构必须服从旅行社的战略目标需要。不同的战略目标体现了不同的业务活动,职位设计亦有所差别;战略目标重点的改变也会引起各部门、职位在旅行社中的重要程度、相互关系的改变与调整。

2. 旅行社外部环境

影响和制约设立旅行社的外部环境因素,指的是旅行社在经营管理过程中,自身无法控制而且受其约束的因素。这些因素包括行业环境因素和宏观环境因素两个方面。行业环境因素主要包括旅游业的发展状况、行业内的竞争对手、潜在的竞争对手、旅游服务供应部门等,宏观环境因素包括宏观经济环境、人口环境、科技环境、政治法律环境、国际环境等。这些因素的发展变化,往往也会引起旅行社组织结构设置的调整。比如,旅游资源相对丰富的地区,如北京、广西、云南、四川和浙江等地区,由于旅游资源比较丰富,每年进入的旅游者规模可观,为以接待为主的旅行社的发展提供了良好的外部环境;经济相对发达的地区,如北京、广东、上海、江苏等,这些地区由于经济较为发达,每年输出的旅游者数量较多,客源市场规模较大,为当地以组团业务为主的旅行社的发展提供了良好的外部环境。

3. 旅行社内部环境

影响旅行社组织结构设立的内部环境因素主要包括旅行社内部有关人员、经济效益、资金筹措、营业场所、协作网络、信用状况等。这些因素的变化也可能会引起旅行社组织结构的相应变化。

4. 旅行社规模和发展阶段

规模是影响旅行社组织设计的一种重要因素。旅行社的规模往往与发展阶段相联系。伴随着旅行社的发展,旅行社业务活动的内容会日趋复杂,人数会逐渐增多,组织结构要随之调整。

5. 旅行社生产的专业化程度

旅行社生产过程中的各种业务都具有不同的专业特点,在组织结构设计时,应予以充分考虑。所谓专业化是指一项复杂的工作分解成许多项相对简单的业务单元,并把细分出来的各业务单元分配给具体的业务人员去操作。旅行社生产的专业化程度的要求不同,旅行社组织结构设置上也会存在差别。

6. 旅行社管理的跨度

管理跨度即管理幅度,它是指组织中的每个层次管理的人数多少,即一名领导者直接领导的下属的数量。管理跨度的宽窄是直接影响组织效率的重要因素之一,也是管理层次设计的关键制约因素之一。影响旅行社管理跨度的变量因素会很多,而且会因各家旅行社的具体情况的不同而有所区别。影响因素主要体现在管理工作的复杂程度、人员的素质、员工职权的科学度、规范化与制度化的程度、信息的沟通度、组织变革的速度、组织空间分布的相近性等方面。

(二)旅行社组织结构设计的基本原则

组织结构设计的实质是通过对旅行社管理的劳动分工,将不同的管理人员安排在不同的管理岗位或部门中,通过他们的工作使整个旅行管理系统有机地、高效地运转起来。旅行社组织结构设计应该服从于企业发展战略的要求,旅行社组织结构的设置应以有利于旅行社发展战略目标的实现为宗旨。在企业发展战略的指导下进行旅行社组织结构的设置时应遵循以下六大原则:

1. 目的性原则

旅行社组织结构设置的根本目的是发挥组织功能,确保旅行社经营目标的实现。从这一根本目的出发,旅行社在进行组织结构设置时应因目标设业务,因业务需要设部门、设岗位和定人员,以职责定制度。

2. 管理跨度和管理层次统一原则

适当的管理跨度,加上适当的管理层次划分和适当授权,是建立高效组织的基本条件。管理跨度大,管理人员接触的人员增多,处理人与人之间关系的数量随之增大。旅行社在进行组织结构设计时,必须使管理跨度适当。跨度大小与管理层次多少有关。管理跨度与层次划分的多少成反比,即层次多,跨度小,层次少,跨度大。在组建组织结构时,必须认真设计切实可行的跨度和层次,既要使管理工作易于进行,又要有利于专业化分工优势的发挥。

3. 系统化原则

旅行社在设计组织结构时要以业务工作系统化原则做指导,周密考虑分层与跨度关系、部门划分、授权范围、人员配备及信息沟通等,使组织结构自身成为一个严密的、有机的系统,能够为完成经营目标而实现合理分工与协作。特别注意避免出现职能分工、权限划分和信息沟通上相互矛盾或重叠的情况。

4. 分工与协作统一原则

分工就是按照提高专业化程度和工作效率的要求,把组织的目标、任务分成各级、各部门、各人的工作目标和任务,明确干什么、谁负责干、有何要求等。在组织中有分工还必须有协作,明确各部门之间和部门内的协作关系和配合方法。旅行社在进行组织结构设置时应明确各部门之间的关系,在工作中相互联系与衔接,合理协调工作任务,共同实现旅行社经营目标。

5. 责任和权利统一原则

责任和权利相统一的原则就是组织中明确划分职责、权利范围,同等的岗位职务赋予同等的权利,做到责任和权利相一致,避免有权无责、有责无权和有责无利等现象出现。

6. 精干高效原则

旅行社组织结构与人员的设置,以能实现旅行社的目标任务为原则,尽量简化机构,减少层次,做到精干高效。要以较少的人员、较少的层次达到管理的效果,减少重复和扯皮现象。

（三）旅行社组织结构的类型

旅行社组织结构是表现旅行社组织各部分排列顺序、空间位置,以及各要素之间相互关系的一种模式。旅行社组织结构在管理中起"框架"作用,有了组织结构系统中的人力、物力,信息才能顺利流通,使组织目标的实现成为可能。旅行社常见的组织结构类型有以下四种。

1. 直线制组织结构模式

直线制组织结构模式是旅行社最原始、最简单的组织结构模式。这种模式的基本特点是旅行社组织中的职务按垂直系统直线排列,总经理拥有全部权限,组织中每一个人只向一个直接上级报告,即"一个人、一个头儿"（如图7-1所示）。其优点是结构简单,人员分配较少;权力集中,信息是面对面的传递,容易维持工作纪律;责任分明,每一个部门和员工都能对他的责任和权利有明确的了解。其缺点是在组织规模较大的情况下,所有的管理职能都由一人承担,往往难以应付,可能会发生较多失误。因此,直线制组织结构模式比较适合于小型旅行社。

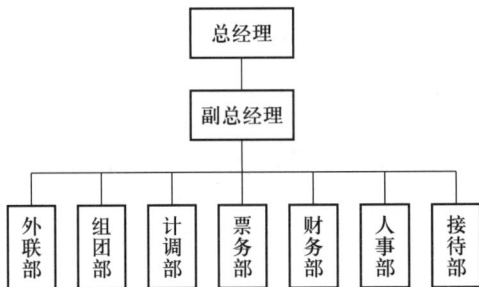

图7-1 直线制旅行社组织结构模式

2. 职能制组织结构模式

职能制又称多线制,是指在最高主管下面设置职能部门,各职能部门在其专项业务分工范围内部有权下达命令和指示,直接指挥下属单位。下属单位既要服从直线主管的命令指挥,又服从上级各职能部门的命令指挥。职能制组织结构的优点是能够通过集中单一部门内所有某一类型的活动来实现规模效益;可以通过关键活动指定为职能部门而与企业战略相关联,从而会提升深入的职能技能;工作效率由于任务为常规和重复性任务而得到提高;便于高层监控各个部门。职能制组织结构的缺点是由于对战略重要性的流程进行了过度细分,在协调不同职能时可能出现问题;难以确定各项产品产生的盈亏;容易导致职能间发生冲突、各自为政,而不是出于企业整体利益进行相互合作;等级层次及集权化的决策制定机

制会放慢反应速度。职能制组织结构模式一般适用于中小型旅行社,各部门的职责划分大体如下:

① 业务中心,即设计、包装旅游产品,开发客源市场,负责招徕、组织、接待各种类型的旅游业务。

② 接待中心,负责旅行社团队接待和散客接待的具体安排工作及后续客户服务工作。

③ 财务中心,负责旅行社及对外联络处的财务核算、管理工作。

④ 行政中心,负责旅行社日常运营。

⑤ 综合业务中心,负责旅行社的票务、行李包裹、车队运营、证照办理及其他业务等。

3. 直线职能制组织结构模式

直线职能制组织结构大都采用内部生产过程导向的部门化方法,即根据技术作业将工作进行分组,设置业务部门,根据职能和自身的规模等因素设置管理部门或职能部门。这种结构模式综合了直线制和职能制组织结构的优点,既保证了集中统一指挥,又能发挥各种专业管理的作用。其职能高度集中、权责分明、秩序井然、指挥及时、工作效率较高,整个组织有较高的稳定性。而缺点则是下级部门的主动性和积极性的发挥受到限制,而且部门之间自成体系,不重视信息的横向沟通,工作容易重复,业务经营部门和职能管理部门之间容易产生不协调,容易产生利益分配上的矛盾。直线职能制组织结构模式见图7-2。直线职能制组织结构比较适用于中型旅行社,各部门的职责划分大体如下:

① 外联部(又称市场部、销售部或市场销售部),主要业务包括旅游产品开发、采购和旅游产品销售。

② 计调部,是旅行社接待业务的调度中心,主要职责是负责接待服务的计划工作和一切关系的调度工作,包括客流调度平衡、日程安排、统一调控、定价、统计等。计调工作是旅行社接待工作的保障。

③ 接待部,由不同语种的导游人员组成,主要负责具体接待计划的制订和落实,为旅游者提供全陪、地陪和领队服务,包括团体接待及与旅游接待地联系等。

④ 综合业务部,是旅行社多功能、带有拓展业务性质的综合部门,包括散客接待、票务、行李业务、临时业务、VIP 客人接待等。

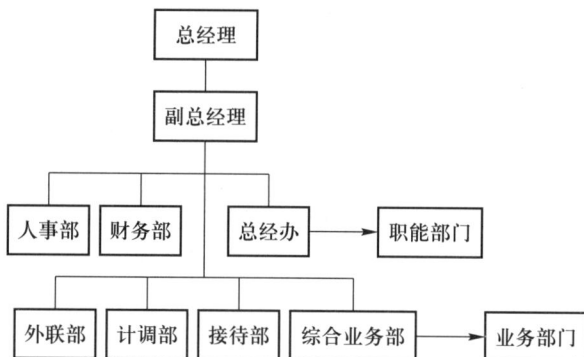

图 7-2 直线职能制旅行社组织结构模式

4. 事业部制组织结构模式

事业部制是分级管理、分级核算、自负盈亏的一种组织结构模式,即一个旅行社按地区或按产品类别分若干个事业部,从产品的设计、原料采购、成本核算、产品生产,一直到产品销售,均由事业部负责,实行单独核算。旅行社总部只保留人事决策、预算控制和监督大权,并通过利润等指标对事业部进行控制。也有的事业部负责指挥和组织生产,不负责采购和销售,实行生产和供销分立,但这种事业部正在被产品事业部所取代。还有的事业部则按区域来划分,其优点是:旅行社的管理层摆脱了具体的日常管理事务,有利于集中精力做好战略决策和长远规划;由于组织最高层与事业部的责、权、利划分比较明确,所以这种模式能较好地调动经营管理人员的积极性,提高了管理的灵活性和适应性。其缺点是:由于机构重复,造成了管理人员的浪费,加大了管理费用;容易产生本位主义和旅行社内部消耗;由于分权造成各个人员忽视整个组织的利益,导致协调比较困难。事业部制组织结构模式见图 7-3。事业部制组织结构适合于大型旅行社或跨地区经营的旅行社集团。

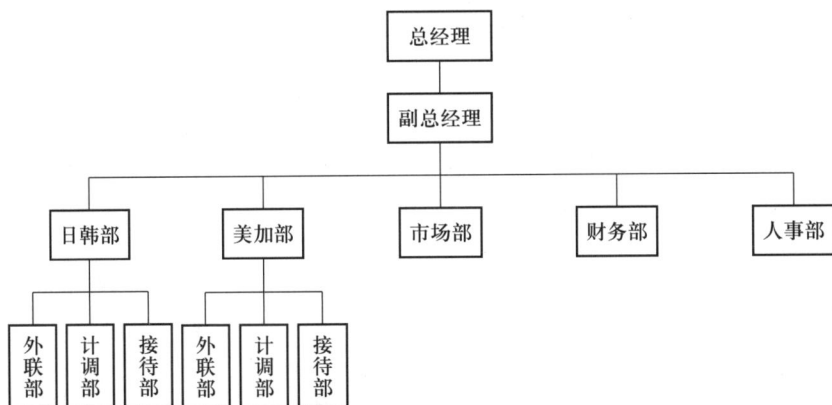

图 7-3 事业部制旅行社组织结构模式

二、旅行社人力资源的合理配置

(一)旅行社人员素质特征

旅行社在社会各种行业中是一个具有特定业务内容和作业规律的行业。根据这个行业的要求,其从业人员应该具备的行业素质特征表现为:

1. 具有良好的素质基础

旅行社从业人员要有适应旅行社业务需要的素质,首先要具有良好的素质基础。只有在良好的素质基础上,才能逐步形成和具备素质标准。所谓素质标准是指从事这一特定行业的工作人员应有的必要要素及这些要素的自身要素,它主要表现在人的机体形体、智力体力、感觉反应、思维心理等方面。行业素质则是为了适应某行业特定劳动内容和劳动对象,劳动者所应具备的自身必要要素。它主要表现为经过专门培训和锻炼的知识能力、智慧、技能、觉悟等。旅行社是智能性行业,又多是涉外企业。旅行社主要通过员工的劳动,用为旅游者提供服务的形式取得社会效益和经济效益。旅行社对从业人员的素质要求比较高。旅行社通常采用一定的方法经过一定的过程使从业人员达到行业素质要求。从业人员在原始素质的基础上,经过一般的培训锻炼(如学校的培养和企业岗前培训等)具备了一定的素质基础。对具备素质基础的人员经过专业培训和锻炼使之具备旅行社行业素质。这里的关键是素质基础。没有良好的素质基础就不可能培养成旅行社的专门人才。

2. 人员素质的全面综合性

旅行社人员的素质要求是全面综合的,这主要表现在:① 旅行社人员既要有良好的思想政治素质,即有爱国主义的政治立场和为社会奉献的思想品质,又要有全面的业务素质,即要求精通本岗位的业务和达到业务目标所应有的技能;② 有全面的文化素养,包括文化程度、文化修养、对中外文化的了解和正确评价;③ 有全面的能力,包括理解判断能力、组织协调能力、应变能力、语言文字能力、适应引导能力、社会活动能力、开拓创新能力等;④ 有健壮的体魄,特别是导游员更需要良好的体质作依托。

旅行社人员在进行业务劳动时,应该综合而不是单一发挥这几方面的素质,因为旅行社业务把政治的、经济的、文化的、宗教的、市场的、人文的、运筹学的、社会的、心理的各种因素都包含在一起了,处理这些业务所需要的知识和能力也必须是多方面的。很多从业人员在工作时或许并未意识到这一点,但在实际上他必须做到这一点。

3. 知识变换使用频繁

所谓知识变换使用,主要是指旅行社人员特别是导游员由于地域变换和接待对象的不同而经常会变换工作场所。中国地域广阔,各地的情况各不相同,尤其是在旅游资源、风俗习惯、地理环境等方面有较大的差异。这些都要求导游员应具有丰富的基本知识,对不同的团队,旅行社人员要能适时适地变换各种有关知识,顺利地完成每一个团队接待任务。

4. 工作独立性强

这是旅行社从业人员素质标准的又一特点。一般而言,导游员都是独立带团的,在带团过程中会发生各种问题,需要决策,当机立断处置突发事件。旅行社人员的工作不仅在业务性质中具有较强的独立性,而且在所处空间上也带有客观条件上的独立性。旅行社工作的独立性,不但决定了旅行社人员要以独立的思维和行为去处理各种常规业务和突发性事件,而且还决定了旅行社人员既是一个具体的作业者,又是一个对具体业务和作业的决策者和领导者。

由旅行社工作独立性所决定,旅行社人员要具备如下能力。

① 有较强的决策能力。旅行社的工作对象是千差万别的旅游者,各种情况随时都可能发生。旅行社的当事人员必须能透过繁杂的现象对事物的本质做出判断,根据判断做出决策,按决策去行动。

② 有自我制约的能力。自我制约能力是指:一方面处事待人不管环境如何,都需要有理智、气度、积极性和热情;另一方面,旅行社人员的劳动量和劳动质量都要由本人的行为所决定。旅行社人员的作业也不受到上级管理人员现场的监督和群体作业的约束。所以旅行社人员对自己的行为准则、行为过程、行为结果要实行自我控制,自我制约,使之符合规范的要求。

③ 有预测能力。对未来的业务作业能充分地考虑各种情况,预测各种可能,做好准备,以应付各种不测的情况。导游员,特别是作全程陪同时,要充分预测到各种情况的变化,即

使碰到"例外情况",也能胸有成竹,应付自如。

（二）旅行社人力资源的类型

旅行社的业务运转需要有各种各样的人力资源。要有什么样的人力资源,各种人力资源需要量是多少,进行怎样的组合,这是人力资源结构要研究的问题。旅行社人力资源结构是指旅行社人员整体中各种人力要素的量,以及它们的组合联系方式。人力资源结构的状况对旅行社经营的正常开展和发展有着重要的影响。旅行社人力资源的合理结构则是表示旅行社各类人力资源是齐全的、合格的,数量是充足的,结构比例是合理的。

旅行社人力资源结构的基本类型可分为三种。

1. 人力资源的层次结构

这一结构是指旅行社管理层和作业层的人力资源结构。管理层主要是由社一级和各部门一级的管理者所组成的。管理层结构有其自身的特点,主要表现为:

① 管理层的人力资源必须既具备旅行社从业人员的一般素质,又具备管理素质,有较强的管理能力。管理素质是经过科学培训才具有的,而不是自然生成的。

② 管理层也有层次结构。社一级管理层,由于管理面宽,总经理一级可设 1 名正职,1~2 名副职,副职不宜过多。在部门一级管理层,由于管理面较窄且管理较为直接,部门经理的设置以设一个正职而不设副职为宜。设副职从一般意义上讲,只会形成作用力的减弱。

③ 社和部门二级管理层组成一个三角形结构。即部门一级管理层的跨度必须大于社一级,绝不可形成社一级管理层一个副总经理分管一个部门的现象,形成矩形结构。

2. 人力资源的专业结构

专业结构主要是指根据旅行社各种业务开展的需要而合理配备各种专业人力资源。所谓专业人力资源是指经过专业训练具有该专业所应具有的知识、技能、能力的人员。旅行社所需的专业人力资源有:

① 经营管理人员。这类人力资源不但要具有旅行社业务的专业知识,还要有一定的管理知识和能力,具有较高的行业素质、经营管理意识、管理者应有的气度和胸襟。这类人员在旅行社总人数中一般不超过 1%。

② 外联销售人员。这类人员首先要具有旅行社市场销售、公关宣传的一般知识,其次应具有组织客源、推销的能力和相当水平的组织能力、社会活动能力。这类人员数量不多,视旅行社业务量的大小配置,他们对旅行社的业务有着决定性的影响。

③ 计划调度人员。这类人员应具有多方面的知识,特别是运筹学的知识,因为计划调度人员要对各旅游团的接送、出入境、食、住、行、游、购、娱等排出计划,做好安排落实工作。此外计调人员还应具有交通、饭店、价格等方面的知识。

④ 导游人员。这类人员在旅行社所占比例最大,依据国家文旅部对各级各类导游员资格考核标准要求,导游人员需具备相应的知识、能力及健康的体魄。

⑤ 人事管理人员。这类人员对旅行社的人力资源开发及合理使用负有重要责任,要求他们具有人员招聘、人员培训、人员使用、劳动定额、编制定员、报酬待遇、劳保福利、人事档案、劳动考核等方面的知识。由于劳动人事涉及每个人,和大家的利益又切切相关,因而这类人员应具有较高的政策水平。人事管理人员在旅行社人员中占的比重较小,但作用很大。

⑥ 财会人员。这类人员在旅行社中是必不可少的。财会人员要懂得旅行社业务和旅行社经济活动,熟悉并掌握国家有关财税政策,执行财会制度。这类人员应有财务会计,特别是旅行社财务会计的业务知识和技能,具有相应的专业职称,有一定的管理知识和当家理财的能力。这类人员在旅行社中占的比例较小。

⑦ 其他人员。旅行社根据类别的不同,规模、所在地区、业务范围的不同还可以拥有其他一些人力资源,如行政人员、司机、票务、公关人员等。这些人员都应具有本行业所需要的各种知识和技能。

3. 人力资源的年龄结构

年龄的差异在每个旅行社都是存在的,旅行社的历史越长,年龄差异也就会越大。不同年龄的合理组合,也是旅行社人力资源结构的一个重要方面。从年龄结构来说,处于第一线的外联、计调、接待,等等,特别是导游员以年轻为宜。他们精力旺盛、反应快,接受新事物、适应新环境的能力较强,能担负起第一线的工作。旅行社的管理人员一般以中年为宜。管理人员的职责主要是管理。管理人员不仅要有丰富的管理知识和业务知识,对人的社会属性和社会实际也应有深刻全面的了解,还要具有较成熟的思想意识和一定的内涵,经验也是必要的。后勤行政人员的年龄可偏大一点。后勤行政职能部门的工作较琐碎,无流动性,对该类人员要求能坐得住,安得下心,不怕麻烦,心细并且工作有条理。

以上我们只是从一般意义上来讨论旅行社人力资源的合理结构,由于各旅行社本身情况和所面临的环境不同,会带来人力资源结构的多种形式。人力资源结构也是因社而异,不可能有一个统一固定的模式。

(三) 人力资源合理配置

1. 德才兼备,任人唯贤

旅行社用人要德才兼备,任人唯贤。只有重用德才兼备者,方能体现任人唯贤。所谓德才兼备,是指要有良好的政治素质、正确的意识观念、优良的个人品质、为集体为事业的热情和责任感,此为其德也;而有一定的科学文化知识、专业知识、专业技能和实际工作能力,此为其才也。只有德才兼备,才能称其为人力资源,才能真正为旅行社做贡献。若有德无才,或者有才无德,则事业必败。配置人力资源要任人唯贤。任人唯贤就是要按一定的标准要求把德才兼备有能力有才干的人放在重要的岗位上。任人唯贤要求用人必须公正客观、实事求是,不带个人好恶偏见。

2. 人尽其才,合理配置

旅行社事业的成功要靠旅行社全体人员共同努力,齐力奋斗。这当中决策者正确的决策和管理,全体员工的尽心尽力是两个决定的因素。鉴于这两个因素,有人在管理上提出了造就“第一流人力资源”的管理思想。所谓“第一流人力资源”是指某个人对从事某一项工作来说,是第一流的。为此在管理上就要求人尽其才,合理使用。人有不同的禀赋和才能,这些禀赋和才能只有在适宜的环境里和岗位上才会表现出来。例如有人不善辞令,不适合当导游,但思维敏捷,有条不紊,做计调是理想人选。人力资源配置需要对所属员工进行经常的、长期的、仔细的个人认识和评价,然后根据每个人的不同特点进行系统的培训教育,之后再进行选择,选择从两方面进行,一方面是为员工选择合适的工作岗位,另一方面是为每个工作岗位配置合适的从业人员。最终目的是尽可能让每个员工能承担所能胜任的、对他来说是最有兴趣的工作。当这两者有机地结合在一起时,每个员工都可以成为"第一流的人力资源"。要使人尽其才,首先要合理使用,有了合理使用,才有人与工作的合理结合,才能做到人尽其才。

合理使用人力资源要扬长避短。对人,主要看他的长处,用人用其长,帮助克服和避免其短,使每个人尽量向完美方向发展。合理使用人力资源要给员工以工作压力,"铁人"王进喜曾说过:"井无压力不出油,人无压力轻飘飘。"但负荷要适当,给予压力是把一定难度和一定量的工作分配给个人,使之在较满负荷的作业中发挥自己的积极性和才能。工作负荷的量既不能太少,也不能太多。这就要核定工作量,给予适当的负荷和工作难度。

合理使用人力资源要量才录用,即用一定的标准正确衡量每个人的才干与能力,应避免大材小用浪费人力资源,也要避免小才大用贻误事业。应坚持宜将则将,宜兵则兵,宜通则通,宜专则专的用人原则。能者上,能者多劳;庸者下,庸者少劳。对无能庸才者,旅行社应有处置的措施,不应让这些人去瞎指挥,去滥竽充数。真正做到量才录用,要在用人问题上进行观念的转变,要与传统的凭资格、靠背景、拉关系、搞裙带、能上不能下、官本位等旧观念彻底地决裂。量才录用要和事业的兴旺联系在一起,尽量少受感情色彩或社会庸俗关系的干扰。

3. 大度用人

开发人力资源、使用人力资源要大度,即要有广纳人力资源的胸襟,不拘一格,有广开才路的气度。

大度用人要有广阔的思维。旅行社经营与管理是一项综合性的事业,对人力资源的需求是多方面的。为保证旅行社有足够的人力资源以开展业务,纳才用人的思维要广阔。思维广阔的含义之一是选择人力资源的范围要广。对人力资源的选择要多渠道、多方式、思路广、范围大。旅行社可以突破本系统本行业本地区的范围,在更广阔的范围内去发现和选用人员。现在很多旅行社实行的向社会公开招聘人员就是一种好方式。人力资源使用既要谨慎又要大胆。应该相信绝大多数人会主动寻求责任和接受富有挑战性的工作。含义之二是使用人力资源不要拘泥于专业专用。从一般意义上说,人力资源应该是专业对口、专材专用。但专业专材不等于特长专业。有些人力资源从事专业工作是驾轻就熟,但从事适合其特长却是非专业的工作更要显得得心应手。这种状况要比较使用,即比较这个人在哪个岗位更能发挥其才智。

大度用人要有能容他人进步而还能重用其人的气度和能力。能容人需要有事业心、气度、品质。人非圣贤,不可能事事均为奇才。一个组织的领导者,不可能也没有必要样样业务均精通,事事比人高一等。但要能聚众人才智于组织之中,聚众人才智为我所用。不然就不能算作一个领导者而只能做一个专家或学者。

4. 用人不疑

旅行社各项具体业务具有较强的独立性,它要求每个人能独立地应变各种情况以完成任务。这对旅行社用人不疑具有其特殊的意义。所谓用人不疑就是选用德才兼备的人力资源,委以一定的职责,放手放心地让他们去工作,给予充分的信任和支持,给予必要的引导,不包办代替,让每个人在富有挑战性的工作中去发挥积极性和创造性。人从本质上讲为了追求生理和精神上的满足都会主动运用自己的体力和脑力来创造事业获得成功。人为了达到目标还有自我约束和自我控制的能力。在条件适宜时,每个人都会主动承担责任,每个人都有高度的想象力和独创性。这些潜力总希望得到发挥。从心理上说,人人都有独立的自我表现的欲望和要求,并希望获得这种机会。如果干预过多,必定会挫伤人们的积极性,压制人的创造性,使人产生一种附庸感和逆反心理。这就会出现一方面组织前进急需动力和能量,另一方面,大量的能量和动力闲置蕴藏在那里得不到利用。所以,用人不疑,大胆放手是用人之道,是人力资源配置的重要法则和内容。

用人不疑要从严要求。放权不放任自流。从严要求要对每个人每项工作有指标、有要求、有考核、有评价,并形成相应的制度。例如对外联工作,不仅要考核外联组织的团量和接待量,还要考核经济效益、潜在效益。对导游员,不仅要考核带团量、带团适应性,还要考核经济效益、带团质量、事故率等。

用人不疑切不可轻信谗言,不要听信小报告,而应充分相信每个人能对自己的行为负责。既然用人,就勿用可疑之人。每个人都有他的思维、决策、谋略和方法,因而在工作中自会各显其能地尽职尽责。不要怕人们犯错误。

三、旅行社员工的绩效考评与培训

(一)旅行社员工的绩效考评

1. 旅行社员工绩效考评的含义

绩效是相对于一个人所承担的工作而言的,按照其工作性质,为员工完成工作的结果或履行职务的结果。在企业中员工的工作绩效具体表现为完成工作的数量、质量、成本费用,以及为企业做出的贡献等。绩效考评就是针对企业中每个员工所承担的工作,应用各种科学的定性和定量的方法,对员工行为的实际效果及其对企业的贡献或价值进行考核和评价。旅行社员工绩效考核就是对旅行社员工的工作行为与工作结果全面地、系统地、科学地进行考核和评价的过程。

2. 旅行社员工绩效考评的原则

(1)公开原则

应该最大限度减少考评者和被考评者双方对考评工作的神秘感。绩效标准和水平的制定要用协商原则来进行,考核结果公开。

(2)客观性原则

进行客观考评,用事实说话,切忌主观武断。如果缺乏事实依据,那么宁可不做评论。

(3)重视反馈机制

在绩效考评之后,进行面谈讨论,把结果反馈给员工,同时听取员工的意见及自我评价情况。对存在的问题应给予及时修正,达到发现问题、解决问题的目的。

(4)可行性原则

应该考虑的问题:一是和绩效标准相关的资料来源;二是潜在的问题分析,预测在考评过程中可能发生的问题、困难和障碍,准备应变措施。

(5)就事论事原则

绩效考评要针对工作,就事论事,不可将与工作无关的因素带入考评工作,更不可涉及员工的隐私。

3. 旅行社员工绩效考评方案设计的程序

（1）定义绩效考评的内容

考评内容是否科学、合理，直接影响到员工绩效考评的质量高低。一般完整的人力资源绩效考评包括业绩考评、能力考评、态度考评等内容。

① 业绩考评：通常称为"考绩"，是对员工工作结果的考察与评价。它与员工担当工作的重要性、复杂性、困难程度成正比关系。通过反馈系统的反馈，业绩考评比其他考评更能体现旅行社的工作效率。

② 能力考评：能力考评是考评员工在职务工作中发挥出来的能力，如工作判断是否正确、工作效率如何、工作中协调能力怎样等。根据员工在工作中表现出来的能力，参照标准和要求，对其所担当的职务与其能力是否匹配做出评定。其主要体现在四个方面：常识、专业知识和其他相关知识，技能、技术和技巧，工作经验，体力。

③ 态度考评：态度考评是考评员工为某项工作而付出的努力程度，如有干劲、有热情、忠于职守、服从命令等。态度反映"功劳"和"苦劳"之间的关系，最大限度使有"苦劳"的人成为有"功劳"的人，是旅行社使用人力资源的诀窍。

（2）选择考评方法

目前考评方式有两大类：定量考评法和定性考评法。定量考评法主要包括关键事件法、行为对照法、等级鉴定法，以及目标管理法。定性考评法包括简单排序法、交错排序法、成对比较法、强制分布法。

（3）确定考评人员

要打破由直接上级作为唯一重要评估人员的传统做法，力求多层次、全方位地对员工进行评估，保证绩效考评的客观、公正。

（4）制定考评程序

要确定一个清晰、明确的操作程序，来保证考评方案的顺利实施，做到周密细致、前后衔接、避免出现中断和前后矛盾。

（5）确定考评周期

确定适宜的考评周期，间隔时间过长或过短，都不利于绩效的改进，一般半年一次较为适宜。同时，保持绩效考评的连续性，注重记录关键事件，再结合定期考评同时进行。

（二）旅行社员工的培训

1. 旅行社员工培训的计划工作

员工培训就是通过适当的途径和方法，向员工灌输正确的思想观念，在传授管理科学知识和岗位技能训练的基础上，开发其智力、培养其创造力的活动。员工培训必须围绕旅行社经营总目标，进行统筹安排，制定长远规划和具体计划。以此为基础，经过调查分析后，制订培训大纲、方法和制度。

（1）调查分析

编制计划最重要的前期准备工作是调查分析，即调查了解实际情况和分析归纳资料。调查分析是为了确定各个时期职工培训的要求和目标。通过调查分析，主要应弄清两个方面的情况：一是旅行社现有管理人员、专业人员中各层次、各专业或各语种人员的数量与素质现状及其对其岗位的适应程度；二是旅行社预期经营活动对上述人员的知识和技能的要求及质与量的需要。

（2）编制计划

① 根据调查分析资料，提出培训要求和重点，包括分类别、分时间的培养人数和应达标准等。

② 从培训人数、人员类别、时间、地点等方面进行需要与可能的平衡。

③ 确定培训目标，制定培训各类人员的数量、质量和效果等方面的具体指标。员工培训的数量指标要与人力资源有关计划和经营计划相衔接。质量指标是反映员工培训深度的指标，包括培养对象应达到的文化和业务水平、政治素质的具体要求等。效果指标主要指计划期内员工文化水平、专业技术等级的平均提高率、合理化建议的数量和质量等。

日本推行"职业生涯发展计划"，对员工分年龄段全面规划、因人施教，着眼于长远培养、开发人才的做法，对我国旅行社员工培训的计划工作有一定的借鉴作用。

2. 旅行社员工培训的内容和形式

（1）员工培训的基本内容

员工培训是按计划实施的全员培训。各类各层次人员培训的内容各不相同，但各类人员培训的基本内容可概括为三类课程。

① 思想政治课。应按照马克思主义世界观和方法论，结合建设中国特色社会主义理论教育的要求，针对不同培训对象、不同时期员工的政治要求和思想动态，确定政治教育的内容。

② 文化科学课。一定的文化科学知识是学习专业知识、掌握专业技能的基础。职工教育不同于普通教育，应针对培养对象提高专业技能层次的要求，安排少而精的适用课程。

③ 专业技能课。这是提高员工专业技能的主要课程，是为各类员工专门设置的。既要有一定的专业技能基础知识，又要重视各专业最新理论和技能操作的传播。

（2）员工培训的形式

旅行社员工培训的方式多种多样。主要有：按脱产程度划分为全脱产、半脱产、不脱产培训；按办学方式划分为旅行社自办、联合培训、委托代培等三种。培训时间长短不限，形式不拘。

（3）员工培训的途径

旅行社员工培训的主要途径有三。

① 本社自行培训。这种方式是本社或请有关专家教授对培养对象进行有计划有目的的专业培训。在经过一定时间的理论学习后，由有经验有水平的老同志带培训对象上岗，边干边学边总结边提高，用这种方式培训职工时间短、见效快、针对性强。

② 到大专院校进修。即选择本社一些素质好有培养前途的员工，送到大专院校或专业机构以一定的形式进行专业培训。这些培训形式能使员工全面系统地学习，基础扎实，发展潜力大，但费时较长。

③ 到国外进修。利用各种机会，把本社人员送到国外进修，可去国外的大专院校、培训中心、旅行社、我国旅行社驻外机构等进修和实习，这对培养外联市场推销人员是卓有成效的。

　　旅行社自身培养人力资源的主要好处在于,本社对培养对象较了解,选拔的人员可保证质量。可以定向培养,即缺什么就培养什么。培训周期短、实用性强。当然,自身培养人力资源不能作为旅行社培养的主要途径,而只能作为引进人才的一种补充。

　　(4)实践中培养和造就人力资源

　　边使用边造就是对旅行社人员在使用中造就,把造就和使用在同一个过程中结合起来。有意识地在实践中培养和造就人力资源。因而旅行社各种业务的开展与进行不能只看作一种单纯的业务,而要意识到这是对人力资源的造就,这种造就人力资源的形式主要有:

　　① 积极引导,放手放权。对外联、计调、散客业务、接待等各业务部门人员,在基本决策已定的情况下,要放手让他们去工作。让他们在成功与失败中总结经验,形成思想,学会处理各种问题,从而使他们逐步地成长起来。

　　② 压重担、挑大梁。对各类业务人员来说,根据其所处的位置不同,把重担逐步向他们身上压。压担子既要增加工作量,也要增加工作的复杂程度和难度,增强人的责任感、思维和能力。

　　③ 适度变换岗位。在有利于人力资源成长和实际需要的情况下,对内部人员可作必要的岗位调换。通过对人员岗位的调换,一方面各类人员在变换中找到最合适的岗位,使人力资源得以充分的利用,同时岗位人员也能熟悉了解其他岗位的业务和情况,从而充实自身,并具备较全面的知识。岗位的变换,有时也能使每个人面临挑战性的工作而激发其潜能。变换岗位可以是长期的,也可以是暂时的,也可以是见习岗位。岗位变化的幅度一般不宜太大,岗位变化也不要太频繁,以免引起不必要的混乱。

四、旅行社员工的报酬

(一)工资

　　现代旅行社享有充分的工资分配自主权。经营者和员工的基本工资由劳动力市场供求关系、旅行社劳动生产率增长情况,以及旅行社的经营状况决定。经营者的收入与资产的保值、增值及旅行社利润相关联,员工的收入根据其劳动技能和实际劳动贡献来确定。

　　工资是劳动报酬的基本形式,旅行社根据其按劳分配原则支付员工的工资是通过一定的工资制度来实现的。我国旅行社过去长期采用固定的等级工资制度。在经济体制改革和旅行社改革中,为克服固定的等级工资制度中平均主义的弊病,出现了浮动工资制、结构工资制、岗位技能工资制、承包工资制等新型工资制度。

　　1. 等级工资制

　　包括技术等级工资制、岗位等级工资制、职务等级工资制。

　　(1)技术等级工资制

　　根据工人的劳动熟练程度及其从事工作的技术复杂程度、劳动繁重程度和工作责任制大小,划分若干个等级,再按等级规定相应的工资标准。它由技术等级标准、工资等级表、工资标准三部分组成。

　　(2)岗位等级工资制

　　根据员工所在的劳动岗位来规定工资的一种制度。它主要适用于技术复杂程度不高,同一岗位内部差别不大,劳动分工精细,劳动岗位比较固定的旅行社。实行岗位工资制,要明确确定岗位责任和上岗人员必须具备的业务水平和能力,经考核达到技术标准才可以上岗。

（3）职务等级工资制

根据旅行社领导人员、业务技术人员和管理人员所从事职务的职责重要程度、工作繁简程度划分等级,再按一定等级规定工资标准。它是按不同类型旅行社来规定工资等级数目和工资标准的,可采取一职数级、上下交叉等形式。

2. 浮动工资制

浮动工资制度是在等级工资制度的基础上,把职工标准工资的一部分或全部与奖金等结合在一起,按旅行社经营成果多少、员工劳动贡献大小,实行上下浮动支付报酬的一种工资制度。其特点是员工的工资收入以旅行社经营好坏和员工劳动成果的多少为转移。具体的做法有联利浮动、联产浮动和联系各项经济指标浮动等。

3. 承包工资制

就是把完成生产任务或经济技术指标与工资包干总额（或含量）挂钩,使经济责任制在形式和内容上紧密结合的一种工资制度。这种工资制度是在旅行社工资总额既定的条件下,根据完成任务或经济技术指标的情况,使承包者工资上下浮动,实现了经济利益与经济责任的紧密结合,承包的形式有逐级承包、单项承包和综合承包。

4. 结构工资制

把工资分解为几个组成部分,各个组成部分根据一定的标准确定报酬大小,进而确定职工工资的一种制度。结构工资一般由四部分组成:基本工资、岗位或职务工资、工龄工资和技术津贴。这种工资制度的特点是:既考虑员工基本生活的需要,又考虑员工的技术水平高低和责任大小;既考虑员工的历史贡献,更考虑员工现实贡献的大小。

5. 岗位技能工资制

以劳动技能、劳动责任、劳动强度和劳动条件等基本劳动要素评价为基础,以岗位、技能工资为主的动态性的旅行社工资制度。岗位技能工资只由基本工资与辅助工资两部分组成。基本工资包括岗位工资和技能工资,辅助工资则由加班工资、奖金、津贴及补助构成。实行岗位技能工资制,必须根据"工资总额增长不超过旅行社净产值增长幅度,员工实际平均工资提高不超过劳动生产率提高幅度"的原则,形成正常的工资调整机制,使之保持活力,充分发挥激励作用。

（二）奖金

奖金是超额劳动所得报酬,是工资的一种必要的辅助形式,它具有灵活性和针对性的特点。奖金对工作积极性的激励作用是有限的,调动员工的积极性,还应依靠强有力的思想政治工作,绝不能滥发奖金。要把思想政治工作和必要的、合理的奖励制度正确结合起来。奖金提取多少要同旅行社利润多少挂钩。奖金的发放既要准确反映员工超额劳动的实际情况,又要能促进员工的安定团结。

（三）津贴

津贴也是工资的一种必要补充形式。它是为了补充职工额外和特殊的劳动消耗,以及为了保证职工工资水平不受特殊条件影响而支付给职工的劳动报酬。

各旅行社的生产性质和劳动条件不同,所实行的津贴项目是不同的。大体有三种:

① 由于劳动条件差,为了保证员工身体健康而设立的津贴,如高温津贴。

② 属于补偿劳动消耗的津贴,如夜班、野外津贴。

③ 为了保障员工一定的生活水平而建立的津贴,如取暖、女工哺乳、副食品津贴。

(四)员工福利

员工福利也称集体福利,是保证员工身体健康,便利员工工作和生活,解决员工特殊生活困难的一种制度。它是通过劳动保险和生活福利两种形式来体现的。

劳动保险是旅行社员工在患病、年老、生育、负伤、残疾、死亡的时候,由于丧失了劳动能力,根据国家规定而享受的一种物质帮助。旅行社员工的生活福利,主要依靠旅行社自己的力量提供集体福利和员工生活补贴,以帮助员工解决生活困难,改善员工的物质文化生活条件。

(五)社会保障

我国现行的社会保障制度内容有养老、失业、工伤、医疗、救灾扶贫、福利救济、为残疾人和生活无着落者提供物资帮助等,社会保障面较广,但主体是养老、失业和医疗。

为解除旅行社员工的后顾之忧和不安定感,使其在暂时失业的情况下能够维持基本生活,以便顺利建立现代旅行社企业制度,必须按照公平和效率兼顾的原则改革现行社会保障制度。其主要内容有:

① 增设失业保险、社会服务等新的保障内容,使员工在失业时基本生活有保证,在社会的协助下能迅速找到满意的工作。

② 实行社会保障基金制,由国家、集体、个人三方面合理负担费用,改变个人只享受权利,不承担义务的状况。

③ 全国统筹统付各项社会保障基金,真正实现社会保障的社会化管理,解除旅行社的不合理负担,促进旅行社之间的公平竞争。

案例 7-1 导游转型有依靠 导游提升获支持

疫情发生以来,团量减少、收入锐减、暂时性失业等成了导游们不得不面对的困境。为此,在济南市文化和旅游局指导下,济南市导游协会推出一系列纾困举措,与导游共渡难关。

"协会积极联络各个用人单位,至今累计发布了 22 期行业招聘信息,为济南融创文旅城、济南某档案馆等多家单位输送了导游人才。今年上半年,我们与旅行社达成为专升本考生提供住宿分房、接送考生等服务的合作意向。这项合作完成后,将为 500 余名导游带来近 60 万元的收入。"济南市导游协会秘书长孙钧厚介绍,为更好地锤炼导游队伍,提升导游综合能力,为旅游业复工复产聚力蓄能,2020 年至今,协会累计组织实地培训 23 场,发布线上培训课程超 5000 分钟,包括红色旅游培训、安全培训、讲解技巧培训、历史专题培训等。

"济南市文化和旅游局、市导游协会邀请了很多专家学者、行业精英授课,为大家提供了很好的学习平台。这些培训不仅使我开阔了眼界、增长了知识,还实实在在地提升了专业能力,让我从一个普通导游转变成一名能讲课、能把所学知识分享出去的导游培训老师,极大提升了我的职业自豪感。"导游刘虎说。

为发挥好金牌导游的传承与带动作用,协会积极搭建文旅人才交流平台、合作平台、创新平台、发展平台。在济南市导游协会的组织下，今年伊始，济南市金牌导游联合工作室启动"金牌导游送课上门"项目，积极开展送课到学校、送课到 5A 级景区等活动。济南旅游学校教师刘莉评价金牌导游宰秀连的课程时说："金牌导游进校园丰富了教学资源，传递了行业信息，树立了职业榜样，师生都受益。希望有关部门继续加强合作交流，共同培养适应行业需求的有内涵、高素质的文旅技能型人才。"

此外，济南市导游协会还积极培育文旅新业态，扶持传统导游转型。一方面，聘用具有丰富研学经验的导师授课，从线上到线下，从带团技巧到专业科普知识，逐步建立起完备的研学辅导师培养体系，储备研学辅导师资源。另一方面，开启"文旅创作者培育计划"，聘请专家举办线上线下相结合的自媒体创作培训，助力济南导游输出优质文旅内容，并鼓励支持导游参加全国文旅直播大赛、山东省十佳导游主播、济南市十佳导游主播等比赛，增加锻炼机会，先后涌现了"齐鲁名导""济南小虎"等一批优秀导游。其中，"齐鲁名导"朱晓宽还参与了多场省市文旅资源推介直播活动。他说："协会为我提供了许多机会，帮助我从导游转型成为旅游主播，我一步步走上了自媒体创作之路。这段经历也让我逐渐摸索出适合自己的创作手法，能够更好地适应当下不断个性化、品质化的旅游市场需求，得到了可持续收入。"

从减免 2020 年度会费到免费观影听相声，从过年送水饺到送洗牙卡，从开辟公益图书角到提供免费共享学习空间……济南市导游协会把关怀与温暖送到导游的心坎上，帮助广大导游树立信心，坚定信念。

孙钧厚表示，千方百计为导游排忧解难是协会的职责所在。接下来，协会将与自媒体专业运营团队合作，组建文旅创作营，扶持导游转型成为自媒体创作者，以更好的内容和形式宣传济南文旅资源，打造本土旅游品牌，树立导游个人 IP。"协会与广大导游患难与共、风雨同行，一定会迎来胜利的曙光。"他说。

济南市文化和旅游局市场管理处处长王相强表示，济南市导游协会在稳定导游队伍，提升导游队伍综合服务质量等方面做出了积极努力。基于我国庞大的文旅消费需求、有力的政策支持，还有文旅从业者在困境中的积极转型，旅游业全面复苏只是时间问题。通过在产品内容、服务方式、管理模式等方面的探索，在危机中寻觅新机遇，旅游业未来的路会走得更稳，行得更远。

资料来源：李晶媛（2022）。

第二节　旅行社的财务管理

财务管理是一种价值管理，它利用货币形式对企业的资金运动进行预测、计划、组织、监督和控制，是企业管理的重要组成部分，并贯穿于企业经营活动的全过程。旅行社财务管理，就是根据旅行社的经营目标，按照资金运动规律，对资金进行合理筹集、使用、调节和监督，并正确处理由此而引起的经济关系。加强旅行社的财务管理，不仅是财务人员的职责，也是旅行社各级管理人员的任务。

旅行社的财务管理主要涉及旅行社的资金管理、成本费用管理、营业收入管理和财务分析等。

一、旅行社财务管理概述

（一）旅行社财务管理的地位和作用

1. 财务管理在旅行社管理中的地位

财务管理在旅行社管理中的地位是由资金运动与旅游经营活动的密切关系决定的。旅行社的资金运动是旅行社为旅游者提供行、游、住、食、购、娱等旅游活动的货币表现。它伴随行、游、住、食、购、娱等旅游活动而产生，并与之紧密地结合在一起。

资金的运动对旅行社的经营活动产生重要影响，它们以货币形式，从不同侧面体现着旅行社与各方面的经济关系，反映着旅行社的经营状况和质量。旅行社可以通过正确组织货币收支来控制和监督各项经济活动。例如，通过控制工资和奖金支出，可以监督活劳动的消耗和分配原则的执行；通过营业收入和各种支出的比较，可以反映和监督旅行社的经营成果；通过对旅行社各项费用支出的控制，可以监督旅行社严格遵守国家法律、行政法规与规章制度等。由此可见，旅行社资金运动组织得合理与否，往往成为影响经营成效的关键因素。

财务管理的综合性特征决定了它既能全面地反映旅行社的经营状况，考核其经营管理水平，而且还可通过对资金及其运动的组织和管理来严格监督、控制旅行社的全部经营活动。财务管理范围和内容都更加广泛，对旅游经营活动的影响也更大，这就决定了财务管理在整个旅行社管理中处于十分重要的地位。

旅行社的管理实践证明，一个财务管理混乱的旅行社，其经营活动必定混乱。因此，作为旅行社经理必须认识到财务管理的重要性，抓好财务管理。经商必须理财，理财促进经商。所谓理财，就是加强财务管理，只有加强财务管理，才能不断地增收节支，改善经营管理，获取良好的经济效益。

2. 财务管理在旅行社管理中的作用

财务管理在旅行社管理中的作用是由其地位决定的，认识财务管理的作用，反过来有助于我们进一步认识财务管理的重要性。

（1）平衡作用

通过财务管理可以平衡资金，从资金及时地筹集到合理地使用，使整个经营活动顺利进行。资金运用周而复始、循环往复、有序进行。在经营过程中，通过财务管理，做到家底清楚、心中有数，利用旅行社业的特点，预收款项的时间差，起到资金的平衡作用。

（2）控制作用

资金的收支、进出，是通过财务管理来控制的。旅行社根据经营目标，控制经营活动，如旅游团队成本控制在百分之几，费用控制在百分之几，都要通过财务管理进行。财务管理的这一作用可使旅行社降低成本、节约费用开支，增加盈利。

（3）分析作用

财务管理的分析作用是旅行社经理了解本企业财务状况的重要依据。企业资金筹集和投放，资金的分布与耗费，收益及其分配都与本企业的生存密切相关。企业的盈利情况、获利能力、资产增值情况、资金的周转情况、企业负债水平、偿还能力等，通过财务分析均能得到真实的反映，旅行社经理可随时掌握企业经济运行的命脉。

（4）监督作用

旅行社财务管理的监督作用主要是通过对旅行社的各项经营活动及其收支实行严格的财务监督来实现的。它既能保证国家法律、法规及规章制度的贯彻执行，又能保证旅行社财务计划目标的实现和财产的完整无缺。旅行社的上级和下级之间、部门与部门之间，以及员工与员工之间都可以进行监督，通过监督，促进旅行社整体健康发展。

（二）财务管理的原则

根据《企业财务通则》的要求，企业财务管理的基本原则是建立健全企业内部财务管理制度，做好财务管理基础工作，如实反映企业财务状况，依法计算和缴纳国家税收，保证投资者权益不受侵犯。在上述原则下，旅行社还应根据企业规模大小、管理基础强弱等来确定企业内部财务管理体制，合理安排旅行社内部的财务关系。一般来说，旅行社内部财务管理体制大体上分两种：

① 中小型旅行社。通常采取一级核算方式。财务管理权限集中于总部，由总部统一安排各项资金，办理财务收支和外汇结算，核算成本和计算盈亏。二级单位一般只负责管理登记所使用的财产、物资和劳务，记录直接发生的费用，各单位之间因使用物资、劳务等发生的经济往来，由总部统一核算。

② 大型旅行社。通常采用二级核算方式，即由总部统一安排各项资金，办理财务收支与外汇结算，计算盈亏；二级单位负责管理与核算本单位日常经济活动，计算本单位盈亏，二级单位之间的往来，要计价核算，并通过总部财务部门进行转账。由总部下达给二级单位资金、成本费用等项计划指标，并定期进行考核。

确定旅行社内部财务管理办法时，要从旅行社的总体效益出发，保证企业业务经营活动的系统性、完整性，不能完全照搬其他企业的管理办法，要积极处理好集权与分权的关系，既要调动基层的主动性、积极性和创造性，又不能削弱总部的统一领导；要认真分清内部单位的经济责任，赋予他们必要的权力，并正确解决各单位之间的经济纠纷。

（三）财务管理的任务和方法

1. 财务管理的任务

旅行社财务管理的任务是做好各项财务收支的计划、控制、核算、分析和考核工作，依法合理筹集资金，有效利用企业的各项资产，努力提高经济效益。

（1）制订财务计划

制订财务计划就是确定财务活动总目标，规划企业资金占用量，成本费用水平和盈利水平，落实企业增收节支的具体措施。财务计划把企业的财务目标具体化，为企业内部经营管理提供依据。只有编制积极可靠的财务计划，才能保证企业经营目标的实现。也只有编制科学的、符合实际的财务计划，才能促进企业加强管理，提高企业的总体经营管理水平。

（2）实施财务控制

财务控制是指在业务经营的过程中，对资金的收入、支出、占用、耗费等进行严格的管理，将其限制在制度和计划规定的范围之内。其内容包括：固定资产控制、流动资产控制、成本费用控制、财务收支控制等。

为了有效地实施财务控制，必须坚持财务分级归口管理，明确规定各级归口部门在财务管理中的职责和权限,把财务控制指标分解落实到各级、各部门。

（3）进行日常核算

日常核算是指旅行社财务在业务经营过程中,利用价值形式对企业的资产、负债、收入、费用利润和所有者权益等进行计量、计价与核算,形成管理所需要的信息。在日常核算中,既包括对旅行社所拥有的资源的静态存量的计算与确认,也包括对其动态流量的计算与确认。

（4）财务分析与考核

财务分析与考核是以实际资料为依据,分析和评价企业财务目标的执行情况,发现问题、总结经验、堵塞漏洞、挖掘潜力,提高经济效益。主要内容包括:资产负债率分析与考核,企业偿债能力与考核,存货周转率分析与考核,营业利润分析与考核,成本利润率分析与考核等。

通过财务分析,可以确定在复杂因素中,各个具体因素对企业财务目标实现的影响,分清主次,找出原因,提出合理建议,不断提高财务管理水平和企业的经济效益。

2. 财务管理的方法

（1）做好基础工作

要做好财务管理工作,必须加强财务管理的基础工作,掌握大量的第一手资料,建立和健全必要的原始记录,将调研资料、核算资料、统计资料等进行整理分类、登记,编印成册。这既是历史资料,又是进行财务预测、分析的参考数据,并为科学管理提供可靠的依据。

（2）定额管理

建立和健全定额管理,是提高旅行社管理水平的一项重要措施。对各业务部门的收入、耗用、分配进行定额管理,可以检验各部门经营活动的成果。制定定额要考虑先进性和合理性,随着业务情况的变化和管理水平的提高,定期进行必要的修订,定额制定后要切实贯彻执行。

（3）日常管理

要以计划任务和各项指标为依据,建立日常财务管理,财务控制,对资金的收支进行核算。运用行政、经济、技术等手段来控制财务活动,以降低成本,增盈减亏,实现财务计划,借以达到预期的财务目标。在执行财务计划过程中,要坚持严肃性和灵活性相结合,对执行的问题,必须严肃、认真地按计划从严控制,不能放任自流。因编制计划估计不足,造成脱离实际或客观情况发生变化,就要实事求是地进行调整。

（4）分级管理

对财务指标进行分解,层层落实,由各部门实行归口分级管理,是保证指标实现的有效方法。要运用经济手段,贯彻责、权、利相结合的原则,划分经济责任和经济权限,发挥群众理财的积极作用,保证财务指标的实现。除财务控制外,财务检查也是财务管理的一种方法。进行互相检查和重点检查,即对各部门的财务活动进行互相检查、互相监督,保证财务活动的合理性,对问题较多的部门重点关注,找出原因,改善经营管理,以提高经济效益。

（5）分析管理

运用经济技术方法对财务状况进行分析。如运用指标对比法,将相互可比的数字资料分类整理后进行比较,评价财务活动是否符合计划要求;运用平衡分析法,分析各部门指标之间的相互平衡、相互衔接关系;运用因素分析法,测定财务指标受到多种因素影响变动的程度;等等。

（6）收集信息

现代旅行社财务管理中,计算机是收集、处理财务信息,提高财务管理水平的重要工具。采用计算机将会促进和提高旅行社财务管理水平,并带来显著的经济效益。企业财务流的合理化,为财务数据资料的定性分析、定量分析的飞跃奠定了技术基础,促进了管理方法的改革和完善,是旅行社财务管理向现代化发展的重要标志之一。

二、旅行社的资金管理

（一）资金和资金运动

1. 资金的概念

资金是财务管理中的一个基本概念,它是指企业拥有或控制的各项财产或物资的货币表现。资金的多少可以用货币来计量,但其外在表现形式却多种多样,如流动资产、固定资产、无形资产等,资金的主要特点如下:

（1）资金的物质性

资金的物质性指一定资金反映一定的物质内容,是一定物资财产的货币表现。当然,资金的占用形态可以是固定资产、流动资产、无形资产等,但均应是可计量的,是一定资源的货币表现。

（2）资金的周转性

运动是资金的根本特性,是资金本性的具体表现。资金只有在不停的循环和周转的过程中,才能保存自己并得到增值,也才能发挥它的机能和作用。

（3）资金的增值性

资金增值是资金运动的目的所在。如果资金不能带来增值额,资金的所有者就不会将其投入运营过程。资金运动的结果,当然会发生价值耗费和转换,但这部分耗费和转换必须在数量上得到补偿,不能发生任何损失和减少,并尽可能地使自己价值增大,实现资金的增值。

2. 资金运动

企业按照经营目标开展业务经营活动,资金形态就会不断变化,并贯穿于业务经营过程的始终,形成资金的运动过程。

资金运动包括三个方面:资金的筹集和投入,资金的周转和循环,资金的退出。从资金的运动情况,可以看出旅行社的经营效率。

筹集资金是资金运动的起点,也是旅行社经营的先决条件。资金的周转和循环是指随着旅行社的运转资金也相应运转,并在这个过程中变换外在表现形式,最终回到初始的表现形式。资金的退出是指由于旅行社经营发生困难或投资主体的兴趣转移,而将资金从企业抽走。

（二）资金的时间价值

资金的时间价值,又叫货币的时间价值,是指资金在周转使用中由于时间的推移而发生的增值现象。由于资金具有增值性的特点,一定量的资金在不同时间点上具有不同的价值。

今天一定量的资金比未来的同量资金具有更高的价值。

资金的时间价值是经济活动中的一个重要概念,也是资金使用中必须认真考虑的一个因素。利息是衡量资金时间价值的最简单方法。比如,银行的年利率是5%,企业将10000元存于银行,一年后将变为10500元,也就是说,这10000元经过一年时间的投资增加了500元,这就是资金的时间价值。如果企业将这10000元投资于某项经营活动,则该经营活动的年资金利润率必须高于5%才合理。因此,银行的利率就成为企业资金利润率的最低界限。

利息可分为单利和复利两种。单利是指每期利息均按原始本金计算利息的方式;复利是指不仅本金计算利息,上期利息也加入本期本金计算利息的方式。复利是西方经济社会普遍采用的计息方法。

复利计息的时间,一般以一年或半年为一期,也可以比较短的时间(如一季)为一期计算。设本金为P,利率为i,计息数为n,根据复利计算公式,本期期末"本利和"即复利终值F为

$$F_n = P(1+i)^n$$

上式中,$(1+i)^n$为"复利综值系数",可以通过查阅"复利综值系数表"得知。

例如,某人将10000元存入银行,定期3年,年利率为6%,3年后的复利终值为

$$F_3 = 10000(1+6\%)^3$$
$$= 11910$$

与复利终值相对应的是复利现值。复利现值指未来一定时间的特定资金按复利计算的现在价值,或者说,为了取得一定的复利终值,现在所需存入的本金。已知

$$F_n = P(1+i)^n$$

可求得　　　　　　　　　　　$$P = F_n(1+i)^{-n}$$

上式中,$(1+i)^{-n}$为"复利现值系数",可以通过查阅"复利现值系数表"得知。

例如,银行的现行复利年利率为6%,若要在4年后达到本利40000元,问现在应一次存入多少元到银行?

根据复利现值公式

$$P = 40000(1+6\%)^{-4}$$
$$= 40000 \times 0.792$$
$$= 31680$$

计算资金时间价值的另一方法是年金。年金是指在一定时期内,每隔相同时间,支付或收入相同数额的款项。由于间隔时间通常为以年为单位,所以该相同的固定数额被称为年金。折旧、利息、现金、保险费等通常表现为年金。

年金按其收入或支出所发生的时间,可以分为期初年金和期末年金。每期期初所发生的定额款项叫期初年金,又叫即付年金;每期期末发生的定额款项叫期末年金,又称普通年金。

年金按其贴息的时序,可以分为年金复利终值和年金复利现值两种。年金复利终值是指每隔相等时间支付或收入相同的固定金额,直至最终值,并按复利计算本利和。年金现值是指一定时期内,每间隔相等时间支付或收入等额款项的现有价值。下面分别介绍它们的计算方法。

① 期末年金复利终值。计算公式为

$$F_R = A[(1+i)^n - 1]/i$$

式中：F_R 为期末年金复利终值；

　　A 为按期支付（收入）的等额款项；

　　$[(1+i)^n-1]/i$ 为年金终值系数。

　　② 期初年金复利终值。期初年金由于是在期初发生的一定款项，计算时可以利用期末年金终值系数，加以适当调整。年金款项期数为 n，先查（$n+1$）期的期末年金终值系数，然后将系数减去 1，即为 n 期的期初年金复利终值系数。

　　③ 年金现值。计算公式为

$$F_R=A[1-(1+n)^{-n}]/i=A[(1+i)^n-1]/i(1+i)^n$$

式中：F_R 为年金现值；

　　A 为每期期末发生的等额款项；

　　$[(1+i)^n-1]/i(1+i)^n$ 为期末年金现值系数。

　　④ 期初年金现值。期初年金现值是各期期初所发生的等额款项的现值之和。期初年金第一期所发生的款项即为现值，不必折现。利用期末年金现值系数进行计算时，可作如下调整：n 期期初年金，查（$n-1$）期的期末年金现值系数，然后加上 1，即为所需的期初年金现值系数。

（三）资金筹集

资金筹集是旅行社向外部有关单位或个人，以及从旅行社内部筹集业务经营所需要资金的一种财务活动。一般而言，旅行社有如下资金筹集方式。

1. 吸收直接投资

吸收直接投资是指企业以协议等形式吸收国家、其他企业、个人和外商等直接投入资金，形成企业资本金的一种筹资方式。

资本金是企业在工商行政管理部门注册登记的资金。从 1993 年 7 月 1 日开始，我国实行资本金制度。根据《旅行社条例》，在我国申请设立旅行社，经营国内旅游业务和入境旅游业务的，应有不少于 30 万元的注册资本金。

建立资本金制度，是我国企业财务管理的一项重大改革，对旅行社而言，主要有如下意义：

① 建立资本金制度，明确了产权关系，体现了资本保全的原则，使所有者权益从制度上得到保障，从而保证了企业的生存和发展，并可以吸引更多的民间投资、外商投资。资本保全原则是指企业筹集的资本金，在生产经营期间，投资者除依法转让外，不得以任何方式抽走。

② 建立资本金制度能正确反映旅行社资产负债情况，有利于旅行社的债权人或者旅行社有业务往来的其他经济实体了解旅行社资本金的规模和资信状况，从而了解旅行社的偿债能力。

③ 建立资本金制度有利于旅行社真正成为自主经营、自负盈亏、自我约束、自我发展的经济实体，从而如实反映企业的经营状况，正确计算其盈亏水平。

按照投资主体的不同，资本金可为以下四种：

① 国家资本金。指有权代表国家投资的部门或机构，以国有资金投入企业的资本金。

② 法人资本金。指具有法人资格的其他企业以其依法可以支配的资产投入企业形成的资本金。

③ 个人资本金。指企业内部职工或者社会个人以其合法财产投入企业形成的资本金。

④ 外商资本金。指外国投资者和我国港澳台地区投资者,以其依法可以支配的资产投入企业形成的资本金。

2. 股票筹资

股票筹资是股份制企业的基本筹资方式,根据国务院 1993 年 4 月 22 日发布的《股票发行与交易管理暂行条例》,股票发行人必须是具有股票发行资格的股份有限公司。

股票是股份有限公司签发的证明股东按其所持股份享有权利和承担义务的书面证明。股票的持有者称为股东或持股人,股票代表其持股人在公司中的财产或所有权。

股票按投资主体不同可分为国家股、法人股、个人股和外商投资股;按票面有无金额,可分为面值股票和无面值股票;按发行方式,可分为记名股票和不记名股票;按发行地区,可分为 A 种股票(供国内投资者用本国货币购买的股票)、B 种股票和 H 种股票(供外国投资者和我国港、澳、台人士投资的股票),以人民币标明金额但以外币认购交易的股票,B 股在国内上市,H 股在香港上市。

旅行社在通过发行股票筹集到资本金以后,根据现代企业财务管理的基本原则,无论其组织形式如何,都必须坚持资本保全的原则,维护投资者对其出资所拥有的权利和义务。

3. 负债筹资

企业负债是指企业承担的能以货币计量的需要以资产或劳务偿付的债务。随着信用的发展,负债筹资已成为现代企业筹资的主要方式。一般认为,通过举债筹资可以增加投资者的收益,这种作用称为"财务杠杆作用"。但作为投资者也应清醒认识到,负债筹资也增大了财务风险。因此,企业需要在风险与预期收益之间进行权衡,以做出正确的抉择。一般来说,如果企业的盈利率高于借款利率,那么企业通过借入资本,就可以为企业谋取更多的盈利;反之,如果企业的盈利率低于借款利率,那么企业借入资本越多,企业的盈利就越少,甚至可能导致企业亏损,这就是所谓的财务风险。现举例说明:

有三家同类的企业,股权资本都是 100 万元,银行借款利率 5%,企业盈利率均为 10%。A 企业不利用借入资本,杠杆作用为零;B 企业借入资本 100 万元,杠杆作用为 50%[100 万元 /(100 万元 +100 万元)];C 类企业借入资本 200 万元,其杠杆作用为 67%[200 万元 /(100 万元 +200 万元)]。这三家企业的经营结果如表 7-1 所示。

表 7-1　不同财务杠杆下的经营结果(1)

项目	A	B	C
注册股权资本 / 万元	100	100	100
借入资本 / 万元	0	100	200
经营资本总额 / 万元	100	200	300
杠杆作用 /%	0	50	67
企业盈利率 /%	10	10	10
盈利额 / 万元	10	20	30
减:利息支出 5%/ 万元	0	5	10
年度净利润额 / 万元	10	15	20

从表 7-1 可看出,在企业盈利率大于银行借款利率的情况下,借入资金可以为企业获得更多的盈利。但如果假设三个企业的盈利率只有 5%,而银行借款利率为 8% 的话,就会得出相反的结论,如表 7-2 所示。

表 7-2　不同财务杠杆下的经营结果(2)

项目	A	B	C
注册股权资本 / 万元	100	100	100
借入资本 / 万元	0	100	200
经营资本总额 / 万元	100	200	300
杠杆作用 /%	0	50	67
企业盈利率 /%	5	5	5
盈利额 / 万元	5	10	15
减:利息支出 8%/ 万元	0	8	16
年度净利润额 / 万元	5	2	−1

目前在我国,负债筹资主要有以下几种方式:

(1)银行借款

银行借款是旅行社经常利用的筹资方式之一,借款种类很多,如流动资金借款、基建借款、外汇借款等。

(2)发行债券

债券是企业为筹集长期资金而发行的有价证券,通常企业为追加经营资金而采用发行债券筹集资金。持券人可以按期取得固定利息,到期收回本金,但无权参与公司经营管理,也不参加分红,且对公司债务不承担连带责任。债券的分类标准很多。按发行方式划分,债券分为记名债券和不记名债券;按偿还方式划分,债券可分为定期偿还债券和随时偿还债券;按有无抵押品担保划分,债券可分为抵押债券和信用债券等。

(3)租赁

租赁是指有偿出让物件使用权的经济行为。从租赁的产生和发展看,其基本思想是"收益于使用财产而非拥有财产",俗称"借鸡生蛋"。在租赁期内,承租人定期向租赁公司缴付租金,拥有此项设备的使用权,而出租人则享有法律上的所有权。租赁可分为经营租赁和融资租赁。

经营租赁是由租赁公司向承租单位在短期内提供租赁设备,并提供租赁设备的维修、保养、人员培训等服务。租赁合同期内,承租单位按照协议有权发出书面通知取消合同。这种租赁,企业不必先付款即可取得设备使用权,有一定的短期筹资作用。

融资租赁,又称金融租赁、理财租赁或资本租赁,具有如下特点:

① 由承租人而不是出租人负责设备的选择、保险、保养和维修,由出租人负责垫付货款购买设备;

② 租赁期内设备的使用权和所有权分开,设备的所有权属出租人,使用权属承租人;

③ 租赁期满,承租人在付清最后一次租金并加付一定数量的转让费后,即取得这项设备的所有权;

④ 租赁期内,双方无权取消合同;

⑤ 租赁期内设备只租给一家企业使用,租金大体等于设备售价(包括运杂费+包装费)-残值+贷款利息+租赁公司管理费;

⑥ 租期较长,一般设备为3~5年,大型设备可以在10年以上。

融资租赁不像经营租赁那样"借物还物,定期付租",而是"借物还钱,分期付款",它事先不必投资,只需预付10%~20%的保证金,就可以获得设备使用权,所以其优点在于当企业急需某种设备,但手头又没有足够的资金支付设备价款时,即可找租赁公司代购设备,然后由企业向租赁公司租赁,有人把它比喻为"借鸡生蛋,用蛋还钱,还钱得鸡"。

（4）商业信用

商业信用是指企业间在商品交易中,以延期付款或预收货款进行购销活动而形成的借贷关系。商业信用几乎是所有企业都可采用的短期筹资方式。在我国,随着社会主义市场经济体制的建立和商品经济的发展,商业信用得到广泛应用。旅行社的日常业务中经常产生商业信用行为,如应付账款、应付票据及预收账款等。

（四）资金成本

资金成本是资金使用者为筹集和使用资金而支付的各种费用。资金成本包括资金使用费用和资金筹集费用两种。资金使用费具体包括需支付的股利、利息等,筹资费用具体包括委托金融机构代理发行股票、债券所支付的发行费,向银行借款所支付的手续费等。

为便于分析和比较,资金成本一般以相对数表示。企业使用资金所负担的费用与筹集资金净额的比率,成为资金成本率(一般为资金成本)。其计算公式为

资金成本(率)=资金使用费用/(筹集总金额-资金筹集费用)

资金成本是企业筹集使用资金所真实发生的成本,对企业盈利有很大的影响。在评价企业投资效益时,资金成本可作为一个参照指标,参与企业的决策分析。一般而言,一个投资项目,只有其投资收益率高于资金成本率,经济上才算合理。

（五）流动资产管理

流动资产是指企业可以在一年内或者超过一年的一个营业周期内变现或者耗用的资产,包括现金、各种存款、短期投资、应收及预付账款和存货等。相对而言,旅行社经营所需固定资产较少,而流动资产占有较大比例。因而,流动资产的管理在旅行社财务管理中占有重要地位。

1. 现金管理

现金主要包括库存现金、银行活期存款及即期或到期的票据。现金是流动性最强的资产,加强对现金的管理具有十分重要的意义,主要管理措施有:

① 对现金的库存限额进行核定。旅行社库存限额应由开户行按照需要核定,一般以3~5天的日常量开支为限,最多不超过15天的日常零星开支。

② 严格限制资金使用范围。旅行社的现金主要用于员工工资、津贴和奖金,劳保、福利及国家规定的对个人的其他现金支出,个人劳务报酬(稿费、讲课费及其他专门工作报酬),出差人员随身携带的差旅费等。

③ 严格现金收支管理。旅行社应将现金于当日送存开户银行,不得坐支现金(即从现金收入中直接支付),特殊情况需银行批准。

2. 应收及预付款项管理

应收及预付款项是指旅行社在业务经营中所发生的应收而未收的款项,包括应收账款、应收票据、其他应收款和预付账款等。其中,应收账款容易变为坏账,因而,加强对应收账款的管理十分重要。目前,国际通行的处理坏账损失并专门提取资金以备弥补就显必要。根据新的财务制度规定,企业可在年度终了提取坏账准备金,计入管理费用。国际旅行社按年末应收账款余额的1%提取,其他旅游企业按年末应收账款余额的3‰~5‰提取。

3. 存货管理

存货在旅行社业务中所占流动资产的比例比一般企业低,但存货管理也是旅行社财务管理的一项组成内容。旅行社应加强存货的监督管理,以减少不必要的损耗,争取使存货保持在最优水平上。

三、旅行社的成本费用管理

旅行社经营收入大约有90%用来支付成本费用,因此,在旅行社的财务管理中,成本费用管理就显得非常重要。旅行社要提高利润,就得从成本核算、分析和控制等方面来实现。科学的成本费用管理,可使成本费用大大降低,从而显著提高企业的利润率。

(一)旅行社成本费用的概念及分类

旅行社成本费用是指旅行社在一定时期内的经营活动过程中发生的以货币额表现的各种耗费。根据成本发生的对象,旅行社的成本费用可以分为营业成本和期间费用两大部分。其中,营业成本是指旅行社在经营过程中发生的各种直接支出;期间费用是指旅行社为管理和组织经营活动及资金运行所发生的支出,包括营业费用、管理费用、财务费用等。

需要说明的是,旅行社在经营过程中主要耗费的是活劳动,即人工耗费。但是,在旅行社财务管理的实践中,要将人工费用列入营业成本比较困难。因为,旅行社销售的旅游产品往往是综合性的,哪种产品花费了多少人工费用,应负担多少工资,没有一个合理的分摊依据,不便直接予以对象化。因此,旅行社对于一定时期内发生的人工费用,按照财务会计的"简化核算"的原则,统一计入期间费用。

要判断旅行社在经营活动中的支出应列入营业成本还是列入期间费用,应以该项支出能否直接归属于某个特定核算对象为标准,具体从以下两方面予以把握:

① 从支出的效益对象看,凡是直接支出并效益于旅游团(者)方面的费用应列入营业成本,如房费、餐费、交通费等支出。

② 从支出的性质来看,凡是属于代收代付性质的支出应列入营业成本,如票务费支出等。

(二)旅行社成本费用的内容

1. 营业成本

根据国家统一财会制度的规定,旅行社在经营过程中发生的各项直接支出,计入营业成本,其内容包括各项代收代付费用,如房费、餐费、交通费、文娱费、行李托运费、票务费、门票费、专项活动费、签证费、陪同费、劳务费、宣传费、旅游者人身保险费、机场费。

2. 期间费用

期间费用包括营业费用、管理费用和财务费用三部分。营业费用和管理费用的划分依据是费用发生的环节,具体标准是:凡属外联、接待、门市等营业部门发生且不易计入营业成本的费用,均列入营业费用;凡属管理职能部门发生且不易分摊的费用,均列入管理费用。

（1）营业费用

旅行社营业费用是指旅行社各营业部门在经营过程中发生的各项费用。主要包括运输费、装卸费、包装费、保管费、旅行社财产保险费、燃料费、水电费、展览费、广告宣传费、邮电费、差旅费、洗涤费、清洁卫生费、低值易耗品摊销、物料消耗、经营人员的工资（含奖金、津贴和补贴）、员工福利费、工作餐费、服务费,以及其他营业费用。

（2）管理费用

旅行社管理费用是指旅行社为组织和管理经营活动而发生的费用,以及由企业统一负担的费用。主要包括公司经费、工会经费、职工教育经费、劳动保险费、待业保险费、劳动保护费、董事会费、外事费、租赁费、咨询费、审计费、诉讼费、绿化费、土地使用费、土地损失补偿费、技术转让费、研究开发费、按规定需要在费用中列支的税金,以及公共性的、不易分摊的燃料费、水电费、折旧费、无形资产摊销、开办费摊销、交际应酬费、坏账损失、存货盘亏和毁损、各级管理费及其他费用。

（3）财务费用

旅行社财务费用是指旅行社为筹集资金而发生的费用,包括企业经营期间发生的利息净支出（指旅行社支付给银行的贷款利息抵减存款利息收入后的支出）、汇兑净损失（指外币业务折算时,由于汇率变动而产生的汇兑损失扣除汇总收益后的损失）、金融机构手续费、加息及筹资发生的其他费用。

（三）旅行社成本费用的管理的原则和方法

1. 旅行社成本费用管理的原则

（1）利润中心原则

旅行社进行成本费用管理的目的是提高经济效益,而经济效益最直接、最根本的表现形式是利润。利润中心原则就是指企业要以最少的劳动耗费获得最大的经济成果。

（2）分级定额原则

分级,即将指标分解,层层落实;定额,即将成本定额化,如导游带团消费标准等。分级定额原则就是指旅行社要按成本费用内容进行分类和分级归口,建立健全会计制度,坚持以责任部门为核算基础,严格执行各项成本费用开支标准和定额指标。

（3）计划预估原则

旅行社应编制管理的成本计划,从而为各项具体成本消耗和成本控制提供数量标准,对成本实行标准化、系统化管理,将成本控制工作变事后为事前,同时,在实际工作中,一旦发生实际成本与目标成本比较有明显距离,就应及时寻找原因并采取相应措施,挖掘内部潜力,不断降低成本消耗。

（4）权责发生制原则

权责发生制强调各期的收支应归属相应各期,并按会计期间收入与成本相应的原则进行成本核算。根据该原则,凡属于本期的成本费用,不论其是否已支付,均应列入本期的成本费用,由本期营业收入抵扣;凡不属于本期负担的成本费用,即使在本期已经实际支出,也不应作为本期成本费用来处理,而应由各受益期分担。

2. 旅行社成本费用管理的方法

（1）全员理财

旅行社成本费用的形式与企业全体员工密切相关。为此,旅行社应把降低成本任务的指标和要求在旅行社内部横向、纵向层层下达到部门、科室、员工,形成以责任人（部门经理）为中心的全员理财。各部门应把分摊的降低成本任务的指标和经济效益紧密结合起来,把压缩费用开支变成每个员工的自觉行动。要让全体员工都明白这样一个道理:降低1%的成本,意味着旅行社能净赚几十万甚至几百万元。

（2）全过程管理

旅行社经营管理过程也是成本管理过程。要建立事前成本制度,实行全过程管理。这个过程包括旅游线路的设计、安排准备、团体出发、售后服务等一系列工作,它们都应考虑成本费用的因素。

（3）财务稽查

一方面,要对每一次的报销及相应的原始记录进行检查,以达到查错防弊的目的,对成本的发生起到控制作用。另一方面,要建立上下级之间的稽查,做到审批与经办分管,坚持以确定的责任为约束,检查责任的履行情况。同时,总经理应向全体员工报告每月的经营情况,形成下级对上级的一种审查、制约,以期达到降低成本、节约开支、不断提高经济效益的目的。

四、旅行社营业收入与利润管理

（一）旅行社营业收入管理

旅行社营业收入是指旅行社提供旅游服务所得的货币收入。根据国家统一财会制度的规定,旅行社代收代付的费用也应全部计入营业收入总额。

旅行社确认营业收入的实现有两个基本条件:一是旅行社的劳务已经提供;二是已收到价款或已取得了收取价款的凭据。这两个条件必须同时具备。另外,旅行社还应根据其业务特点,合理界定营业收入的实现时间,即旅行社（不论是组团社还是接待社）组织境外旅游者到境内旅游,应以旅行团队离境（或离开本地）时确认营业收入实现;旅行社组织国内旅游者到境内旅游,应以旅行团旅游结束返回时确认营业收入的实现;旅行社组织国内旅游者在境内旅游,接待社应以旅行团离开本地,组团社应以旅行团旅游结束返回时确认营业收入的实现。

但是,旅行社销售的是无形产品,一般又采用远期销售（即先预订,后消费）的方式,因此,不可能是"一手交钱,一手交货"的现款交易,而只能采取预付或事后付款两种方式。这使得旅行社在营业收入核算时,常常遇到收入归属难以确定的问题,即营业收入的形成和货币资金的收回不在同一个会计期,需确定归属原则。同成本核算一样,营业收入的核算也应采用权责发生制。

（二）旅行社利润管理

旅行社利润是指旅行社在一定时期内的收入扣除成本费用等各项支出以后的差额,旅行社利润集中反映企业经营活动的成果。

旅行社利润总额由营业利润、投资净收益、营业外收支净额三个部分组成。

营业利润是旅行社在业务经营中取得的营业收入扣除营业成本、营业费用、营业税金及附加、管理费用、财务费用后的净额。

投资净收益是指旅行社投资收益扣除投资损失后的净额。投资收益包括对外投资分得的利润、取得的股利、债券利息、投资到期收回或者中途转让取得的款项高于账面净值的差额。

营业外收支净额是指旅行社营业外收入扣除营业外支出后的净额。营业外收入与营业外支出是指与旅行社经营无直接关系的各项收入与支出。营业外收入包括固定资产盘盈和变卖的净收益、罚款净收入、确定无法支付而按规定经批准后转作营业外收入的应付款、礼品折价收入、其他收入等。营业外支出包括固定资产盘亏、毁损和报废的净损失,非常损失,赔偿金,违约金,罚金,公益救济性捐赠等。

利润管理的主要内容是对利润进行预测,规划目标利润,即确定旅行社在一定时期内要实现的利润目标。一般公式如下:

目标利润 = 预计营业收入 - 目标营业成本 - 预计营业税金 - 预计期间费用

目标利润确定后,可用"量、本、利分析法",测算需要提高多少业务量,需要降低多少成本和期间费用,才能实现目标利润,主要公式如下:

保本销售量 = 期间费用总额 / [单价 × (1- 税率)- 单位变动费用]

实现目标利润的销售量 = (期间费用总额 + 目标利润)/ [单价 × (1- 税率)- 单位变动费用]

实现目标利润的销售收入 = (期间费用总额 + 目标利润)/(1- 税率 - 单位变动费用 / 单价)

由于旅行社销售的产品,其路线、季节、档次及服务要求等都不规范,其采购成本及售价也视市场供求关系的变化及同行的激烈竞争而有很大的波动,因此,公式中的单价及单位变动费用一般只能采用平均值进行估算。

在旅行社的销量有一定限制的情况下,主要依靠降低成本来实现目标利润。当然,如果旅行社在实际工作中,能采取开拓市场与降低成本双管齐下的办法,那么无疑效果会更佳。目标利润确定后,要按责任层层分解为各种分指标,逐级下达,层层落实,把各种承办指标与各种形式的责任制纳入管理范围;把员工的收入与企业实现的经济效益挂钩,使员工事事、处处关心企业目标利润的实现。

（三）旅行社利润分配管理

利润分配直接涉及国家、投资者、企业和员工个人各个方面的经济利益。

1. 旅行社所得税

旅行社利润按照国家规定作相应调整后,应依法缴纳所得税。企业所得税,以实行独立核算的企业或组织为纳税人,以相应调整后的应纳税所得额为计税依据,按照规定的税率计算应纳的所得税。计算公式如下：

应纳税所得额＝利润总额－弥补以前年度亏损－税前扣除项目＋纳税调整项目（或－纳税调减项目）

应纳所得税＝应纳税所得额 × 所得税税率

公式中的"税前扣除项目"是指与纳税人取得收入有关的成本、费用和损失。"纳税调整（或调减）项目"是指按会计规定已列入成本、费用和损失，但按税法规定不能列入成本、费用和损失的项目。

例如，某旅行社本年度利润总额 200000 元，上年没有未弥补亏损。本年度税前扣除项目总计为 5000 元，纳税调整项目 15000 元。如果所得税税率按 33% 计算，那么问该旅行社应缴纳的所得税额是多少？

现根据所得税计算公式计算如下：

应纳税所得额 =200000-0-5000+15000=210000

应纳所得税 =210000 × 33%=69300

2. 旅行社利润分配原则

旅行社在缴纳所得税后，就要对利润进行分配，分配的主要原则是：

① 合法性原则。旅行社在进行利润分配时，必须遵守国家财经法规。

② 兼顾原则。国家、投资者、企业和员工是利润分配的主体，旅行社必须兼顾这四方面的利益。

③ 弥补亏损原则。旅行发生年度亏损，可用下一年的利润来弥补；若下一年度利润不足以弥补，则可以在 5 年内延续弥补；延续 5 年未弥补的亏损，可用所得税后利润弥补。

3. 旅行社利润分配的一般程序

根据国家财务制度和企业章程，旅行社的利润总额在缴纳企业所得税后一般按下列顺序分配。

① 支付各种被没收的财务损失以及各项违反税法规定的滞纳金和罚款。

② 弥补以前年度亏损。

③ 提取公益金。公益金主要用于企业职工的集体福利设施支出。

股份公司的利润分配程序有所差异，具体顺序如下：

① 支付被没收的财务损失，以及各项税收的滞纳金和罚款。

② 弥补以前年度亏损。

③ 提取法定盈余公积金。法定盈余公积金的提取办法与一般企业相同。

④ 提取公益金。

⑤ 支付优先股股利。

⑥ 提取任意盈余公积金。任意盈余公积金按照公司章程或者股东会议决议提取和使用。

⑦ 支付普通股股利。

五、旅行社的财务分析

财务分析是指对财务指标的完成情况所作的分析，是财务管理的一个重要组成部分。旅行社通过财务分析，可对企业的财务状况、经营成果有一个全面正确的认识，这就是客观上为旅行社以后的正确决策提供了科学依据。

（一）旅行社财务分析的依据

目前我国旅行社财务分析的主要依据是企业财务报告。企业财务报告是反映企业财务状况和经营成果的总结性书面文件，包括财务报表和财务情况说明书两部分。财务报表是企业根据日常会计核算资料定期编制、用来反映企业在一定时期内财务状况经营成果及其变动的完整的报告体系，主要包括资产负债表、损益表、财务状况变动表和经营情况表等。财务情况说明书是以文字形式，通过运用财务分析和经济分析方法，对企业财务状况、经营成果及其变动做出全面描述。这里我们主要介绍资产负债表、损益表两种最基本的财务报表。

1. 资产负债表

资产负债表也称财务状况表，是反映企业在某一特定日期（月末、季末、年末等）全部资产、负债和所有者权益情况的报表，通过资产负债表，可以全面综合地了解企业资产、负债和所有者权益的组成情况，用来分析企业的偿债能力和获利能力。

资产负债表根据"资产 = 负债 + 所有者权益"的会计等式进行设计。从结构上看，资产负债表主要包括资产、负债和所有者权益三大类项目，分列在表的左右方。表的左方是资产项目，反映企业拥有资产的分布状况，右方为负债和所有者权益项目，反映企业所负债务和所有者权益状况。

（1）资产项目

资产项目共分为五大类，按资产流动性的强弱或变现能力大小分项排行，依次为：

① 流动资产。包括货币资金、短期投资、应收账款、坏账准备、应收账款净额、其他应收款、存货、待摊费用、待处理流动资产净损失、一年内到期的长期债券投资和其他流动资产等项目。

② 长期投资。包括长期债券投资、股票投资和其他投资。

③ 固定资产。包括固定资产原价、累计折旧、固定资产净值、固定资产清理、在建工程和待处理固定资产净损失等项目。

④ 无形及递延资产。包括无形资产和递延资产。

⑤ 其他资产。反映除以上资产以外的其他长期资产。

（2）负债及所有者权益项目

负债项目列于表右方的上面，所有者权益项目列于表右方下面。负债项目可分为流动负债和长期负债，前者需要在一年以内或一个营业周期内偿还，后者在一年以上或一个营业周期以上才需偿还，按债务需要偿还的先后顺序，顺次为：

① 流动负债。包括短期借款、应付账款、其他应付款、应付工资、应付福利费、未交税金、未交利润、其他未交款、预提费用、一年内到期的长期负债、其他流动负债等项目。

② 长期负债。包括长期借款、应付债券、长期应付款和其他长期负债等项目。

③ 所有者权益。包括实收资本、资本公积、盈余公积、未分配利润等项目。

按需要偿还的先后顺序排列，可以反映企业各种债务需要偿还的实践性，将资产负债表的左右方进行对比，就可看出企业尚需偿还的债务和偿债能力。资产负债表的具体格式见表 7–3。

表 7-3　资产负债表

编制时间：　　　年　　月　　日　　　　　　　　　　　　　　　　　　　　单位：元

资产	行次	年初数	期末数	负债及所有者权益	行次	年初数	期末数
流动资产：				流动负债：			
货币资金	1			短期借款	30		
短期投资	2			应付票据	31		
应收票据	3			应付账款	32		
应收账款	4			预收账款	33		
减：坏账准备	5			其他应付款	34		
应收账款净额	6			应付工资	35		
预付账款	7			应付福利费	36		
应收补贴款	8			未交税金	37		
其他应收款	9			未付利润	38		
存货	10			其他未交款	39		
待摊费用	11			预提费用	40		
待处理流动资产净损失	12			一年内到期的长期负债	41		
一年内到期的长期债券投资	13			其他流动负债	42		
其他流动资产	14			流动负债合计	43		
流动资产合计	15			长期负债：			
长期投资：				长期借款	44		
长期投资	16			应付债券	45		
固定资产：				长期应付款	46		
固定资产原价	17			其他长期负债	47		
减：累计折旧	18			其中：住房周转金	48		
固定资产净值	19			长期负债合计	49		
固定资产清理	20			递延税项：			
在建工程	21			递延税款贷项	50		
待处理固定资产净损失	22			负债合计	51		
固定资产合计	23			所有者权益：			
无形资产及递延资产：				实收资本	52		
				资本公积	53		
				盈余公积	54		
无形资产	24			其中：公益金	55		
递延资产	25			未分配利润	56		
无形及递延资产合计	26			所有者权益合计	57		
其他长期资产：							
其他长期资产	27						
递延税项：							
递延税款借项	28						
资产合计	29			负债及所有者权益总计	58		

2. 损益表

损益表又称收益表,是反映企业在一定时期内(月度、季度、年度等)利润或亏损形成情况的报表。通过损益表可以从总体上了解企业收入、成本和利润(或亏损)组成情况,以及由此所计算出来的利润(或亏损)的分配情况。损益表是了解企业经营业绩尤其是获利水平的主要报表。

损益表通常由两部分组成:主表;附表。主表即损益表的主要内容,是反映一定时期(月、季、年)的收入、成本、费用和损失,附表即利润分配表和主营业务收支明细表,则反映一定时期内的利润分配情况及主营业务利润的具体组成。

损益表和利润分配表的具体格式见表 7-4 和表 7-5。主营业务收支明细表略。

表 7-4　损　益　表

编制单位:　　　　　　　　　　年度　　　　　　　　　　　　　　　单位:元

项目	本月数	本年累计数
一、营业收入		
减:营业成本		
营业税金及附加		
销售费用		
管理费用		
财务费用		
资产减值损失		
加:公允价值变动收益(亏损以"-"号表示)		
投资收益(亏损以"-"号表示)		
二、营业利润(亏损以"-"号表示)		
加:营业外收入		
减:营业外支出		
三、利润总额(亏损以"-"号表示)		
减:所得税费用		
四、净利润(亏损以"-"号表示)		

表 7-5　利润分配表

编制单位:　　　　　　　　　　年度　　　　　　　　　　　　　　　单位:元

项目	行次	本年实际	上年实际
一、利润总额	1		
减:应交所得税	2		
二、税后利润	3		
减:应交特种基金	4		
加:年初未分配利润	5		

续表

项目	行次	本年实际	上年实际
三、可供分配的利润	6		
加：盈余公积补亏	7		
减：提取盈余公积	8		
应付利润	9		
四、未分配利润	10		

"损益表"包括两栏数字，"本月数"栏反映各项目本月实际发生额，"本年累积数"栏反映各项目的年初至本期末的累计实际发生额。根据损益表我们可计算出旅行社在一定时期内的利润情况。

利润分配表也包括两栏数字："本年实际"与"上年实际"，主要是为了分析和对比旅行社本年利润分配与上年利润分配的变动情况。同样，根据利润分配分别也可计算出旅行社年末可供分配的利润和未分配利润的结余情况，这两种利润分配的计算实际上反映了先国家后企业再投资者的经济关系。

（二）旅行社财务分析与评价

根据新的财务制度规定，旅行社进行财务评价主要包括偿债能力指标、营运能力指标和盈利能力指标三个方面的内容。

1. 偿债能力指标

偿债能力是指企业偿还各种到期债务的能力，运营偿债能力指标，可以判断企业负债的安全性和短期负债的偿还能力，主要包括流动比率、速动比率和资产负债率三个指标。

① 流动比率。流动比率是企业流动资产与流动负债的比率，计算公式为

$$流动比率 = 流动资产 / 流动负债 \times 100\%$$

流动比率主要衡量企业流动资产在短期债务到期前，可以变动现金用于偿还流动负债的能力，它表明企业每一元流动负债有多少流动资产作为支付的保障，是衡量企业短期偿债能力的通用指标。

一般来说，流动比率越高，企业短期偿债能力越强，债权人的权益也就越有保障。需要说明的是，这个指标只能反映财务状况的一个侧面，必须结合其他指标加以综合分析。因为，企业流动比率过高，可能隐藏着存货积压、滞销或者现金过多未能很好地加以运用等毛病。另外，企业经营者在年终时可通过不借款或者借款，或者故意多还借款待下年初再借等手段，人为地提高流动比率。

在西方，流动比率的理想指标被认为是 2∶1，但由于行业性质、营业周期等的差异性，流动比率在不同的行业上有不同的衡量标准。就我国旅行社而言，流动比率保持在 1.5∶1 至 2∶1 被认为是适合的。在这个比率下，旅行社除了具有满足日常经营所需的流动资金外，还有足够的资金余额偿付即将到期的短期债务，表明旅行社财务状况稳定可靠。

② 速动比率。速动比率是指速动资产与流动负债的比率,计算公式为

$$速动比率 = 速动资产 / 速动负债 \times 100\%$$

其中

$$速动资产 = 流动资产 - 存货$$

速动比率主要衡量企业流动资产中可以立即用于偿还流动负债的能力。它可作为流动比率的补充指标。因为有时会发生这样的情况,企业的流动比率较高,但流动资产中易于变现可用于立即支付的资产却很少,这意味着企业的短期偿债能力仍较差。因此,通过扣除流动资产中变现能力较低的存货所得到的速动比率,比流动比率更能准确地反映企业的短期偿债能力。

一般认为,速动比率以 1:1 为好。如果过低,就说明企业的偿债能力偏低;如果过高,就说明企业因拥有过多的货币性资产而失去了若干有利的投资获利机会。但是不同的行业,同一行业中经营状况不同的企业,速动比率的衡量标准会出现差异。比如,采用现金销售或应收账款较少的旅行社,速动比率允许保持低于 1:1 的标准;而以赊销为主或应收账款较多的旅行社,速动比率就应高一些。

③ 资产负债率。资产负债率是企业全部负债与全部资产的比率。计算公式为

$$资产负债率 = 负债总额 / 资产总额 \times 100\%$$

其中

$$负债总额 = 流动负债总额 + 长期负债总额$$

资产负债率是衡量企业利用债权人提供资金进行经营活动的能力,也能反映债权人提供贷款的安全程度。资产负债率越小,企业的长期偿债能力就越强,企业对债权人的保障程度就越大;反之,企业对债权人的保障程度就越小。一般认为,资产负债率应小于 1:1:若该比率小于 1:2,说明企业长期财务状况较理想;若该比率在 1:2 至 1:1 之间,则表明企业虽有偿债能力,但目前财务状况欠佳;若该比率大于 1:1,则表明企业已资不抵债,视为企业破产的警戒线,应特别注意。上述评价标准同样适用于我国旅行社。

另外,资产负债率还能从某种程度上反映企业的生机和经营者的进取精神。一般地,资产负债率较小,说明企业死气沉沉,经营者较为保守,对企业前途信心不足;反之,说明企业充满生机,经营者勇于进取,对企业前途充满信心。

2. 营运能力指标

营运能力是指通过企业业务经营资金周转速度的有关指标所反映出来的企业资金利用的效率,以及企业经营管理和运用资金的能力。运用营运能力指标,可以分析企业销售和应收账款的回收率,揭示企业资金流进、流出速度,以及企业销售活跃度,主要包括应收账款周转率和存货周转率指标。

① 应收账款周转率。应收账款周转率是企业赊销收入净额与应收账款平均余额的比率。计算公式为

$$应收账款周转率 = 赊销收入净额 / 应收账款平均余额 \times 100\%$$

其中

$$赊销收入净额 = 销售收入 - 现销收入 - 销售折让与折扣$$

$$应收账款平均余额 = (期初应收账款 + 期末应收账款)/2$$

应收账款周转率主要用来衡量应收账款变现的速度和管理效率,该指标越高,表明应收账款回收速度越快,企业管理的效率越高,不仅有利于企业及时收回账款,减少或避免坏账损失,而且有利于增强企业资产的流动性,提高企业短期债务的偿还能力。一般认为周转率愈高愈好。

上述分析同样适合旅行社。

② 存货周转率。存货周转率是企业营业成本和平均存货的比率。计算公式为

$$存货周转率 = 营业成本 / 存货平均余额 \times 100\%$$

其中

$$存货平均余额 = (期初存货 + 期末存货)/2$$

存货周转率主要用来衡量企业销售能力和分析存货库存状况,一般认为,该指标越高越好。周转率越高,说明企业经营效率越高,库存存货适度;越低,则说明采购过量或存货积压,要及时处理。由于旅行社销售的是无形产品,一般没有货或很少有存货,故在旅行社财务分析与评价中,不把存货周转率作为主要指标。

3. 盈利能力指标

盈利能力是指企业通过生产经营活动获取利润的能力。运用盈利能力指标可评价企业的资本金收益水平和获利能力。主要包括资本金利润率、营业利润率、成本利润率等。

① 资本金利润率。资本金利润率是企业利润总额与资本金总额的比率,计算公式为

$$资本金利润率 = 利润总额 / 资本金总额 \times 100\%$$

资本金利润率主要用来衡量投资者投入企业资本金的获利能力。一般来说,该指标高于同期银行利率,则适度举债经营对投资者来说是有利的;反之,则会损害投资者的利益。

② 营业利润率。营业利润率是企业利润总额与营业净收入的比率,计算公式为

$$营业利润率 = 利润总额 / 营业收入净额 \times 100\%$$

营业利润率主要用来衡量企业经营活动的获利能力。该比率越高,说明企业通过经营活动获利的能力越强;反之,获利能力则越小。

③ 成本利润率。成本利润率是企业利润总额与成本费用总额的比率,计算公式为

$$成本利润率 = 利润总额 / 成本费用总额 \times 100\%$$

成本利润率主要衡量企业成本费用与利润的关系。一般来说,该指标越高,企业盈利水平越高;反之,企业盈利水平越低。因此,成本利润率越高越好。

就旅行社而言,由于旅行社是旅游中介组织,相对来说不需要太多资本金,因此,旅行社的资本金利润率比一般工商企业要高得多,不能用它作为衡量旅行社盈利能力的主要依据。同样道理,旅行社的成本费用占营业收入的比重偏高,因此,旅行社的成本利润率偏低,该指标也不是衡量旅行社盈利能力的主要指标。旅行社盈利能力的大小应主要看其营业利润率的高低。

上述个性指标是从不同侧面反映旅行社财务状况与经营管理水平的,在运用这些指标进行分析时,一方面要考虑指标的可比性问题,另一方面要准确把握各个指标的意义和适用性问题。

案例 7-2　OTA "三剑客" 三季度财报告诉我们什么?

在线旅游上市公司携程、同程旅行(2021 年 12 月 15 日,同程艺龙宣布更名为同程旅行)、途牛日前发布了 2021 年第三季度财务报告。利润方面,除了同程旅行实现连续 7 个季度盈利外,其他两家企业均处于亏损状态。

对于旅游行业来说,今年三季度依然步履维艰。本该属于旺季的市场,因疫情在多地反复受到影响,这也让不少期盼在三季度打 "翻身仗" 的旅游企业计划落空。从目前情况看,三季度,国内有三分之二以上的旅游企业出现了业绩明显下滑的情况。但是,仔细研读这三家 OTA 的财报不难发现,"三剑客" 依然有表现 "稳健" 的方面,值得业界关注。

疫情影响反弹乏力

从携程、同程旅行、途牛的财报表现上看,三季度营收,除同程旅行维持正增长外,其他两家均存在不同程度的下滑。其中,同程旅行实现营收 19.39 亿元,同比增长 1.3%;途牛营业净收入为 1.15 亿元,同比下降 7.2%;携程净营收为 53 亿元,同比下降 2%,环比下降 9%。

虽然受疫情影响营收反弹乏力,但是,三家 OTA 的主营业务仍有 "向好" 趋势。比如,受益于自营产品收入增加,途牛打包旅游产品收入为 9070 万元,较去年同期增长 5%。

携程的主营业务分别为住宿、交通票务、旅游度假、商旅管理。其中,由于度假需求的增长,以及公司客户基础的扩大和产品组合逐渐优化,旅游度假业务营业收入和商旅管理业务营业收入均实现同比 20% 的增长,为稳固集团整体业绩做出贡献。

尽管携程三季度住宿预订营业收入和交通票务营业收入同比分别下降了 11% 和 5%,但是,携程集团首席执行官孙洁表示,携程国内酒店预订量和国内机票预订量同比去年均实现正增长。

随着本地游继续为国内旅游恢复提供动力,三季度,携程平台上本地用户对本地酒店的预订量和 2019 年同期相比增长了 60% 以上。

值得关注的是,国际旅游市场成为携程稳固基本盘的第二条增长曲线。由于欧洲和美国商旅市场的恢复,携程平台上,国际航班预订量第三季度环比上升近 40%,其中,欧洲机票预订量环比增长 170%。另外,携程海外 "宅酒店" 套餐的订单量较今年初增长超 10 倍。

报告期内,同程旅行的收入主要来自住宿预订业务及交通票务业务。三季度,住宿预订服务收入较 2020 年同期减少 5.8%,但是,同程旅行继续深耕下沉市场,截至今年 9 月 30 日,微信平台新付费用户中约 62.7% 来自我国三线及以下城市。相比 2019 年同期,同程旅行三季度国内住宿预订间夜量增长 25%,其中,低线城市增长率近 45%。此外,随着用户对于交通票务服务相关增值产品需求的增加,同程旅行交通票务服务收入在三季度同比增长 6.6%。

由此可见,三家 OTA 在主营业务上的持续合理布局,让其有了较强的 "抗压" 能力。在市场频繁波动时,没有出现营业收入及利润的断崖式下滑,其中,良好的用户基础、较高的自然增速及持续性的投入都是关键因素。

业绩背后亮点突出

尽管旅游行业的复苏受到疫情影响，但这三家 OTA 在三季度的表现依然有可圈可点之处，而这些方面也正是这几家企业在"跌宕起伏"的市场中继续前行的关键。

每年 1 到 7 月，王女士都要帮在福建生活的父母预订北方避暑行程。今年，她却没有接到父母的"求助电话"。"我们已经通过微信订好了去哈尔滨的机票和酒店，不用你操心啦。"王女士的父亲说，身边的同伴教会了他们如何在同程旅行微信小程序查票、订票、改签。小程序操作起来很方便，一学就会。

如果问同程旅行三季度的业绩亮点是什么？平均月付费用户（MPU）及年付费用户（APU）数量再创新高榜上有名。财报数据显示，三季度，同程旅行平均月活达 2.77 亿人，同比增长 12.7%；平均月付费用户达 3360 万人，同比增长 12.8%。截至今年 9 月 30 日，同程旅行付费用户已增至 1.96 亿人。

在用户"拉新"方面，同程旅行并不盲目，而是有计划地为游客提供细分服务。比如，帮助老年群体更好地拥抱数字时代。同程研究院首席研究员程超功介绍，随着深度老龄化社会的到来，中老年人直接进行线上预订的比例不断提高。因此，平台除了打造适合老年旅游的产品体系提供有效供给以外，还不断借助科技力量满足老年人的旅行需要，适老化改造就是重要一项。另外，流量另一端是来自"Z 世代"潮水般的个性化需求。如何服务好他们？三季度，同程旅行除了继续推出机票盲盒以外，还面向大专院校学生推出"校园卡"，这也成为同程旅行新的流量抓手和营收利器。

尽管未能实现盈利，三季度，途牛的净亏损实现了持续收窄。同时，途牛直营地接产品商品交易总额（GMV）同比增长超过 30%。"这充分体现了消费者对途牛高质量产品的信任度与满意度。"途牛旅游网 CEO 于敦德表示，途牛将继续提升用户体验度，巩固核心竞争力，实现差异化发展。

目前，途牛正聚力打造"大众精品"，在产品细分领域，根据用户的个性偏好，打造定制游、私家团、小包团等产品，用高质量产品解码城市"微旅游"市场，"露营"成为今年的度假热词。三季度，途牛相继推出了森林露营、沙漠露营、房车帐篷露营等多种产品。不仅如此，途牛的旅游产品设计师还将手作、咖啡、电影等元素融入露营套餐，顺应年轻人追求精致露营的潮流趋势。

在出境游业务尚未恢复的情况下，今年前三季度，携程总营收恢复至 2019 年同期的 56%，由此可见，其"深耕国内"战略已有成效。

对于平台型公司而言，评判内容生态成功与否的标准往往是流量的价值增长，衡量流量价值的重要指标通常是从内容到交易的转化。目前看来，携程的交易转化链路愈发清晰。今年旅游旺季，30% 的携程内容用户会在一个月内下单。今年 4 月，携程星球号旗舰店上线。在过去的 7 个月内，星球号旗舰店商家内容发布量、曝光量、粉丝量以及粉丝成交 GMV 均保持着月均 50% 的增速。如今，携程直播已吸引超 3000 家旅业商家入驻，商家开播场次超过 1 万场。此外，在产品层面，今年前三季度，携程酒店套餐所覆盖的高星酒店数量超过 6000 家，实现 10 倍以上增长，酒店套餐日均交易额增加 150 万元。

因势而谋持续创新

在疫情防控常态化下,旅游企业做好了长期作战的准备。如何在处于波动的市场中把握旅游业发展的脉搏,是这三家OTA反复思考和不断尝试的事情,相信其成果很快将体现在接下来的业绩数据中。

发挥科技公司的出身优势,途牛选择在数字化、智能化方面进行提升。现阶段,途牛已建成较为完备的信息化系统,实现了从产品研发到生产,从用户预订、接待到出游归来的一体化闭环服务。随着用户需求越来越多元化和个性化,途牛将不断加快高质量产品、服务、技术在旅游目的地的聚合,优化升级用户体验。比如,依托本土疫情动态监测网络,途牛可以在第一时间为预订待出游用户、出游中用户以及出游归来用户提供有针对性的服务。

智能化、数字化让消费端的应用变得更便捷、更有吸引力,与此同时也在供给端搭建了一座桥梁,让新技术不断延伸至更多旅行场景,也让科技公司和传统企业的"配合战"有了更多新打法。

有业内人士透露,同程旅行长期保持盈利,与公司持续推进智能出行管家(ITA)战略落地有较大关系,尤其表现在产业链赋能战略的落地方面。12月9日,同程旅行继续加码"赋能"业务,宣布成立艺龙酒店科技平台,平台上的7家酒管公司,以及围绕前端酒店品牌做上下游产业链的智能化企业同步亮相。艺龙酒店科技平台是集酒店管理、信息技术和采购贸易于一体的住宿产业综合平台。目前,艺龙酒店科技平台上的酒管公司,数量已超过300家,覆盖了17个省份,签约酒店超过500家。艺龙酒店科技CEO席丹丹介绍,平台上各入驻企业已形成了完整的酒管品牌矩阵,有效提升各酒店品牌与不同区域、不同功能市场的适配程度。

携程高管团队对于四季度的业绩表现,持谨慎乐观态度。今年国庆节假期,携程的国内酒店预订量与2019年同期相比实现两位数增长,国内交通预订量接近疫情前水平。孙洁表示,携程将进一步深耕国内旅游市场,为用户搭建更庞大的消费场景,为平台合作者提供长效赋能计划。同时,虽然新冠肺炎变异毒株德尔塔的出现影响了国际旅游市场恢复的脚步,但是三季度携程在国际市场的发展,也让其看到了更多机遇。在携程集团联合创始人、董事局主席梁建章看来,亚太和欧洲市场仍将是携程布局的重点。事实上,携程已经将"深耕国内"的经验,即"把稳内容、产品、质量、供应链四个方向基本盘"复制到国际市场。以新加坡为例,截至今年8月,通过携程平台预订新加坡本地旅游的订单较去年增长434%,交易额增长270%;携程平台新加坡籍用户数增长超10倍。携程方面认为,国内国际旅游市场双循环的融会贯通,将会释放出更大的市场红利,基本盘保持优势的公司也将迎来前所未有的机遇。

与此同时,"企业责任"也出现在携程和同程旅行的企业财报中。有业者注意到,国内企业越来越重视履行社会责任,助力乡村振兴。通过线上线下结合的方式,输出专业技能、助力农民增收成为这两家企业不约而同的选择。

同程旅行CEO马和平表示,企业的发展离不开经济与社会的发展,具备强烈社会责任感和使命感,能让企业拥有更长远的未来

资料来源:王玮(2021)。

第三节 旅行社的技术管理

对于旅行社来说,技术一方面改善了传统旅行社的办公环境,丰富了传统旅行社的营销手段和交易方式,提高了工作效率;另一方面也催生了新型旅游代理商,它们将领先的技术手段与旅游市场相结合,为旅行服务业带来了新的活力。无论是传统旅行社还是新型旅游代理商,如何利用技术为旅游者的空间移动提供更方便、快捷的服务都是其技术管理的主要目标。

一、技术管理概论

技术管理始于20世纪50年代,相关研究集中在技术发展过程中的资源配置及其组织、管理过程。1987年,美国国家研究委员会将"技术管理"定义为:用于计划、开发和实现技术能力,从而影响和完成组织的战略和运营目标。该定义认为,技术管理强调组织目标的实现以及技术能力的发展及其在产品和服务中的运用,并且与营销等企业内部的其他管理活动密切相关。2002年,美国技术管理学者纳雷安安教授将技术管理定义为从创造价值出发,通过组织与管理,进行技术选择,以保证和实现投资者价值创造的活动和过程。可见,技术管理是通过技术的实施和应用实现组织目标的过程,技术管理是一项特殊的企业职能,其重点因企业性质和目标的不同而不同。

18世纪60年代,第一次工业革命发端于英国,蒸汽火车的出现使旅游者远距离、大规模的空间移动成为可能,直接催生了近代旅游业的产生和发展。在19世纪下半叶至20世纪初的第二次工业革命中,电报、电话等通信技术变革了旅游信息交互方式,汽车的普及则进一步扩大了旅游者的出游范围,旅游活动开始向商务旅行者、新兴中产阶层扩展,现代旅游业随之而来。20世纪中后期,计算机及互联网等技术引领人类社会进入信息时代,全球生产力高度发达,带薪休假不断普及,民用航空技术快速发展,旅游消费所需的可进入性、可支配收入、闲暇时间等基本条件得到保障,旅游活动开始普及化,宣告了大众旅游时代的到来。当前,量子技术、清洁能源、生物技术、人工智能、虚拟现实等高技术群落崛起,并引发新一轮技术和产业变革,以网络化、数字化和智能化为标志的第四次科技革命正席卷全球,不仅催生了一批新型的旅行服务业态,也深刻改变了旅行社的产品内容、营销方式和竞争态势,技术管理成为当前旅行社不可回避的重要课题。

二、技术与旅行社业

技术的运用既给旅行社业的可持续发展创造了更多的机会,又带来了诸多挑战。

(一)技术为旅行社业带来的机遇

1. 促进旅行社新业态的出现和演化

信息技术的广泛应用催生了在线旅游运营商(online tour operator, OTA)的出现,丰富了旅行社业的新业态,其本质上是通过在线的形式为旅游者提供旅行服务的旅行社类型。我国目前规模最大的在线旅游运营商是携程集团。携程于1999年在上海成立,并于

2003年12月9日在美国纳斯达克上市(股票代码:CTRP)。目前携程的产品内容涵盖了从目的地内活动、周末短假及短途旅行,到跨境旅游及商务旅游等不同类型的旅游产品。携程在不断扩张的过程中,也通过对传统旅行社的并购实现"线上+线下"的融合发展。此外,携程从2016年开始加速了全球化的脚步:当年1月战略入股印度领先的在线旅游公司MakeMyTrip;2月,在新加坡成立东南亚区域总部;10月,与美国三大华人地接社纵横、海鸥、途风达成战略合作协议;11月,收购英国旅行搜索平台天巡(Skyscanner);2017年11月,完成对Trip.com的收购;2019年8月,携程通过股权置换交易成为MakeMyTrip的最大股东;2021年,在香港联合交易所上市。

传统旅行社与在线旅游运营商的融合发展使"线上"和"线下"的界限不再清晰,没有哪家传统旅行社可以拒绝互联网,而所有在线旅游运营商的产品生产也必然需要传统旅行社的支持。2006年6月香港中旅集团全资打造的在线旅游网—芒果网正式登陆北京旅游市场,并推出了一系列海滨度假型产品。与此同时,国旅总社的"国旅在线"、中青旅控股的遨游网等传统旅行社的在线旅游平台取得长足进步。信息技术的出现不仅打造了新兴业态,也促进了传统旅行社与新兴业态的融合。

2. 有助于旅行社更好地满足旅游需求

一方面,"云旅游"、5G技术支持下的景区直播、元宇宙会议等丰富了旅行社的产品类型,带给旅游者特殊的旅游体验;另一方面,技术的应用也可以帮助旅行社及时了解旅游需求变化,并有可能与潜在旅游者实现适时互动,从而使产品开发能更好地满足市场需求,并制定有针对性的营销方案。

互联网的存在使旅游者足不出户就能及时搜集相关旅行信息。近年来,我国还陆续出现了一些以网友互助形式发布旅游信息的网站,每个网民注册用户名之后就可以在相关的网站上发布自己在旅游目的地的旅游经历,包括旅游线路、餐饮、住宿和交通等方面的信息,实现网友之间的信息交流。旅行社可以利用这样的平台了解旅游者对旅游目的地的满意度,以及消费需求的发展趋势。旅游者在进行信息检索的同时,也在互联网上留下了大量的数字足迹,精准投放技术可以利用大数据细分消费者群体,帮助旅行社实现更高效的广告投放和更高比例的转化购买。

3. 为旅行社的规模扩张提供便利

旅行社的业务特点决定了其对相关信息具有很强的依赖性,而信息技术无疑可以帮助旅行社提高业务操作能力和经营效率,从而使旅行社业务规模的扩张和规模经济的实现变得现实可行。

国内最大的旅游B2B交易平台同程网正是在同业批发和交易平台方面为旅行社业务的扩张提供了基础。同程网在短短两年时间内就有数千家旅行社注册,目前的注册会员有数万名。通过同程网B2B平台,旅行社可以实现买方与卖方的信息沟通、在线交易和在线支付。值得关注的相关案例还包括天下网的商业模式,它的运作指向不是一般的B2B或B2C模式,而是借助于航空票务的分销模式致力于打造中国旅行社同业的网上结算平台。假以时日,它们很有可能会对整个旅游服务的商业模式产生革命性的影响。

从美国罗森布鲁斯旅行社的案例中也可以发现,当旅行社业务运行中信息技术的含量达到一定程度时,旅行社必须达到一定业务的业务规模才能够收回其在信息技术设备和技术开发方面的投入。与此同时,旅行社也只有达到一定的业务规模,信息技术才能发挥出自身的优势,使企业获得规模收益。

（二）技术为旅行社业带来的挑战

技术是一把双刃剑,如果使用不当也会带来一系列的负面影响,甚至阻碍旅行社的发展。特别是某些新技术还处于开发初期,在旅游中的负面影响尚不显著或具有延迟效应,相应的政策法规还不健全,如果片面夸大其积极作用,忽视其潜在危害有可能造成严重后果。

1. 存在信息过载的风险

高科技为旅行社提供构建了无比丰富、更加复杂的信息环境,从而导致信息过载。信息过载会导致事件损失、对决策的负面影响,以及生产率的下降。与信息过载相对应的消极影响还有科技异化,即本该为人类创造价值的科技却在一定社会条件下成为限制人、使人产生疏离感的异己力量。

2. 存在信息安全风险

精准投放技术根据旅游者的数字足迹细分市场群体。通常情况下,数据采集是在旅游者没有意识到的情况下从他们的移动设备上获取的,在很大程度上会导致用户信息泄露。2014 年 3 月 22 日,根据乌云漏洞平台的披露:由于携程用于处理用户支付的安全支付服务器接口存在调试功能,将用户支付的记录用文本保存了下来。同时因为保存支付日志的服务器未做较严格的基线安全配置,存在目录遍历漏洞,导致所有支付过程中的调试信息可被任意黑客读取,相关信息包含持卡人姓名、身份证号、银行卡号、卡 CVV 码、6 位卡 Bin 等。携程方面承认漏洞存在,并展开了技术排查,在 2 小时内修复了漏洞。但这次事件也为所有的旅行社敲响了警钟,如何有效保存用户信息成为信息时代不可回避的问题。

3. 存在道德风险

旅行社要用各种手段使潜在消费者尽快完成从熟悉产品、产生偏好到做出购买决策、完成购买行为并最终成为忠实顾客的过程。然而,这种使用大数据微妙地改变消费者行为的广告活动被称为"助推"（nudging）,很多时候是在消费者无意识下进行的。这种商业行为也会被认为是一种心理操纵,存在一定的道德风险。

三、技术在旅行社业的应用

信息技术真正在世界范围内得到普遍关注,并在企业中广泛使用是在 20 世纪 90 年代,互联网（internet）的成功搭建将信息技术与普通消费者联系起来。根据美国发布的 2016 年互联网趋势报告:全球互联网用户已超 30 亿,比上年增长 9%,互联网全球渗透率达到 42%。印度互联网用户数达到 2.77 亿,比上年增长 40%,超过美国成为全球第二大互联网市场,仅次于中国。信息通道的变革迫使全球企业考虑应用新的市场沟通手段,并相应地改变企业的经营战略。

1978 年,中国国际旅行社总社开始使用计算机,是国内第一家使用计算机的旅行社。当时中国旅行社业的信息化进程落后西方发达国家近 20 年。随着计算机和互联网在我国的普及,更多的旅行社开始引入了计算机管理系统,用于企业内部财务、人事等专项信息的处理,并借助互联网开展咨询服务、网上营销、网上预订和网上支付等商业活动。互联网的普及为旅行社的信息化提供了技术支撑和市场基础。

技术在旅行社行业中的应用大体上可以分为四个方面。

(一)应用于旅行社的内部管理

技术已被广泛应用在旅行社内部管理中,尤其是大企业的内部管理。旅行社各营业点之间的信息沟通要通过高效的信息系统来完成。管理信息系统的构建与应用是旅行社提高经营管理水平和办事效率、进行科学管理的必经之路。在互联网环境下,企业内部网技术的成熟为布点分散的旅行社管理信息系统的建立提供了技术保障。

(二)应用于旅行社企业的外部网建设

由于旅行社的产品是住宿、交通、景点等单项旅游产品的组合,旅行社与旅游供应商之间建立外部网联系,可以加强企业之间的战略合作,及时互通信息,以应对千变万化的市场需求。

(三)应用于旅行社的市场营销

旅行社通过互联网和通信技术整合营销系统,加强市场信息搜集、促销、分销与客户关系管理等工作。信息技术在这一方面的应用对旅行社来说意义尤为重大。首先,旅行社是以旅游者的空间移动为中心提供旅游服务的企业,需求信息的获得是旅行社生存与发展的前提,营销调研信息系统效率的提高对于旅行社提高经营效率至关重要。其次,信息技术的普遍应用促使旅游者的行为模式发生相应的变化,而旅行社利用信息技术进行个性化的营销活动正好顺应了这一趋势。

(四)应用于旅行社行业管理

国家的文旅部作为旅游行政主管部门,对信息技术在旅游企业中的运用也起到了促进作用。从 1990 年,国家旅游行政主管部门开始重视信息化管理并开始筹建信息中心,先后投资了 1000 多万元用于机房改造和设备配置,并根据客观实际与发展的需要,建设了一些旅游信息网络及信息传递系统。

2001 年,国家旅游行政主管部门开始实施国家旅游信息网络系统建设——"金旅工程",包括了面向国务院相关关联部门的内部办公网、面向行业管理的管理业务网,以及面向公众的公共商务网等三个层次的网络互联平台。金旅工程由两个基本的部分组成:一是政府旅游管理电子化,利用现代化技术手段管理旅游业;二是利用网络技术发展旅游电子商务,与国际接轨。金旅工程的总目标是最大限度地整合国内外旅游信息资源,力争在 3~5 年内,建设和完善政府系统办公自动化网络和面向旅游市场的电子商务系统。

在旅行数据越来越多地融入旅游经济运行分析、旅游统计调查体系的趋势下,旅行社业的大数据应用在进一步建立完善旅行大数据的调查分析体系,夯实旅游统计基础,扩展旅游业分析事业和发展空间,针对游客进行精准营销等方面发挥着越来越重要的作用。

在我国政府主导的旅游行业发展战略下,文旅部对信息技术的投入和重视必将激励各旅行社对信息技术的应用,从而推动我国传统旅行社信息化的进程。

案例 7-3　加快数字化转型　做大做强数字文旅产业

数字文旅并非仅仅把数字技术嫁接到传统产业,而是强化文化对旅游的内容支撑,发挥数字技术助力作用,实施数字产品规模化生产、质量提升和价值挖掘,打造数字文旅全产业链。

近日,中共中央政治局就推动我国数字经济健康发展进行第三十四次集体学习。习近平总书记强调,要充分发挥海量数据和丰富应用场景优势,促进数字技术与实体经济深度融合,赋能传统产业转型升级,催生新产业新业态新模式,不断做强做优做大我国数字经济。

进一步推动数字文旅发展,实施产业数字化转型,是未来相当长时期的一个重要方向。习近平总书记关于做强做优做大我国数字经济的重要指示精神,是推动数字文旅产业高质量发展的重要遵循。

近年来,我国数字文旅产业迎来重大发展机遇。国家"十四五"规划和 2035 年远景目标纲要提出,"实施文化产业数字化战略""深入发展智慧旅游""强化智慧景区建设"等。《在线旅游经营服务管理暂行规定》《文化和旅游部关于推动数字文化产业高质量发展的意见》《关于深化"互联网+旅游"推动旅游业高质量发展的意见》等数字文旅方面政策密集出台。以数字化推动传统文旅产业转型升级,其要义可以归结为:一是以互联网、大数据、人工智能等改造与提升传统业态,丰富数字文旅产品供给,优化服务水平,改善产业链环节;二是确立文化创意的核心和灵魂,拓展文旅产品内涵,增强文旅产业质量和竞争力;三是推进两者深度融合,在数字化、网络化、智能化方向下,扩大产业边界,重塑产业链。在数字经济、数字文旅上升为国家战略的同时,探求文旅产业数字化转型路径显得尤为必要。

首先,数字化转型需要夯实新型基础设施。受数字化转型、数字化战"疫"双重推动,预约旅游成为常态,并进入分时预约、精细化运营的新阶段。预约旅游需要升级完善数字管理系统,这些都有赖于完善文旅产业基础设施建设。

5G 网络基站、大数据中心等对于文旅基础设施转型升级起着至关重要的作用。要提高旅游重点景区、示范区等 5G 网络覆盖水平,推进物联网感知设施建设;规范各地区旅游大数据中心建设,对游客服务机构与部门、景区内部的引导标识系统等进行数字化与智能化改造升级;运用政策与激励机制,组建文旅企业与数字基础设施的联盟体,力求打造集约高效、智慧绿色、标准完善的文旅"新基建"体系。

其次,数字化转型需要推动文旅产业全面数字化。数字文旅并非仅仅把数字技术嫁接到传统产业,而是强化文化对旅游的内容支撑,发挥数字技术助力作用,实施数字产品规模化生产、质量提升和价值挖掘,打造数字文旅全产业链。

一是推动文旅组织制度与形态变革。打破文旅产业边界必然诞生边界模糊的中间组织形态,引发传统文旅组织裂变,产生新型文旅企业与经营模式,提升传统产业效率。二是推动旅游场景的革命。在数字经济下,用数字技术渗透文旅产业,必然丰富文旅业态、细化市场需求、扩大产品范围、增强文旅体验。三是数字化的文旅以及营销管理。通过大数据分析以及预约制度等掌控景区流量,调整供需平衡,发现新的需求,挖掘潜在市场,进行针对性促销,与游客一对一沟通,推进数字管理革命。

再次,数字化转型需要强化数字平台建设。产业数字化发展与平台密切相关。电商平台、社交平台、直播软件、短视频应用等平台,是文旅产业数字生产模式的重心;旅游智慧平台对各类旅游信息进行统计预测,与游客进行互动并提供决策参考,参与旅游市场的监督活动等,是数字化旅游服务的核心。

旅游直播、数字博物馆、云旅游、云演艺等蓬勃发展,没有平台是难以想象的。疫情防控期间,数字博物馆、云旅游有效解决人们无法出游的问题。在"数字故宫"中,故宫与腾讯等联合打造的"玩转故宫"微信小程序,把真实的景点虚拟到手机地图上,运用强大的搜索功能,对展馆及餐饮购物等进行搜索与导览。游客可以从文物的数字化、建筑文化的全景展现,领略故宫别样神韵。游客还可以通过小程序分享自己的旅游经历。这些都产生传统景区所没有的优势。后疫情时代,文旅业者要借助数字平台建设,催生新产品、提升产品与服务的体验享受,增加线上场景客流量,实施线上线下全渠道模式,推动产品服务、应用场景、营销技术等创新。

数字化转型需要完善数字化治理。随着文旅新业态、新模式涌现,边界模糊的文旅中间组织诞生,必然带来管理的难度。在行业标准不完善情况下,假如新业态、新组织长期游离于灰色地带,行业可持续发展就成为一句空话。

以大数据、区块链等技术加强旅游市场监管、提升旅游服务质量是一个重大课题。《"十四五"文化和旅游市场发展规划》提出:一方面要利用5G、大数据、人工智能等科技手段进行市场监管、运行监测与风险预警,建立高效协调的监管体系;另一方面要分类量身定制监管规则和标准,加快建设高质量文化和旅游市场服务质量评价体系。

从行业角度出发,要完善全域客流管控机制,进行资源优化配置,提升行业监管和服务能力。从政府角度出发,要进行市场运行态势的动态和实时预判,通过集成的指挥调度,协调各部门联动工作,出台政策指导规范发展,构建适应动态变化的制度环境。

资料来源:张苗荧(2021)。

第四节　旅行社的质量管理

质量是企业的生命线,旅行社是以营利为主要目的的企业,其产品质量,直接关系到旅行社的生死存亡。旅行社产品具有综合性强的特点,涉及行、游、住、食、购、娱等多个环节,任何一个环节出现问题,都会影响到旅行社的产品质量。与一般产品相比,旅行社的产品质量更加难以控制与管理,因此,质量管理是旅行社经营与管理的重要内容之一。

一、旅行社质量管理的内涵

(一)旅行社产品质量

旅行社产品质量是指旅行社所提供的产品(主要是服务)在使用价值方面适合并满足旅游者物质和心理需求的程度。旅行社产品质量有狭义和广义之分。

狭义的旅行社产品质量主要指产品的设计质量和门市部工作人员及导游人员的实际接

待服务质量。旅行社产品设计必须根据市场需求及旅行社产品设计原则来进行,保证设计质量,使设计出来的产品能满足目标市场不同层次旅游者的需求,为旅行社的后续服务打下良好的基础。门市部工作人员服务质量如何,除了与工作人员本身的条件,如仪表、服务态度、服务水平、服务技能等有关外,还明显受到门市部的装饰、装修、办公条件等因素的影响,豪华气派的门面、现代化的办公设备、印制精美的旅游宣传品会给顾客留下良好的印象,并对未来的旅行充满信心,从而有利于旅游交易的实现。与门市部工作人员不同,导游人员的服务质量,更多地取决于导游人员自身的条件,如导游服务态度、服务水平、语言表达能力、应变能力等,而对硬件设施等物质因素依赖较少。

广义的旅行社产品质量不仅包括旅行社各个部门(业务、计调、接待、财务等)的工作质量,还包括各协作单位(饭店、餐馆、交通、景点、娱乐、保险等)的工作质量。对前者,旅行社可直接控制其工作质量;对后者,旅行社尽管不能直接控制,但可以通过主动选择协作单位来保证其工作质量,从而达到间接控制的目的。

很显然,旅行社质量管理所要求的是广义的产品质量,只有旅行社各个部门和各协作单位所提供的服务质量都不出现问题,才能保证旅行社的产品质量合格。

(二)旅行社质量管理的含义

旅行社质量管理是指旅行社为了保证和提高产品质量,综合运用一整套质量管理的体系、思想和方法进行的系统管理的活动。具体而言,是旅行社各个部门和全体员工同心协力,把服务技术、经营管理、数理统计等方法和职业思想教育结合起来,建立从市场调查、产品设计、标准制定、计划执行及过程控制、检验、销售到服务及信息反馈等产品生产销售全过程的质量保证体系。旅行社质量管理有如下特点:

1. 全面性

全面性实际上是指旅行社质量管理为一种"三全"管理,即全面的质量管理、全过程的质量管理和全员参加的质量管理。

(1)全面的质量管理

前已述及,旅行社质量管理所要求的是广义的产品质量,质量管理不仅涉及旅行社各个部门的工作质量,还包括饭店、餐馆、交通、景点、娱乐、保险等协作单位的工作质量,旅行社必须按广义的产品质量含义实施全方位的直接或间接管理,才能保证旅行社的产品质量。全面的质量管理实际上是一种横向管理。

(2)全过程的质量管理

旅行社应对旅行社产品形成、使用和反馈的全过程实施系统管理。旅行社产品的形成、使用和反馈过程分别对应于旅游者的游前、游中和游后阶段。在不同的阶段,质量管理的重点是不一样的。

① 游前阶段。质量管理的重点是旅游产品设计、宣传、销售和门市接待,对收集信息、经营决策、设计包装、操作实施和门市接待等环节实施质量控制,防止无吸引力和质价不符产品的设计和销售。

② 游中阶段。质量管理的重点是导游服务质量和协作单位的工作质量,旅行社必须对导游人员的服务态度、服务水平、语言、仪表和职业道德等方面实施标准化、程序化和规范化

管理,使旅游者通过导游人员的服务而对旅行社产生信任和好感。一方面,旅行社应根据不同的旅游者,因人而异、扬长避短地选择最合适的导游带团;另一方面,旅行社还应及时收集旅游者对导游人员服务质量的信息反馈,随时监督和调整导游人员。为保证饭店、餐馆、交通、景点、娱乐、保险等协作单位的工作质量,旅行社必须选择质量、信誉度高的单位作为合作伙伴,在长期合作过程中,协作单位有责任和义务按约提供旅游者满意的服务。

③ 游后阶段。质量管理的重点是做好旅行社产品质量的检查和评定。

如果全面的质量管理是一种横向管理,那么全过程的质量管理则是一种纵向管理。

（3）全员参加的质量管理

旅行社产品质量最终如何,关键在于全体员工提高服务质量的积极性。实践证明,旅行社仅由少数人参与质量监督和管理,不能从根本上解决服务质量问题,只有当旅行社全体员工都从所在岗位出发,参与质量管理,旅行社的服务质量才有保证。由于旅行社产品质量形成的全过程涉及旅行社的每个部门、每个岗位的工作,因此,全体员工都来参加质量管理是保证产品质量所必需的条件。

2. 科学性

旅行社质量管理应用现代科技成果与方法,通过对收集到的原始数据进行科学处理与统计分析,可有效地解决旅行社经营与管理过程中存在的质量问题。质量管理中可使用的科学方法包括市场调查、数理统计、系统工程、运筹学等,这些科学方法的运用,为质量管理的科学性提供了保证。

3. 预防性

科学的质量管理可把产品在设计、生产过程中可能出现的质量问题消灭于萌芽状态,最大限度地避免质量问题的产生。在旅行社进行产品设计时,要保证产品的安全性、时间性、舒适性、经济性、娱乐性、知识性等各方面的质量要求;在提供服务时,要对各种影响服务质量的因素进行有效控制,发现质量问题,及时分析原因,采取有效措施解决出现的问题。因此,旅行社质量管理是一种以预防为主的管理,具有预防性。

二、旅行社质量管理的方法

（一）制定服务质量的标准

所谓质量标准,是对旅行社的质量要求、规格和检查方法所做出的技术性的规定。它是从事旅游服务活动和检查、评定服务质量的技术依据。为了保证旅游服务质量,除了严格按照质量标准进行各项服务活动以外,还必须规定各项管理工作的质量标准。

旅游服务的质量管理工作从制定质量标准开始,又在执行过程中不断总结提高,不断发展。应当说,质量管理的过程,就是使旅游服务活动规格化和规范化的过程。

旅游服务质量标准的制定可以分为两大类:一类是专门性的指标,另一类则是反映服务工作质量的统计指标。

专门性指标分为有形部分和无形部分。有形部分主要包括旅行社和相关部门的硬件设施设备、服务设施的外观、宣传品质量及员工仪表等方面;无形部分主要指服务技巧和服务态度,较难用数量来表示,经常是用操作技术的规格化和规范化来表示,服务态度则一般通过岗位责任制来衡量。

服务工作质量的统计指标一般可以用相对指标来表现,如工作人员的合格率、服务过程的差错率(委托代办、分配客房、行李接送等差错情况),游客满意程度、投诉索赔人次等。

制定质量标准还要注意以下几个方面:

① 既要先进,又要合理;既要从现有基础出发,又要考虑到发展趋势;既要引进外国经验,又要符合国情。

② 既要以旅游者的需求为依据,也要考虑到我国经济发展和旅行社发展的实际水平。要在一定时期内保持稳定性,但又不要凝固化,一成不变。应该根据发展趋势,适时地修订旧标准,制定新标准,以保持标准的先进性、合理性。

③ 要走群众路线。为了使人人能掌握,又使质量标准切合实际、切实可行,并有利于正确处理各方面的关系,必须发动群众讨论。

④ 考虑同国际标准的关系。旅游服务质量是旅行社的生命线,因为它要在国际旅游市场上参与竞争,所以,能够同国际标准一致的,应该尽量一致起来,力争向国际标准靠拢,以吸引更多的客源。

(二)我国旅行社提高服务质量的主要途经

目前我国旅行社市场秩序有待规范,有的旅行社为了追求短期最大利润,往往置旅游者利益于不顾,欺骗消费者或提供不合格产品,使旅游者权益受损。其实,这种经营管理上的短视行为无异于自杀。美国运通公司的一份调查材料上说,一个旅游者如果有一次不愉快的旅行经历,那么他会将其告诉身边的 12 个人;如果有一次愉快的旅行经历,那么他却只会告诉 3 个人;与留住一名现有顾客相比,得到一名新顾客将花费 5 倍多的时间和金钱。"质量是金",此言非虚,但我国目前相当一部分旅行社却忽视质量管理工作,甚至完全没有质量意识。在这样的情况下去与进入我国的外商旅行社竞争,结果可想而知。因此,目前我国旅行社的当务之急是从战略上重视质量工作,从战术上采取切实措施扎扎实实地搞好质量管理。旅行社进行质量管理的主要措施和方法如下:

1. 建立专门的质量管理机构

为保证旅游产品质量,必须建立相应的组织机构,确保质量管理目标的实现。为使质检工作客观公正,质检人员不能从各个部门中抽调来临时担任,而应配置专人组成专门的质量管理机构,负责旅行社质量管理工作。

2. 建立质量信息循环反馈系统

为使旅行社运营过程中出现的质量问题能得到及时解决与处理,旅行社应建立质量信息循环反馈系统,如图 7-4 所示。

首先由业务部向门市部工作人员及导游人员指派业务,根据指派的业务,门市部工作人员和导游人员向旅游者提供服务;质量管理部门根据游客的反映对旅行社服务质量进行评估,然后由质量管理部门将评估结果分别反馈给相关员工和业务部,并将质检情况上报和存档;最后由旅行社总经理向业务部发出质量指令,一次质量信息循环完成。因此,通过质量信息循环反馈系统,可及时发现质量问题、解决质量问题。

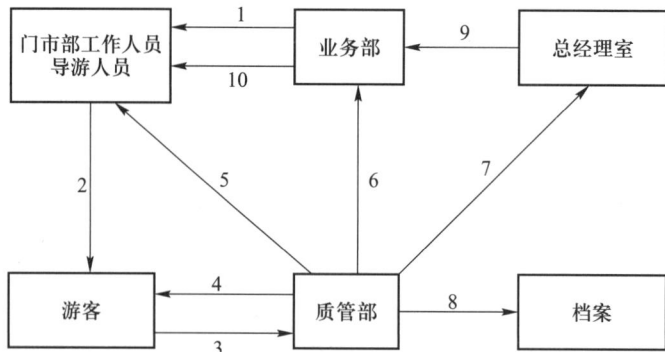

图 7-4　旅行社质量信息循环反馈系统

1代表指派业务;2代表服务游客;3代表提供信息;4代表质量评估;5代表反馈员工;
6代表质检反馈;7代表质检上报;8代表质检存档;9代表指令;10代表业务再指派。

3. 依靠旅游者进行质量监督和评议

旅行社可采用发放"评议意见表"、召开游客座谈会、设置"评议意见箱"、公布旅游服务质量投诉电话等办法,依靠旅游者进行质量监督和评议,让旅游者参与监督旅行社服务质量的执行情况。

4. 建立质量档案

旅行社应建立质量档案,记录旅行社各个部门及员工特别是导游人员和门市部工作人员的工作质量,并对协作单位的工作质量建档。尽管建立质量档案工作量很大,但是它具有重要的意义,因为质量档案是旅行社采取质量措施的重要依据,特别是对旅行社选择协作单位有重要的参考价值。

5. 编制质量周报

由旅行社质检部门每周根据旅行社各个部门的业务运作情况,编制质量周报,重点报告一周来旅行社接待的各种类型旅游团队的接待服务情况,注重反映游客的意见和建议。对其中正确而可行的意见和建议,旅行社应积极采纳,并以此作为提高旅行社服务质量的重要途径;同时考虑对提出好的意见和建议的游客给予适当的奖励,以示旅行社千方百计提高服务质量和以顾客为上帝的诚意和决心。

6. 定期撰写质量报告

旅行社质检部门应根据通过各种途径收集的质量情况定期撰写质量报告,用接团总数、质优团数所占比例、质差团数所占比例等数量指标,对旅行社质量情况进行量化分析,使旅行社上至总经理下到普通员工,都对旅行社整体服务质量有一个准确的了解和把握。对管理层而言,可以将质量报告作为采取质量措施及奖惩部门和员工的重要依据;而对各部门和普通员工来说,质量报告为他们以后的工作指明了努力的方向,工作做得好的,以后应该继续发扬,工作做得不好的,应该及时纠正。

7. 正确处理旅游者投诉

旅行社应对游客的投诉及时地作出处理,绝不能不闻不问,置之不理,即使游客的投诉不正确,也应该给予客观的解释。

8. 建立规章制度

旅行社应建立相关的规章制度,以必要的制度来保证服务质量的实现,特别是服务态度等,其质量很难用数量指标来衡量,更应该以规章制度来明确其职守。对于任何劳动,既要提高每个从业人员的自觉性,同时也必须有必要的规章制度,以适当的强制性与自觉性相结合,才能保证各个环节的服务活动和谐一致,真正做到全员参加质量管理。

思考题

1. 试述目前我国旅行社组织管理的主要模式,并评价其各自的优缺点。
2. 简述旅行社人力资源合理配置需要考虑的主要因素。
3. 简述旅行社绩效考评的方法。
4. 旅行社营业收入是怎样构成的? 如何进行管理?
5. 简述传统旅行社和新型旅行代理商技术创新侧重点的差异。
6. 试述旅行社质量管理的主要方法。
7. 在当地选择一家旅行社,了解分析其质量管理情况。

第八章　旅行社的产业关系管理

第一节　旅游产业链

一、旅游产业链

（一）旅游产业链的概念

18 世纪中后期，英国古典经济学家亚当·斯密在《国富论》一书中提到的劳动分工理论被认为是产业链思想的萌芽，但侧重于对企业内部资源的利用，后巴歇尔将其延伸到不同企业之间的分工协作。1958 年，美国发展经济学家阿尔伯特·赫希曼在《经济发展战略》一书中基于产业关联的视角从产业的前向联系和后向联系的角度阐述了产业链之间的关系。此后，随着社会分工的进一步细化，产业链理论不断丰富，并应用到制造业、服务业等领域。

一般认为，产业链是相关企业根据生产流程所组成的一个线性或网络性组织，包含了自然资源到消费品之间的所有层次。产业链反映了一个产业内部从上游的生产到下游的消费过程中物质和信息的投入产出关系，其本质在于通过加强上下游企业之间的合作来优化要素流动过程，提高产业链上下游企业的竞争力。

旅游产业是服务业的重要组成部分，其显著的特征主要体现在：第一，旅游产业的最终产品是组合性产品，这决定了旅游企业之间是建立在旅游者需求之上的合作关系，各个旅游服务提供者缺一不可；第二，旅游产业具有典型的资源依赖性特征，旅游资源禀赋可以是先天存在的，也可以是人工创造的，但旅游产业的发展无法摆脱特定的资源基础；第三，旅游产业强调区域之间依托特色旅游资源实现差异化发展，而传统制造业则强调产品的标准化生产；第四，旅游产业的关联性部门众多，具体到不同区域的旅游产业体系，由于旅游资源、发展路径的不同，各区域旅游产业的关联产业也不尽相同，而传统制造业的产业边界相对清晰，关联部门也较为有限；第五，旅游产品具有无形性、不可储存性、生产和消费的同时性等特征，旅游者在购买之前难以准确预知产品质量，这导致市场营销在旅游产业中非常重要，区域旅游产业的发展需要地方政府在旅游地形象等方面进行积极引导。

综上，旅游产业链是旅游产业上下游企业和部门共同向旅游者提供产品和服务时所形成的分工合作关系，由旅游供应商、旅游中间商和旅游者组成。旅游产业链集中反映了从上游资源开发到下游旅游消费全过程的物质和信息的投入产出关系，及其所涉及的相关产业部门共同构成的链条体系。

（二）旅行社的利益相关者

旅行社是旅游产业链中的关键一环。按照性质的不同，旅行社及其利益相关者的关系包括产业关系、客户关系和行政关系等（图 8-1）。其中，产业关系所涉及的关联企业和客户关系所涉及的旅游者都可以在旅游产业链中体现,而行政关系则涉及旅游主管部门和相关行业协会对旅行社行业的管制和规范。

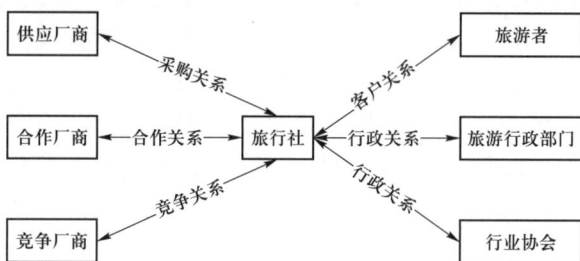

图 8-1　旅行社与利益相关者的关系图

旅行社与旅游产业链中的关联企业之间的投入产出关系形成了产业关系。旅行社的产业关系中包括了旅行社与景区、饭店、航空公司等供应厂商的采购关系,与下游企业的合作关系,与同类型旅行社、OTA 等竞争厂商的竞争关系。

旅游者是旅游产业链中的最终消费者,旅游者以特定的价格购买旅行社的产品,旅行社与旅游者之间的交易关系形成了客户关系,旅游者需求是旅游产业链中各关联企业重点关注的对象。

旅游主管部门和相关行业协会是旅行社行业的管制者,二者之间是管制与被管制的关系,构成了行政关系。

二、传统旅游产业链

(一)传统旅游产业链的形态

区别于新型旅游产业链,传统旅游产业链是指在旅游业的发展过程中,各关联企业在未借助互联网技术的前提下提供旅游产品和服务时所形成的分工合作关系。按照旅游产品和服务的流程,传统旅游产业链包含了上游旅游供应商、中游旅游中间商和下游旅游者三个环节,如图 8-2 所示。

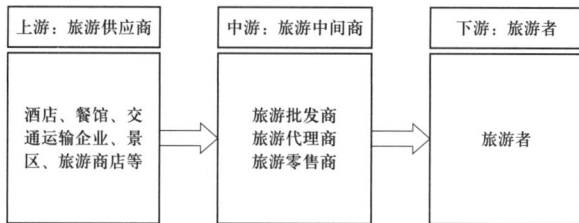

图 8-2　传统旅游产业链

旅游产品和服务的生产、销售由一系列旅游企业共同完成。旅游交通企业、酒店、景区、餐饮服务企业、旅游商店等旅游供应商位于传统旅游产业链的上游,负责提供客房、餐饮、车船票、景区门票、旅游商品等原材料。

旅行社处于传统旅游产业链的中游,作为旅游中间商,旅行社是旅游供应商和旅游者进行信息、资金和产品交换的中介。旅行社批量采购旅游供应商的产品,并根据旅游需求整合成不同类型的旅游产品,最终销售给处于传统旅游产业链下游的旅游者。按照在产业链中的角色,旅游中间商还可进一步细分为旅游批发商、旅游代理商和旅游零售商。其中,旅游批发商主要负责购买旅游供应商的产品,并据此开发成旅游产品;旅游代理商和旅游零售商向旅游批发商批量采购旅游产品,成为批发商的销售渠道,负责将旅游产品直接销售给旅游者。因此,在传统旅游产业链中,旅游批发商与旅游代理商、旅游零售商之间表现为以市场交易为核心的合作关系。此外,按照在旅游行程中的角色不同,旅行社还可以分为组团社和地接社,它们同样是以市场交易为核心的合作关系。

一般地,传统旅游产业链存在以下五种形态:

① 旅游供应商→旅游者;

② 旅游供应商→旅游批发商→旅游者;

③ 旅游供应商→旅游批发商→旅游代理商→旅游者;

④ 旅游供应商→旅游批发商→旅游零售商→旅游者;

⑤ 旅游供应商→旅游批发商→旅游代理商→旅游零售商→旅游者。

这五种形态集中反映了旅游产品的不同销售渠道,旅行社在整个链条的运行中都起着非常重要的中介作用。

(二)传统旅游产业链的特点

传统旅游产业链形成于互联网和信息技术尚未广泛覆盖的时代,信息和产品的流通较为滞后,旅行社作为中间商在产业链中扮演了重要的角色。具体而言,传统旅游产业链呈现出以下特点:

1. 产业链的运行效率不高

在传统旅游产业链中,各环节的关联企业之间表现为层级型的单向关系,存在信息不对称和信息分享不畅等先天性不足,信息和资源难以合理流动和配置,各节点企业之间信息的流通和分享较为困难,严重影响了整个产业链的运行效率和整体价值。

在整个产业链的运行中,旅游者无法实现与旅游供应商之间的直接交流,通常由旅行社向旅游者搜集和分析旅游需求信息,据此设计旅游产品,并适时向旅游供应商进行信息反馈,配合其分销产品。在此背景下,旅游市场一旦出现供不应求的状况,极易发生信息和资源的无序流动和无效配置,导致旅游产业链的整体协作性和运行效率大大降低。

2. 旅行社成为产业链中不可或缺的分销渠道

根据传统旅游产业链的五种形态可以看出,产业链各个形态的信息传递和产品流通都呈现出单向运行的特征,旅行社作为旅游供应商和旅游者之间沟通的桥梁,在整个产业链的运行中扮演着重要的角色。一方面,旅行社是旅游产品的设计者和研发者,为旅游产业链上游的旅游交通企业、酒店、景区、餐饮服务企业、旅游商店等旅游供应商的产品销售提供了重要的分销渠道;另一方面,旅行社活跃在旅游市场的最前线,可以及时掌握市场需求变动,并针对不同细分市场的需求设计旅游产品。

　　《旅行社条例》规定,旅行社是"从事招徕、组织、接待旅游者等活动,为旅游者提供相关旅游服务,开展国内旅游业务、入境旅游业务或者出境旅游业务的企业法人"。在传统旅游产业链中,旅行社的经营业务包括招徕、组织和接待旅游者,并为其代办签证、出入境手续、护照以及提供旅游咨询等服务,旅行社作为连接旅游供应商和旅游者的桥梁,对旅游业发展起到了重要作用,被视为旅游业的龙头企业。

三、新型旅游产业链

　　互联网和信息技术在旅游业的不断渗透和普及深刻影响了旅游者的购买决策和购买行为,催生了一大批新兴旅游企业,并改变了传统旅游产业链的运行状态,将新型旅游产业链推上了历史舞台。在新型旅游产业链中活跃着一批新成员和新角色,位于中游的中间商中出现了在线旅游运营商和网络媒介营销平台等新兴旅游企业,促使传统旅游产业链向新型旅游产业链演变。2021年9月,中国互联网络信息中心发布了第48次《中国互联网络发展状况统计报告》,报告指出,截至2021年6月,我国在线旅行预订用户规模达3.67亿,较2020年12月增长2411万,占网民整体的36.3%。

　　新型旅游产业链的上游和下游保持不变,上游仍然包括旅游交通企业、酒店、景区、餐饮服务企业、旅游商店等旅游供应商,下游由旅游者组成。不同的是在中游的旅游中间商中除了传统的旅行社之外,还出现了在线旅游运营商和网络媒介营销平台,与传统旅行社一起承担了中间商的角色。新型旅游产业链中的在线旅游运营商是指通过互联网向旅游者提供酒店、机票、旅游线路等旅游产品预订服务的在线旅游企业,例如携程网、飞猪旅行、途牛、驴妈妈等。而网络媒介营销平台是指通过互联网来推广和营销旅游产品和服务的平台,其核心角色是旅游产品的销售渠道。根据盈利模式可以将网络媒介营销平台分为搜索引擎、门户网站、点评攻略类网站、社交媒体、电子商务平台等。互联网的渗透和信息技术的应用使新型旅游产业链的上下游之间,以及各环节的关联企业之间的信息和产品高效流动,从而呈现出新型的网状产业链结构。

（一）新型旅游产业链的形态

　　由于信息技术的应用和OTA、网络媒介营销平台等新兴旅游企业的出现,新型旅游产业链中旅游产品的销售渠道和信息的传递方式更加丰富,新型旅游产业链的形态呈现出多样化的特征。除了传统旅游产业链中的五种形态外,新型旅游产业链还表现出了其他形态,如下:

　　① 旅游供应商→在线旅游服务商→旅游者;
　　② 旅游供应商→网络媒介营销平台→旅游者;
　　③ 旅游供应商→在线旅游服务商→网络媒介营销平台→旅游者;
　　④ 旅游供应商→传统旅行社→网络媒介营销平台→旅游者;
　　⑤ 旅游供应商→传统旅行社→在线旅游服务商→旅游者;
　　⑥ 旅游供应商→传统旅行社→在线旅游服务商→网络媒介营销平台→旅游者。

　　为了使新型产业链的形态更为简洁,此处用"传统旅行社"涵盖了传统旅游产业链中的各类旅游批发商、旅游代理商和旅游零售商。新型旅游产业链的中间商不仅包括这些传统旅行社,而且增加了依托互联网开展业务的 OTA、网络媒介营销平台,与传统旅行社构成了竞争和合作的关系。在产业链形态①②③中,OTA 和网络媒介营销平台绕过了传统旅行社,直接充当旅游供应商和旅游者之间的中间商,与传统旅行社是竞争的关系;而在产业链形态④⑤⑥中,OTA 和网络媒介营销平台则成为传统旅行社的分销渠道,帮助传统旅行社销售旅游产品,与传统旅行社又构成了合作的关系。

（二）新型旅游产业链的特点

通过对新型旅游产业链构成和形态的分析,可以发现新型旅游产业链具有以下特点:

1. 旅游信息的传递效率更加高效

由于互联网和信息技术的介入,新型旅游产业链中各旅游企业之间的联系更为密切,传统旅游产业链中存在的信息不对称和信息延误等问题得到解决,各企业之间旅游产品和信息的沟通和分享不再受时间和空间等因素的限制,变得更加通畅和便捷。

在新型旅游产业链中,旅游供应商不再将传统旅行社作为唯一的销售渠道,它可以搭建自己的官方网站作为销售平台,或者借助 OTA 和网络媒介营销平台开展旅游产品的宣传、推广和销售,实现与下游关联企业的信息共享,甚至突破时空界限直接与旅游者沟通,实时掌握旅游需求变化。

对于传统旅行社而言,同样可以将 OTA 和网络媒介营销平台作为销售渠道,通过 OTA 和网络媒介营销平台推介和销售旅游产品,降低运营成本,丰富销售渠道。

2. 关联企业之间的协作更加灵活

由于新型旅游产业链中各关联企业之间信息传递的高效性和及时性,以及销售渠道的多样性,上下游企业之间的协作打破了传统旅行社作为旅游中间商的限制,合作方式更加具有灵活性。上游的旅游供应商可以借助 OTA 或网络媒介营销平台直接与旅游者互动,不再需要传统旅行社作为中介。此外,由于旅游者购买行为的变化,传统旅行社与 OTA 和网络媒介营销平台之间的合作也更加频繁。

总之,不管是产业链上游的旅游供应商,还是中游的旅游中间商,或者下游的旅游者,都因互联网和信息技术对产业链的渗透而获得了对旅游产品、旅游资源和销售渠道的更多选择权,上下游企业之间的协作更加灵活。

3. 传统旅行社的中间商地位受到挑战

随着互联网和信息技术对旅游业的渗透,传统旅行社在新型旅游产业链中的职能和角色发生了变化。从新型旅游产业链的构成来看,虽然传统旅行社仍处于旅游中间商的位置,但这一环节上已新增了 OTA 和网络媒介营销平台两位成员,使下游旅游者可以绕过旅行社直接向 OTA 或网络媒介营销平台咨询、预订和购买旅游产品,旅游者与中间商之间的沟通更加实时和高效。因此,在新型旅游产业链中,传统旅行社的信息咨询和产品销售等功能受到了严重威胁,甚至可能被 OTA 和网络媒介营销平台取而代之。

对于上游供应商而言,也不再单纯依靠传统旅行社作为销售渠道,而是基于信息时代的旅游消费习惯,积极谋求与 OTA 和网络媒介营销平台的合作,或自建网络平台直接销售产品。因此,旅行社开发和代理旅游产品的职能也遭到了削弱。

然而,传统旅行社在产业链中的地位发生变化并不意味着新兴业态可以完全取代传统旅行社,传统旅行社在具体的旅游接待工作中仍具有不可比拟的优势,而且对于某些细分市场而言,传统旅行社的作用不可或缺。

案例 8-1　传统旅行社,逝去的"风景"?

最近,拥有 178 年历史的英国老牌旅游公司托马斯·库克宣布破产。作为世界第一家旅行社,其业务曾遍及 16 个国家和地区,每年接待游客量 1900 万。面对互联网旅游,受冲击的不只是托马斯·库克,国内不少旅行社也是步履艰难,一些人甚至发出"传统旅行社已死"的哀叹。果真如此吗?

面对线上旅游的冲击,传统旅行社不甘离场。不少旅行社开始尝试包机、包宾馆、包景区等方式,或者与学校合作出境夏令营、研学、游学等业务。

"传统旅行社拥有经验丰富的客服人员和产品制作人员,问题是如何突破体制机制,将优势转化,同时在产品和营销手段上进行转变。"在顾震看来,小型传统旅行社转型,可以走小而精路线,发展定制旅游,大而全的路线还是留给上市旅游公司来做。

以谛珞轲旅游咨询公司(D-Lux)为例,整个公司员工数不足 50 人,瞄准高端定制,开发的新产品颇受欢迎,80% 员工具有海外留学背景或者是高端酒店集团销售出身,年龄多在 30 岁左右。"在消费升级的大背景下,越来越多的人重视旅行体验,因此兼顾自由度与贴心服务的定制旅行受到欢迎。我们在产品设计上更了解 80 后、90 后的需求,目标人群主要是 40~50 岁的高端客户和经济实力较强的年轻人。目前,D-Lux 已经成为南京高端定制游的龙头企业。"

"旅行社行业线上与线下融合趋势不可逆转,传统旅行社须在阵痛中转型。"南京旅游职业学院副教授印伟认为。在产品上,传统旅行社要提高产品丰度,改变低价经营模式,实行差异化竞争,针对老年人、未成年人等特殊群体以及高端商旅、研学旅行等新兴旅游市场,提供个性化产品;在营销上,传统旅行社和在线旅游服务商合作,同时,自身也可运用微信小程序等方式在低成本环境下增加获客场景;在服务上,在线旅游服务商投诉率居高不下,传统旅行社可发挥门店直面客人优势,在服务品牌建设上提高市场竞争力,增加服务广度和深度,提升旅游产品服务内涵。

资料来源:许海燕(2019)。

第二节　旅行社的供应商管理

旅行社是连接旅游供应商和旅游者的纽带,旅游交通企业、酒店、景区、餐饮服务企业、旅游商店等旅游供应商分别向旅行社提供单项旅游产品,旅行社凭借这些必要的生产要素组合成旅游产品,销售给旅游者。对于旅行社来说,可以通过与供应商的合作获得佣金、中介费或产品差价,丰富旅行社的利润来源;对于供应商来说,旅行社不仅是重要的销售渠道,而且有助于其在更大的市场范围内提升供应商的知名度,树立良好的企业形象。旅行社和旅游供应商之间是基于互利基础上的经济合同关系,二者在追求各自的经济利益时必然产生矛盾,如何加强对旅游供应商的管理至关重要。

一、旅行社与供应商的合作模式

传统制造业主要生产有形的产品,其原材料的规格、类别和质量较为可控,还可以提前抽取样本检验。与传统制造业的供应商不同,旅行社的供应商是以无形的服务为核心产品,产品质量与旅游者的体验有密切的关系,甚至同一个旅游者在不同的心境下体验同一款旅游产品都可以产生截然不同的评价,因此旅行社较难对供应商产品进行质量控制,供应商的口碑显得尤为重要。

从企业运营来看,传统制造业需要考虑原材料的数量及库存问题,因此会重点考察供应商的地理位置、配送能力和产品交付能力。但是旅行社是为旅游者的空间移动提供服务的企业,其供应商遍布全国甚至世界各地,所以要重点考察供应商的创新能力、信誉等方面。

旅行社与景区、饭店、航空公司等旅游供应厂商之间已经形成了较为固定的商业合作模式,主要包括代理模式、批发模式和非公开模式。

代理模式是目前最主要的合作模式,旅行社按照与旅游供应商签订的协议价销售景点门票、客房或机票等旅游产品,并按约定收取一定比例的佣金。一般而言,大型连锁饭店等旅游集团在合作中更有话语权,因此可以获得更高比例的佣金。供应商在旅行社服务网点的展示信息、在旅行社网站的搜索排名和展示方式等会直接影响旅游者的关注度和购买意愿,从而影响旅游产品的销售和供应商的收益。供应商往往通过提供更具吸引力的图片或视频来获取更多关注度,从而实现稳定客源的目的。

批发模式是指旅行社以批发价向景区、饭店、航空公司等旅游供应厂商购买一定数量的景点门票、客房或机票等旅游产品进行销售,通过批发价与零售价之间的批零差价获取利润。与代理模式相比,旅行社在产品定价等方面有更多自由度,但是双方在签订合同时已经确定了产品数量,因此要承担市场供求所引发的风险。如果供大于求,旅行社会面临库存压力,引发资金链的流动性障碍;如果供不应求,则会影响旅行社的正常销售。此外,旅行社还需应对不可抗力所引发的航班取消等损失。

非公开模式的代表是自助定价模式(name your own price)。自助定价模式也被称为"逆向拍卖"或"买方定价",该模式由美国最大的在线旅游公司 Priceline 创立。Priceline 是一家基于 C2B 商业模式的旅游服务网站,它利用了经济学原理,以及旅游产品的不可储存性、生产和消费的同时性等特征,允许旅游者就某种旅游产品报出自己愿意支付的价格,由Priceline 从众多供应商中寻找愿意以该价格成交的供应商。

在经济学中,价格是价值的集中体现,产品越接近保质期,其使用价值越小,因此价格也会越来越低。对于机票或酒店客房等旅游产品来说,越临近登机或入住时间,其使用价值就越小,飞机一旦起飞或客房空置至午夜,其使用价值会变为零,无法实现销售。对于航空公司来说,如果在临近飞机起飞时成功售出一张机票,则多搭乘一名旅客的边际成本仅仅是航餐等变动成本,对固定成本的影响微乎其微,可以使边际收益最大化;对于酒店来说,在临近午夜时售出一间客房的边际成本也只有低值易耗品和水电费用,同样可以实现边际收益最大化。

　　Priceline 在旅游者和供应商之间扮演着网络中间商的角色,它通过间接式分销渠道模式帮助价格敏感型旅游者寻找到低价旅游产品,同时帮助旅游供应商以合适的价格卖出临期产品。这种成功的商业模式改变了旅游者的传统消费行为,深受价格敏感型旅游者和"淡季"供应商的青睐。为了防止该模式被复制,Priceline 在 1998 年成立之初便将"name your own price"系统申请了专利,在 20 年内竞争对手不能使用该商业手段。

案例 8-2　旅游巨头 Priceline 独创买方定价

　　2015 年 2 月中旬,美国在线旅游巨头 Expedia 宣布,将以总价 16 亿美元价格收购另一家在线旅游网站 Orbita,旨在向美国最大的在线旅游网站 Priceline 发起挑战。一时间,两大在线旅游巨头成为市场焦点。

　　与传统在线旅游网站不同,Priceline 独创"买方定价"模式,重点抢占淡季或是即将到期的航班、酒店空位等低价市场,让预订者自主报价,充分享受价格优惠。这一模式虽然独特,但并非适用所有人群,在激烈竞争中,Priceline 也面临很大挑战。

　　一、独创客户定价模式

　　1998 年,美国传奇企业家杰·沃克(Jay Walker)正式创立了 Priceline,并将其核心业务模式"name your price(客户出价)"进行专利注册。从此,这也成了 Priceline 最吸引人之处。

　　这种客户出价模式也被业内称为"逆向拍卖"或"买方定价"。简单来说,就是在买方定价的交易平台上,消费者开出希望购买的产品价格以及产品的大致属性,然后静待产品提供方决定是否接受这个价格,并为消费者服务。

　　例如,在 Priceline 网站上预订酒店的消费者需要将酒店星级、所在城市的大致区域、日期和价格提交给系统,不到一分钟后,Priceline 网站就会返回一个页面,告知此价格是否被接受,并将产品的具体信息,包括酒店名称、地址反馈给消费者。此时,消费者必须接受这次交易,无论该酒店是否中意,这也是此种模式被称为"逆向拍卖"的原因,因为消费者对自己的购买行为不能反悔。

　　沃克曾经用保质期的例子形象地比喻他的专利:"产品越接近保质期,它的使用价值就越小,理论上达到保质期时点之时,产品的使用价值就会变为 0。具体到机票或者酒店行业,越临近登机或者入住,机票和酒店客房的实际价值就越小,而一旦飞机起飞或者客房空置超过夜里 24 点,其使用价值便会为 0。对于航空公司来说,在临近'保质期'时刻,多售出一张机票的边际成本仅仅是机舱食物,而边际效益却可以达到最大化;对于酒店运营商来说,售出最后一间客房的边际成本仅仅是洗浴用品和水电费。因此,飞机即将起飞时的最后空位和酒店最后的空置客房,对供应商来说当然是多卖一份赚一份。"

　　二、不断收购优质资产

　　凭借颇具特色的商业模式,Priceline 在创立不久后就很快得到 1 亿美元的融资,Priceline 早期的投资人中甚至有微软的联合创始人保罗·艾伦(Paul Allen)这样的重量级人物。在创立的前几年 Priceline 可谓风光无限。1999 年第一季度,Priceline 卖出了 19.5 万张机票,最高峰一天卖出6000张机票,有18家航空公司加入Priceline淡季机票销售计划,在当年属于非常突出的成绩。1999年3月,Priceline在纳斯达克一上市,便受到投资者的追捧,短短几周时间公司股价便从上市时的80美元涨至160美元以上。

然而,2000年随着互联网泡沫破裂,这家尚未实现盈利的新星迅速陨落,股价一度跌至不到2美元。2001年2月,李嘉诚的长江实业及和记黄埔斥资7352万美元,获得Priceline的17.54%权益,成为Priceline的最大股东。李嘉诚入主后立刻推行改革,压缩运营成本。

2003年以后,随着整个市场大环境逐步好转,Priceline终于迎来新的发展机遇。其近年来的飞速成长,除了其独特的"客户定价"模式外,还要归功于其不断收购优质资产。

2004年9月,Priceline斥资1.61亿美元,收购了英国线上酒店预订服务公司Active Hotels,正式进军欧洲市场;2005年7月,以1.33亿美元收购了荷兰的酒店预订网站Bookings BV。此后,Priceline将Active Hotels和Bookings BV进一步整合为Booking。Booking目前已发展成为欧洲最大的在线旅游网站。

在欧洲市场站稳脚跟后,Priceline又将目光瞄准了亚洲市场。2007年11月,Priceline收购位于曼谷和新加坡的在线酒店预订公司Agoda。2010年5月,为了加强旗下的租车业务,Priceline又收购了英国曼彻斯特的租车网站Travel Jigsaw.

三、行业竞争形势严峻

尽管特色鲜明,但Priceline面临的竞争形势依然严峻。Expedia无疑是Priceline最大的竞争对手,其今年以来频频出手收购。Expedia在2月中旬宣布,以总价16亿美元价格收购另一家在线旅游网站Orbita。Expedia在1月还以2.8亿美元价格收购了旅游公司Travelocity的一部分股份。目前Expedia旗下已拥有9个子品牌,包括酒店预订网站Hotwire、Hotels、汽车租赁网站CarRentals等,业务涵盖面广,实力不可小觑。

相比竞争对手Expedia,Priceline最大的优势就是价格。通常一家在Expedia上标价100美元的四星级酒店,在Priceline可以用50美元左右的价格竞拍到。业内人士指出,这种价格差距,对于酒店、机票产品的销售而言影响是十分巨大的,如果能够提早预订行程且对价格比较在意的消费者很难不选择Priceline.

但值得注意的是,这种定价模式并不适合所有人群,它只对价格敏感型以及淡季出行客户起作用,对要求较高时间效率的商务人士、高端客户以及旺季出行人群并没有足够的吸引力,因为他们不缺钱或者没有灵活的假期,而Expedia的目标客户正是这些利润更高、更好赚钱的客户群。随着Expedia拓展业务面,Priceline将面临更大的竞争压力。

资料来源:张枕河(2015)。

二、选择供应商

如何选择旅游供应商是旅行社进行供应商管理的第一步,一般可以按照以下步骤进行。

(一)了解旅行社的内外环境

首先要了解旅行社的内外环境,包括外部市场环境和内部企业状况。在外部市场环境中需要了解当前的政策环境和市场竞争状况,熟悉竞争对手和旅游供应商的基本情况,还需要知道旅行社内部的人力、物力、财力和经营状况,最后根据本旅行社的实际需求,梳理出对供应厂商的基本要求,甚至根据以前的合作经验和行业口碑划定一批备选的旅游供应商,作为下一步评价的基础。

（二）成立评价小组

为了保证供应厂商的选择更加科学、合理,需要召集采购、产品研发、市场营销等相关部门的工作人员成立供应厂商评价小组,建立跨部门合作机制。除此之外,为了使评价更为专业,还可以聘请学界或业界的相关专家、学者加入评价小组。

（三）明确供应商评价的指标体系

在分析了旅行社的内外部环境之后,旅行社需要在评价小组的帮助下,根据市场环境和旅行社自身需要设计符合本旅行社经营目标的供应商评价指标体系。指标体系的设计一般应兼顾科学性和可操作性,全面性和针对性等原则,主要涵盖产品质量、产品价格、企业能力等因素。旅行社在确定旅游供应商评价的指标体系时需要根据自身情况选择有针对性的指标,并合理分配指标权重。

（四）确定评价方法

旅游供应商的评价方法多种多样,具有直观判断法等定性方法,也有综合成本法、数据包络法、模糊综合评价法等定量方法。具体采用什么样的方法需要考虑旅行社的现实需要,既能兼顾可操作性,又可以降低选择与评价供应厂商过程中主观因素的影响,尽量做到客观公正。

（五）对供应商进行综合评价

旅行社在明确了旅游供应商的评价指标体系和评价方法后,需要对旅游供应商进行综合评价,得出最终的评价结果。如果在评价过程中发现某些指标与现实有出入,或者数据不可得,或者评价方法不合理,则需要实时修正评价指标体系,重新进行评价。

（六）选择合适的供应商

旅行社在得出供应厂商的最终评价结果后,从备选的旅游供应商中选择合适的供应商。一般而言,每个目的地不能只选择一家供应商,供应商的数量应根据旅行社业务发展的需要而定。供应厂商的数量太少,可能会导致产品供应乏力,市场覆盖面有限,影响旅行社的市场占有率,且过度依赖某几家供应商会加大旅行社的经营风险;数量太多有助于提升旅行社的议价能力,但是会增加旅行社的管理难度。

（七）建立合作关系

确定好合适的旅游供应商后,要与供应商签订合作合同,商定特定时间内产品采购的数量。与供应商的合作不会是一成不变的,采购合同的签订需要兼顾约束性和灵活性,达成合作后也要跟踪产品质量,保证供应商的选择符合企业发展战略的要求,并根据实际情况检验供应厂商的评价指标体系是否合理,必要时做出及时调整。

三、评价供应商

根据旅游产品的性质,可以从产品质量、产品价格、售后处理能力和合作潜力四个方面评价和遴选供应商。

（一）产品质量

产品质量是企业生存和发展的基础,旅行社产品是基于旅游供应商产品的组合,因此旅游供应商所提供的产品质量直接影响旅行社产品品质。供应厂商的产品质量不仅要满足所在国的法律法规和行业标准,每家旅行社还会制定自己的标准,一般来说包括以下方面:

1. 供应商的资质

《中华人民共和国旅游法》第三十四条规定,旅行社组织旅游活动应当向合格的供应商订购产品和服务。此处的"合格"主要指我国现行法律、法规对供应商有营业执照和经营许可等资质要求的,应当取得相应资质;法律、法规没有规定资质要求的,应按照市场通常判断来确定。因此,旅行社的供应厂商应取得国家法律、法规规定的营业执照,并就本企业的经营业务范围提供经营许可证或相应的资质证明。

2. 成团率

成团率是一定时期按照产品计划准时出发的产品数量占计划产品总数的比例。成团率不仅可以反映供应商产品受市场欢迎的程度,也能体现供应商对下游资源的控制能力。

3. 产品好评度

规模化、持续化的旅游客流量是旅行社的生命线,产品好评度是客流的根本动力。产品好评度是一定时期内供应厂商的获得好评的产品数量占已销售产品总数的比例,通常通过售后回访记录、网页点评、客户来函等途径获取基础数据。

4. 产品投诉率

产品投诉率是一定时期内被投诉产品数量占已销售产品总数的比例。旅行社可以通过售后回访记录、网页点评、客户来函等多种途径获取产品投诉数据。由于投诉产生的复杂性,在统计投诉率时需区分引发投诉的原因,哪些是产品质量引起的,哪些是游客自身原因引起的,哪些是不可抗力引起的。

5. 产品研发创新能力

产品研发创新能力代表了产品的未来发展潜力。研发创新能力强的产品大多具有一些共同的特征,例如产品具有可观的广度和深度,在同一旅游目的地有多种主题的旅游线路,同一旅游线路可提供不同标准;拥有一些具有垄断性的旅游资源;定期对现有产品和服务改造升级等。

（二）产品价格

价格是衡量旅游供应商的重要因素。旅行社应根据产品成本预算、市场定位等因素,在保证质量的前提下选择价格合适的旅游供应商。

1. 产品综合价格

产品综合价格是采购某产品的价格总和,包括产品单价和相关费用。旅行社在采购时要重点关注产品价格包含哪些项目,避免隐性消费拉高产品最终价格。太低的价格会有质量风险,危及旅游产品的形象和企业形象;太高的价格会使旅游产品丧失市场竞争力,直接影响市场占有率和企业利润。

2. 价格竞争力

价格竞争力可以用同一时期旅游供应商所提供的产品综合价格与当期该产品的市场均

价比较后得出。一般用产品综合价格与市场均值的差除以市场均价后得到的比率表示,该比率越大,说明供应厂商所提供的产品越具有价格竞争力。

3. 价格稳定性

价格稳定性反映了旅游供应厂商对产品价格的控制能力,价格稳定性越高,供应商对价格的控制能力越高。一般而言,旅游供应厂商需要保持合同期限内产品价格相对不变,除不可抗力或较大突发情况外,不进行较大的价格变动。

（三）售后处理能力

售后服务是旅游行程结束后,旅行社继续向旅游者提供的一系列服务。售后服务的主要目的是主动解决旅游者遇到的问题,并加强联系。

此外,在旅游行程中也可能遇到突发事件,作为无形的服务,旅游产品的生产与消费是同时进行的,旅游供应厂商对突发事件的应对能力和处理能力非常重要。能否积极应对投诉和突发状况,并妥善做好善后工作,对旅行社维持现有客源和开拓新市场都至关重要,也是评价供应商的重要标准。

1. 响应及时性

响应及时性是供应商及时响应突发事件和投诉的能力,可以用供应商在单位时间内及时回应突发事件和投诉的次数占突发事件和投诉总数的比率来衡量。该比率越高,说明供应商响应得越及时,其响应及时性越强。

2. 处理有效性

积极响应并不是事情的终点,及时响应的目的是使突发事件和投诉得到有效解决。一个优秀的旅游供应厂商应该有一整套应对突发情况和投诉的工作程序和章程,可以在旅游行程中及时、迅速地处理好突发情况和投诉,在行程结束后积极处理旅游者的相关问题。

（四）合作潜力

长期稳定的合作关系有助于保证旅游产品的质量稳定性,并降低旅行社持续搜寻供应厂商的成本。因此旅行社在选择供应商时,应考察对方是否具有合作潜力,是否有望建立长期协作、互利共赢的合作关系。

1. 战略目标兼容性

企业战略明确了未来的发展方向,并深入融合了企业的价值理念,会对其现状和发展前景有深远影响。不同的企业有不同的战略目标,旅行社在选择供应商时需要考虑二者的战略目标是否相近或互补,如果供应商的战略目标与旅行社背道而驰,则不利于企业之间的长期合作和共赢。

对于旅行社而言,一个优秀供应商的战略目标应具有如下特征:其长期计划是做传统旅行社和 OTA 的供应商,暂无直接收客的准备;企业规模正处于迅速扩张中;产品处于成长期,市场占有率持续增加,发展前景良好。

2. 定期信息分享与培训

由于旅游产品具有多样性特征,且更新换代的速度较快,供应商不可能将产品范围锁定在某几个旅游目的地,因此需要面向销售人员、客服人员和导游人员定期开展产品的相关知识和服务技能的培训,并开展实地考察,以提升工作人员的服务水平。

供应商提供的培训次数和实地考察次数应当与产品更新速度相匹配。培训和实地考察的次数越多,企业要承担的成本也越高;但是如果未根据产品更新情况开展业务培训和实地考察,则会影响产品质量。

3. 财务状况

旅行社具有中介性质,资金流对企业经营至关重要,对供应商财务状况的考察也很重要。

对于旅行社而言,一家优秀的供应商应该保持优良的财务状况,结算流程简单易操作,错误率低,结算周期合理,可垫付其他变动费用。

四、供应商的管理方式

旅行社的产品几乎综合了行、住、游、食、购、娱六大要素,与各类供应商之间相互依存,缺一不可。但由于利益分配的冲突,旅行社和供应商之间也可能存在矛盾,科学、有效的管理方式显得尤为重要。

(一)建立分级管理制度

首先,旅行社需要按照产品质量、产品价格、售后处理能力、合作信用、合作潜力等标准对供应商进行客观、公正的评价,并根据评价结果对供应商进行综合排名,建立供应商分级管理制度,针对不同级别的供应商采取不同的合作方法。

一级供应商包括综合排名靠前的供应商,还应包括一些拥有垄断资源的供应商。这类供应商可以提供高质量的旅游产品,售后处理及时,信用状况良好,与旅行社的战略目标相吻合,能够满足旅行社的发展需要。

二级供应商的综合排名落后于一级供应商,但这类供应商的数量较多,个别供应商甚至能够提供一些特色服务,在某些方面具有竞争优势。这些供应商是保证旺季产品供应的主力军,旅行社可与其签订一定量的采购合同,作为旅游旺季的首要供应商。

三级供应商的综合排名比较靠后,基本是竞争实力较弱的一些供应商,因此它们的议价能力往往也较弱,旅行社可与其签订合作意向书。对价格敏感的旅行社或低端旅游产品可选择此类供应商,以降低采购成本。

除此之外,对供应商的分级并不是一成不变的,需要定期根据供应商的实力和旅行社的需求重新定级,也要根据实际情况适时调整对不同类别供应商的管理策略。

(二)完善激励机制

对于能够高质量履行合作协议,并按照约定保证供应数量和质量的供应商,旅行社可给予一定的奖励,激励供应商在与旅行社的合作过程中继续积极承担责任和履行义务,最终形成良性互动机制。旅行社可以采取的主要奖励措施包括订单激励、价格激励和信用激励等。

1. 订单激励

订单激励即针对综合表现较好的供应商,其旅游产品可以在服务网点或网络平台获得优先展示机会,或者获得优先询价权力。

2. 价格激励

价格是旅行社和供应商都十分关注的重要指标,且在市场交易过程中二者的利益是冲突的,旅行社希望尽可能压低供应商的价格,而供应商则追求更高的利润空间。旅行社不可忽视供应商的利润需求,对于按约定提供产品的供应商可以给予一定的价格激励,提供适当比例的优惠和折扣。

3. 信用激励

旅行社根据供应商在合作期间的表现进行分级管理后,可以针对级别较高的供应商给予信用激励。例如在不损害本旅行社利益的前提下,向高级别的供应商提供灵活的付款方式,或适当延长其付款周期,或者向处于产品研发阶段、信用状况较好的供应商提供资金支持等。

这些做法表面上看是让利于供应商,但是在一定程度上也降低了供应商的产品成本,有利于旅行社降低采购成本,还可以取得供应商的信任,形成更加稳固的合作关系,使产品质量更加可控,加强旅行社供应链的稳定性。

(三)加强信息共享

旅行社可与供应商建立信息共享机制,通过共享数据库实现客户信息、产品信息的实时更新和同步共享,实现信息在旅行社和供应商之间的顺畅流通。

通过有效的信息共享,旅行社可以全面了解供应商产品生产、质量控制等环节的相关信息,及时向供应商反馈旅游市场需求,助力供应商及时更新产品,推出更符合市场需求的产品。此外,旅行社还可以根据对未来市场需求的科学预测和产品开发需要,向供应商提出合理化建议,通过信息共享实现旅行社和供应商之间的双赢。

近年来,旅游需求的个性化程度越来越高,旅行社作为旅游者和供应商之间的桥梁,与供应商建立高效的信息共享平台显得更加重要,也有助于二者形成长期稳定的战略合作关系。

(四)完善流程管理

要使上述分级管理制度、激励制度和信息共享制度发挥最大功效,还需要加强与供应商合作流程中关键节点的控制和监督。

第一,实时调整需求计划。旅游产品具有突出的季节性差异和区域特征,旅行社需要分析前一个经营周期的销售数据,预测旅游需求的变化,据此制订本经营周期的需求计划。此外,在经营过程中也要实时监测采购数量与销售数量之间的关系,如果旅游产品的预订订单量远远高于系统库存产品数量,则需要迅速寻找合适的供应商,补充供应商数量;反之,如果预订订单量远远低于系统库存产品数量,旅行社需要在合同约定范围内尽量提高产品预订数量,或者通过一些营销措施降低库存。

第二,明确合同约束。合同是从法律层面保障旅行社和供应商双方权益的重要制度设计,合同中需要明确双方的权利和义务,具体包括产品内容、数量、交付形式、付款方式等。旅行社和供应商自觉履行合同约定的义务,承担合同约定的责任是有效合作的前提和基础。

第三,加强监督管理。旅行社在对供应商的管理中还要加强对员工的必要监督,明确员工的具体职责,使员工切实、有效地履行应尽的职责,避免出现对供应商的偏袒行为,保证产品供应符合合同的约定。

第三节 旅行社的合作厂商管理

站在组团社的视角,旅行社的合作厂商主要包括旅行社在企业运营中有直接合作关系的地接社。此外,在某些情况下同业者也会与组团社构成合作关系,相关内容将在下节具体阐述。

一、组团社与地接社的关系

组团社通常位于旅游客源地,负责旅游者的招徕和组织;与此相对应,地接社一般位于旅游目的地,直接为旅游者提供旅游目的地的接待服务。组团社和地接社是建立在互惠互利基础上的合同关系,二者的合作关系相对紧密。地接社通过采购旅游供应商的客房、门票等产品,组合成包价旅游产品,确定价格后预售给组团社;组团社负责在客源地将包价旅游产品推销给旅游者,成团后由组团社的全程陪同导游将旅游团队送至旅游地;地接社则负责旅游目的地的接待工作。

在现实中,组团社和地接社之间可能表现为隶属关系或合作关系。

(一)隶属关系

在隶属关系中,组团社和地接社在所有权上归属同一家旅行社集团。一些实力雄厚的旅行社在开发新市场时,通常缺少合作伙伴,因此有可能建立本旅行社的分支机构作为地接社,负责集团内部在该旅游目的地的接待任务。

组团社成立有直接隶属关系的地接社可以加强对地接业务的控制力度,并降低交易成本,减少与其他旅行社的合作风险。但是对组团社的实力和管理能力要求较高,否则并不能带来更多利润。

(二)合作关系

1. 单一型合作关系和组合型合作关系

按照特定时期内、特定旅游目的地地接社的数量,可以将组团社和地接社之间的关系分为单一型合作关系和组合型合作关系。

如果组团社在一定时期内在某一个旅游目的地只确定一家地接社作为合作伙伴,则二者之间就是单一型合作关系。这种关系通常适用于业务量较小的旅行社,或者新市场开发的初期,或者销售特定目标市场的产品时,或者针对高端旅游市场时。单一型合作关系的优点是容易建立起相对紧密的关系,但组团社过度依赖某一家旅行社,会增加交易风险。

如果组团社在一定时期内在某一个旅游目的地联系了多家地接社作为合作伙伴,则二者之间就是组合型合作关系。组团社需要对多家地接社进行评价和分级,明确其在合作关系中的不同地位。这种关系一般适用于业务量较大的旅行社或大众旅游产品的开发,有助于在更短时间内增加市场份额,并在地接社的竞争中增加组团社的议价能力,也有助于组团社挑选更优质的地接社从而建立长期合作关系。但在这种模式下组团社和地接社难以形成紧密的合作关系,也加大了对产品质量的控制力度。

2. 松散型合作关系和稳定型合作关系

按照组团社和地接社之间合作稳定程度的不同,可以将组团社和地接社分为松散型合作关系和稳定型合作关系。

如果组团社在特定旅游目的地广泛选取多个地接社以满足旅游业务的需要时,组团社与地接社之间就构成了松散型合作关系。组团社可以通过比较不同地接社的特点,满足不同目标市场的需求;但两者的关系过于松散有可能影响旅游产品的销售力度和质量控制。

当组团社的目标市场相对成熟,对地接社的情况也比较熟悉后,组团社往往会选择部分信用较好、产品质量可靠的地接社进行长期合作,形成稳定型合作关系。由于与地接社比较熟悉,合作关系相对稳定,因此组团社通过稳定型合作关系往往可以保证产品质量,降低市场风险,但如果地接社的情况发生变化,则组团社可能需要重新甄选地接社。

案例 8-3　布局日本市场　中国旅企争夺地接社

随着日本旅游市场的持续走热以及公司海外战略的进一步实施,众信旅游集团昨日宣布战略收购一家日本地接社,进一步掌控日本地接资源。这也是继携程、同程、海涛旅游等众多旅游企业布局日本旅游市场之后,中国又一家旅游企业在日本布局。

众信旅游集团公布的信息显示,该日本地接社是在日本东京成立的一家以接待访日观光团体或个人、中国政府、中国企业、学生团体、公务交流旅行,以及健康诊断、美容整形等医疗旅行的华人旅行社,与日本百余家酒店、大巴车以及餐厅等供应商拥有长期稳定的合作关系。对于众信旅游集团来说,收购该地接社可进一步掌控旅游资源,同时,借助众信旅游集团的渠道及品牌优势,该地接社能够进一步加强对上游资源的开发,同时向目的地参团、小交通、碎片化服务等方面拓展。

由于地缘关系以及旅游资源丰富等原因,赴日旅游的中国游客数量不断增长,国家旅游局的数据显示,2015 年到日本的中国游客近 500 万人次,较上年同期增长 107%,中国成为日本最大客源国。尤其在去年日元汇率持续下跌、韩国旅游市场遇冷的情况下,赴日旅游的中国游客进一步增长,同时赴日挖掘商机的中国企业也不断迈开步伐。携程、同程、途牛、海涛旅游以及春秋集团均在日本布局。其中携程去年宣布获得了日本旅行社牌照,成为中国第一家在日本获取旅行社牌照的在线旅游企业。而这样的布局让携程日后可在日本独立开展各方面的旅游业务,设计相关产品,并且可作为地接社在日本当地接待游客,有利于携程进一步挖掘日本市场潜力。同时,同程旅游也在去年宣布与日本 HIS 国际旅行社成立合资公司,新公司主要进行当地旅游资源的整合与采购。

值得注意的是,此次众信旅游集团收购的日本当地旅行社是当地的地接社,中国旅游企业赴日布局的触角延伸至地接社领域。而反观去年中国旅游企业的多次布局,各方均在一定程度上触及当地的地接资源。

另一方面,众信旅游集团作为欧洲旅游市场的重要批发商,如今也开始一步步走出欧洲,完善目的地布局。除了此次收购日本旅行社,众信旅游集团此前还宣布与TicketMates加速布局澳洲自由行。另外,众信旅游集团已经开启一系列资本动作,投资多家旅游企业,包括德国开元、穷游网等,并与携程等战略合作。前不久,众信旅游宣布开启集团战略,其中在横向上拓展游学及留学教育、健康医疗、移民置业、旅游金融等"旅游+"业务,纵向上在目的地资源、产品设计与服务、线上线下营销渠道三方面进行产业链扩张。

资料来源:钱瑜(2016)。

二、地接社的选择

(一)地接社的选择标准

组团社要想找到理想的地接社作为长期、稳定的合作伙伴,需要对其进行考核和评估,考核的标准包括以下几个方面:

1. 资质

核实地接社的注册资金及证件是否齐全,是否具有旅行社业务的经营资质;在当地是否具有一定的出票能力和服务能力;在职导游的数量、资质、语种和等级分布,兼职导游占导游总人数的比例。

2. 经营管理情况

调查地接社的经营管理模式,是否有明确的管理目标,企业文化如何,是否与本旅行社的发展理念相匹配等。

3. 业务量和产品质量

业务量是旅行社规模和实力的直接体现,业务量的大小和产品质量的稳定程度是评价地接社的重要指标之一。组团社应当根据自身的规模,选择与其相匹配的地接社,不必盲目追求业务量大的旅行社。

4. 产品价格

产品价格关系到旅游者的切身利益和旅行社的预期收益,对销售额有较大的影响,甚至也在一定程度上反映了产品等级和产品形象。组团社在考察产品价格时除了关注总报价之外,还应该注意报价中包含的具体项目。

此外,产品价格并不是评价地接社的唯一标准,报价也不是越低越好,明显低于市场平均价的旅游产品很可能在行程中包含强制购物的环节,组团社应当保证产品质量和企业信誉不受损害。

5. 商誉

地接社的商誉决定了该旅行社是否有长期合作的可能性,对于组团社而言十分重要。地接社应当有一定的偿付能力和履行合同的信誉,组团社可以通过以往的合作经验、市场调查等途径加以了解。

6. 专业性

有些地接社以做某项业务为主或专门针对某个目标市场,此类地接社往往具有较强的业务能力,能以较高的专业水平完成接待任务。当组团社经营多项业务或有多个目标市场时,可以按照地接社业务能力的差异选择专业的地接社提供地接服务。

（二）地接社的选择方式

组团社可以通过发团、实地调查和参加博览会等多种途径选择地接社。

首先,组团社可以通过发团选择地接社。这是最稳妥、可靠的考察办法,可以全面了解地接社的产品质量、业务人员的专业素质和能力、接待服务水平等。有的旅行社会组织专门的考察团前往目的地考察地接社。

其次,组团社可以通过到旅游目的地实地考察选择地接社。组团社可以选择经验丰富的专业人员到旅游目的地进行实地调查,逐个走访地接社,或以旅游者的身份随团暗访,以发现可建立合作关系的地接社。

最后,组团社可以通过参加国内外的旅游博览会选择地接社。每年在香港、东京、柏林、伦敦、马德里、芝加哥等地会举行国际旅游博览会,此外中国内地各大城市也会轮流举办国际性、全国性或区域性的旅游交易会,这些会议也是选择地接社的重要渠道。

第四节　旅行社的竞争厂商管理

在同一地域空间或同一细分市场经营相同或相似旅游产品或业务的旅行社之间极易产生竞争关系,并相互成为竞争对手。例如两家位于某地的旅行社都在经营中小学生的研学旅行,那么它们就构成了直接的竞争关系。

一、旅行社产业环境分析

随着信息技术的发展和行业分工的细化,传统旅行社的市场竞争环境发生了巨大变化。在波特五力模型中,传统旅行社与上游旅游供应商、同行业竞争者、新进入者、替代产品生产者和下游旅游者之间的关系都发生了深刻变化,各种力量相互制衡,重塑了旅行社产业环境（图 8-3 ）。

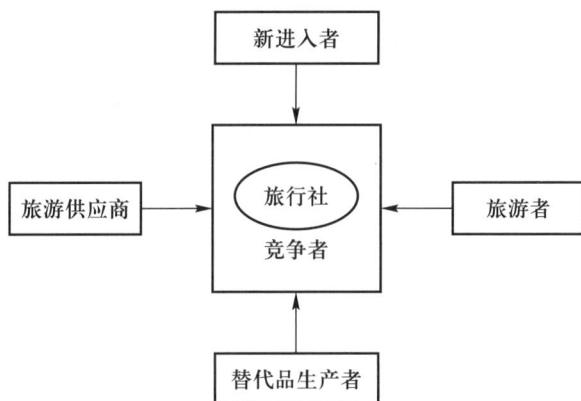

图 8-3　旅行社五力模型

（一）上游旅游供应商议价能力增强

随着互联网的普及和在线旅游消费的成熟,旅游供应商开始尝试建立自己的直销渠道,以免受制于传统旅行社。在此背景下,景区、饭店、航空公司等旅游供应商纷纷加快了信息化进程,通过建立官方预订网站和官方新媒体平台、入驻第三方交易平台、与网络营销平台合作等方式,积极向下延伸产业链,丰富销售渠道的类型。由此,旅游供应商可以更及时地掌握旅游消费动态,适时调整产品策略,还可以增加企业的讨价还价能力,降低代理佣金的支出。

随着移动互联时代的到来,微信公众号、抖音号进一步丰富了供应商的直销渠道,由官方运营的直销渠道更容易得到旅游者的信任,其品牌形象认可程度不断提升,越来越多的旅游者选择直销渠道预订机票、酒店、景点门票等产品,压缩了旅行社的生存空间。

（二）新进入者不断涌入,抢占市场空间

对于传统旅行社而言,新进入者从线下、线上两种路径抢占旅行服务市场空间。

1. 线下新进入者

线下的新进入者往往涉足旅行社业务,提供订机票、订酒店等单项旅游服务或包价旅游产品,却无"旅行社"之名,可以不受旅行社相关法律法规的约束。例如某些研学机构、车友俱乐部、办理出国留学的中介机构等。这些组织的存在扩宽了旅行社的外延,但却对传统旅行社的业务构成了直接威胁,扰乱了市场秩序。

2. 线上新进入者

在线上,新进入者不仅包括以携程、同程、艺龙为代表的"老牌"OTA,以去哪儿网为代表的在线旅游垂直搜索引擎也开始提供在线旅游产品的预订服务,用户生成内容类网站马蜂窝也不再局限于提供旅游攻略,开始提供产品预订服务,探索出独有的"内容＋交易"商业模式。

除了旅游类网站外,一些非旅游类网站也加入了旅行服务市场的竞争。以阿里巴巴、京东商城、苏宁易购为代表的综合型电商,以美团网、窝窝团、拉手网为代表的团购电商,以大众点评网为代表的社区攻略点评网站等也纷纷进入旅游市场,抢占在线旅游市场份额,进一步压缩了传统旅行社的发展空间。

（三）同行业竞争激烈

除了旅游供应商和市场新进入者对传统旅行社构成了巨大的竞争压力外,来自同行业的竞争也愈演愈烈,境内外旅行服务企业通过价格竞争、品牌竞争、资产并购等方式参与旅行服务市场竞争。

随着旅游市场国际化程度的加深,境外旅游企业也加快了对中国旅游市场的渗透和融合。2011年,国际在线旅游巨头Expedia从人人公司购买其在艺龙的股份,总额约7240万美元。2015年,携程联手铂涛集团、腾讯等企业收购了Expedia所持有的艺龙控股权,成为艺龙的最大股东,在线旅游市场发生巨大变化。

（四）替代产品生产者威胁不断

对传统旅行服务产品来说,其替代产品包括除旅行服务之外的休闲娱乐类产品。2013年,国务院办公厅印发《国民旅游休闲纲要（2013—2020年）》,提出了推进国民旅游休闲基

础设施建设的战略谋划。纲要要求加强城市休闲公园、休闲街区、环城市游憩带、特色旅游村镇建设,营造居民休闲空间;发展家庭旅馆和面向老年人及青年学生的经济型酒店,支持汽车旅馆、自驾车房车营地、邮轮游艇码头等旅游休闲基础设施建设;鼓励开展城市周边乡村度假,积极发展自行车旅游、自驾车旅游、体育健身旅游、医疗养生旅游、温泉冰雪旅游、邮轮游艇旅游等旅游休闲产品。

近年来,随着消费水平的提升和基础设施建设的完善,自驾游、房车游等新型休闲娱乐活动凭借其沉浸式、个性化的独特魅力逐渐得到消费者的青睐,迅速成为大众旅游时代的重要旅行形式。

来自中国旅游研究院的数据显示,自 2017 年至 2019 年,自驾旅游出行人次以年均增加 30.2% 的速度飞速增长。即使受新冠感染疫情的冲击,2020 年自驾旅游出行人次同比下降 37.3%,但是相较于国内旅游人次 52.1% 的下降幅度,自驾旅游的收缩幅度相对较小。2021 年,国内近程市场、周边游的迅速回暖带动了自驾出行人次的激增,1—5 月自驾出行人次为 2.7 亿,恢复至 2019 年同期 108.1%,已超越疫前水平,自驾旅游市场实现全面恢复,表现出自驾旅游市场不可忽视的韧性水平。

自 2001 年我国第一辆自主知识产权房车下线以来,房车在中国已经有近 20 年的发展历史。近年来,中国房车市场的发展迅速,房车生产企业大量涌现,房车营地数量快速增长。房车旅行作为国内新兴的旅游方式,因其私密性、安全性的特点,在疫情期间正以加速的状态被大家所接受,统计显示,租车预订单有 10% 左右的增长,其中,房车的在线租车成为热门选择。上汽大通房车科技有限公司 5 月份、6 月份、7 月份的订单数据与去年同期相比分别增长了 399%、220%、218%,订单总收入与去年同期相比增长了 257%。

(五)旅游需求呈现多元化、个性化趋势,议价能力上升

中国旅游市场已经进入买方市场,旅游者越来越重视旅游的体验性,旅游者需求呈现出多元化、个性化等特点。随着信息技术的成熟和网络购物的普及,更多的旅游者略过传统旅行社,通过互联网查询旅游信息、预订旅游产品。此外,一些旅游者也不再满足于旅游线路固定行程的束缚,开始追求更大的可选择范围,传统旅行社的客户分流不可避免。

案例 8-4　"旅拍"虽好,也要认清资质

旅拍创作团,能不能做旅行社的事?在文化和旅游部日前公布的未经许可经营旅行社业务专项整治行动第四批指导案例中,有一起江西省上饶市文化广电新闻出版旅游局依法查处的"旅拍"案。

上饶市文化广电新闻出版旅游局执法人员在网络巡查中发现,婺源县某摄影创作有限公司在未取得"旅行社业务经营许可证"的情况下,通过其运营的网站发布"2021'春色满园'婺源四天摄影创作团"和"2021'春色满园'婺源、台回山六天摄影创作团"等信息,招徕摄影爱好者前往婺源旅游、摄影。当事人提供了多条摄影线路和多个出游时间供游客选择,游客可添加网站联系人的微信,提前支付定金报名。

经查明,当事人通过网络招徕游客,并于 2021 年 3 月 14 日至 19 日组织 18 名游客参加旅游活动,共计收取团费 38440 元。当事人根据约定,预先安排行程,为游客提供餐饮、

住宿、交通、景点门票、摄影向导等旅游服务。依据《中华人民共和国旅游法》第九十五条第一款的规定,上饶市文化广电新闻出版旅游局责令当事人改正未经许可经营旅行社业务的违法行为,并作出没收违法所得和罚款 1 万元的行政处罚,同时对有关责任人作出罚款2000 元的行政处罚。目前,该公司积极整改,已办理《旅行社业务经营许可证》。

江西财经大学江西旅游发展研究中心研究员胡林波表示,市场上有一些以"摄影团""创作团"等名义揽客的机构,打着摄影艺术创作的名头,存着侥幸心理做着经营旅游的事,摄影爱好者容易被迷惑。但这是无资质、无合同、无保险的"三无"旅游经营,一旦自身合法权益被侵犯,游客有苦说不出。文旅部门应严把市场准入关,对市场供需两端加强守法经营和文明旅游的宣传引导;旅游市场执法部门应通过多部门联合、多样化方式加强旅游市场的监管、整顿,多措并举规范旅游市场经营秩序,为旅游行业发展营造良好氛围。

江西省赣中旅国际旅行社副总经理袁净表示,旅拍产品在市场上受到不同年龄层次游客的喜爱,这使得一些没有资质的公司在招徕游客时得以打"擦边球",但游客对于招徕公司是否有资质没有过多关注,自身利益受损时,无法得到相应保障。我们在宣传经营旅拍产品需有资质时,有时会被游客误会为同业竞争、打击"对手"。通过专项整治行动能引导游客到正规旅行社报名,让旅游回归良好市场环境很有必要。

上饶市文化广电新闻出版旅游局执法人员表示,随着"旅游＋拍照"市场的快速升温,一些摄影机构和个人利用游客游玩时喜爱拍照的心理,以摄影的名义招徕游客,实际为对方提供的是包价旅游服务。选择跟团摄影的大多数为中老年摄影爱好者,为了拍摄"大片",一些摄影景点路途偏远崎岖,存在安全隐患。同时组织旅拍的摄影机构和个人并非正规旅行社,不具备相关资质,无法与游客签订合同,甚至无法为游客购买保险。发生纠纷和意外时,游客的权益得不到保障。执法人员提示广大摄影爱好者,在选择跟团旅拍时,应选择有合法资质的旅行社,既可拍摄又能安心游玩。

资料来源:周晨(2021)。

二、传统旅行社之间的竞争

传统旅行社之间的竞争主要表现为对市场份额的争夺、产品价格的博弈、相关信息和资源的排他等方面。根据文化和旅游部的数据,截至 2021 年 12 月 31 日,第四季度全国旅行社总数为 42432 家。中国旅行社的进入门槛不高,行业和渠道限制有限,旅游产品的可复制性比较强,产品同质化导致传统旅行社之间竞争愈演愈烈。

传统旅行社的竞争通常从资源控制开始,到价格竞争结束。虽然有庞大的旅游市场规模,但是旅游产品往往集中在某几个旅游目的地,甚至某几条旅游线路上,最终引发行业内的恶性价格竞争,传统旅行社利润被摊薄,不利于旅行社行业的可持续发展。

三、传统旅行社与 OTA 的竞合

竞合在英文中对应"coopetition",是合作"cooperation"和竞争"competition"两个英文单词的组合。竞合是企业间同时进行合作与竞争的经营战略,是基于博弈论实现多赢关系的新型合作关系。在旅游产业链中,竞合有助于旅行社在与竞争对手的竞争与合作中找到平衡点,以提高多方绩效。

(一) 传统旅行社与 OTA 的合作

移动互联技术深刻改变了旅游者的消费行为,越来越多的旅游者习惯于通过 OTA 预订机票和客房等产品,促使传统旅行社积极寻求与 OTA 的合作,例如通过 OTA 平台进行旅游产品的展示、宣传和预订,或承接 OTA 在旅游目的地的接待业务等。

对于传统旅行社来说,OTA 能够扩大旅游产品的宣传效果,增加旅游产品预订量,提高旅行社的知名度。有的中小型旅行社存在规模小、技术水平有限、资金不足等问题,不具备搭建在线直销平台的能力或资金,OTA 的宣传平台显得尤为重要。

对于 OTA 来说,与传统旅行社的合作可以扩宽市场规模、丰富业务类型,并通过传统旅行社提供的佣金、中介费或产品价差来获取利润。与传统旅行社在线下接待业务方面的合作也有助于发挥传统旅行社的优势,降低 OTA 的运营成本。

(二) 传统旅行社与 OTA 的竞争

虽然 OTA 与传统旅行社的合作为双方带来了很多益处,但由于同在旅行服务市场经营同类型产品,传统旅行社与 OTA 之间的竞争不可避免。

相对于传统旅行社,OTA 拥有更强的技术优势,在双方合作时占据了相对主导地位,同时也压缩了传统旅行社的利润空间,容易引发双方冲突。互联网时代流行"流量为王"的丛林法则,谁控制了流量就掌握了客源。许多传统旅行社也因势利导开展了线上旅游业务,但是 OTA 在流量控制方面无疑具有更强的竞争力,更受资本的青睐。实力强大的 OTA 在与供应商合作时有更强的议价能力,在产品销售时也掌握了更通畅的销售渠道,直接威胁了传统旅行社的生存。

虽然在线旅游越来越普及,但是整个在线旅游市场的市场规模不到 15%,有超过七成的旅游者会优先在线下门店购买旅游产品和服务。此外,随着在线旅游产品的价格逐渐透明,OTA 的盈利空间越来越小,一些 OTA 开始进一步拓展线下市场,建立线下门店,寻找线下渠道发展的可能。2014 年,携程设立第一家线下门店,2016 年战略投资当时是国内营业网点最多、组团量最大的线下旅游连锁渠道——旅游百事通,取得了 5500 家加盟店作为线下网络,覆盖全国近 30 个省 (市、自治区),有效实现了线上线下的全面融合。2017 年,携程、去哪儿的线下门店开放加盟渠道,去哪儿线下门店更是开出了"0 加盟费"的优惠条件。

从携程线下门店来看,OTA 的线下扩张战略已初见成效。携程的线下门店有高达 80% 的订单来自非携程用户,一些未曾下载携程 APP,或从未在携程购买过旅游产品的新客户通过线下门店购买了携程的旅游产品,直接冲击了传统旅行社的产品销售。

(三) 传统旅行社与 OTA 竞合的平衡

竞合可以通过合作将竞争的风险降到最低,传统旅行社与 OTA 想要在竞争中实现合作,关键在于双方是否可以达到共赢。

一方面,传统旅行社与 OTA 可以通过市场细分实现竞合。双方可以按照旅游者的旅行目的、受教育程度和旅行频率等标准进行更细致的市场细分,各自专注于某一个或某几个细分市场,满足不同群体的顾客需求。这样既可以避免双方的直接利益冲突,又可以推进旅游市场全面发展。

另一方面,传统旅行社与OTA也可以按照企业实力的悬殊通过在垂直分工体系中的不同分工规避竞争风险。垂直分工体系包括旅游经营商、旅游批发商和旅游零售商/旅游代理商。资源丰富、产品研发能力强的传统旅行社或OTA可以以设计、组织和批发旅游产品为主要业务,充当旅游经营商;拥有优质销售渠道的传统旅行社或OTA负责批发旅游经营商的产品给下游的旅游零售商/旅游代理商;中小型传统旅行社或OTA主要提升专业化水平,负责销售旅游经营商或旅游批发商的产品,赚取批零差价或销售佣金。

总之,随着行业环境的发展和旅游需求的变化,传统旅行社与OTA之间竞争和合作的共存并不违和,二者在竞争中合作成为必然,双方应不断调整合作模式以实现共赢。

除了传统旅行社之间的竞争、传统旅行社与OTA之间的竞争外,在在线旅游市场,OTA之间的竞争也持续发生,不断重塑在线旅游市场格局。

案例8-5　携程赴港二次上市　在线旅游风云再起

2021年4月19日9:30,随着锣声响起,携程集团有限公司(以下简称"携程")敲开了香港联合交易所(以下简称"港交所")的大门。上市首日,携程每股报收280.2港元,涨幅4.55%,总市值为1700亿港元(约相当于219亿美元)。港交所锣声响起,意味着依托新的资本市场,携程面临的挑战才刚刚开始——

一、价值重估机会几何?

1999年5月,梁建章、季琦、沈南鹏、范敏在上海共同创建了携程。2003年,携程于美国纳斯达克完成上市。截至4月20日收盘,携程在美股市场的市值为231亿美元。

有人说携程的资历太老了,跟阿里、百度、腾讯、网易等互联网巨头属于同一时代,很早就确立了市场优势地位。易观报告显示,以商品交易总额口径统计,2018年至2020年携程是全球最大的在线旅游平台。

如今,跟随着阿里、百度、网易等"中概股"(投资者对所有海外上市的在中国注册的公司的统称)的"回归潮",携程赴港二次上市,成为第一家在港股市场上市的专做旅游的在线企业。携程的归来并不轻松,受新冠感染疫情影响,2020年携程的营收较上一年跌幅明显。而此时,又一批跨界玩家陆续攻入在线旅游市场。

争取价值重估几乎是所有选择二次上市"中概股"的共同目标。华美顾问机构首席知识官赵焕焱表示,二次上市是指已上市公司将其部分发行在外的流通股股票在非注册过的另一家证券交易所上市,同时,"中概股"的确在美股市场存在被低估的问题,所以,对于携程而言,二次上市可以增加现金流、分散风险,也是个争取被重新估值、提升市场价值的机会。

那么,携程的机会大吗?

从宏观层面来看,2018年港交所修改上市制度以来,已有13只"中概股"在保留美股上市地位的同时,通过在港股二次上市的方式实现回归,募资总额达2820亿元。这其中包含阿里、京东、网易、百度、哔哩哔哩等知名的互联网企业。然而,中国国际金融股份有限公司给出的分析是,"中概股"二次上市后,股价没有明显重估。主要原因是当前美国存托凭证（ADR）与港股完全可兑换的属性,使二次上市的股票在香港市场的价格与美股市场紧密相连。赴港上市后,"中概股"的香港交易占比虽然不断提升,但股价与估值水平的重估并不十分明显。国外数据机构 Wind 的数据显示,13 只完成二次上市的"中概股",上市首日平均涨幅为 4%,涨幅中位数为 3.5%。

相比已经上市的国际在线旅游企业,截至 4 月 19 日,携程总市值为 219 亿美元,Expedia 总市值为 250.19 亿美元,Booking 总市值为 1014.58 亿美元。作为全球商品交易总额最多的在线旅游平台,携程的市值没有高出另外两家巨头。事实上,在发售价曝出之时,就有分析认为,携程赴港二次上市的估值依然偏低。对此,在港交所上市庆祝仪式的媒体沟通会上,携程联合创始人、董事局主席梁建章表示"同意",称"携程的估值的确偏低"。不过,在不少投资者看来,这恰恰为携程留出了更多空间。

北京联合大学在线旅游研究中心主任杨彦锋表示,携程赴港上市是谋划已久的动作。在美股之外的市场上市,一方面,能够更加贴近国内市场,吸引更多投资者,毕竟现阶段携程的主要战场还是在国内;另一方面,开辟国际国内两个融资渠道,对携程更有帮助。

二、"老大"面临成长危机?

在很多人的印象中,携程一直是在线旅游市场的"老大",2014 年入股途牛、投资同程,2015 年收购艺龙、合并去哪儿……奠定了"一超多强"的格局。相关数据显示,即便是 2020 年,就网络成交金额这一项来看,携程系(携程旅行 + 去哪儿)拥有的市场份额依然达到了 58%。

然而,不可否认的是,坐拥在线旅游市场半壁江山的携程,营收已显疲态。携程财报显示,2016 年至 2019 年,携程营收额虽然总体上呈增长态势,但同比增速却逐年下滑,由 2016 年的 76.6% 降至 2019 年的 15.18%。国泰君安证券曾分析,随着流量红利消失,携程渗透率与增速都遭遇瓶颈,主营业务增速放缓,同时,还面临着来自同行业以及产业上游酒店、机票领域的双重压力,盈利能力受到影响。2020 年,携程净亏损达到 32.47 亿元,如今尽管业绩在逐渐复苏中,但彻底摆脱危机仍需时日。

不过,即便如此,分析整个在线旅游行业,仍旧是乐观且充满希望的。相关数据显示,剔除 2020 年因疫情造成的负面影响,未来 3 年,在线旅游行业仍将保持每年 15% 以上的增速。

这一次赴港二次上市给了携程更多的机会。携程首席执行官孙洁在接受媒体采访时说:"携程 2003 年在美国纳斯达克上市以来,业绩保持坚挺。但是,我们全面分析了全球 GDP 走势并预测,中国未来将遥遥领先,亚洲地区相对于欧美地区来说也是遥遥领先的。所以,在这个时候返回亚洲二次上市,对携程今后 5 至 10 年的发展必然有非常大的促进作用。"

携程方面称,若不计其他因素,携程回港二次上市的募资净额至少为 83 亿港元。携程拟将全球发售募集资金净额用于为一站式旅游产品的扩展提供资金,改善用户体验,并投资技术以巩固其领先的市场地位,提高运营效率以及满足一般公司用途和营运资金需求。

在被问及携程最想突破的市场是什么时,孙洁回复中国旅游报记者说:"携程在亚洲市场的发展一直不错,我们会继续发力亚洲市场。同时,我们在欧洲市场也做了一些布局。目前在欧洲市场,缺少能够提供一站式服务的旅游提供商,对此,我们认为是非常好的发展机会。"

由此不难看出,尽管经历了新冠感染疫情的冲击,携程向国内休闲度假市场倾斜,在喊出"深耕国内"战略不到半年时间后又发布了"旅游营销枢纽"战略,但是国际市场依然是携程不愿意放弃的。跻身国际国内两个市场,携程的开拓架势丝毫未显"成长"疲态。

三、在线旅游格局生变?

对于此次携程赴港上市,业界最关注的是,在线旅游赛道上,是否会风云变幻?

采访中,有多位业者表示,其实携程的对手已经出现了,其中一个就是"小"12岁、从外卖跨界进入酒旅市场的美团。

对比两者2020年的经营数据,在旅游、酒店业务方面,携程在疫情冲击之下,营业收入几乎"腰斩",而美团只下滑了4.6%。从2020年财务数据来看,美团点评"到店、酒店及旅游"业务的总收入为213亿元,而携程总收入为183亿元。在这样的业绩面前,也有业者质疑,"谁才是行业第一"?

而且,在这条赛道上,不仅有聚焦本地生活的美团,还有加紧布局的阿里。近年来,阿里旗下飞猪旅行的快速扩张,也给携程带来了不小的压力。去年9月底,阿里还以3.85亿元入股众信旅游,成为其第三大股东,双方表示,将共同探索和推进"旅游新零售"商业模式。

不仅如此,以做内容营销起家的小红书、抖音也开始打起了旅游的主意,玩直播、做社区、拼内容,做足了"种草"戏份。从去年的市场动向看,拼多多、滴滴等生活社区平台要在旅游行业分一杯羹的意图已经十分明显。各个日活量高达几亿人次的平台,实力不可小觑。此外,作为在线旅游市场第二梯队的同程和途牛也各有所长。

"有关旅游的一切需求,几乎都可以在携程平台上得到满足。"如今,这种全能式服务模式已然成为携程的标志。那么,赴港上市是否会让整个在线旅游市场的竞争格局发生改变?

"目前不会。但是,携程的新布局会在整个在线旅游市场起到引领作用。"杨彦峰说。

那么,携程的突破口可能在哪里?多位业者的判断,首先是以直播、社区、整合营销平台"星球号"为代表的携程内容营销生态。理由是"年轻人是旅游消费的主力军,他们思维活跃、消费频次高,而且随着收入逐年增加,消费能力逐渐增强。这些高价值的用户,已经成为各大平台争抢的对象,而他们在旅游消费过程中越来越看中从'种草'到'拔草'的过程,这就需要各平台在内容营销生态上'玩'出花样"。

杨彦峰说,近段时间,携程进行了一系列内容营销生态方面的布局,力争成为旅游内容营销的生产者、提供者,在消费者的决策过程中占据更重要的地位,以此来掌握更多流量,而这种从产品向内容转移的战略可能会影响整个在线旅游市场。此外,近几年,携程等多家在线旅游平台不约而同地在跟各地政府进行深度合作,包括一些主题产品的整合包装。未来,在线旅游市场的竞争可能会围绕一些国内的大型目的地展开。随着旅游短途化、本地化的趋势更加明显,这些大型目的地的休闲度假市场将成为"兵家"必争之地。

正如孙洁所说:"携程是非常专注的。我们的理念一直是客户第一、合作方第二、携程第三,所以,我们一直在聆听客户的需求。"疫情冲击之下,在线旅游市场面临着消费需求的变化。眼下,携程的机遇和挑战并存。

资料来源:王玮(2021)。

第五节　旅行社的客户关系管理

一、旅行社客户关系管理的内涵

(一)概念

客户关系管理(customer relationship management, CRM)起源于营销理论。营销学家菲利普·科特勒曾经总结了营销观念的五个发展阶段,分别是生产观念、产品观念、推销观念、市场营销观念和社会营销观念。其中,前三个阶段都没有关注客户需求,仅仅把交易作为营销的基础,片面追求企业的利润最大化,未能与客户建立起长期的密切关系。

此后的营销观念开始研究企业在全球市场的营销,并强调企业必须追求与客户的共同利益,实现二者的互惠互利。20世纪90年代后,客户的个性化需求不断彰显,客户满意和客户忠诚成为企业追求的目标,关系营销、数据库营销等新理念不断涌现。关系营销主张运用各种工具和手段,有效建立和维持与客户之间长期的亲密关系,首次强调了客户关系在企业营销和发展战略中的地位,因此被认为是客户关系管理的理论基础。

客户关系管理产生于传统的客户服务,是一种旨在改善和维护客户关系的管理理念。客户关系管理一般是指企业以客户为中心整合客户资源,通过完善的客户服务、深入的客户分析、人性化的服务程序来满足客户需要,最终实现客户核心利益和企业利益最大化的管理理念。因此,客户关系管理包含以下几层含义:

第一,客户关系管理是一种企业战略。客户关系管理贯穿于企业的每个部门和经营环节,以理解、预测和管理企业现有客户或潜在客户为主要目的。客户关系管理涉及企业战略、业务流程、组织管理和技术条件等各方面的变革,以使企业更好地围绕客户行为完善企业战略。

第二,客户关系管理始于对客户消费行为和特征的深入分析。客户消费行为和特征的分析是客户关系管理的基础,企业据此取得对客户偏好和需求的完整认知,然后应用这些知识制定营销战略、组织营销活动,建立客户对企业的忠诚度,维护客户黏性。

第三,客户关系管理的最终目的是实现客户利益和企业利益的最大化之间的平衡,即二者的"双赢"。在现实中,客户利益和企业利益是一对矛盾统一体。客户利益最大化意味着穷尽企业的资源和能力全面满足所有客户的所有需求,这种做法极大增加了企业成本,抑制了企业盈利能力。企业利益最大化又意味着尽量降低产品成本,提升产品价格,极低的产品性价比势必又会劝退大多数的理性消费者。因此,企业必须在成本和预算的约束下为客户创造价值,在提升客户满意度和忠诚度的同时,使企业利益最大化。

第四,企业必须进行市场细分,锁定自己的目标市场。由于资本、精力和成本等条件的限制,大多数企业都难以涵盖所有的细分市场,为所有的消费者提供产品。因此,在客户关系管理之前,企业必须仔细甄别目标市场和非目标市场,明确自己的目标市场,有选择地放弃非目标市场。通过对目标市场的有效识别,以更低的费用、更高的效率实现客户需求,与特定顾客建立起良性的、可持续的长期关系。

(二)作用

20世纪90年代后,我国旅行社行业逐渐进入微利时代。互联网的兴起使旅游者可以以较低的成本,在极短的时间内快速获取旅游产品信息。在此背景下,旅游者掌握了更多的话语权和更强的议价能力,买方市场的形成使旅行社愈发需要稳定的客户群体和良好的口碑,客户关系管理越来越重要。

1. 有助于共享客户资源

作为服务性质的企业,旅行社生产旅游产品所需要的原材料,包括酒店客房、景点门票等基本都不具备排他性,旅游产品的可复制性很高,旅行社难以通过垄断产品巩固市场地位。旅行社的服务对象——旅游者对企业发展意义重大,客户资源是旅行社的核心资源。然而,在传统的运营模式下,旅行社的个别职能部门或工作人员极易垄断客户资源,客户资源的部门化和私有化现象层出不穷,对旅行社的可持续发展造成了极大威胁。

科学的客户关系管理可以使客户信息在旅行社内部的管理层、职能部门和员工中实现资源共享,有效避免客户资源私有化的现象。同时,旅行社也可以借此机会不断提高搜集、更新客户信息,系统分析客户资料的能力,从而为目标市场的旅游者提供个性化的优质服务。

2. 有助于提升客户忠诚度

随着信息门槛的逐渐消除和旅游经验的日益丰富,旅游者不再满足于传统的咨询和导游业务,他们对个性化、专业化服务的需求越来越高。在旅游方式上,旅游者更倾向于自助游、散客游和小团体出行;在旅游形式上,旅游者更关注旅游产品的体验感和参与性;在消费心理上,一味追求低价不再成为市场主流,更多的消费者愿意承担更高品质的出行所消耗的费用,且自我保护意识和维权意识越来越高。在此背景下,旅行社的服务稍有瑕疵就有可能引发产品投诉,影响企业形象和市场口碑。

客户关系管理覆盖了旅游全过程,贯穿了旅游咨询、预订、销售、接待、售后服务等业务环节,可以实现业务流程的自动化,完成与旅游者的零距离沟通。通过客户关系管理,旅行社可以为旅游者设计、生产个性化旅游产品,及时处理旅游者的咨询,并对旅游过程中和旅游后的各种问题进行及时反馈,有助于旅游者实现高质量的服务体验,培养旅游者对旅行社的信任度和忠诚度。

3. 有助于维护市场秩序

在中国,散客旅游、研学旅游、银发旅游等市场空间有待进一步开发,多数旅行社经营相同或相近的旅游产品,产品类型高度集中在“团体、标准等、全包价和文化观光”旅游,业务范围狭窄,市场竞争日益激烈,利润率较低。旅行社过度关注价格竞争,未能根据市场差异和旅游需求差异开发个性化、差异化的专项旅游产品,导致了旅行社行业出现"零负团费""强制购物"等恶性价格竞争,严重损害行业形象。

从深陷恶性价格竞争到深耕旅游需求,客户关系管理为旅行社的良性价格竞争提供了可行的解决方案。客户关系管理引导旅行社根据市场需求开展企业定位和产品开发,帮助旅行社通过核心产品树立鲜明的企业形象和产品定位,培育起核心竞争优势,推动全行业走向良性竞争之路。

(三)特点

良好的客户关系是企业运营成功与否的关键因素之一,旅行社作为服务性的中介企业,其客户关系管理工作具有以下特征:

1. 以客户的个性化需求为核心

旅游的本质是以追求愉悦为目的的异地体验,旅行社是为旅游者的空间移动提供服务的中介企业,其产品核心集中体现在通过提供服务为旅游者创造独特的个性化体验。

随着生活水平的提升和消费行为的日益成熟,旅游者不再满足于大众化的旅游产品,开始寻求具有自身个性特色的旅游产品和服务。在此背景下,大众旅游产品不再具备竞争优势,旅行社需要及时追踪旅游市场需求,为不同的目标市场量身定制个性化旅游产品,以保持客户价值最大化。

2. 客户关系具有动态性

旅行社的客户关系具有鲜明的动态性特征。一方面,旅游者的需求日趋多样化,旅行社如果不能及时顺应旅游需求,甚至提前预测旅游需求走向,将很容易失去目前的目标市场;另一方面,旅行社面临的市场竞争态势在不断变化,同业者提供的个性化产品有可能使本旅行社的客户有所流失,旅行社的市场占有率被摊薄,市场地位受到挑战。此外,旅游者可以借助互联网便捷地获取旅游地信息等相关资讯,或者通过航空公司、饭店的官方网店直接预订单项产品,也可能造成一部分客户的流失。

因此,旅游需求在变化,市场竞争态势在变化,旅行社的战略目标也可能发生变化,旅行社和旅游者之间的关系并不稳定,处于不断的动态变化中,旅行社争取新客户的同时,又有一部分客户由于需求改变或竞争者的吸引而流失。

二、旅行社客户关系的生命周期

基于客户关系的动态性,客户关系生命周期是指客户关系水平随时间变化的发展轨迹,系统描述了客户关系从一种状态到另一种状态的总体特征。客户关系的发展具有鲜明的阶段特征,其生命周期可以划分为开拓期、考察期、形成期、稳定期、衰退期五个阶段,不同阶段的客户行为特征、客户价值和驱动因素存在差异。开拓期是客户关系的准备阶段,考察期是客户关系的孕育阶段,形成期是客户关系的快速发展阶段,稳定期是客户关系的成熟阶段,衰退期是客户关系发生逆转的时期。

(一)开拓期

开拓期是客户关系生命周期的起始阶段,也是旅行社与旅游者之间客户关系建立的第一步。

旅行社首先要经过市场调研了解客户群体的消费行为特征,配备营销人员,并开展前期的宣传工作,从而获得旅游者的初步认知。旅行社的关注重点是提供什么样的旅游产品,怎样让产品信息得到对应客户群体的有效关注,并通过快速传播吸引更多的客户。旅行社在这一阶段往往要投入大量的时间、财力和物力,但客户的产出价值非常少。

（二）考察期

考察期是客户关系的探索和试验阶段,旅行社与客户真正接触并正式建立联系。

在这一时期,旅行社通过旅游者调查或者尝试性的订单考察客户需求与企业战略之间的相容性,评估客户对于旅行社的潜在价值。旅行社开始与前期开拓的客户进行对接,并花费大量的时间和精力研究旅游需求;同时,旅游者也在对旅行社及其提供的旅游产品进行考察,也需要花费一定的时间成本和经济成本。

旅行社与旅游者之间相互不了解,客户关系的不确定性较大是这一时期的主要特征。旅行社要面临的关键问题是如何留住旅游者顾客,如何使旅游产品获得更多认可,如何使客户关系尽快进入下一阶段。

（三）形成期

如果旅行社在考察期通过了对客户的测试,则客户关系进入下一个阶段——形成期。形成期是客户关系的快速发展阶段,也是旅行社与旅游者合作关系形成的时期,这一时期还是客户生命周期中促成交易的最为重要的阶段。

在形成期,客户对旅行社的满意度与忠诚度变得越来越高,对旅行社所提供的旅游产品已经有了自己的认识与看法,并愿意承担一定的风险,同时他们对于价格的接受能力与考察期相比有所提升。旅行社对客户较为满意,并且建立了一定的信任。二者之间的交易不断增加,双方从客户关系中获得的回报日趋增多,相互依赖程度日益增加,旅游者对旅行社的信任度和忠诚度不断加深,逐渐成为旅行社的忠实用户。

在这一阶段,旅行社应该注重旅游者对旅游产品和服务的反馈,及时处理旅游投诉,适时开展市场调研,了解旅游者需要的产品和服务类型。

（四）稳定期

稳定期是客户关系发展的最佳阶段,旅行社与客户之间建立了相对稳定的合作关系,也是客户关系的理想状态。

在稳定期,旅游者对产品价格的承受能力趋于极限,旅行社在旅游市场的投入相应减少,获取的客户价值达到顶峰。这一阶段具有以下特征:首先,旅行社对客户价值较为满意,目前的客户关系能为旅行社带来可观的现金流;其次,为了长期维持稳定的客户关系,旅行社进行了大量的营销投入;最后,该客户群体成为旅行社的主要目标市场,二者的交易额占比较高。

对于旅行社而言,应该通过客户关系管理、产品创新和必要的营销措施,尽可能延长稳定期的时间,努力保持客户满意度和忠诚度,维系客户与旅行社之间的持续合作关系。

（五）衰退期

衰退期是客户关系水平逆转的阶段,它是客户关系发展过程中的最后一个阶段,但并不一定是客户关系的必经阶段。

客户关系的退化可能并没有发生在稳定期之后,在任一阶段都可能发生客户关系的退化,有的客户关系可能未通过考察期,有的客户关系可能在形成期之后退化,有的客户关系可能经过了考察期、形成期,在稳定期维持较长时间后发生退化。

衰退期意味着旅行社和旅游者之间合作关系宣告终止,双方在时间、精力等方面的投入骤减,合作也越来越少,旅游者对旅行社所提供的旅游产品失去了兴趣,旅行社通过旅游市场交易获取的利润相应减少直至为零。

衰退期的主要特征表现为:出现了大量的旅游投诉;旅游产品无法满足旅游者的需求,他们转而寻求其他的旅游产品;旅游者的购买量下降等。引起客户关系退化的可能原因有很多,例如旅游产品质量不稳定,旅游需求发生变化,旅行社的战略目标发生调整,同业竞争压力增加等。

三、旅行社客户关系管理的策略

旅行社可以根据客户关系生命周期的不同阶段,制定相应的客户关系应对策略。

（一）开拓期：宣传推广

在开拓期,旅行社的主要目标是通过旅游产品的宣传推广,尽可能获取旅游者的关注。因此应完成以下两个方面的工作:一是通过市场调查明确目标市场的客户需求,并有针对性地开发相应的旅游产品,尽可能满足其现实需求,将潜在旅游者转化为现实旅游者;二是塑造企业形象、品牌形象和产品形象,针对不同的细分市场进行广告定制,通过旅游广告投入使旅游产品真正有效吸引目标客群的关注。

（二）考察期：专业服务

在前一阶段,旅行社通过旅游产品的多元化和有效的营销推广,已经引起旅游者的关注和兴趣。在考察期,双方投入的成本都比较大,旅行社会进一步考察旅游者的客户价值,旅游者也会根据不同的需求进一步了解旅行社及旅游产品的更多信息。旅行社的前台咨询人员、销售人员、导游等一线服务人员的整体形象和专业素质都将代表企业形象及专业水平,并直接影响到旅游者是否会以最短的时间顺利过渡到下一阶段。因此,这一阶段旅行社的工作重点是做到服务流程的标准化和专业化,通过操作的标准化可以有效节省时间成本,服务的专业化则可以满足旅游者的后顾之忧,从而快速提升旅游者的满意度和信任感。

（三）形成期：有效反馈

形成期是客户关系转化的关键阶段,旅游者的满意度和忠诚度初步体现并得到巩固,因此应加强与旅游者的有效沟通,充分重视旅游者的反馈,并根据反馈及时优化旅游产品,提高客户满意度,建立客户忠诚度,防止客户关系提前进入衰退期。

（四）稳定期：创新产品

在稳定期,旅行社已经与旅游者建立起相对稳定的合作关系,旅行社也进入盈利阶段。但是客户关系管理并不能停滞,正因为已经培养起旅游者较高的满意度和忠诚度,所以产品或服务上的瑕疵很容易导致旅游者巨大的心理落差,从而失去对旅行社的信任。

在进入稳定期后,旅行社仍要全程关注旅游需求,系统记录旅游体验及反馈,及时解决旅游投诉,定期了解旅游需求趋势的变化,并据此创新旅游产品,加深旅游者对旅行社和旅游产品的印象,有效延长客户的稳定期。

（五）衰退期：维护口碑

衰退期是客户关系的最后一个阶段,从另一个角度看,这个时期也是新一轮客户关系的准备期。在这一时期旅游产品的销售量很低,客户价值逐渐下降直至为零。但是旅行社不能放弃客户关系管理,须将工作重心转至口碑维护方面,注意维持旅游者的满意度和忠诚度,及时将新产品信息传递给旅游者,实现客户关系生命周期的二次开发。

案例8-6 变身电商、直播云游、私人订制……湖北旅行社"花式自救"

一场突如其来的疫情,让旅游行业进入寒冬。即使当前各行各业已逐步复工复产、景区陆续开放,旅行社的"春天"还未到来。业务停摆期间,房租要付、员工工资要发,湖北很多旅行社还在经历"严寒",但旅行社从业者们并未放弃,正在积极探索"自救"之道。

一、线上：旅游平台变身带货电商

"大批顾客同时退团,长期没有任何收入,几百名员工还要吃饭,这么下去可不行。"疫情期间,湖北省海外旅游（集团）有限公司（简称"省海外"）董事长张春山早早预见到坐吃山空的窘境,决心积极自救。正巧那时,省内不少特色农副产品受疫情影响滞销,他敏锐地发现了其中的商机,"不如在旅游平台上代销农产品,既能帮农民解决销售难,我们还能获得额外收入"。

疫情期间,省海外搭建了"惠民物资供应平台",售卖粮油果蔬、肉蛋禽奶、酒水饮料等100多种生活必需品,"累计发售商品近50万件,重量超过百吨,配送了950个小区,服务了近10万户武汉市民。"张春山介绍说。

如今,省海外的网络销售平台"海外云特汇"更是被官方选定为湖北重要特色农产品和扶贫产品的采购平台。打开该平台,原本各种旅游产品已被琳琅满目的土特产所取代,茶叶、山茶油、土蜂蜜、香菇、木耳、小龙虾、葛根粉等原生态"土货"应有尽有,品种累计超过500种。

同样开通线上商品销售业务的还有中南国旅,他们搭建了电商社交平台"旅悦"APP,除了售卖小龙虾、秭归伦晚橙、扬子江糕饼、贺胜桥鸡汤等产品外,还成为某款负离子生态仪的湖北总代理。"通过线上线下配合,公司与同业配合,武汉与省内各地市相关企业合作,我们的销量在不断提升。"中南国旅董事长龙新民告诉记者。

二、线下：全新玩法满足客户需求

受疫情影响,旅行社目前只开放了省内游业务,跨省游和出境游目前还未放开,而后者,恰恰是旅行社的重头戏。困局之下,湖北携程旅行社不断深挖产品库内的各种资源,整合出全新的订制游线路,将游艇游、直升机环岛游等过去少见的元素,大量投放市场,以吸引游客的注意力。"海南的游艇游比较火热,陕西的直升机游白鹿原项目在当地也大受欢迎。"携程渠道事业部湖北区域总经理周超飞介绍。

除了新鲜的高端玩法,疫情防控常态化阶段,旅行社推出的房车游也备受关注。据介绍,湖北房车游线路主要集中在武汉周边及恩施地区。

"这场疫情让大家更关注旅游的安全性,包括景区的安全、旅途用车的安全、用餐的安全、酒店的安全等,所以旅游方式也从之前的跟团游,到现在更倾向于自驾、家庭小包团等个性化定制游。"周超飞分析。

与此同时,旅行社还捕捉到了大众对康养旅游的强烈需求。国旅武汉公司准备推出万里茶道寻迹之旅、寻迹中医文化之旅系列产品。他们还联手省内有特色、有品质的景区和民宿、酒店,专为孩子们订制亲子游项目,设置园博园星空帐篷、自然博物馆亲子特色课程等。

三、探索:云上旅游提高客户黏度

"暖春到来,'花'开得胜,今年的武汉樱园注定不一样……"在中国国旅武汉公司的抖音直播间,专业主播声情并茂地向网友介绍这一季的武汉樱花盛况。宅家的日子里,该公司先后进行了"置身樱海,云赏樱花""光影探寻·武汉历史文化街区"系列云直播,实地走访黎黄陂路、武汉江滩、老汉口租界、武汉樱园,以不一样的方式带游客"云旅游",介绍老武汉的故事与文化,为粉丝们展现最美的武汉。

"我们开直播没有卖产品,也没推线路,只是为了提高与客户的互动和黏合度。"中国国旅武汉公司总经理陶顾说,在短视频、直播成为主流传播途径的环境下,他们一直探索着直播与旅游的结合,"目前是通过这些形式来维持旅行社的热度,将来,也可以作为一种宣传旅游产品的方式。"

无独有偶,不少旅行社都在布局直播这一领域。五一假期中南国旅利用"旅悦"APP,直播销售小龙虾、扬子江糕饼等产品,销量不俗。省中旅更是联合相关部门打造湖北旅播平台,启动湖北 / 武汉明星网红导游培训计划,让有一技之长的导游成为旅游板块新的流量入口,获取粉丝,提升流量。

"这次疫情也是一个契机,倒逼我们走出舒适圈,我们会练好'内功',等待整个行业的复苏。"湖北省海外旅游(集团)有限公司董事长张春山的一番话,说出了不少旅游从业者的心声。

资料来源:邬晓芳(2020)。

思考题

1. 名词解释:旅游产业链;客户关系管理。
2. 新型旅游产业链有何特点?
3. 如何评价供应厂商?其管理方法有哪些?
4. 试描述旅行社的产业环境。
5. 如何理解传统旅行社与 OTA 之间的竞合关系?
6. 如何针对旅行社客户关系的生命周期,制定相应的管理策略?

第九章　旅行社的法律规范

第一节　我国旅行社管制的法律体系

一、旅游基本法

为保障旅游者和旅游经营者的合法权益,规范旅游市场秩序,保护和合理利用旅游资源,促进旅游业持续健康发展,2013 年 4 月 25 日,第十二届全国人大常委会第二次会议高票通过《中华人民共和国旅游法》(以下简称《旅游法》),并于 2013 年 10 月 1 日起施行。

《旅游法》是我国旅游业发展史上的第一部法律,它对旅游者、旅游规划和促进、旅游经营、旅游服务合同、旅游安全、旅游监督管理、旅游纠纷处理、法律责任做出了规定,它的制定是我国旅游业之前 30 多年来发展经验的总结,对旅游产业规范发展具有重要而深远的意义。

《旅游法》确立了旅游经营的基本制度,为治理旅游市场秩序提供了强有力的法律依据。对于旅游经营者,法律明确了旅行社许可条件、业务范围、经营规则。对于旅游从业人员,法律明确了从业条件,要求导游、领队必须持证上岗,为旅游者提供服务必须接受旅行社的委派。

《旅游法》着力推动旅游业全面、协调、可持续发展,形成综合协调发展的旅游管理模式。在健全旅游管理体制方面,法律对旅游服务合同做了全面具体的规定,明确了旅游监管机制,确定的制度和规范把依法护旅、依法治旅、依法兴旅推上了一个新的台阶。

二、行政法规

(一)《旅行社条例》

1985 年,国务院颁布了《旅行社管理暂行条例》,该条例首次将我国旅行社确定为企业性质,明确指出旅行社是"依法设立并具有法人资格,从事招徕、接待旅游者,组织旅游活动,实行独立核算的企业"。同时,该条例还将我国旅行社划分为一类社、二类社、三类社这三个类型。其中,一类社主要负责对外招徕和接待外国人、华侨、港澳台同胞来中国、归国或回内地旅游业务,二类社只接待一类社或其他涉外部门组织的外国人、华侨、港澳台同胞来中国、归国或回内地旅游业务,三类社负责中国公民国内旅游业务。

1996 年,国务院发布并实施了《旅行社管理条例》,该条例改变了我国旅行社原有的分类方式,重新按业务范围将我国旅行社划分为国际旅行社和国内旅行社。国际旅行社为经营入境旅游业务、出境旅游业务和国内旅游业务的旅行社,国内旅行社只经营国内旅游业务。2009 年,针对《旅行社管理条例》实施中存在的问题,国务院颁布了《旅行社条例》。该条例调整了旅行社的定义、分社的设立、注册资金和质量保证金的缴纳等方面,并且明确禁止旅行社出现低于市场成本价的"零团费""负团费"现象,加大对旅行社违法经营行为的打击力度,为旅游者创造了更好的旅游消费法规环境,对于维护旅游市场的有序竞争环境具有重要意义。近年来,随着我国旅游市场的不断发展和完善,入境旅游人数大幅增加,现有国际旅行社的数量难以满足我国旅游市场的需要。随着从事国内旅游业务的旅行社业务水平不断提高,其已经具备了接待入境旅游的能力。为此,该条例统一了从事国内旅游业务和入境旅游业务的准入条件,规定取得旅行社业务经营许可后,就既可以经营国内旅游业务也可以经营入境旅游业务。同时,该条例还将经营入境旅游业务所需的注册资本最低限额由人民币 150 万元降低为 30 万元,大大降低了入境旅游市场的准入门槛。该条例取消了国际旅行社和国内旅行社的分类,并将经营入境旅游业务的许可审批权下放至省级旅游行政管理部门。

2016 年,根据国务院第 666 号令对《旅行社条例》进行第一次修订,对于申请设立旅行社,经营国内旅游业务与入境旅游业务的经营申请提交文件做出调整,同时对旅行社申请旅游业务的资质和流程等方面做了修订。

2017 年,根据国务院第 676 号令对《旅行社条例》进行第二次修订,对于经营出境业务的旅行社委派的领队作出明确资格要求,规定应当取得导游证,具有相应的学历、语言能力和旅游从业经历,并与委派其从事领队业务的旅行社订立劳动合同,同时旅行社应当将本单位领队名单报所在地设区的市级旅游行政管理部门备案。

2020 年,根据国务院第 732 号令对《旅行社条例》进行第三次修订,删除了《旅行社条例》第二十一条第二款,即"前款所称外商投资旅行社,包括中外合资经营旅行社、中外合作经营旅行社和外资旅行社"。

(二)《导游人员管理条例》

为了加强对全国导游人员的统一管理,提高导游服务质量,保护旅行者和导游人员的合法权益,国家旅游局于 1987 年 12 月颁布了《导游人员管理暂行规定》,开始规范导游人员的行为。

1999 年,国务院第 263 号令发布了《导游人员管理条例》,详细规定了导游人员从业期间需遵循的法律,它既是对导游人员的一种保护,同时也是一种约束。

为了依法推进简政放权、放管结合、优化服务改革,更大程度激发市场、社会的创造活力,国务院对取消行政审批项目涉及的行政法规进行了清理。在此背景下,2017 年国务院第 687 号令对《导游人员管理条例》的部分条款予以修改,根据《国务院关于修改部分行政法规的决定》,将《导游人员管理条例》第四条修改为:"在中华人民共和国境内从事导游活动,必须取得导游证。""取得导游人员资格证书的,经与旅行社订立劳动合同或者在相关旅游行业组织注册,方可持所订立的劳动合同或者登记证明材料,向省、自治区、直辖市人民政府旅游行政部门申请领取导游证。""导游证的样式规格,由国务院旅游行政部门规定。"同时,删去第八条第三款。

(三)《中国公民出国旅游管理办法》

为了进一步规范旅行社组织中国公民的出国旅游活动,2002 年国务院第 354 号令公布了《中国公民出国旅游管理办法》。办法共 33 条,明确了出国旅游目的地国家需由国务院旅游行政部门会同国务院有关部门提出,报国务院批准后,由国务院旅游行政部门公布。任何单位和个人不得组织中国公民到国务院旅游行政部门公布的出国旅游的目的地国家以外的国家旅游。此外,办法还明确了旅行社经营出国旅游业务应当具备的资质条件,并规定组团社应当维护旅游者的合法权益。《中国公民出国旅游管理办法》的颁布实施标志着中国出境旅游市场已经达到了相当规模,并逐渐走向成熟。

2017 年,国务院第 676 号令对《中国公民出国旅游管理办法》进行修订,由于领队资格审批的取消,修订后的《中国公民出国旅游管理办法》对涉及领队证的条款进行修订,删去了第十条第二款"领队在带团时,应当佩戴领队证,并遵守本办法及国务院旅游行政部门的有关规定",并将第二十九条、第三十条、第三十一条、第三十二条中的"领队证"修改为"导游证"。

三、部门规章

(一)《旅行社责任保险管理办法》

2010 年,为了保障旅游者的合法权益,根据《中华人民共和国保险法》和《旅行社条例》,国家旅游局、中国保监会第 35 号令发布了《旅行社责任保险管理办法》,规定了在中国境内依法设立的旅行社,应当投保旅行社责任保险。

《旅行社责任保险管理办法》涉及投保、赔偿、监督检查、罚则等章节,对旅行社责任保险做出了明确规定。办法明确了旅行社责任保险的保险责任具体包括的情形,一是因旅行社疏忽或过失应当承担赔偿责任的,二是因发生意外事故旅行社应当承担赔偿责任的,三是国家旅游局会同中国保险监督管理委员会(现为中国银行保险监督管理委员会)规定的其他情形。办法还规定旅行社责任保险的时限、赔偿额度、核定期限,对于违反本办法的旅行社,明确了处罚办法。

(二)《旅游安全管理办法》

2016 年,为了加强旅游安全管理,提高应对旅游突发事件的能力,保障旅游者的人身、财产安全,促进旅游业持续健康发展,国家旅游局发布了《旅游安全管理办法》。明确旅游经营者的安全生产、旅游主管部门的安全监督管理,以及旅游突发事件的应对应当遵守本办法的规定。

《旅游安全管理办法》共分为总则、经营安全、风险提示、安全管理、罚则和附则等六章、四十五条,基本覆盖了旅游安全管理的各项工作。它是对《旅游安全管理暂行办法》的全面修订,对比之下,它明确了适用主体和范围,在第二条第二款规定,"本办法所称旅游经营者,是指旅行社及地方性法规规定旅游主管部门负有行业监管职责的景区和饭店等单位"。第三章的"风险提示"体现了主管部门在管理旅游安全工作时的事先防范、主动介入,提出建立红色、橙色、黄色和蓝色四级风险提示制度,并明确了不同范围和区域的风险提示发布机构、发布机制和发布渠道。这对于我国旅游风险提示机制有着积极意义,有助于更好地守护安全这条旅游发展的"生命线"。

(三)《旅游投诉处理办法》

2010 年,为了维护旅游者和旅游经营者的合法权益,依法公正处理旅游投诉,国家旅游局第 32 号令发布了《旅游投诉处理办法》,对旅游投诉处理规范进行了规定。作为国家旅游局制定的全国首个旅游投诉方面的法规,《旅游投诉处理办法》较之以往相关规定有了明显变化,对旅游者、旅行社和旅游管理等各方都产生较大影响。

《旅游投诉处理办法》分为总则、管辖、受理、处理和附则共五章、三十二条,其中明确该办法所指的“旅游投诉”是旅游者认为旅游经营者损害其合法权益,请求旅游行政管理部门、旅游质量监督管理机构或者旅游执法机构,对双方发生的民事争议进行处理的行为。与 1991 年颁布的《旅游投诉暂行规定》相比,该办法有以下特点:一是实行属地化管理,即旅游投诉由旅游合同签订地或者被投诉人所在地县级以上地方旅游投诉处理机构管辖,但如果遇到需要立即制止、纠正被投诉人的损害行为的,应当由损害行为发生地旅游投诉处理机构管辖;二是旅游投诉实行调解制度,旅游投诉处理机构应当在查明事实的基础上,遵循自愿、合法的原则进行调解,促使投诉人与被投诉人相互谅解,达成协议;三是延长了投诉时限,缩短了受理和处理投诉的时限,将受理部门作出受理意见时限由 7 日缩短为 5 日;四是明确了划拨保证金赔偿的条件。

（四）《在线旅游经营服务管理暂行规定》

在线旅游经营服务是旅游产业链的核心环节,是满足人民日益增长的美好旅游需要和推动旅游业高质量发展的重要力量。近年来,我国在线旅游市场快速增长,同时,一些在线旅游经营者上线不合规旅游产品,扰乱市场秩序,侵害游客合法权益,给行业健康有序发展带来了负面影响。要求加强法治建设、强化行业监管、规范市场秩序成为社会共识。

2020 年,为保障旅游者合法权益、规范在线旅游市场秩序、促进在线旅游行业可持续发展,文化和旅游部第 4 号令发布了《在线旅游经营服务管理暂行规定》。

《在线旅游经营服务管理暂行规定》共计五章、三十八条,分别是总则、运营、监督检查、法律责任和附则。从具体内容来看,一是明确了适用范围和相关主体。在中华人民共和国境内通过互联网等信息网络为旅游者提供包价旅游服务及交通、住宿、餐饮、游览、娱乐等单项旅游服务的经营活动,适用此规定。在线旅游经营者包括平台经营者、平台内经营者、自建网站或通过其他网络服务提供在线旅游经营服务的经营者。二是明确了平台企业责任。遵循“政府管平台,平台管供应商”基本思路,要求在线旅游平台经营者坚守人身财产安全、信息内容安全、网络安全等底线,遵守社会主义核心价值观要求,诚信经营、公平竞争,承担产品和服务质量责任,接受政府和社会的监督,切实维护旅游者的合法权益。三是回应了社会热点问题。将不合理低价游、评价权保障、旅游者信息使用等热点纳入监管,做出相应规定,既体现了行业监管的刚性,也保持了一定的开放性。四是统筹抓好疫情防控和复工复产。增加助力复工复产、促进行业健康发展的条文,提出进一步发挥在线旅游经营者在旅游目的地推广、景区门票预约和流量控制等方面的积极作用,强调旅游者对国家应对重大突发事件暂时限制旅游活动等措施的配合义务。

（五）《导游人员等级考核评定管理办法（试行）》

2005 年,为加强导游队伍建设,不断提高导游人员的业务素质,国家旅游局令第 22 号颁布《导游人员等级考核评定管理办法（试行）》。该办法明确了导游人员等级考核评定工作的原则、程序等，对于我国导游人员的等级考核评定工作有重要指导意义。

《导游人员等级考核评定管理办法（试行）》自 2005 年 7 月 3 日起施行，办法共包含十七条。其中明确凡通过全国导游人员资格考试并取得导游员资格证书，符合全国导游人员等级考核评定委员会规定报考条件的导游人员，均可申请参加相应的等级考核评定。办法将导游人员等级分为初级、中级、高级、特级四个等级。导游员申报等级时，由低到高，逐级递升，经考核评定合格者，颁发相应的导游员等级证书。

导游人员等级考核评定工作，按照"申请、受理、考核评定、告知、发证"的程序进行。中级导游员的考核采取笔试方式。其中，中文导游人员考试科目为"导游知识专题"和"汉语言文学知识"；外语导游人员考试科目为"导游知识专题"和"外语"。高级导游员的考核采取笔试方式，考试科目为"导游案例分析"和"导游词创作"。特级导游员的考核采取论文答辩方式。

（六）《导游管理办法》

2017 年，为规范导游执业行为，提升导游服务质量，保障导游合法权益，促进导游行业健康发展，国家旅游局第 44 号令发布了《导游管理办法》（简称《办法》），对导游执业的许可、管理、保障与激励做出了具体的规定，对相关违法违规的行为，给出了具体的处罚措施。办法具有以下亮点：

一是规定了导游证采用电子证件，以电子数据形式存储于导游个人的移动电话等移动终端设备中。电子导游证采用网上申领、网上审批的方式，导游的执业轨迹、评价信息、奖惩情况等，均归集于电子导游证，形成导游的"执业档案"。这一做法改变了原 IC 卡导游证制作流程复杂、核发时间长、执法成本高的情况，在信息集成、使用便利、降低核发成本和执法成本等方面都有根本性的变革。

二是对导游日常执业活动提出了具体要求，为切实加强导游执业管理，保障旅游者的合法权益提供了更多的法律依据。办法对导游证和身份标识佩戴、导游职责规范、突发事件处置等提出了明确要求，重申了领队的备案管理制度，指明具备领队条件的导游从事领队业务的，应当符合《旅行社条例实施细则》等法律、法规和规章的规定。《办法》还细化了《旅游法》第三十五条的规定，明确导游执业不得出现擅自变更行程、诱骗或强迫消费等十一项违法违规行为，并在《办法》罚则部分对违反导游执业管理规定的行为，明确了相应的法律责任。

三是将保障导游权益的指导意见和相关文件要求上升到规章层面。办法明确了导游执业权利、导游劳动保障制度、"导游专座"要求、导游服务星级评价和导游培训等制度，多维度保障导游权益。这些措施有利于社会公众进一步理解、尊重和信任导游，增强导游的职业自信心和自豪感。

四、相关标准

以"导游""旅行社""研学"为关键词在全国标准信息公共服务平台检索旅行社行业的相关标准，其中，现行的国家标准 8 部，行业标准 14 部，地方标准 167 部（表 9-1）。

表 9-1 旅行社相关的国家标准和行业标准

序号	标准名称	标准编号	标准性质	发布时间	实施时间
1	导游服务规范	GB/T 15971—2010	国家标准	2011-01-14	2011-05-01
2	旅行社出境旅游服务规范	LB/T 005—2011	行业标准	2011-02-01	2011-06-01
3	旅行社服务通则	LB/T 008—2011	行业标准	2011-02-01	2011-06-01
4	旅行社入境旅游服务规范	LB/T 009—2011	行业标准	2011-02-01	2011-06-01
5	质量管理体系 旅行社应用 GB/T 19001—2008 指南	GB/Z 19035—2012	国家标准	2012-06-29	2012-10-01
6	旅行社国内旅游服务规范	LB/T 004—2013	行业标准	2013-01-14	2013-05-01
7	旅行社安全规范	LB/T 028—2013	行业标准	2013-12-01	2014-01-01
8	旅行社产品第三方网络交易平台经营和服务要求	LB/T 030—2014	行业标准	2014-05-01	2014-07-01
9	旅游类专业学生旅行社实习规范	LB/T 032—2014	行业标准	2014-05-01	2014-07-01
10	旅行社服务网点服务要求	LB/T 029—2014	行业标准	2014-05-01	2014-07-01
11	旅行社等级的划分与评定	GB/T 31380—2015	国家标准	2015-02-04	2015-09-01
12	旅行社出境旅游服务规范	GB/T 31386—2015	国家标准	2015-02-04	2015-09-01
13	旅行社服务通则	GB/T 31385—2015	国家标准	2015-02-04	2015-09-01
14	导游领队引导文明旅游规范	LB/T 039—2015	行业标准	2015-04-02	2015-05-01
15	旅行社行前说明服务规范	LB/T 040—2015	行业标准	2015-04-02	2015-05-01
16	旅行社老年旅游服务规范	LB/T 052—2016	行业标准	2016-02-24	2016-09-01
17	研学旅行服务规范	LB/T 054—2016	行业标准	2016-12-19	2017-05-01
18	旅行社在线经营与服务规范	LB/T 069—2017	行业标准	2017-12-17	2018-05-01
19	旅行社产品通用规范	GB/T 32942—2016	国家标准	2016-08-29	2017-03-01
20	旅行社服务网点服务要求	GB/T 32943—2016	国家标准	2016-08-29	2017-03-01
21	导游等级划分与评定	GB/T 34313—2017	国家标准	2017-09-07	2018-04-01
22	旅行社旅游产品质量优化要求	LB/T 073—2019	行业标准	2019-03-25	2019-08-01

2014年,国家旅游局发布了《旅行社服务网点服务要求(LB/T 029—2014)》,规定了旅行社服务网点的基本要求、设施设备与环境要求、服务要求、人员要求、安全管理和投诉处理。明确界定"旅行社服务网点":也即旅行社设立的,为旅行社招徕旅游者,并以旅行社的名义与旅游者签订旅游合同的门市部等机构。同年,为了规范新兴的旅行社产品第三方网络交易平台,国家旅游局发布了《旅行社产品第三方网络交易平台经营和服务要求(LB/T 030—2014)》。

2015年,国家旅游局发布了《旅行社等级的划分与评定(GB/T 31380—2015)》,它是我国旅行社行业首个行业等级划分与评定的国家标准,填补了我国旅行社行业等级标准的空白。该标准将旅行社等级由低到高划分为 A 至 AAAAA 五个级别。在满足等级评定基本条件后,对旅行社经营条件、经营业绩、企业管理、服务能力、质量和安全保证、诚信建设与营销推广等七个方面进行综合评定,达标后才能获得相应等级称号。该标准的出台,为游客选择旅行社提供了信息参考。

此外,现行的与旅行社相关的旅游行业标准还包括2016年发布的《研学旅行服务规范(LB/T 054—2016)》等。

截至目前,我国已出台的旅游业行业标准涉及交通、餐饮、住宿、景区、旅游企业等旅游产业链的各个环节,旅游业的行业标准体系日臻完善,有力地促进了我国旅游业的持续健康发展。

案例9-1　规范在线旅游市场需线上线下协同

文化和旅游部正在开展未经许可经营旅行社业务专项整治行动,严查"不合理低价游"等违法违规经营行为,目前公布了三批专项整治行动指导案例,其中,多个案例涉及社交网络平台。如当事人张某某开办"大理风花雪月"网站,在未取得旅行社业务经营许可证的情况下,在小红书、微博等平台为旅游者提供旅游行程规划并招徕旅游者,通过自建网站链接至飞猪平台的网店下单,获利320元。云南省大理市文化和旅游局依法责令当事人改正违法行为,并给予没收违法所得、罚款壹万元的行政处罚。

治理在线旅游市场乱象,应提升在线旅游经营主体合法经营意识,督促在线旅游经营平台履行协同治理义务,推动相关政府部门履行监管职责,构建线上线下相互协同的在线旅游市场治理体系。

应不断提升在线旅游经营主体的合法经营意识。随着网络成为市场主体开展业务的基本依托,市场主体自建网站,或者通过微信、抖音、快手等社交平台开展宣传、促销等十分普遍。任何市场主体,无论是通过实体店铺在线下从事经营活动,还是借助于互联网等网络设施开展业务,都需要不断提升合法经营意识,遵循国家法律法规规章的规定与要求。对于旅游业而言,为保护旅游者合法权益,规范旅游市场秩序,国家先后制定了《中华人民共和国旅游法》《旅行社条例》《在线旅游经营服务管理暂行规定》等法律法规,对开展旅行社业务的资质、行为规范等作出了明确规定。根据前述规定,招徕、组织、接待旅游者等业务属于旅行社专属业务,必须持有文化和旅游部门颁发的旅行社业务经营许可证。未获得旅行社业务经营许可,任何主体不得经营旅行社业务,无论是线下还是线上,都属于违法行为,依法应承担停止经营、罚款等法律责任;情节严重的,还应依法被纳入"旅游市场黑名单",在市场信用方面受到相应的联合惩戒。

应督促在线旅游经营服务平台履行协同治理义务。任何市场主体,要通过网络开展业务,离不开网络平台在信息发布、交易撮合、身份验证、支付结算等方面的支持与帮助。有了网络平台的支持与帮助,市场主体可以更迅速地发布广告、便捷地开展业务。为适应旅游经营数字化、在线化的发展趋势,文化和旅游部于 2020 年 10 月颁布实施了《在线旅游经营服务管理暂行规定》,要求在线旅游经营服务平台对在本平台上开展旅游业务的市场主体履行身份审查和资质核验、服务信息审查监控、服务质量追踪管理、信用评价以及数据信息定期报送等义务,做到服务主体能溯源、服务信息经检查、服务质量可反馈、消费权益有保障。同时,在线旅游经营服务平台应遵循该规定,不得为"不具有旅行社业务经营许可的主体招徕接待旅游者"提供服务,应自觉抵制不合理低价旅游等违法违规行为。违反上述义务的,平台应依法应承担相应法律责任。在建设法治中国背景下,在线旅游经营平台依托自身技术实力,对旅游市场主体借助平台开展经营活动实施协同治理,打造良好的旅游市场环境,既是法定义务,也是在线旅游业整体持续发展的必然要求。

应推动政府相关部门严格履行监管职责。严格规范、公正文明监管是市场良性运行的基本保障。第一,依据《在线旅游经营服务管理暂行规定》,各级文化和旅游主管部门应建立日常检查、定期检查以及与相关部门联合检查的监督管理制度,依法依规对在线旅游经营服务实施监督检查,查处违法违规行为,对在线旅游市场中的不法分子形成强有力的震慑。第二,县级以上文化和旅游主管部门应依法建立在线旅游行业信用档案,将在线旅游经营者市场主体登记、行政许可、抽查检查、列入经营异常名录或者严重违法失信企业名单、行政处罚等信息依法列入信用记录,适时通过全国旅游监管服务平台或者本部门官方网站公示,并与相关部门建立信用档案信息共享机制,依法对严重违法失信者实施联合惩戒措施,提升市场主体违法违规成本,引导市场主体自觉遵守法律法规,合法经营。第三,政府相关部门之间应加强协调配合,形成监管合力,促进在线旅游业的健康可持续发展。

资料来源:王天星(2021)。

第二节 对旅行社的规范

一、市场准入规范

(一)旅行社设立的基本要求

旅行社设立要求主要包括企业法人资格、注册资本等内容,因申请经营业务的不同,其设立条件和审批程序存在区别。

根据《旅行社条例》第 6~7 条的规定,申请经营国内旅游业务和入境旅游业务的,应当取得企业法人资格,并且注册资本不少于 30 万元,并应当向所在地省、自治区、直辖市旅游行政管理部门或者其委托的设区的市级旅游行政管理部门提出申请,提供相应的证明材料。

旅行社应当自取得旅行社业务经营许可证之日起 3 个工作日内,开设专门的质量保证金账户,存入质量保证金;或者向作出许可的旅游行政管理部门提交依法取得的担保额度不低于相应质量保证金数额的银行担保。经营国内旅游业务和入境旅游业务的旅行社,应当存入质量保证金 20 万元。

（二）经营出境旅游业务的规定

《旅行社条例》第 8~9 条规定,旅行社取得经营许可满两年,且未因侵害旅游者合法权益受到行政机关罚款以上处罚的,可以申请经营出境旅游业务,并向国务院旅游行政主管部门或者其委托的省、自治区、直辖市旅游行政管理部门提出申请,且增存质量保证金 120 万元。

二、服务质量规范

（一）旅游合同

我国《旅游法》第 57 条规定,旅行社组织和安排旅游活动,应当订立合同。《旅行社条例》规定,旅行社与旅游者签订旅游合同时,需载明下列事项:

① 旅行社的名称及其经营范围、地址、联系电话和旅行社业务经营许可证编号;
② 旅行社经办人的姓名、联系电话;
③ 签约地点和日期;
④ 旅游行程的出发地、途经地和目的地;
⑤ 旅游行程中交通、住宿、餐饮服务安排及其标准;
⑥ 旅行社统一安排的游览项目的具体内容及时间;
⑦ 旅游者自由活动的时间和次数;
⑧ 旅游者应当交纳的旅游费用及交纳方式;
⑨ 旅行社安排的购物次数、停留时间及购物场所的名称;
⑩ 需要旅游者另行付费的游览项目及价格;
⑪ 解除或者变更合同的条件和提前通知的期限;
⑫ 违反合同的纠纷解决机制及应当承担的责任;
⑬ 旅游服务监督、投诉电话。

旅行社与旅游者签订包价旅游合同时,应当采用书面形式,除载明上述内容外,还应注明旅游团成团的最低人数。

（二）服务质量标准

关于旅行社组织旅游活动所应具备的产品和质量要求,旅游服务相关标准对此进行了详细规定,如《旅行社国内旅游服务规范》及《旅行社出境旅游服务规范》。国内旅游服务对于旅游产品、旅游产品的提供、旅游接待服务、旅游服务质量的保证和监督等内容提出了详细要求;出境旅游服务对于出境旅游产品设计、服务提供、服务质量的监督和改进等方面作出了明确规定。在旅游产品设计中,都要求旅游产品应具备安全性和吸引力等原则;在提供旅游服务过程中,都要求旅行社与旅游者签订旅游服务合同;应按旅游合同或约定内容和标准为旅游者提供服务;应建立旅游服务质量管理体系等。

（三）质量保证金制度

旅游服务质量保证金是用于旅游者权益损害赔偿和垫付旅游者人身安全遇有危险时紧急救助的费用（《旅游法》第 31 条）。《旅行社条例》规定经营国内旅游业务和入境旅游业务的旅行社，应当存入质量保证金 20 万元；经营出境旅游业务的旅行社，应当增存质量保证金 120 万元。质量保证金的利息属于旅行社所有。旅行社每设立一个经营国内旅游业务和入境旅游业务的分社，应当向其质量保证金账户增存 5 万元；每设立一个经营出境旅游业务的分社，应当向其质量保证金账户增存 30 万元。

有下列情形之一的，旅游行政管理部门可以使用旅行社的质量保证金：旅行社违反旅游合同约定，侵害旅游者合法权益，经旅游行政管理部门查证属实的；旅行社因解散、破产或者其他原因造成旅游者预交旅游费用损失的。人民法院判决、裁定及其他生效法律文书认定旅行社损害旅游者合法权益，旅行社拒绝或者无力赔偿的，人民法院可以从旅行社的质量保证金账户上划拨赔偿款（《旅行社条例》第 13~16 条）。

三、安全保障规范

为了加强旅游安全管理，提高应对旅游突发事件的能力，保障旅游者的人身、财产安全，促进旅游业持续健康发展，原国家旅游局于 2016 年 9 月 27 日公布了《旅游安全管理办法》，明确了旅游经营者的安全生产、旅游主管部门的安全监督管理，以及旅游突发事件的应对等方面的规定，在经营安全、风险提示、安全管理、惩罚细则等方面作出了详细要求。

《旅游安全管理办法》第六条规定旅游经营者应当遵守下列要求：服务场所、服务项目和设施设备符合有关安全法律、法规和强制性标准的要求；配备必要的安全和救援人员、设施设备；建立安全管理制度和责任体系；保证安全工作的资金投入。

我国《旅游法》对旅游安全保障也作出了详细规范，对于旅游经营者主要有以下要求。

（一）投保责任险

根据旅游活动的风险程度，对旅行社、住宿、旅游交通以及《旅游法》规定的高风险旅游项目等经营者实施责任保险制度（《旅游法》第 56 条）。责任保险是指以被保险人对第三者依法应负的赔偿责任为保险标的的保险。即保险人与投保人签订保险合同，约定由投保人缴纳保险费，由保险人承担投保人（被保险人）在生产、业务活动或日常生活中，由于疏忽、过失等行为造成他人财产或人身伤亡时所应承担的赔偿责任（《保险法》第六十五条）。

（二）承担连带责任

我国《旅游法》规定，景区、住宿经营者将其部分经营项目或者场地交由他人从事住宿、餐饮、购物、游览、娱乐、旅游交通等经营的，应当对实际经营者的经营行为给旅游者造成的损害承担连带责任（《旅游法》第 54 条）。

（三）提供安全保障

在我国，旅游经营者应当严格执行安全生产管理和消防安全管理的法律、法规和国家标准、行业标准，具备相应的安全生产条件，制定旅游者安全保护制度和应急预案。旅游经营者应当对直接为旅游者提供服务的从业人员开展经常性应急救助技能培训,对提供的产品和服务进行安全检验、监测和评估,采取必要措施防止危害发生。旅游经营者组织、接待老年人、未成年人、残疾人等旅游者,应当采取相应的安全保障措施。

旅游经营者应当就旅游活动中的下列事项,以明示的方式事先向旅游者作出说明或者警示:正确使用相关设施、设备的方法;必要的安全防范和应急措施;未向旅游者开放的经营、服务场所和设施、设备;不适宜参加相关活动的群体;可能危及旅游者人身、财产安全的其他情形(《旅游法》第79~80条)。

四、接受监督检查

旅行社除了需要遵守上述规范以外,还需接受监督检查。有关部门依法对旅行社进行监督管理,发现违法行为时,及时予以处理,以维护旅游者、旅游经营者和旅游从业人员的合法权益。

(一)监督检查的主体

我国对旅行社进行监督检查的主体包括旅游、工商、价格、商务、外汇等有关部门,但以旅游行政管理部门为主。其中,国务院旅游行政主管部门负责全国旅行社的监督管理工作。县级以上地方人民政府管理旅游工作的部门按照职责负责本行政区域内旅行社的监督管理工作。县级以上各级人民政府工商、价格、商务、外汇等有关部门,应当按照职责分工,依法对旅行社进行监督管理(《旅行社条例》第3条,《旅游法》第83条)。

对旅行社的监督检查有多种方式,按检查的范围可分为普遍检查与随机抽查,按检查的方式可分为实地检查与书面检查。

(二)监督检查的内容

县级以上人民政府旅游主管部门有权对下列事项实施监督检查:经营旅行社业务以及从事导游、领队服务是否取得经营、执业许可;旅行社的经营行为;导游和领队等旅游从业人员的服务行为;法律法规规定的其他事项。旅游主管部门依照前款规定实施监督检查,可以对涉嫌违法的合同、票据、账簿以及其他资料进行查阅、复制(《旅游法》第85条)。

(三)监督检查的保障

为保障对旅行社监督检查的顺利进行,《旅游法》第87条明确指出旅行社有接受监督检查的配合义务。规定有关单位和个人对依法实施的监督检查应当配合,如实说明情况并提供文件、资料,不得拒绝、阻碍和隐瞒。

《治安管理处罚法》对不配合的法律责任作出了详细规定:其中,阻碍国家机关工作人员依法执行任务的,处警告或者二百元以下罚款;情节严重的,处五日以上十日以下拘留,可以并处五百元以下罚款。伪造、隐匿、毁灭证据或者提供虚假证言、谎报案情,影响行政执法机关依法办案的,处五日以上十日以下拘留,并处二百元以上五百元以下罚款。

(四)对违法行为的处理

《旅行社条例》要求有关部门若发现旅行社存在违法行为,应当及时予以处理。《旅游法》第88条规定了对违法行为的处理:县级以上人民政府旅游主管部门和有关部门,在履行监督检查职责中或者在处理举报、投诉时,发现违反本法规定行为的,应当依法及时作出处理;对不属于本部门职责范围的事项,应当及时书面通知并移交有关部门查处。

(五)检查结果信息的共享和公布

关于监督检查的情况,旅游主管部门和有关部门应当按照各自职责及时向社会公告,公告的内容包括旅行社业务经营许可证的颁发、变更、吊销、注销情况,旅行社的违法经营行为以及旅行社的诚信记录、旅游者投诉信息等(《旅行社条例》第42条)。

《旅游法》第八十九条也有相关规定,要求县级以上地方人民政府建立旅游违法行为查处信息的共享机制,对需要跨部门、跨地区联合查处的违法行为,应当进行督办。

案例9-2 旅行社和景区应尽到安全保障义务

一、案由

游客刘某携儿子李某在广西某国际旅行社报名参团。行程中,在某景区参加漂流项目时,因水流速度过快导致翻船,致使李某受伤。刘某认为,李某受伤缘于该景区提供的船只存在安全隐患,并且在游玩过程中景区工作人员未告知注意事项,故景区应承担赔偿责任,包括医药费、护理费、营养费等。景区负责人认为,景区经营者已为李某购买了旅游意外保险,且人身伤害事故属于意外事件,由此发生的费用应由保险公司承担,景区可协助李某向保险公司理赔。对此,刘某并不认同,遂投诉至广西壮族自治区防城港市旅游质量监督管理所,要求景区经营者承担全部赔偿责任。

经防城港市旅游质量监督管理所调查,该景区漂流区域河流落差大、水流湍急,并且没有风险防范措施,此事件与该景区安全设施不到位有关系,景区未尽到安全保障及提示义务,对李某漂流过程中受伤负有责任,故应由景区经营者承担赔偿责任。经调解,该景区同意赔偿刘某5000元,李某的医药费由保险公司在投保范围内进行理赔。

二、评析

《中华人民共和国旅游法》第五十条规定,"旅游经营者应当保证其提供的商品和服务符合保障人身、财产安全的要求"。《最高人民法院关于审理旅游纠纷案件适用法律若干问题的规定》第七条规定,"旅游经营者、旅游辅助服务者未尽到安全保障义务,造成旅游者人身损害、财产损失,旅游者请求旅游经营者、旅游辅助服务者承担责任的,人民法院应予支持"。《中华人民共和国民法典》也规定,"宾馆、商场、银行、车站、娱乐场所等公共场所的管理人或者群众性活动的组织者,未尽到安全保障义务,造成他人损害的,应当承担侵权责任"。

本案中,景区经营者经营漂流娱乐项目,应保障游客的人身、财产安全。比如,漂流使用的船舶安全,河道水流控制,配备救生衣及救生员,向游客告知驾船要领及注意事项等。景区经营者未尽到合理的安全保障及提示义务,应当对游客的人身损害承担侵权责任。

此外,旅游法第七十一条第二款规定,"由于地接社、履行辅助人的原因造成旅游者人身损害、财产损失的,旅游者可以要求地接社、履行辅助人承担赔偿责任,也可以要求组团社承担赔偿责任;组团社承担责任后可以向地接社、履行辅助人追偿"。本案中,游客刘某既可以选择组团社承担赔偿责任,也可以直接要求景区经营者承担赔偿责任。

三、提示

（一）旅行社应对游客尽到安全保障义务

旅行社在设计旅游产品时，应对旅游产品的安全性进行充分考察，包括参加景区娱乐项目游客可能涉足的范围有无安全隐患等，以确保整个旅行线路的可行性、安全性。旅行社还应就活动过程中如何规避风险、游客如何求助、出现事故后如何救助准备应急预案，确保游客的人身、财产安全。

（二）景区经营者应当保障游客人身财产安全

首先，景区经营者负有安全保障义务。景区经营者作为旅游辅助者，就经营的景区区域及游玩项目应对游客尽到安全保障义务，确保其管理的场所或设施的安全性，并经常对提供的产品和服务进行安全检验、监测和评估，采取必要措施防止危害发生。

其次，景区经营者负有安全告知义务。景区经营者应对进入场所的游客就娱乐项目及设施进行必要的提醒、警告、指示说明，告知游客游览景区的过程中可能存在风险、游玩过程中的注意事项，预防人身损害和财产损失的发生。

最后，景区经营者负有及时救助义务。景区经营者应对服务人员进行应急救助技能培训。若发生人身伤亡事故，景区应及时对游客进行救助，将游客送往医院救治。

（三）游客应当注意保护自身安全

游客应当注意保护自身安全，根据身体状况选择适宜的旅游景区游览，选择适合自身身体状况的娱乐项目。在游玩前应了解娱乐项目的注意事项及风险提示，应遵守景区的相关管理规定，注意安全提示标志和工作人员的提醒，避免进入危险区域。成年游客应照顾好同行的老人及儿童，避免发生危险。

案例提供单位：广西壮族自治区防城港市旅游质量监督管理所

案例编制单位：文化和旅游部旅游质量监督管理所

第三节　对导游人员的规范

一、从业许可规范

根据《导游人员管理条例》的界定，导游人员即依照本条例的规定取得导游证，接受旅行社委派，为旅游者提供向导、讲解及相关旅游服务的人员。

《导游人员管理条例》第四条规定，在中华人民共和国境内从事导游活动，必须取得导游证。《旅行社条例》中对所有导游及领队人员作出详细规定：旅行社为接待旅游者委派的导游人员，应当持有国家规定的导游证。取得出境旅游业务经营许可的旅行社为组织旅游者出境旅游委派的领队，应当取得导游证，具有相应的学历、语言能力和旅游从业经历，并与委派其从事领队业务的旅行社订立劳动合同。旅行社应当将本单位领队名单报所在地设区的市级旅游行政管理部门备案。违反本条例的规定，旅行社委派的导游人员未持有国家规定的导游证或者委派的领队人员不具备规定的领队条件的，由旅游行政管理部门责令改正，对旅行社处 2 万元以上 10 万元以下的罚款。

由此可以看出,我国在导游人员从业许可方面就有着严格的规范。

(一) 导游资格考试制度

在我国,导游资格的取得有着严格的要求,首先需要获取导游人员资格证书。《导游人员管理条例》第三条规定,国家实行全国统一的导游人员资格考试制度,参加导游人员资格考试必须具备下列四个条件:必须是中华人民共和国公民;必须具有高级中学、中等专业学校或者以上学历;必须身体健康;必须具有适应导游需要的基本知识和语言表达能力。

经考试合格的,由国务院旅游行政部门或者国务院旅游行政部门委托省、自治区、直辖市人民政府旅游行政部门颁发导游人员资格证书。

(二) 申请领取导游证的条件

在获取导游人员资格证书后,可申领导游证。《导游人员管理条例》第四条规定,取得导游人员资格证书的,经与旅行社订立劳动合同或者在导游服务公司登记,方可持所订立的劳动合同或者登记证明材料,向省、自治区、直辖市人民政府旅游行政部门申请领取导游证,导游证的有效期为三年。如果导游与旅行社订立的劳动合同解除、终止或者在旅游行业组织取消注册后,导游实际已经不再具备取得导游证的条件,不再属于合法持证导游。值得提醒的是,如果此时从事导游执业活动,属于非法从事导游执业活动。

具有特定语种语言能力的人员,虽未取得导游人员资格证书,旅行社需要聘请临时从事导游活动的,由旅行社向省、自治区、直辖市人民政府旅游行政部门申请领取临时导游证,临时导游证有效期最长为九十天。

导游证采用电子证件形式,由国家文旅部制定格式标准,由各级旅游主管部门通过全国旅游监管服务信息系统实施管理。电子导游证以电子数据形式保存于导游个人移动电话等移动终端设备中(表 9-2)。

表 9-2 导游人员资格证书与导游证的联系区别

类别	导游人员资格证书	导游证
性质	资格证明	许可证
颁证机构	国务院旅游行政部门 / 其委托的省级旅游主管部门	省级旅游主管部门
作用	从业资格	从业许可
领取程序	通过导游人员资格考试	取得导游人员资格证书的, 经与旅行社订立劳动合同或者在导游服务公司登记
期限	无	有效期三年, 可换发
联系	导游人员资格证书是取得导游证的必要前提	

(三) 不得颁发导游证的情形

我国对颁发导游证的要求也有着严格规定,满足下列情形的,不得颁发导游证:无民事行为能力或者限制民事行为能力的;患有甲类、乙类以及其他可能危害旅游者人身健康安全的传染性疾病的；受过刑事处罚的，过失犯罪的除外；被吊销导游证之日起未逾三年的（《导游人员管理条例》第五条、《导游管理办法》第十二条）。

二、技能等级规范

为了加强导游队伍建设，不断提高导游人员的业务素质，我国采取了导游等级评定制度对导游人员的技能等级进行规范，遵循自愿申报、逐级晋升、动态管理的原则。凡通过全国导游人员资格考试并取得导游员资格证书，符合全国导游人员等级考核评定委员会规定报考条件的导游人员，均可申请参加相应的等级考核评定。

在我国，导游人员等级分为两个系列：中文导游员系列和外语导游员系列。四个等级：初级导游员、中级导游员、高级导游员和特级导游员。其中，四个等级有五个方面的要求：知识要求；技能要求；业绩要求；学历与学识要求；资历要求。按照申请、受理、考核评定、告知、发证的程序进行，由省（自治区、直辖市）旅游主管部门初评、国家旅游主管部门评定。各等级考核方式及内容存在区别：

初级导游员采取考核方式，凡取得导游人员资格证书后工作满一年的人，经考核合格，即可成为初级导游员。

中级导游员采取笔试方式（每两年组织一次），中文导游人员考试科目为"导游知识专题"和"汉语言文学知识"，外语导游人员考试科目为"导游知识专题"和"外语"。

高级导游员采取笔试方式（每三年组织一次），考试科目为"导游案例分析"和"导游词创作"。

特级导游员采取论文答辩方式（不定期进行），考核内容主要是工作表现、导游技能、遵纪守法和游客反映，考试科目为第二外语或一种方言。

三、服务等级规范

（一）导游星级评价制度

面对导游队伍素质参差不齐，导游服务的市场价值尚未得到充分认可的状况，为了便于旅行社、旅游消费者对导游的甄别，国家旅游主管部门推动建立了导游星级评价制度。导游星级评价制度是导游服务水平的综合评价体系，是与导游服务质量直接相关、通过市场化方式对导游服务水平进行标识的评价模式，并以星级形式给予认定，从高到低依次为五星级、四星级、三星级、二星级、一星级。

（二）导游星级评价内容

导游星级评价制度的评价内容是以游客对导游服务的满意度为导向，包括技能水平、学习培训经历、从业年限、奖惩情况、执业经历和社会评价等指标。"全国旅游监管服务平台"自动计分生成导游服务星级，并根据导游执业情况每年度更新一次，不组织考试、不设专门的评定机构。

导游等级评定制度与星级评价制度都是为便于旅游者和社会各方面对导游水平能力的识别，并激励导游自我提升导游执业素养而确立的制度，二者互为补充，但也存在着明显的区别。

首先,二者的评价功能不同。导游等级评定制度是对导游职业技能水平的评价,侧重的是技能水平,相对是静态的,等级一般只升不降。导游星级评价制度侧重对导游执业服务能力、质量和信用水平的评价,侧重的是服务水平,相对是动态的,星级有升有降。

其次,评价方式不同。导游等级评定主要通过考试方式,对导游技能大赛获得最佳名次的导游也可以晋升等级。导游服务星级评价主要基于旅游者对导游服务的客观评价,不组织考试,不设评定机构,通过"全国旅游监管服务平台"自动计分生成导游服务星级。

最后,评价内容不同。导游等级评定中,中级导游员考核内容主要为"导游知识专题"和"汉语言文学知识",高级导游员考核内容主要为"导游案例分析"和"导游词创作",特级导游员的考核采取论文答辩方式。导游服务星级主要以游客对导游服务的满意度为导向,对导游服务水平进行综合评价,指标包括社会评价、技能水平、执业经历、学习培训和奖惩情况等,促进导游以诚实劳动、至诚服务赢得更好社会评价,取得更高服务星级,获取更多就业机会。

案例 9-3　建立以游客评价为导向的导游服务考评体系

旅游业的高质量发展,离不开高标准的市场体系,而作为我国旅游业的重要组成部分,导游队伍的建设自然要加快进行。2021 年 6 月 10 日,文化和旅游部研究制定了《加强导游队伍建设和管理工作行动方案(2021—2023 年)》(以下简称《方案》),明确提出加强监督管理,规范执业行为。针对社会反映强烈的未取得导游证而从事导游活动、强迫或者变相强迫旅游者参加购物活动或者另行付费等消费项目、向旅游者兜售物品、低俗恶搞讲解等问题,深入开展线索核查和案件查办工作,及时查处违法违规行为,维护游客合法权益。

一、强迫购物没有赢家

出门旅游,乘兴而去,败兴而归,不少游客这样的体验与导游的不规范行为有关。2021 年,"孩子只要没死就得购物"的一段视频引爆网络舆论。原来,一名游客在云南西双版纳购物点接到家人视频电话,家人告知其"儿子生病需要做手术",引发导游不满,怒怼游客称孩子没死就得进去购物。这样的现象并非孤例。还有不买东西,游客被导游威胁怒骂其骗吃骗喝的。同样在近期,网络流传的一段视频显示,湖南张家界一导游在某翡翠城怒骂游客:"骗吃骗喝,你们投诉老子一下试试。"两起几乎在同一时间段,在不同地区发生的旅游纠纷,都涉及导游问题。于前者,西双版纳州旅游市场秩序整治领导小组办公室通报称,对涉事的西双版纳景洪游趣国际旅行社有限公司,处吊销旅行社业务经营许可证的行政处罚,对直接责任人张某处两万元罚款,对涉事导游冷某某处两万元罚款并吊销其导游证。于后者,张家界文化旅游广电体育局作出处理,认定中国旅行社总社张家界有限公司,存在构成侵害消费者人格尊严权利的违法行为,处行政罚款 20 万元,对涉事导游邱某处行政处罚 3 万元。

值得注意的是,早在 2017 年 3 月 24 日,云南省就印发了被称为"史上最严 22 条旅规"的《云南省旅游市场秩序整治工作措施的通知》,其中明确禁止"不合理低价游",并提出了"黑名单"和行业禁入的措施。但直到近期,这样的事件仍然在发生。"黑导游"屡禁不绝,究竟是何原因?是否有根治之策?一方面,游客苦强迫购物久矣;另一方面,导游也同样觉得自己很"委屈",有导游"诉苦"称,游客购物金额与其收入挂钩,强迫购物实属无奈。在认为应当整治此类现象的同时,就有网友提出导游的薪资结构正是构成上述现象的原因之一:"这跟导游工资成分也有关系,他们没有底薪,上一天班拿一天的钱,而游客消费的提成是大头。"

二、底薪微薄依赖回扣

针对这类现象,时评人叶祝颐分析指出,当下,团队旅游市场的现状是,由于门票、住宿、餐饮费用不断上涨,旅游市场竞争白热化,旅行社多采取压低旅游报价的手段吸引客源,然后从旅游质量打折、频繁安排购物等环节中补足。"多数导游不在旅行社拿工资,或者底薪非常微薄,他们的收入基本上依赖于游客购物、参观自费景点,从中获取佣金、回扣。而且越是旅游资源丰富的地方,这个问题越突出。尽管云南省曾有过导游因为强迫交易被判刑6个月的案例,但是强迫交易入刑判例未成为惯例,旅游市场强制购物的问题依然是水里按葫芦,此起彼落。"叶祝颐说。

"当前,旅游市场运行不正常、管理不规范,尤其是旅行社与导游之间劳资关系不规范。导游不仅享受不到固定工资,带团前还要向旅行社垫付带团'人头费'。"在全国政协委员、宁夏回族自治区政协副主席洪洋看来,这样的运作模式,是导致导游强制游客消费的根本原因。2021年全国两会期间,洪洋提交了一份《关于彻底整治旅游市场乱象》的提案,其中就提出"要像扫黑除恶一样,彻底整治旅游市场乱象"。洪洋建议,要合理确定导游基本工资和绩效工资,完善激励约束机制,旅游企业应根据导游的业绩和游客满意度来确定导游的绩效收入。提高导游从业资格条件,对导游实行年度资格等级审查,加大对导游带团过程的监督,如在导游车上安装监控和行程跟踪定位系统等。"对那些游客举报量大、服务质量差的导游,应该降低资格等级直至吊销导游证。

三、不合理收费要清查

《方案》的出台,正是监管部门对于导游行业进行规范管理的重要一步。"导游队伍是我国旅游业的重要组成部分,是旅游服务的提供者和旅游形象的展示者,是传播中华优秀传统文化、弘扬社会主义先进文化、促进社会主义精神文明建设的重要窗口,在提升旅游服务质量、维护旅游市场秩序、推动旅游业高质量发展方面发挥着重要作用。"文化和旅游部有关负责人指出。这位负责人坦言,现阶段,导游服务供需结构性矛盾仍然比较突出,管理体系不够健全、就业环境还需优化、权益保障相对薄弱、职业认同仍需加强、专业能力有待提升、执业行为需进一步规范、行业价值观作用发挥不够充分等问题依然存在,个别导游的严重违法违规行为对行业产生较大影响,与旅游业高质量发展的新要求还有一定差距。

为此,《方案》提出,优化就业环境,保障合法权益。开展不合理收费清查行动。旅行社不得向导游收取或变相收取各类押金、保证金、管理费、服务费等不合理费用,导游行业组织不得以导游证注册为名收取任何费用。建立导游关爱机制。发挥行业组织联络作用,为注册导游按灵活就业人员办理社会保险登记提供支持,鼓励导游按需投保综合执业商业保险产品。

健全导游行业组织。引导各地加快省、市两级导游行业组织建设,适时推动成立以各级导游行业组织为会员的全国性导游行业组织,为便利导游执业、保障导游合法权益发挥更加积极作用。

建立导游服务质量综合评价体系。制定《导游星级服务评价管理办法》,构建与导游等级考评机制深度融合的导游服务质量综合评价体系,以游客评价为导向,激励导游自觉提升服务质量。

加大导游等级考评激励力度。在人才培养项目、行业培训、表彰奖励工作中向高等级导游倾斜。积极协调有关部门将导游等级与相关专业技术人员职称层级实施有效衔接。

在查处违法违规行为之外,实施信用监管。《方案》要求建立完善导游信用档案,推广应用全国旅游监管服务平台信用管理系统,坚持"应列入,尽列入"原则,指导各地依法依规将符合列入条件的失信导游列入失信主体名单并实施信用惩戒,并强化行业自律。

资料来源:张维(2021)。

思考题

1. 《中华人民共和国旅游法》的颁布对旅行社的行业管理有什么意义?

2. 我国目前对于旅行社管制的法律体系包括哪几个层面?主要有哪些内容?

3. 我国对旅行社的法律规范包括哪些方面?

4. 试述导游人员资格证书和导游证的区别和联系。

5. 导游人员技能等级评价制度与导游服务星级评价制度的内容分别包括哪些,两者的区别与联系是什么?

第十章 旅行社业的发展趋势

第一节 中国旅行社业的发展背景

一、旅游需求持续变化

需求是一切商业活动的原点。在研究我国旅行社业的发展背景和趋势的过程中,了解游客的旅游需求是最为重要的前提。随着社会经济的发展,我国旅游需求正呈现出多样化、品质化、旅游方式小型化等变化趋势。

(一)旅游需求多样化

随着生活水平的提高,国内居民消费水平不断增长,促使旅游需求的旅游地选择、消费主体、消费模式呈现出多样化的趋势。

在国内旅游方面,除了长距离的观光旅游之外,中短途的旅游需求不断上升。随着国内旅游经验的积累,部分旅游者不再满足于境内旅游,对于出境旅游的需求也在持续增加。此外,青少年、老年人等群体的旅游需求也渐成规模,研学旅游、养生旅游、康养旅游发展迅速,进一步推动了旅游需求的多样化。

随着"互联网+旅游"的深入融合,游客对于旅游产品、旅游形式、旅游主题等多元化需求也有了新的技术实现途径。在线旅行企业不断进行数字化技术升级,线上化、数字化加速向更多旅游业场景延伸。旅行预订市场消费结构发生变化,智慧旅游公共服务、云旅游平台、沉浸式旅游场景等旅游业态带动整个行业需求多样化发展。疫情防控常态化背景下,以民宿休闲、郊区自驾为主的短途周边游成为人们旅游的首选,剧本杀和民宿、景区等的深度融合,满足了新生代多元化、主题化的旅游需求,并为主题民宿和特色景区的发展带来新的机遇。

(二)旅游需求品质化

《"十四五"旅游业发展规划》指出,我国已全面进入大众旅游时代,全面建设小康社会的目标已经实现,旅游业发展成果要为百姓共享,旅游业要充分发挥为民、富民、利民、乐民的积极作用,成为具有显著时代特征的幸福产业。

旅游需求品质化是大众旅游时代旅游消费升级的具体体现,全面建成小康社会后,人民群众旅游消费需求正从低层次向高品质和多样化转变,由注重观光向兼顾观光与休闲度假转变。

以数字化为代表的现代科技正在深刻改变生产方式、生活方式和旅游方式,并从根本上改变了游客对旅游目的地信息收集、出行决策、组织方式、消费行为、对目的地形象传播和满意度评价。交通基础设施的完善、科技的进步,正在适应人民在大众旅游新阶段对美丽风景和美好生活的新期待,5G、大数据、人工智能、物联网等新技术的应用,更多的市场主体的进入,将科技创新成果转化为游客可触可感的项目、产品和服务,有效提升了游客满意度和产业竞争力,带动了旅游从传统的生活服务业升级为现代服务业。

同样受疫情影响,"人山人海"的旅游路线热度渐减,而"品质游"快速发展,文化、艺术、体育等重体验的内容也成了旅游发展提质增效的重要手段,"无接触"旅游备受青睐,游客对个性和品质的追求进一步增长,度假型酒店价格上升明显。红色旅游、冰雪旅游等在核心内涵、市场结构、游客行为、融合方式、科技赋能等方面呈现新特征、新趋势,偏远、隐秘的小众景点成为国内高端旅游市场的宠儿。对于追求个性的年轻人来说,出游成为一趟周末也能说走就走的旅行,旅行也不再意味着远行,需要玩得专业和深度,获得新鲜有趣的出行体验。

(三)旅游方式小型化

根据《中国国内旅游发展年度报告2017》数据显示,家庭休闲度假成为国内旅游主要市场特征。2016年我国城镇居民的旅游动机主要以休闲度假及娱乐为主,占48.3%,其次是探亲访友占27.2%,再次是观光游览占13.9%,商务出差、健康疗养以及其他旅游目的地的游客比例均低于10%,分别为8.1%、1.4%、1.1%。而对于农村居民来说,休闲度假及娱乐也是最核心的旅游动机,占到36.4%,其次是探亲访友,占到31.7%。再次是商务出差占12.9%,观光游览占6.4%,健康疗养占4.5%,其他旅游目的占8.1%。休闲度假和探亲访友成为居民出游主要动机。

经济的发展、消费模式的升级以及休假制度的改革,加速推进自驾游成为全域旅游发展的重要环节和内容。在疫情影响下,居民出游以放松休闲为主,基于自驾、自助方式的家庭及亲友休闲娱乐产品为市场需求热点。在未来发展中,自驾旅游、研学旅游等新型消费需求潜力产业将继续享有广阔的市场前景和发展空间,成为旅行社行业不断完善的个性化选择。

(四)出行距离更加收敛

来自《2019上半年自驾游报告》的数据显示,2019上半年,自驾出游方式选择比例达近年新高,82.6%的车主有过自驾游经历,其中近八成车主选择周边自驾游,另有近六成车主有过长线自驾游的经历。在出游距离上,短线自驾游是城市居民追求休闲生活方式的重要途径,长线自驾游能够更深度享受"诗与远方",各有千秋,统领自驾潮流。

随着疫情防控常态化,在以国内大循环为主体、国内国际双循环相互促进的新发展格局中,中短线旅游趋势更加明显,"本地人游本地""就地休闲"、郊区"微度假"已经成为当下旅游消费热点。2021年,人民群众本地日常旅游和休闲需求提升显著,假日游客出游距离和目的地游憩半径呈收缩态势,广大居民休闲需求加速提升。中国旅游研究院戴斌院长指出,在2020—2021年里,本地游和近程游为代表的"近出行、浅需求、低消费",已经成为旅游业赖以生存的基础市场。在江苏省11个运河沿线城市中,超过八成的城市本地旅游消费占据主导地位,本地居民消费提升显著,成为主力军。

《中国旅游经济蓝皮书(NO.13)》的研究也表明,疫情之后,区域旅游接待和潜在出游力差距更加收敛,新业态发展潜力加速释放。受疫情影响,游客更加倾向"去人少一点的地方旅游",西北等开阔区域受青睐。特别是出境游受限后,部分中高消费群体转向西部生态和自驾旅游目的地。2020 年前三季度,全国共有 19 个省域游客接待量复苏超过全国平均水平,其中西部、中部、东北和东部分别占 10 席、4 席、3 席和 2 席,开阔地区游客接待排名较以往明显前移。出游方面,2020 年客源地潜在出游力在东中西三大区域之间的比例大约为 6.0∶2.6∶1.4,相比较长期处于"7∶2∶1"的三级阶梯状分布格局,继续呈现收敛趋势。东部地区累计潜在出游力所占比重由 2010 年的 70% 下降到 2020 年的 60%。中西部地区所占比重在不断升高。避暑旅游、冰雪旅游、夜间旅游、亲子旅游、美食旅游、研学旅游、自驾旅游等新型消费需求潜力加速释放。自驾出游方式选择比例达近年新高,其中清明假期游客自驾出游比例超过 7 成。避暑游、冰雪游在疫情期间的发展韧性更足。老场景不断开放,传统景区、文化场馆相继推出夜游,且评级越高开放比率越高。

案例 10-1　品牌升级,"飞猪"押宝"新新人类"

2016 年 10 月 27 日,阿里巴巴集团宣布,将旗下的旅行品牌"阿里旅行"升级为全新品牌"飞猪",英文名"Fliggy"。阿里巴巴 CMO 董本洪在发布会上为新品牌揭幕,并阐述了品牌升级的初衷和愿景。记者注意到,"年轻人""出境游""综合势能"正成为飞猪未来战略的三大关键词。

一、"年轻人":押宝互联网下成长的一代

启用新品牌"飞猪"是配合阿里旅行业务进阶的战略举措。飞猪是面向年轻消费者的休闲度假品牌,与面向企业差旅服务的阿里商旅一起构成阿里巴巴旗下的旅行业务单元。

据悉,飞猪将目标客群锁定为互联网下成长起来的一代,结合阿里大生态优势,通过互联网手段,让消费者获得更自由、更具想象力的旅程,力图成为年轻人度假尤其是境外旅行服务的行业标杆。

业内人士分析,年轻一代对旅行的态度和行动力在改变,过去,纸上谈兵的人更多,现在,旅行是生活的一部分。市场需求已经发生转变,年轻一代带来了旅行消费的升级。

显而易见,与同程重资押宝"老年人"不同,飞猪聚焦的则是"年轻人"。

阿里巴巴集团副总裁、飞猪总裁李少华在内部公开信中表示,伴随我们长大成人的,是目前占我们平台用户 83% 的 85 后年轻一代,他们每个人的内心都有这么一个梦想:奔赴远方,想追寻自由,但又矛盾地想要安心和舒服。飞猪,将带给年轻人鱼和熊掌兼得的旅行体验。

正是对于年轻一代客群市场的看重,相对于"阿里旅行"这个品牌来说,阿里选择轻松活泼的"飞猪"形象显然更对年轻人"胃口"。

对此,飞猪品牌负责人解释:"'阿里旅行'是个成功的品牌,它让广大消费者认知了我们,而当我们的发展进入新的阶段,想要传达出'奔赴远方、追寻自由'的旅行态度,呈现出丰富多彩、富有想象力的旅行体验时,我们发现在品牌上,应当做出勇敢的变化。"

至于飞猪品牌年轻化是否会影响其他年龄段市场,阿里巴巴集团 CMO 董本洪回应,飞猪在品牌传播时强调年轻概念,不会有丢失其他年龄段用户的风险,因为年轻人的旅行喜好将对其他年龄段的用户产生带动作用。

二、"出境游"：挤入激烈的市场竞争

阿里巴巴集团 CEO 张勇在集团层面提出"全球买、全球卖"的全球化战略升级。而飞猪所主打的出境旅游产品，对接了国内消费者与境外服务商，正成为阿里全球化战略升级的实施者、开路者。

记者注意到，飞猪总裁李少华概括了飞猪最为核心的两个关键点，其中之一就是"聚焦出境游体验"。

相关数据显示，2015 年，中国公民出境旅游人数达到 1.17 亿人次，旅游花费 1045 亿美元，分别比上年增长 9.0% 和 16.6%。

事实上，今年以来，飞猪正在紧锣密鼓地完成亚太、美国和欧洲三大旅行目的地的全球布局和战略升级。目前，飞猪正在计划与欧洲诸国深度合作，一站式呈现热门目的地丰富的旅行资源，并在当地建设地面实体服务站，为中国游客提供自带亲切感的中文服务。加之大数据智能平台的在线高速处理和电话远程客服，飞猪提出了"全球 30 分钟响应"的 24 小时服务标准。

飞猪相关负责人介绍，飞猪海外目的地战略的另一重要部分在于线上营销。通过搭建线上国家馆、内容营销、达人分享等，飞猪希望让游客充分了解欧洲的目的地，也让欧洲的商家在飞猪平台上更直接地接触到中国游客，并带来更好的沟通与服务。

中国旅游研究院副研究员杨彦锋分析，出境旅游市场竞争已经比较激烈，很多 OTA 和传统旅行社都已经介入这一市场。再加上国内游市场日趋散客化、碎片化，出境游正成为一些旅游企业的核心市场。飞猪此时深度介入，在情理之中。

三、"综合势能"：不是一个人在战斗

飞猪出海并不是单打独斗，依然借势阿里系的"综合势能"，力图与支付宝、芝麻信用、蚂蚁花呗等发挥出良好的协同效应。

杨彦锋认为，阿里系综合的生态圈层是飞猪进一步成长的重要砝码。例如，在阿里集团完成了对石基信息的投资后，当时的阿里旅行就联合石基信息、首旅酒店，共同打造"未来酒店"，实现行业的垂直应用，就很好地体现了阿里大平台上的叠加优势。

正是阿里大平台的综合优势，阿里旅行与各国国家旅游局、跨国集团巨头的洽谈合作，变得更加顺风顺水，马云为此还多次站台。过去一年来，国际航空公司如新西兰航空、法国航空、荷兰皇家航空、加拿大航空等相继入驻，目前，飞猪平台上已拥有超过 30 家国内航企、超过 20 家境外航企开设旗舰店。

事实上，在阿里整体全球化战略升级过程中，支付宝与旅行业务的互融也越来越深。在境外的机场、免税店，支付宝的普及程度越来越高，方便国人直接用手机支付。

在品牌升级为"飞猪"后，阿里旅行此前创新出来的业务线子品牌，如未来酒店、未来景区、未来飞行＋等"未来系列"将继续沿用。而支付宝的交易、授信、信用等服务在"未来系列"中起着至关重要的作用。随着飞猪走向海外，支付宝的国际业务纵深也将大大扩充。

李少华在发布会还首次公布了一组平台数据：飞猪目前会员数已超过 2 亿，日均访问用户达 1000 万。携带着如此用户基数的飞猪，出海之后能否有一番大作为，值得注视。

资料来源：沈仲亮（2016）。

二、市场竞争不断升级

(一)竞争手段多元化

旅游业的快速发展逐渐成为我国经济收入中的重要因素,如何去更好地适应旅游竞争市场和吸引更多的游客等问题,都是当前旅行社行业急需考虑的事情。旅行社通过产品创新、质量升级、科技赋能等手段参与市场竞争,获得可持续发展的能力。

首先,旅行社通过产品创新培育市场竞争力。在国内旅游市场中占据主流的仍是观光旅游产品,一些旅行社加大了创新力度,对乡村旅游、研学旅游、探险旅游等市场前景广阔的旅游产品加快开发,推出"沉浸式"研学产品、剧本杀文旅产品、一体式旅游商业综合运营产品等创新项目,受到了行业认可与好评。本地化、近程化出游趋势下,旅游企业立足需求向内挖掘,春秋的"城市微旅游、建筑可阅读"、携程的星球号和乡村建设、中旅旅行房车剧本杀、南京旅游集团的"长江传奇"、马蜂窝的"周末请上车"、同程旅行的"嗨玩48小时"等创新产品有效激发了市场活力。

其次,在旅游者的品质化诉求下,旅行社以定制化、主题化内容提升游客体验。旅行社通过酒店、用车、购物、服务人员等硬件提档和服务升级切实保障游客安心出游,依托私家小团组织、旅游定制设计、精细化特色化等高端定制满足游客多样化需求。来自中国旅游研究院《2021年全国旅游服务质量调查报告》的调查显示,2021年团队游客未来重游的可能性、再次选择旅行社的可能性、推荐亲友旅游的可能性分别同比上涨9.4%、0.3%和1.1%。

最后,在互联网快速发展的时代背景下,信息技术成为旅行社营销方式创新的重要抓手。借助便捷的网络技术平台,可以扩大网络营销范围,增强旅行社行业竞争力,在短时间内就能为散居各地的游客提供咨询、售票、组团、出游等服务。旅行社行业如果将网络营销策略运用于旅行业,必将节约促销费用,减少销售中介,扩大市场覆盖面,提升品牌影响力和竞争力,扩大利润空间。

(二)竞争范围国际化

竞争范围的国际化既包括客源市场的国际化,也包括旅游资本的国际化。

近年来,中国出境游人群已成为全球旅游零售业的主力军。中国出境游人群的海外消费倾向远高于其他国家的出境游人群。2013年"一带一路"倡议的提出,既推动各国的互联互通、相互合作,又对我国出入境旅游产生了重要的影响。"一带一路"倡议是21世纪中国对古代丝绸之路贸易路线的再现。截至2015年,"一带一路"地区涉及65个国家、44亿人口,涵盖了全世界74%的自然保护区和近50%的文化遗产。截至2021年底,中国企业在共建国家建设的境外经贸合作园区累计投资超过430亿美元,为当地创造了34万多个就业岗位。截至2022年8月底,中国与"一带一路"沿线国家货物贸易额累计约12万亿美元。同时,"一带一路"倡议也改变了中国国民前往这些沿途国家旅游的签证要求,截至2023年2月22日,与中国缔结互免签证协定的国家已达56个。据联合国世界旅游组织的数据显示,2017年,中国出境游人群的消费总额为2580亿美元,居全球第一(21%)。"一带一路"对沿线国家旅游需求的促进作用存在区域差异,各国旅游网络关注度的增长率各不相同。因此,旅行社开展的对应出境旅游业务随着游客对于沿线国家的关注度变化而变化。

2018 年我国出境游客对泰国的旅游需求最高,旅游网络关注度约为 379 万人次。有的旅行社每年接待前往泰国的出境旅游者达到几万人次。通过建立海外接待体系,不仅带动了旅行社经济的发展,也出现了旅游市场竞争范围国际化的趋势。

随着中国国民走出国门,国内旅游资本也加快了国际化步伐,旅游业的并购活动风生水起。例如,携程先后增资印度最大的在线旅游企业 MakeMyTrip,成为其最大股东;驴妈妈收购菲律宾长滩岛中文游客中心,面向中国游客提供当地玩乐产品中文咨询服务,并提供无须货币兑换的人民币手机支付、微信号在线服务等服务功能;复星旅文于 2019 年斥资 1100 万英镑(约 9607 万元人民币)收购了百年旅行社——托马斯·库克集团品牌商标及网站、社交媒体账户等在线资产,以便在线销售旅游产品。

三、科学技术强力渗入

在积极拥抱数字化产业,推动产业改革的行为中,不难发现传统的旅行社行业正在经历有史以来的颠覆性革命,数字化、智慧化等科学技术的引入,不仅为游客提供产品的展示,更是带来了沉浸式的体验感。

在防疫常态化的状态下,旅行社行业也正在往数字化驱动的智慧旅游方向发展。人们在出游前可以使用小程序预约入园,小程序还可以为游客提供景区概况、位置查找、路线规划等精准的地图服务。游览景区的过程中,小程序还会贴心、周到地为游客推荐多种经典游览路线,如夏日纳凉推荐路线、快速游览推荐路线、一日游推荐路线等,帮助游客节省观览时间。

根据游客的不同需求,游客通过小程序还可定制景区虚拟导游、景点在线解说等服务,并为游客提供专属语音讲解,提升游客尊贵的游览体验。扫码预约、虚拟导游、无接触服务等数字化技术在行程安排、游客分流等方面发挥积极作用,旅游治理水平显著提升。

终端消费驱动、现代产业导向的智慧旅游新时代已经走到了我们的面前。未来的旅行社行业,将会更加高科技,更加"智能化",而大数据和人工智能的引入,无疑将给旅游业的数字化带来重大改变,这些变化既提高了游客的观赏体验度,还将打造数字化升级、智能化引领的智慧旅游服务。

四、不可抗力因素增多

不可抗力是指不能预见、不能避免和不能克服的客观情况。进入 21 世纪以来,SARS、新冠肺炎等流行病深刻影响了全球旅游业的发展走向。2020 年新冠疫情给旅游业带来了较大的冲击和挑战。根据《中国国内旅游发展年度报告 2021》的统计,受新型冠状病毒肺炎疫情影响,2020 年国内旅游人数 28.79 亿人次,比 2019 年下降 52.1%。其中,城镇居民国内旅游人数下降幅度更大,达到 53.8%,农村居民国内旅游人数下降 47.0%。《2021 年中国在线旅游行业研究报告》显示,2020 年受疫情影响,中国在线出行市场交易规模同比下滑 37.0%;在疫情态势缓和、防控措施完善等因素影响下,出行市场逐渐实现部分恢复,预计 2021 年市场规模将同比增长 29.6%。

在此背景下,不少旅行社积极生产自救,应对风险,建立抵御风险的可持续运营模式。

未来的旅行社业的内容运转方式将会倾向于数字化、智能化、多元化等发展趋势，以线上＋线下的联动形式满足不同群体游客更多的旅游需求。

第二节　中国旅行社业的发展趋势

一、业务重心以国民旅游市场为主

中国旅行社所面对的市场面仍以国民旅游市场为主，国内旅游者成为绝对的市场消费主体。《中国国内旅游发展年度报告 2019》指出，国民文化休闲需求日渐凸显，2018 年全年国内旅游人数 55.39 亿人次，比上年同期增长 10.8%；国内旅游收入 5.13 万亿元，较上年同期增长 12.3%。从 2011 年以来的发展趋势来看，国内旅游接待规模年均保持在 13.7% 左右的增长，旅游收入则保持在年均 20.7% 左右的增长。与入境旅游和出境旅游相比，国内旅游的市场规模和增长速度都不容小觑。

来自文化和旅游部《2019 年度全国旅行社统计调查报告》的数据显示，按照旅行社入境外联人次、国内组织人次、出境组织人次三项指标，入境旅游、国内旅游、出境旅游市场人次所占份额依次为 5%、70% 和 25%；按照入境外联人天、国内组织人天、出境组织人天三项指标，入境旅游、国内旅游、出境旅游市场人天所占份额依次为 5%、59% 和 36%。因此，从组接情况看，国民旅游市场的组接人次和人天数均占总数的 95%，是我国旅行社的绝对业务重心。

从经营状况来看，2019 年度全国旅行社入境旅游营业收入 269.20 亿元，占全国旅行社旅游业务营业收入总量的 5.21%；入境旅游业务利润为 20.19 亿元，占全国旅行社旅游业务利润总量的 8.66%。2019 年度全国旅行社国内旅游营业收入 2750.96 亿元，占全国旅行社旅游业务营业收入总量的 53.25%；国内旅游业务利润 123.50 亿元，占全国旅行社旅游业务利润总量的 52.94%。2019 年度全国旅行社出境旅游营业收入 2145.56 亿元，占全国旅行社旅游业务营业收入总量的 41.54%；出境旅游业务利润为 89.58 亿元，占全国旅行社旅游业务利润总量的 38.40%。可见，中国公民的国内旅游和出境旅游业务的营业收入和利润都在 90% 以上，占绝对多数。

在疫情常态化的背景下，旅游消费开启"内循环"发展模式，对中国旅行社提出了新的要求。受疫情影响，无法出境的游客会尝试在国内选择可替代的旅游产品，从而扩充了高端旅游市场的市场需求，促进了旅游行业的转型升级。上海春秋旅行社有限公司（以下简称"春秋旅行社"）着眼于当地居民和旅游者在文化性、生活化、求知欲以及体验感等方面的共同需求和碎片化旅游时间，确定了"主客同游"的本地游发展定位，大力开发"低价高频"的本地游市场，让更多市民和游客走进上海的人文历史、民俗风情、日常生活和现代风貌，发现和体验都市之美。截至 2021 年 10 月底，春秋旅行社共接待上海本地游 27 万人次，营收约 5500 万元，为常态化疫情防控下缓解资金压力、稳定员工队伍、创新发展模式做出积极探索和成功实践。此外，春秋旅行社还创新推出"微游上海"系列产品，并根据市场反馈和需求变化不断更新产品，已在 2021 年 9 月推出第六代产品"建筑可阅读专线车"，通过"观光

车 + 微旅游" 形式, 将上海特色建筑转化为旅游资源, 适应了市民和游客碎片化旅游需求,
大大提升了出游频次, 受到市场认可。

二、大型运营商主导市场

国有旅游资本的重组和民间旅游资本的战略性资本运作催生了一批大型旅游运营商,
它们凭借产品、质量、品牌和资源优势进一步夯实了产业主导者的地位。

从 2009 年开始, 中国旅游研究院与中国旅游协会联合发起了中国旅游集团调查, 并根
据企业申报、诚信背书的原则, 按照营业收入指标评选出中国旅游集团 20 强, 共计 30 家旅
游企业, 2021 年度中国旅游集团 20 强及提名名单如表 10-1。

表 10-1　2021 年度中国旅游集团 20 强及提名名单

序号	区域	企业名单	数量
1	央企、华北、东北	中国旅游集团、华侨城集团、首旅集团、中青旅控股、美团网、河北旅游投资集团、山西省文化旅游投资控股集团、大连海昌旅游集团	8
2	华东	锦江国际（集团）、携程集团、复星旅游文化集团、上海春秋国际旅行社（集团）、华住集团、上海景域驴妈妈集团、南京旅游集团、同程网络科技、浙江省旅游投资集团、杭州商贸旅游集团、开元旅业集团、祥源控股集团、安徽省旅游集团、黄山旅游集团、福建省旅游发展集团、山东国欣文化旅游发展集团、江西旅游集团	17
3	华中、华南、西南、西北	湖北省文化旅游投资集团、广州岭南商旅投资集团、融创文化旅游发展集团、四川省旅游投资集团、陕西旅游集团	5

以携程为例, 携程是中国最早、最大的在线旅游平台, 全球领先的一站式旅游平台, 拥有
超 20 年的经营历史。自 2015 年至 2019 年, 携程交通票务收入呈逐年上升趋势, 体现在机
票、火车票、汽车票预订等方面。2021 年 5 月 5 日, 携程联合新华财经发布的《2021 "五一"
旅行大数据报告》显示, 2021 年 "五一" 黄金周总订单量同比增长约为 270%, 同比 2019
年增长超 30%, 酒店、门票、租车、机票四项业务单日预订最高增长率分别为 70%、449%、
330%、28%。

三、市场竞争多元化

（一）竞争主体多元化

随着对 WTO 有关服务贸易承诺条款的兑现, 中国旅行社行业已经形成了国有、民营和
外资旅行社同场竞争的局面, 国有旅行社以及民营资本、外商企业的共同发展为旅游业市场
竞争注入了新的活力, 使得旅行社行业的市场主体进一步多元化, 多种经济成分并存的所有
制结构是我国在现阶段旅游业所有制结构的基本模式。

（二）经营模式多元化

近年来,互联网的普及以及信息技术的进步给旅行社行业带来了重大的影响,人们通过智能手机、平板电脑等智能移动设备足不出户就可以了解到更多的旅游信息与资源,也为旅游业的发展提供了契机。除了传统的旅行社经营模式之外,还涌现出许多多样化的在线旅游经营模式。目前在线旅游的主要经营模式包括:

① 代理商模式,即在线旅行社在用户和产品供应商中担当代理商的角色,通过交易佣金盈利赚钱。代表性旅行社有去哪儿网、携程,这种模式的单笔交易营收较低,但相对稳定。

② 媒体化模式,即媒体化商业模式,在线旅游运营商通过内容分享、社交等聚集大量的目标人群流量,主要通过广告展示、内容植入等方式盈利,如马蜂窝、穷游网等。随着信息分享平台的增加,如果不丰富盈利模式,仅靠广告收入恐难以维系企业的长久发展。

③ 电子商务模式,即旅游产品的在线商城化,实现线上和线下双渠道销售,如携程、途牛网等。该模式的盈利方式和传统旅游产品的盈利方式基本一致,较为稳定,但价格透明度高,盈利空间有限。

此外,中国旅行社业还出现了一些新的经营模式。例如同程将人工智能和技术创新作为重点发展方向之一,致力于实施从 OTA 向 ITA（intelligent travel assistant）的转型,通过创新科技为用户创造简单、快捷、智能的出行服务。同程通过对跨场景联程联运智能应用项目予以升级,在打通交通出行和酒店住宿两个庞大客户群后,通过数据挖掘能力和 AI 技术驱动,使得历史场景下的行为得以优化,让用户收获更加智能的服务体验。

（三）营销方式多元化

新冠肺炎疫情成为近年游客出行的最大掣肘,为了缓解经营压力,中国旅行社业除了继续维护服务网点、B2B 等传统营销渠道外,开始积极尝试新媒体营销,探索线上线下相结合的营销模式,不断推出各种优惠和创新玩法,以期在疫情之后的恢复性消费阶段迅速开启新的市场局面,扭转自疫情以来受到的巨大冲击。一些旅行社通过官方微博、官方微信公众号、小红书等社交媒体进行旅游产品推广;"云游"等线上直播形式让人们足不出户就可以云游四方,也成为旅行社营销产品的好帮手;"旅游 + 短视频"的模式通过场景化的呈现,增强旅游企业品牌及产品的曝光度,给潜在客户群体带来视觉冲击,拉动其线下旅游消费需求。

案例 10-2　手持直播营销利剑,携程"出圈"促升级

1999 年成立的携程,刚刚过完 22 岁生日。正当青年的携程近年来磨砺不断,疫情的暴发给其所在的旅游行业带来深刻变革,对在线旅游企业等提出了更高挑战。在受疫情影响整个旅游行业处于停摆状态之时,携程以"BOSS 直播"为推手,带动旅业产业链积极自救、推动行业复苏。如今,携程将"带货"直播发展成一把营销利剑,实现了从旅业带货平台到内容创作平台的转化。携程表示,未来携程直播将持续深耕内容、创意,加深、加速与目的地、商户文旅产业升级,实现"用户、文化、直播"的交易闭环。

一、拥抱数字化转型,携程开启"BOSS 直播"

携程集团首席执行官孙洁曾表示:"今天,我们都是数字连接的,在线和离线参与之间的界限正变得模糊不清。整个旅游行业已经见证了在线和离线整合的上升浪潮。这种数字化转型因大流行而进一步加速。"

对携程而言,自疫情以来,其拥抱数字化转型的方式是从携程董事局主席梁建章走进直播间、开启的"BOSS 直播"开始的。自 2020 年 3 月末起,梁建章雷打不动地每周一次"BOSS 直播",不惜形象化身"coser",以各种角色扮演直播带货。在梁建章的配合下,携程直播版图不断扩大,携程以"BOSS 直播"为起点,2020 年还推出了"周末探店"直播、"境外本地"直播等在内的直播矩阵。

切入直播之初,携程将 BOSS 直播看作"旅游复兴 V 计划"的重要组成部分,是其在遭受重创下的积极自救举措,也有助推几近停摆的旅游行业复苏的用意。

事实上,自携程 BOSS 直播开办以来,以政企联动的目的地整合营销为着力点,助力疫情之下的高星酒店加速回血,携程拉动了近 300 个目的地城市复苏。与此同时,在黑天鹅冲击的持续影响下,携程在沉淀国内旅游直播市场的成绩也十分显著。

数据显示,2020 年携程 BOSS 直播共进行了 118 场,2 亿消费者在直播间预约旅行,带动预售总 GMV 超 40 亿,促进商家订单 10 倍增长,用户复购率超 40%,全网曝光量超 62 亿。尤其是携程周年庆"巅峰热播日",刷新了携程直播的单日"战绩",BOSS 直播交易额达 3.8 亿,观众人数达 1974.1 万。

二、携程内容体系加速迭代　推进直播平台化

2021 年,携程在"深耕国内,心怀全球"战略指导下,对 BOSS 直播进行了加速迭代。携程直播在其基础上,积极拓宽自身边界,开放工具、经验和流量,打造直播平台化。

携程全新的直播内容体系包含:周三 BOSS 直播、品牌日专场直播、商家直播、生态链个人直播等 IP 矩阵改版,其中"官方联合品牌专场直播"是 2021 年的升级 IP,服务侧重与商户深度结合,定制直播专场。满足粉丝用户专属感,同时实现用户远期和即时旅游产品选品需求。

此外,携程还于今年 4 月启动了"旅游营销枢纽"战略,运用数字技术工具,对携程直播进行平台化迭代,打造星球号旗舰店这一新型旅游消费场景,用内容生态链激活用户旅行消费热情,提升内容到交易的转化效率。其中,服务于目的地、商家、行业从业者的私域运营产品"星球号旗舰店"是携程 2021 年强化内容建设目标的重点项目,通过商家和用户共建内容,将自身从过去单纯的交易平台,迭代为集"寻找灵感和优惠"为一体的平台。

可以说,直播之于携程,不仅仅是交易额,也是携程 2021 年重点打造的星球号旗舰店矩阵等的必要且重要前提。结合携程星球号旗舰店矩阵、旅业 KOL,实现携程直播到商户直播、个人直播的转化与孵化,同时实现携程直播从旅业带货平台到内容创作平台的转化,而这也成为携程今年能成功赴港二次上市的底气之一。

梁建章在携程二次上市时指出,携程未来将重点布局四个方面,其中有两个方面与直播有直接或间接的关联。梁建章表示,携程不仅要成为交易平台,也要成为客户寻找旅行灵感

和优惠的平台,这包括携程自去年开始做的直播带货、短视频等内容形式;另外,携程将以"星球号旗舰店"为载体,聚合流量、内容、商品,叠加旅行场景,打造开放的营销系统,为行业合作伙伴拓展收益空间。

三、未来将加深、加速与目的地、商户文旅产业升级

如今,携程的直播已不仅局限于带货,携程BOSS直播走出直播间,走进目的地、商户,实现"BOSS直播、特色产品、当地文化"三效合一,将内容创造力推动为产品销量、文旅建设的转化力和执行力,与合作伙伴、政府一起创造新的交易场景,创造增量收益,构建多个可复制的携程BOSS直播营销模板。

今年7月,携程首座度假农庄开业之际,BOSS直播联合安徽六安金寨大湾村当地政府、老屋博物馆,与当地文化结合,打造"大湾农展馆"主题的线下直播间,展示当地特色产品,同时展示携程度假农庄高质量、高规格、高品质的居住体验。

今年8月至9月,BOSS直播助力携程首届"919旅行囤货划算节",在长达919分钟的直播中,携程集结超过50个旅业头部品牌的大促活动,累计囤货GMV达到4亿、预售核销率3倍于行业平均水平、商家收入相当于总GMV超10亿。其中,携程官方直播间观看热度超过6000万,成交额超过1亿。

业内人士认为,在疫情反复、各地出行政策不一的当下,旅游市场亟须创新产品和营销活动激活消费活力和商业信心。超级系列作为携程官方打造的重磅营销IP,自2021年下半年启动以来,已帮助多个品牌和目的地在整合营销领域快速出圈,实现声量和销量的双爆发,并激发品牌商业增长的更多新可能。

虽然今年疫情时有反复,但携程业绩仍处于稳步回温中。携程最新披露的财报显示,今年二季度,携程国内酒店交易额同比增长150%,国内机票交易额同比增长150%,景区门票同比增长200%;私家团预订量同比增长超250%,商旅业务同比增长近150%,金融方面开创了携程官方独立支付品牌"程支付",站内内容发布量环比翻倍。欧洲市场的国际机票稳健复苏,国际火车票票量及收入相比2019年均达3位数增长。五一期间,门票业务突破历史峰值。国庆期间,国内租车对比2019年近乎翻倍,高端定制游收入增长超过100%。

携程方面表示,当下全球整体的经济正在逐步恢复中,现阶段的携程有很多机会需要抓住,如国际供应链的深耕、目的地灵感推荐、搜索推荐等产品打磨。在直播方面,携程将持续深耕内容、创意,持续为用户挖掘新产品、新玩法,加深、加速与目的地、商户文旅产业升级,实现"用户、文化、直播"的交易闭环。

资料来源:王真真(2021)。

四、产品创新和高质量发展

近年来,随着旅游消费的转型升级,传统、标准等的观光产品面临挑战,新颖性、个性化的旅游产品呼之欲出。为了适应市场的变化,旅行社必须走产品创新的发展道路,满足旅游者的旅游需求。产品创新是旅游市场的永恒主题,旅行社须结合自身特色打造更具优势的产品与服务,形成产品创新大平台,推进旅游产品创新的高质量发展。

旅行社的产品由景区、度假地、住宿、餐饮、交通、娱乐、购物等相关的旅游服务供应商的产品,以及旅行社自身品牌与服务两大部分组成。旅行社的产品创新要在充分考虑游客需求的基础上,以不同方式为旅游者量身定做高质量产品。首先,根据不同群体的市场需求确定,如,情人节告白专场、生日主题等。其次,根据不同旅游动机确定,如深圳国旅针对深圳大龄青年的"旅游 + 交友"旅游产品的设计,在时间上和空间上利用周末或者小长假,选择三亚等浪漫、适宜的地点。再者,根据丰富多彩的活动策划确定,如厦门凤凰花假期推出的韩国蜜月浪漫之旅,体验异国之旅的真情告白等。最后,还可以根据交通方式的选择确定,旅行社可与铁路、航空等部门合作,利用可供游客选择交通的优势,开展旅游专列、旅游包机及旅游包船等旅游产品活动。如"泰国直飞 7 日游""豪华游轮韩国游"等。

细分市场是旅游业的未来,大众旅游时代的到来,恰恰伴随着大众产品市场被不断蚕食、细分市场快速崛起的过程。每个游客的画像都被贴上更细分的标签,每次出行的动机都可能更加具化,这些个性、细分、专业化的市场需求都需要旅行服务商以更创新更专业化的服务去满足。

五、"旅游 +"融合发展

旅游业关联性高、带动性大,具有产业融合的天然属性。我国旅游业经过初级阶段的发展,在资源、需求和供给方面必须走出传统的"小旅游"发展格局,从只关注经济效益到兼顾经济、社会、环境、生态等多重效益,与工业、农业、服务业融合发展,只有"大旅游"才能适应不断变化的市场需求。

"旅游 +"是旅游领域创新业态的突破口,可以定义为旅游产业与其他产业的有机结合。2015 年 8 月,当时的国家旅游局首次提出了"旅游 +"概念,指出"旅游 +"可以充分发挥旅游业的带动作用,融合相关产业和领域发展形成新业态,推进旅游业的转型升级,同时提升相关产业的发展水平和综合价值。现已出现了"旅游 + 农业""旅游 + 科技""旅游 + 互联网"等多种形式的产业融合,不仅为旅游业的发展提供了文化、科技等元素,也促进了各个行业间的协同发展。

旅游业是一个无边界的行业,跨界融合成为创新发展的第一特征。旅游跨界式的创新,与文化、体育、生态、娱乐、康养等更多形态的融合,将进一步满足不同人群对跨界旅行的期待。以个性化服务为主的旅游目的地在多种形式的跨界融合中也将迎来更广阔的发展空间,成为中国旅行服务企业新的突围方向。

近年来,各地旅游主管部门、旅游企业持续推动"旅游 +",为"旅游 +"的深入发展提供了良好环境和创新动力。例如,2017 年,福建充分发挥省旅游产业发展工作联席会议的作用,实施"旅游 +"跨界融合计划,提出建设 5 个休闲集镇和 50 个乡村旅游特色村,创建一批观光工厂,打造 5 家以上康养旅游休闲基地和体育旅游休闲基地。广西于 2017 年全面实施《广西壮族自治区人民政府办公厅关于促进旅游与相关产业融合发展的意见》,深挖"旅游 +"功能,加强与农业、林业、海洋、体育等部门深度融合。湖南则积极实施大企业、大资本、大项目推动旅游产业创新发展,创建一批红色旅游、生态旅游、工业旅游、自驾车房车营地、研学旅游、低空飞行旅游、中医药旅游、康养旅游、体育旅游等示范基地。

案例10-3 美团：让老年人不再为线上订票犯难

打开美团APP，进入"美团门票"页面，输入景区名称，进入"线下门票预订关怀版专区"……68岁的张女士顺利地预订了周末去云南丽江古城的门票。"关怀版页面字体更大，价格、预约时间这些关键信息也很突出。以前看孩子操作要分好几步才能完成预约，现在简化了不少，基本是'一步搞定'。"张女士说。

2021年3月，美团推出了一套景区线下购票适老化流程——"美团线下门票预订关怀版"。相关数据显示，截至2021年年底，"美团线下门票预订关怀版"累计服务近90万老年人。"不戴老花镜也能看清了""不用总点'下一步'，选项少了，一个页面就能购买门票，省心"……在美团的评论区，记者看到，不少老年人表示关怀版界面简洁、字大清晰、重要信息位置醒目，更加便捷和人性化。

随着移动互联网的迅速普及，智能手机已经成为日常生活的一部分。一项调查数据表明，老年人通过手机APP完成订票、叫车等行为时，所需时长是中青年用户的2~3倍，且误操作概率较大。疫情防控常态化下，大部分旅游景区都需要线上预约或购票，如何让技术更有温度，让老年人和年轻人一样，享受互联网带来的便利，成为不少在线企业努力的方向。从2019年开始，美团陆续对各条业务线进行适老化改造升级，希望解决老年人线上预订难题。

事实上，开发适老化项目并没有想象中那么简单，首先需要了解老年人的需求，从他们的视角出发，解决他们出游中遇到的难点与痛点。美团门票线下产品团队在调研中发现，老年游客的核心痛点分为三类：一是意愿问题，许多老年人认为线上预约存在信息泄漏风险，他们更习惯在线下窗口购票；二是能力问题，主要表现在老年人不会或不习惯操作智能手机；三是流程问题，缺少老年人专属通道、缺乏专职人员引导，导致老年游客排队入园困难。换句话说，在线旅游企业研发适老化产品，首先需要解决老年群体对智慧旅游产品不会用、不想用、不敢用的问题。

"我们调研了做得比较好的行业，如打车、阅读、广场舞等相关软件产品，并根据调研结论及老年游客数据分析，规划了门票适老化项目改造的方向，确定了'三步走'：第一步，线上建设关怀版门票预约流程，线下提供老年人专属服务；第二步，实现智能化引导，具体包含视频教程、语音引导及图形指引；第三步，培育代预约能力，实现同行人或工作人员协助老年人完成门票预约。"美团门票线下产品团队相关负责人说，历经多轮打磨，"美团线下门票预订关怀版"终于推出了。

不仅如此，适老化项目还要线上线下并行改造。老年游客的手机类型及触网情况不一，单一方向的改造无法满足所有老年游客的需求。所以，适老化项目除了改造线上软件流程外，还要推动线下服务与设施改造，包括动线设计、物料摆放、专属通道增设及社会化服务人员配备等。美团门票线下产品团队相关负责人介绍，美团联合全国20余家景区，启动了适老爱心改造试点工作，在景区入口处为老年人设立专属入园通道，协同社会服务工作者为老年人提供人工帮扶、信息引导等服务。

当然，在产品迅速更迭的互联网时代，随着景区智慧旅游建设持续推进，适老化产品也需要根据老年人的身体素质、智能手机使用情况等不断进行优化提升,持续满足不同阶段不同环境下老年人的需求。"目前,美团门票线下产品团队迭代优化了5个版本,在推动'美团线下门票预订关怀版'迭代优化和景区落地实施过程中,根据老年人的反馈不断更新,提供更适合他们的服务。"该负责人说。

资料来源:王玮(2022)。

思考题

1. 简述我国旅行社行业的发展背景。
2. 分析近年来我国旅游需求的变化情况。
3. 现代科学技术的发展使旅游业发生了哪些变化?
4. 试述我国旅行社业的发展趋势。

主要参考文献

［1］《〈中华人民共和国旅游法〉解读》编写组．《中华人民共和国旅游法》解读［M］．北京：中国旅游出版社，2013．

［2］中华人民共和国国务院．旅行社条例［Z］．2009．

［3］中华人民共和国文化和旅游部．《导游管理办法》解读［EB/OL］2017．

［4］科特勒，阿姆斯特朗．市场营销［M］．楼尊，译．北京：中国人民大学出版社，2015．

［5］莱维特．营销想象力［M］．辛宏，译．北京：机械工业出版社，2007．

［6］戴斌，张杨．旅行社管理［M］．4版．北京：高等教育出版社，2018．

［7］徐东文．旅行社管理［M］．2版．武汉：武汉大学出版社，2009．

［8］王宁，伍建海，廖建华．旅行社经营管理实务［M］．北京：清华大学出版社，2020．

［9］赵利民．旅行社经营管理［M］．4版．北京：中国人民大学出版社，2020．

［10］叶娅丽，陈雪春．旅游计调实务［M］．北京：北京大学出版社，2020．

［11］夏正超．旅行社产品设计［M］．大连：东北财经大学出版社，2020．

［12］梁智．旅行社运行与管理［M］．7版．大连：东北财经大学出版社，2020．

［13］王立群．旅行社规范经营法规解读［M］．北京：中国旅游出版社，2020．

［14］陈明亮．客户忠诚与客户关系生命周期［J］．管理工程学报，2003，17（2）:90-93．

［15］戴斌．2020年旅游经济基本面与游客获得感［J］．中国机关后勤，2021（1）:70-73．

［16］范懋君，马书明．中国旅行社客户关系生命周期管理模型研究：以K公司为例［J］．中外企业家，2016（19）:70-73．

［17］黄泰，查爱欢，应南茜，等．高铁对都市圈城市旅游服务力格局演变的影响——以长三角都市圈为例［J］．经济地理，2014，34（11）:158-165．

［18］李仕明，肖磊，萧延高．新兴技术管理研究综述［J］．管理科学学报，2007，10（6）:76-85．

［19］潘冰，李云鹏．科技革命和旅游可持续发展的思考［J］．旅游学刊，2022，37（10）:10-11．

［20］瞿艳平．国内外客户关系管理理论研究述评与展望［J］．财经论丛，2011（3）:111-116．

［21］盛蕾．国外OTA与传统旅游企业竞合关系研究综述［J］．世界地理研究，2019，28（3）:202-212．

［22］唐晓云．现代科技革命对旅游消费的影响［J］．旅游学刊，2022，37（10）:3-5．

［23］王晶晶，郭强．景区与旅行社的合作广告协调契约研究［J］．管理学报，2013，10（2）:260-265．

［24］吴金明,邵昶.产业链形成机制研究——"4+4+4"模型［J］.中国工业经济,2006（4）:36-43.

［25］杨增科,樊瑞果,黄炜,等.政府干预下装配式建筑产业链核心企业协作策略研究［J/OL］.中国管理科学:1-11［2022-01-04］.

［26］张杨.中国旅行服务业发展报告2020年［EB/OL］.中国旅游网,2021.

［27］周世平.合作模式下酒店与旅行社的协作研究［J］.商业研究,2014（4）:156-162.

［28］骆培聪,王镇宁,赵雪祥.旅行社在线服务质量对顾客忠诚的影响——基于顾客契合中介作用［J］.华侨大学学报(哲学社会科学版),2020（3）:80-90.

［29］戴学锋,庞世明.中国旅行社业依然"小散弱差"吗?——中国旅行社业的产业组织结构与绩效再探讨［J］.旅游学刊,2018,33（11）:48-55.

［30］杨懿,李秋艳.基于SERVQUAL模型的旅行社产品质量影响因素分析［J］.中国人口·资源与环境,2018,28（S1）:221-226.

［31］朱镇,王新.互联网转型驱动的线下旅行社电子商务能力识别——创业感知的中介效应［J］.旅游学刊,2018,33（5）:79-91.

［32］胡宇娜,梅林,魏建国.基于GWR模型的中国区域旅行社业效率空间分异及动力机制分析［J］.地理科学,2018,38（1）:107-113.

［33］胡志毅,朱康文,李月臣,等.重庆都市区传统旅行社空间竞争格局研究［J］.旅游学刊,2017,32（8）:70-80.

读者意见反馈

为收集对教材的意见建议，进一步完善教材编写并做好服务工作，读者可将对本教材的意见建议通过如下渠道反馈至我社。

咨询电话　400-810-0598

反馈邮箱　hepsci@pub.hep.cn

通信地址　北京市朝阳区惠新东街4号富盛大厦1座　高等教育出版社理科事业部

邮政编码　100029

防伪查询说明

用户购书后刮开封底防伪涂层，使用手机微信等软件扫描二维码，会跳转至防伪查询网页，获得所购图书详细信息。

防伪客服电话 （010）58582300

数字课程账号使用说明

一、注册/登录

访问 https://abooks.hep.com.cn，点击"注册/登录"，在注册页面可以通过邮箱注册或者短信验证码两种方式进行注册。已注册的用户直接输入用户名加密码或者手机号加验证码的方式登录。

二、课程绑定

登录之后，点击页面右上角的个人头像展开子菜单，进入"个人中心"，点击"绑定防伪码"按钮，输入图书封底防伪码（20位密码，刮开涂层可见），完成课程绑定。

三、访问课程

在"个人中心"→"我的图书"中选择本书，开始学习。